Reiner Strunk

ECHO DES HIMMELS

Hölderlins Weg zur poetischen Religion

Eine Einführung

Calwer Verlag Stuttgart

Gedruckt mit freundlicher Unterstützung
der Calwer Verlag-Stiftung

Bibliografische Information Der Deutschen Bibliothek

Die Deutsche Bibliothek verzeichnet diese Publikation
in der Deutschen Nationalbibliografie; detaillierte
bibliografische Daten sind im Internet über
http://dnb.ddb.de abrufbar.

ISBN 978–3–7668–4003–5

© 2007 by Calwer Verlag Stuttgart
Alle Rechte vorbehalten. Wiedergabe, auch
auszugsweise, nur mit Genehmigung des Verlags.
Satz und Herstellung: Karin Klopfer, Calwer Verlag
Umschlaggestaltung: ES Typo-Graphic, Stuttgart
Umschlagbild: Hölderlin, Pastellbild von Hiemer,
© Deutsches Literaturarchiv, Marbach
Druck und Verarbeitung: AZ Druck und Datentechnik, Kempten

E-mail: info@calwer.com
Internet: www.calwer.com

Inhalt

Vorwort 7

Ende und Anfang des Wegs 13

Durchhilfe 14

Linien des Lebens 19

Religiöse Verse 32

Religionskritik um der Religion willen 36

In Übergängen 45

Freiheit – Überrest aus Edens Tagen 46

Suchen nach Wahrheit 59

Gefühl des Mangels 63

Hyperion – Geschichte eines Projekts 73

Zum Grund der Freiheit – philosophische Klärungen 95

Theologische Motive im philosophischen Programm 122

Auf Höhenwegen 131

Das Schönste ist auch das Heiligste 132

Griechenland und seine Götter 148

Empedokles – Projekt einer Tragödie   164

Zwischen Macht und Herrschaft   185

Empedokles und Christus im Vergleich   206

Heimweg   215

Poetische Religion   216

Christus in den religionspoetischen Hymnen   245

Poetische Religion und Theologie   287

Anhang   297

Biographische Übersicht   298

Texte der späten Hymnen   303

Literatur   317

Vorwort

Mit seiner persönlichen Eigenart wie mit seinem Werk blieb Hölderlin im Grunde ein Fremder in seiner Heimat. Er konnte als deutschester unter den deutschen Dichtern gepriesen und als kostbare Frucht am Baum des schwäbischen Geistes gewürdigt werden. Er wurde ebenso hoch geschätzt und mit Ehrenkränzen behängt, wie er im Großen und Ganzen auch unverstanden, ja unerkannt blieb. Zu seinen Lebzeiten über einen begrenzten, durchaus elitär zu nennenden Kreis von Freunden hinaus kaum zugänglich, wurde er später zum delikaten Fall für literaturwissenschaftliche, philosophische und sonstige Experten – nahezu mit Ausnahme der Theologen. Die theologische Aufmerksamkeit hat, selbst wo sie sich für Dichtung aufgeschlossen zeigte, um Hölderlin lieber einen Bogen gemacht. Nicht, weil der sich selbst seinen theologischen Anfängen entfremdet hatte, sondern weil er ein Fremder blieb im Hause der Theologie, gerade mit seiner eigentümlichen Affinität zum Religiösen, mit seinem Sinn für die Bedeutsamkeit des Mythischen, mit seinem anspruchsvollen Versuch, Poesie als Sprache gewordene Offenbarung zu begreifen. Er passte in kein Konzept und schien unter den geltenden Bedingungen von Rechtgläubigkeit immer bloß die Irrwege des Häretischen zu bewandern.

Fremd erschien im Allgemeinen schon seine Sprache. Man hat sie, je älter er wurde, desto entschiedener als hermetisch empfunden. Eine Sprache also, die Fremdheit programmatisch pflegt und sich der Dimension des Geheimnisses annähert, indem sie das Geheimnis in sich verkörpert. Eine Dichtersprache für Eingeweihte anscheinend, worin auch immer die Weihe bestehen mochte, die erforderlich war, um ihrer würdig zu erscheinen. STEFAN GEORGE und sein Kreis haben diese Weihe zur Hölderlin-Rezeption auf ihre sprachmystische Weise vollzogen, MARTIN HEIDEGGER tat es im Rahmen seines Seins-Geschicks und noch einmal anders, in den dunklen Jahren eines neudeutschen Aufbruchs, der amtierende Propagandist des Deutschtums Goebbels mit willfährigen Zuträgern aus der damaligen Germanistenszene. Was von Hölderlin anscheinend so hermetisch daherkam, schien für allerlei Deutungen offen und für recht divergierende Interessen brauchbar zu sein. Hauptsache, es zeigte sich geeignet, auch blasse Wirklichkeit mit Farbe und armseliges oder verquastes Denken mit dem Goldglanz von Erhabenheit zu versehen. Solche Instrumentalisierungen Hölderlins sind eine peinliche Begleiterscheinung seiner notorischen Fremdheit, nicht deren innere Konsequenz.

Mit Hölderlin sich zu befassen: es sollte, wenn es denn überhaupt geschieht, um seiner selbst willen geschehen. Als Annäherung an seine Geschichte, als Befragen seiner Texte, seines Werks. Der Eindruck von Fremdheit wird sich nicht leicht in einen Eindruck von Vertrautheit umsetzen lassen. Je näher man auf ihn zukommt, desto stärker wird das Erstaunen darüber, wie er sich dennoch entzieht. Je mehr man von ihm versteht oder zu verstehen meint, desto weiter wird der Raum des Unverstandenen. Verstehen umfasst ja nicht nur Akte der philologischen und historischen Erkenntnis. Es ist ein Prozess des Geistes, in welchem Fremdes sich nicht allmählich ins Eigene hinein auflöst, sondern wo in der Beschäftigung mit dem Fremden das Eigene in einen Vorgang von Verwandlung eintritt.

Es gibt Kenntnisse über Hölderlin, die zu Gemeinplätzen einer durchschnittlich humanistischen Bildung geworden sind. Dazu zählt in jedem Fall sein Krankheitsschicksal, das seinerseits schon befremdlich genug wirkt und bereits zu seinen Lebzeiten im Tübinger Turm, angestiftet durch WILHELM WAIBLINGER, mit allen Attributen des Undurchschaubaren und Mysteriösen behaftet war. Der Fremde entzog sich dort noch einmal und auf tragische Weise allen Erklärungszugriffen.

Bekannt ist von Hölderlin weiter die Liebesbeziehung zur Frankfurter Bankiersgattin Susette Gontard, eine Beziehung mit unglücklichem Ausgang, die eigentümlich der elegischen Grundierung seiner Natur entsprach. Weniger bekannt sind dann schon die Gedichte aus jener Zeit, auch solche, die Diotima betreffen, und erst recht der *Hyperion*, jener Roman, der formal wie inhaltlich so ziemlich alles hinter sich lässt, was man unter einem Roman zu verstehen sich angewöhnt hat. Ich erinnere mich, dass ich mehrfach den Anlauf zur Lektüre des *Hyperion* genommen habe, in verschiedenen Perioden meines Lebens, und dass ich jeweils in einer seltenen Mischung aus Begeisterung und Ratlosigkeit wieder Abstand nahm. Es war ein Faszinierendes, das sich dem Begreifen entzog. Die Lektüre vermochte geradezu in die Hochgestimmtheit einer schönen Sprache zu versetzen, deren Rechenschaft bezüglich Inhalt und Ziel des Ganzen sich anscheinend erübrigte. Nicht *was* da gesagt war, sondern *wie* es gesagt war, lockte zum Lesen. Auf die Dauer freilich konnte das nicht genügen, um befriedigt zu sein.

Heute meine ich zu wissen, dass der Fehler meiner früheren Beschäftigungen mit Hölderlin und in der Folge davon auch deren Scheitern in ihrer unbedachten Beiläufigkeit lag. Man kann sich Hölderlin nicht wirklich annähern, indem man ihn bloß nebenbei zur Kenntnis nimmt. Ihn nebenbei verstehen wollen heißt: an ihm vorbei verstehen wollen. Das hängt nicht allein mit Verständnisschwierigkeiten seiner poetischen Darstellung zusammen. Es liegt tiefer im Spannungsbogen seiner biographischen Geschichte begründet, in der Komplexität seines Denkens und in der inneren Dramaturgie seiner energisch betriebenen Selbstverständigung. Hölderlin war ein Mensch auf der Suche, mit einer Leidenschaft und einer Nachhaltigkeit, die ihn nicht los und doch auch zu keinem Zeitpunkt ans Ziel gelangen ließen. Was er auf seiner Suche nach Sinn, nach Wahrheit, nach sich selbst erreichte, waren immer nur Zwischenstationen, die einen neuen Aufbruch erforderten.

Der Weg, der da begangen wird, im praktischen Leben ebenso wie im Denken und in der Dichtung, nimmt dabei keineswegs zufällige Richtungen. Es ist ein Weg mit Folgerichtigkeit. Aber man versteht den nicht, der diesen Weg beschreitet, wenn man ihn an einer seiner Stationen stellt mit der Erwartung, ihm dort ganz begegnen zu können. Seinen Weg zu überschauen und ihm nach Möglichkeit behutsam zu folgen in seinen Spuren, ist darum unerlässlich, möchte man ihm überhaupt näher zu kommen versuchen. Der Hölderlin des *Hyperion* ist nicht einfach derselbe wie der Hölderlin des *Empedokles* oder gar der Dichter der späten Hymnen. Und doch ist es der eine Hölderlin in der Bewegung seines Lebens, in der Entwicklung seines Geistes, und das Fremde, das ihn kennzeichnet, ist immerhin auch das Fremde, das er bei sich selbst gesehen, worunter er gelitten und was er zu beleuchten und zu durchdringen unternommen hat, in immer neuen Anläufen.

Mit meiner Darstellung verfolge ich vor allem zwei Absichten. Ich möchte eine einführende Hilfe liefern, Hölderlin zu verstehen. Dabei denke ich an viele, mit denen ich Kontakt habe und im Gespräch bin und denen es geht, wie es mir gegangen ist: Hölderlin reizt und vermag punktuell zu begeistern, aber mancher Versuch, ihm näher zu kommen, endete in enttäuschender Ratlosigkeit. Eine Einführung ist nicht auf die pure Information gestimmt, so sehr sie anständigerweise mit Informationen hinreichend aufwartet. Einführung bedeutet auch den Versuch einer Einstimmung, einer allmählichen äußeren und inneren Annäherung an die Person des Dichters und an die Substanz seines Werks. Zu den Fakten, die man zur Kenntnis nehmen, kommt deshalb unverzichtbar auch die Deutung, über die man streiten kann. Die Art der Darstellung ergibt sich daraus. Ein Verstehen geistiger Vorgänge, biographischer Entwicklungen und erst recht poetischer Texte ist niemals ohne die subjektiven Perspektiven denkbar, unter denen der Darstellende seinen Gegenstand betrachtet. Wäre es anders, könnten bloß Richtigkeiten kolportiert werden. Um in ein Verstehen Hölderlins einzuführen, reichen aber Richtigkeiten nicht aus. Gefordert ist das Risiko von Deutung, welche immer Angebotscharakter besitzt und darum auch Anlass zum Widerspruch liefert.

Bewusst ist mir in diesem Zusammenhang, dass deutende Darstellungen von Hölderlins Werk in schier unüberschaubarer Zahl vorliegen, sowohl Beiträge zu einzelnen Stücken des Werks als auch Untersuchungen zum Ganzen. Soweit es für den Gang meiner Wahrnehmung zweckmäßig erschien, habe ich diesen Schatz an wissenschaftlicher Arbeit über Hölderlin zu Rate gezogen und manche hilfreichen Hinweise dankbar aufgenommen. Auf eine eingehende Auseinandersetzung mit der Hölderlin-Literatur habe ich dagegen bewusst verzichtet. Abgesehen von dem enormen Arbeitsaufwand, der damit verbunden gewesen wäre, hätte sich in der Hauptsache das Profil der Darstellung verschoben. Aus einer deutenden Einführung mit ihren subjektiven Anteilen wäre ein eher distanziertes Kompendium zur allgemeinen Forschungslage geworden. Und das entsprach nicht meinem Interesse.

Die zweite Absicht, die mich veranlasst hat, diese Einführung in Hölderlins Werk zu schreiben, ist theologischer Natur. Meine Auffassung ist, dass Hölderlin zu Unrecht von der Theologie weitgehend ignoriert – und wo nicht ignoriert, so durch die Bank leichtfertig ins Abseits gestellt – worden ist, bis auf den heutigen Tag. Das gelegentliche Zitat eines Hölderlin-Verses (mit Vorliebe: »Wo aber Gefahr ist, wächst / Das Rettende auch«) kann über die Tatsache nicht hinwegtäuschen, dass Hölderlins Fremdheit für die Theologie anhält und dass es an Versuchen mangelt, ihr beizukommen. Selbstredend kann es nicht um die verfehlte Anstrengung gehen, den anscheinend verlorenen Sohn aus dem Tübinger Stift, der sich allzu lange »auf allen Tanzböden der Philosophie herumgetrieben« (so HEINRICH HEINE über sich[1]) hatte, in die kirchlichen Hürden heimzuholen und ihm dadurch eine zweifelhafte Ehrenrettung angedeihen zu lassen, die er sich mit Sicherheit verbeten hätte. Aber umgekehrt könnte es immerhin sein, dass die Theologie von Hölderlin und seinem Weg zu lernen vermöchte. Dass Religion ein mehr als beiläufiges Thema seiner Existenz und seines Schaffens ausmache, hat sich wohl im theologischen Milieu herumgesprochen, wie es auch in der Literaturwissenschaft durchaus vermerkt wird, selbst wenn sie sich diesem Tatbestand gegenüber insgesamt eher ausweichend verhält. Aber was es eigentlich bedeutet, dass Hölderlin eine Fundamentalproblematik, die sich pauschal als religiöse Frage umschreiben lässt, über die Jahre seiner geistigen Entwicklung hinweg nicht

---

1 Heinrich Heine, Sämtliche Werke, Bd. II, 5. Aufl., München 1994, S. 775.

aus den Augen verlor; dass er vielmehr einen Weg nahm, auf dem sich ihm eine wesentliche Verbindung von Religion und Poesie erschloss, und dass sein Werk am Ende auf Gesänge hinauslief, die die Christusgestalt in ihre Mitte rücken, verdient nun wirklich eine eingehendere Beachtung in theologischer Perspektive. Und zwar in der Weise, dass Hölderlins Ergebnisse nicht auf der Waage einer christlichen Normaldogmatik gewogen und dann erwartungsgemäß doch als zu leicht befunden werden (dies ist ein Defizit des im Übrigen schönen Hölderlin-Buches von ROMANO GUARDINI[2]), sondern dass die Theologie sich auf Fragestellungen einlässt, die durch Hölderlin auf hohem und unbedingt aktuellem Niveau gestellt wurden.

Im Anhang wird Hölderlins Leben in einer biographischen Übersicht zusammengefasst. Sie kann und soll selbstverständlich keine Biographie ersetzen. Aber sie mag helfen, sich bei einzelnen Stationen der Darstellung die lebensgeschichtlichen Umstände zu vergegenwärtigen, in denen der Dichter sich jeweils befand.

Außerdem wurden im Anhang die Textfassungen der drei späten Hymnen *Friedensfeier*, *Der Einzige* und *Patmos* aufgenommen, die zum Verständnis des Gesamtwerks Hölderlins unverzichtbar sind und im Teil IV unserer Untersuchung eingehend betrachtet werden.

Die Zahl der Fußnoten wurde um einer flüssigen Lektüre willen so weit wie vertretbar eingeschränkt.

Zitiert wird nach der sogenannten Münchener Ausgabe der Schriften Hölderlins[3], und zwar so, dass nach Zitaten in Klammern die Belegstelle angegeben wird: die römische Ziffer bezeichnet jeweils den Band, die arabische Ziffer die Seitenzahl. Die in der Münchener Ausgabe zitierte Schreibweise der Hölderlin-Manuskripte wird beibehalten.

---

2 Romano Guardini, Hölderlin. Weltbild und Frömmigkeit, 3. Aufl. 1980.
3 Friedrich Hölderlin, Sämtliche Werke und Briefe, Bd. I–III, hg. von Michael Knaupp, München 1992f.

Ende und Anfang des Wegs

Durchhilfe

DER GANG NACH BORDEAUX – ANRUFUNG GOTTES –
DER ANFANG VOM ENDE

Der Gang nach Bordeaux zur Jahreswende 1801/1802 war ein Angang gewesen für Hölderlin. Im Grunde wollte er gar nicht. Und zwar nicht deshalb, weil Frankreich ihm zuwider gewesen wäre, erst recht das revolutionäre, das er seit Jahren mit gespannten Erwartungen beobachtete. Nein, Bordeaux schien einfach keinen Ausweg zu bieten aus den Lebensengpässen, in die er hineingeraten war. Noch einmal eine Hofmeisterstelle, die Rolle des Erziehers in gutem Hause, nachdem die vorigen Versuche in dieser Richtung schon unglücklich verlaufen und mehr oder weniger plötzlich abgebrochen worden waren: jener in Waltershausen, jener in Frankfurt und der in Hauptwil – das erzeugte keine Aussichten.

Der Freund LANDAUER hatte sich im August 1801 beeilt, die pädagogische Aufgabe bei Konsul Meyer in Bordeaux dem zögerlichen Hölderlin schmackhaft zu machen, weil er dort »vor der Hand von Predigen dispensirt« (II, 910) sei. Vor der Hand – das klingt einschränkend und war wohl auch so gemeint. Der baldige Abbruch seines Aufenthalts in Bordeaux könnte damit zusammenhängen. Hölderlin war kein Prediger und wollte keiner sein. In Bordeaux traf er wahrscheinlich auf die nur kurzzeitig zurückgestellte Erwartung, einen Predigtdienst in der deutschen evangelischen Gemeinde zu versehen.

Er mochte das befürchtet, wenn auch nicht gewusst haben. Doch die Unlust, aufzubrechen in die Wein- und Hafenstadt am Atlantik, wurzelte tiefer in Hölderlins Gemütsverfassung, die sich im Lauf des Jahres 1801, durch Enttäuschungen und Demütigungen genährt, immer weiter eingetrübt hatte. Wohin es mit seiner beruflichen Existenz, mit dem bloßen täglichen Auskommen hinaus sollte, war ihm rätselhaft. Er litt schon lange darunter, seiner Mutter auf der Tasche zu liegen, und sei es zu Lasten des ihm prinzipiell zustehenden Erbteils. Als freier

Schriftsteller seinen Unterhalt bestreiten zu können, musste er praktisch ausschließen. Der Weg ins Pfarramt schied ebenfalls aus, und zwar um so mehr, je länger er diese Möglichkeit hinausschob. Im Alter von 31 Jahren, so gesteht er in einem Brief vom Juni 1801 an NIETHAMMER, bereite es ihm »Unbehagen, die Aussicht zu haben, als Vikar von einem Pfarrer dependiren zu müssen« (II,906). Und dann zerschlug sich am Ende noch die spärlich gehegte Hoffnung, nach Jena zurückkehren und mit Vorlesungen über griechische Literatur seinen Lebensunterhalt an der Universität sichern zu können. Er hatte sich deswegen an SCHILLER gewandt, seinen früheren freundschaftlichen Förderer. Aber SCHILLER hatte nicht geholfen. Er hatte ihm nicht einmal geantwortet. Angesichts dieser Erfahrungen notierte Hölderlin kurz vor Beginn seiner Reise nach Bordeaux, ziemlich resigniert: »sie können mich nicht brauchen« (II,914).

Derart gestimmt bricht er auf, mitten im Winter, zu dieser langen und beschwerlichen Reise. Schon in Straßburg wird er aufgehalten, wegen Passformalitäten, anschließend zum Umweg über Lyon veranlasst, möglicherweise sogar mit seinem Einverständnis, weil Hoffnung bestand, dem großen Napoleon zu begegnen, der zur nämlichen Zeit in Lyon erwartet wurde. Festgehalten hat Hölderlin darüber nichts. Von Lyon ging es weiter, jetzt zweifellos zu Fuß, eine gewaltige Wanderung über die Berge, »auf den gefürchteten überschneiten Höhen der Auvergne«, wie er im ersten Brief aus Bordeaux Ende Januar der Mutter in Nürtingen mitteilt: »In Sturm und Wildniß, in eiskalter Nacht und die geladene Pistole neben mir im rauhen Bette – da hab' ich auch ein Gebet gebetet, das bis jetzt das beste war in meinem Leben und das ich nie vergessen werde« (II, 916).

Das Gebet in der Not, in äußerer und innerer Bedrängnis: hier hat es seinen Platz, gewiss ganz traditionell und ganz elementar. Aber bei Hölderlin? Was meint er und was möchte er andeuten mit dieser Bemerkung über sein Gebet, »das bis jetzt das beste war in meinem Leben«? War es das beste, weil es das aufrichtigste war oder das seine Not am tiefsten begreifende, auch die Not am hilfreichsten wendende? Und wem hat er sich betend anvertraut, irgendwo in den winterlichen Bergen und den frostigen Nächten der Auvergne: einem »Herrn des Himmels« oder dem »Donnerer« oder dem »Vater«, von denen er sagen und singen konnte in seinen Gedichten? Oder aber dem Gott, der ihm bekannt war von Kindertagen her, aus biblischen Geschichten und bußfertigen Gebeten, den strafenden und zugleich liebenden Gott, der seine Menschen führt und durchs Leben leitet?

Man mag in Rechnung stellen, dass Hölderlin in Briefen an seine Mutter gern diplomatisch verfuhr. Er wusste, wie sie dachte und was sie, eine ebenso zielbewusste wie fromme Frau, von ihrem Fritz erhoffte. Und so hatte er sich geradezu angewöhnt, gelegentliche Auskünfte über sein religiöses Leben und Erleben in einer vielsagenden Schwebe zu halten. Seine Mutter mochte dies dann, bei wohlwollender Deutung, als Zeichen verstehen, dass die pfarramtliche Zukunft für ihren Sohn noch nicht völlig ausgeschlossen sei.

Hier aber, im Brief aus Bordeaux Ende Januar 1802, spricht nichts für beschönigende Wendungen, die Hölderlin gewählt hätte, um die Mutter daheim zufrieden zu stellen. Das Gebet in der Bedrängnis wirkt glaubwürdig. Besonders darum, weil andere Bemerkungen in den drei Briefen, die Hölderlin aus Bordeaux und aus Lyon an die Mutter geschrieben hat, in dieselbe Richtung weisen. Am 9. Januar 1802 hält er fest, es sei »ein beschwerlicher, und erfahrungsreicher Weg« gewesen, auf dem er »auch an den gedachte, von dem mir Muth kommt« und der »ferner mich geleiten wird«. Und darauf folgt eine eigentümliche Formulierung, deren Prägnanz und Bedeutung erst einleuchten, wenn man ihrer Herkunft aus dem Geist des Pietismus gewahr wird: »Gott und ein ehrlich Herz *hilft durch*« (Hvhg. v. Vf.), und die Bescheidenheit vor andern Menschen« (II, 915).

Noch das Grimm'sche Wörterbuch von 1860 kennt das Wort »durchhelfen« lediglich im profanen Sinne einer Beistandsleistung, damit ein anderer »durch einen Ort glücklich gelange«. Dagegen verwendet die religiöse Sprache des Pietismus den

Begriff sowohl verbal wie substantivisch längst als Ausdruck eines tiefen Gottvertrauens, vor allem in Augenblicken der Anfechtung. Gottes »Durchhilfe« erscheint gewiss, wo der Beter sich in der Krise seines Glaubens oder in Notlagen seines Lebens an ihn wendet.

Entsprechend antwortet JOHANN CHRISTOPH BLUMHARDT (freilich später als Hölderlins briefliche Mitteilung) auf die Frage nach der Wirkung des Gebets in der Anfechtung: »Wer in einer göttlichen Geduld ... sich (durch Gebet, Vf.) zu halten weiß, erfährt auch viel Hilfe und *Durchhilfe*.«[4] Und bei ZINZENDORF kann es heißen: »Wir zweifeln endlich nicht, dass wir noch manches Meer der Angst werden passiren müssen und unsere Übungen bekommen. Es wird uns aber auch der Herr der Erndte, wo wir in beständiger Beugung stehen, mächtig *durchhelfen*.«[5] – Hölderlin bedient sich derselben Sprache in seinem Brief aus Bordeaux, um seine Zuversicht auf den »durchhelfenden« Gott auszudrücken. Das klingt wie eine selbstverständliche Fundamentalgewissheit seines Lebens, die sich im Moment der erfahrenen Not wunderbar bewährte. Dass er im Brief zusätzlich noch die grundpietistische Verhaltensweise einer »Bescheidenheit vor anderen Menschen« erwähnt, komplettiert den Eindruck. Denn Bescheidenheit (im zweiten Brief aus Bordeaux ist es das »Maas« und das »Schikliche« im Handeln, II, 917) kennzeichnet die Lebensform derjenigen, die grundsätzlich und besonders in verzweiflungsnahen Stunden auf die »Durchhilfe« Gottes vertrauen.

Dies also vertritt Hölderlin Anfang 1802. War es wie eine unverhoffte, durch äußere und innere Spannung hervorgerufene Wiederholung einer Glaubensweise aus seiner Jugendzeit? Im Denkendorfer Seminar konnte er 1786 die Gebetsbitte formulieren: »O so hilf, so hilf in trüben Tagen, / Guter! wie du bisher noch geholfen hast« (I, 22f). – Hatte sich da von seinen pietistischen Ursprüngen etwas durchgehalten, das bei all den Wandlungen seines Geistes, den Umformungen seines Denkens

---

4 Johann Christoph Blumhardt, Blätter aus Bad Boll, Bd. II, 1969, S. 373.
5 Zit. bei August Langen, Der Wortschatz des deutschen Pietismus, 1954, S. 242f.

nicht einfach vergessen und verloren war? Oder handelt es sich lediglich um eine spontane Regung, eine eher zufällige Laune, die den Dichter eine kritische Erfahrung mit Sprachspielen seiner religiösen Vergangenheit verarbeiten lässt?

Auffällig bleibt jedenfalls, dass Hölderlin noch 1802 so zu denken und so zu schreiben vermochte, wie er es in diesen Briefen aus Bordeaux und aus Lyon tat. Und übersehen werden darf ebenfalls nicht, was er im selben Zusammenhang, auch an die Adresse der Mutter, zusätzlich angemerkt hat: »Ich bin nun durch und durch gehärtet und geweiht, wie Ihr es wollt ... Nichts fürchten und sich viel gefallen lassen« (II, 916). Das hört sich an wie eine späte Erfolgsmeldung über alte mütterliche Erziehungsabsichten, die in ihrer Tendenz klar, in ihren Resultaten jedoch unbestimmt geblieben waren. Und es klingt nach einer Mitteilung mit bitter ironischem Unterton. So, als sei ihm die leidensbereite Demutshaltung, die den Frommen auszeichnet, am Ende noch von widrigen Lebensumständen abgetrotzt worden.

Dies alles gehört in den Anfang des Jahres 1802. Im Frühjahr schon geht Hölderlins Episode in Bordeaux zu Ende. Am 30. Juni schickt SINCLAIR ihm die Nachricht vom Tod der geliebten Susette Gontard in Frankfurt (II, 918f).

Andere Mutmaßungen, namentlich zur Unterbrechung seiner Heimreise in Straßburg, die der vom Krankheitszustand Susettes alarmierte Hölderlin zu einem Abstecher nach Frankfurt genutzt hätte, scheitern vor allem an Unvereinbarkeiten in den hypothetisch verfolgten Wegstrecken und den dafür benötigten Zeiten.

Jedenfalls trifft er im Sommer 1802 in völlig zerrüttetem Zustand in Stuttgart und anschließend in Nürtingen ein. Es ist der abrupte Beginn eines jahrzehntelang sich hinziehenden Endes.

»Gott und ein ehrlich Herz hilft durch«, hatte er ein paar Monate zuvor festgestellt. Wie verhält sich das mit der »Durchhilfe«, die ein »ehrlich Herz« von seinem Gott erwarten darf?

Linien des Lebens

ZERRÜTTUNG – VON HOMBURG NACH TÜBINGEN –
GEISTESKRANK ODER NICHT? – LYRIK IM TURM –
NÄHE UND DISTANZ ZUR MUTTER

Über den genauen Zeitpunkt und die näheren Umstände seines ersten Krankheitsschubs ist nichts Gesichertes bekannt. In jedem Fall kehrte Hölderlin von Bordeaux in körperlich und seelisch desaströsem Zustand heim. Er wirkte verwahrlost, irritierte Bekannte und Freunde, redete wirr und tobte. Zuerst in Stuttgart, dann auch in Nürtingen, im Hause der Mutter, die er in einem Anfall von Zorn auf die Straße setzte. Diese Explosion ist vielleicht nicht ohne Anlass gewesen. Ein Erklärungsversuch besagt, dass er von Bordeaux aus seinen Reisekoffer nach Nürtingen vorausgeschickt hatte, in dem er die heimlichen Liebesbotschaften der Susette Gontard aus Frankfurt verwahrte. Man stelle sich vor, die Mutter habe in Hölderlins Abwesenheit den Koffer geöffnet, mag sein ohne alle Hintergedanken, aber auch ohne Kenntnis und Billigung ihres Sohnes. Sie räumt die Gepäckstücke aus und findet das Briefbündel. Wird ein wenig neugierig, dann bei der Lektüre besorgt, dann beschämt über das pikante Verhältnis ihres Fritz zu einer verheirateten Frau.

Als er daheim ankommt, ist er anders als früher. Unruhiger, verstört, fahrig, auch ungewohnt aufsässig. Sie möchte sich ein Bild machen, hinter die Kulissen seiner veränderten Erscheinung blicken, und so erkundigt sie sich, fragt dies und das. Auch das mit den Briefen. Eine sittenstrenge, fromme Frau kann nicht lange still halten über einen solchen Skandal im eigenen Hause. Sie fragt und mag so gefragt haben, dass die Vorwürfe durchklingen, die sie ihm macht. Und er ist empfindsam genug, auch dort, wo er schimpft und poltert und ganz aus der Fassung zu geraten scheint, dass er ihre Spitzen spürt in seiner ohnehin wunden Seele. Susette ist tot, und der Schmerz um ihren Tod zerstört ihn, und nun soll er obendrein verkraften, dass die Mutter meint, sein Verhalten bei den Gontards tadeln zu müssen. – So könnte es sich zugetragen haben, als er der Mutter plötzlich nicht mehr mit vorsichtigen Worten, ja überhaupt nicht mehr mit Worten, sondern bloß noch mit wütender Gewalt begegnete. Die Beziehung zwischen beiden, die auch vorher schon ihre Probleme hatte, ist seitdem nicht wieder herzlich geworden.

Aber der furchtbar Verstörte erholte sich noch einmal, erholte seinen Körper und vertiefte seine Dichtung. Die Hymnen der Spätzeit Hölderlins, die ganz entscheidend seinen Dichterruhm begründet haben, sind nach der Heimkehr von Bordeaux und nach dem damaligen physischen und psychischen Zusammenbruch entstanden. Die Chance hatte sich aufgetan für ihn, zum zweiten Mal bei SINCLAIR in Homburg zu bleiben, wo er zuerst im Herbst 1798 aufgenommen worden war, nach dem dramatischen Ende seiner Frankfurter Hofmeistertätigkeit. SINCLAIR war ein Feuerkopf mit republikanischen Ideen und versah am Homburger Hof ein auskömmliches Amt als Regierungsrat. Jetzt bot er Hölderlin die Gelegenheit, in Homburg unterzuschlüpfen, seine Ruhe zu finden und formell als Hofbibliothekar hinreichend dotiert zu werden. Es war wie ein ausgeworfener Rettungsring, den Hölderlin dankbar ergriff. SINCLAIR holte ihn selbst in Nürtingen ab und machte auf dem Hin- und Rückweg Station in Würzburg bei SCHELLING, der daraufhin, es war der 14. Juli 1804, an HEGEL schrieb: »Dieser (sc. Hölderlin) ist in einem bessern Zustand als im vorigen Jahr, doch noch in merklicher Zerrüttung« (III, 671).

Vollkommen sollte sich das auch in Homburg nicht zum Besseren wenden. Eher im Gegenteil. Als 1805 der Freund SINCLAIR von einer politischen Intrige heimgesucht wurde, geriet auch Hölderlin in den Dunstkreis der Verdächtigungen. Es waren Angriffe, denen er in seiner Labilität schutzlos ausgeliefert war. Die Intrige war angezettelt worden von einem Vertrauten SINCLAIRS mit Namen Blankenstein. Der war Lotteriedirektor am Hofe und hatte sich finanzielle Unregelmäßigkeiten geleistet, die SINCLAIR entdeckte und ihm vorhielt. Als Vergeltung denunzierte Blankenstein daraufhin seinen Vorgesetzten, und zwar mit einer Anzeige beim Württembergischen Hof. Dort war der Herzog mittlerweile zum Kurfürsten aufgestiegen und musste sich mit einem Anklageschreiben befassen, das von einem geheimen Putsch gegen seine Person zu wissen vorgab. »Als Deutscher und Verehrer Ew. Churfürstlichen Durchlaucht«, so schmeichelte Blankenstein in seinem Brief vom 29. Januar 1805, fühle er sich verpflichtet, »die mörderischen Pläne einiger Schurken zu vereiteln«[6]. Näherhin verwies er auf SINCLAIR, der mit Freunden eine Revolution in Schwaben und die Ermordung des Kurfürsten plane. Die Informationen an den württembergischen Hof ließen nicht aus, dass auch SINCLAIRS »Cammerad Friedrich Hölderlin von Nürtingen« mit von der Partie und »von der ganzen Sache ebenfalls unterrichtet« sei. Die Folge war, dass Hölderlin von der rasch einsetzenden württembergischen Fahndung mitbetroffen wurde.

SINCLAIR freilich traf es aufs Erste härter. Er wurde am 26. Februar 1805 in Homburg verhaftet und nach Stuttgart überführt, wo man gegen ihn einen Prozess wegen Hochverrats anstrengte. Das war spektakulär, verlief aber doch im Sande. Blankensteins Anschuldigungen erwiesen sich als fadenscheinig, das Verfahren wurde eingestellt und SINCLAIR am 9. Juli aus der Haft entlassen. Eine politische Episode, wie es scheint, die in den aufgeregten Jahren der Revolution, welche längst die Grenzen Frankreichs überschritten hatte, so ungewöhnlich nicht war. Aber sie veränderte Hölderlins Lage beträchtlich. Unter dem Druck der politischen Verdächtigung verschlechterte sich sein Befinden. Außerdem nahmen die Duldungsbereitschaft am Homburger Hof und die persönliche Unterstützung durch SINCLAIR in den folgenden Monaten empfindlich ab. Der schwierige Hölderlin war zu einer Belastung geworden. Man suchte nach Wegen, ihn abzuschieben.

Mit Schreiben vom 3. August 1806 wendet sich SINCLAIR an Hölderlins Mutter und ersucht sie, den Sohn in Homburg abholen zu lassen. Zwei Gründe lässt er dafür erkennen. Einmal könne der Landgraf die Stelle eines Hofbibliothekars nicht

---

6   Bei Pierre Bertaux, Friedrich Hölderlin. Eine Biographie, 2000, S. 130.

länger aufrecht erhalten (das Land Hessen-Homburg war im Juni dem Großherzog von Hessen-Darmstadt zugefallen). Zum andern habe Hölderlins »Wahnsinn eine sehr hohe Stufe erreicht«, so dass er, in Freiheit belassen, »dem Publikum gefährlich werden könnte« oder umgekehrt selber vom »Pöbel«, welcher »sehr gegen ihn aufgebracht« sei, Misshandlungen erwarten müsse[7].

Am Morgen des 11. September 1806 wird Hölderlin in Homburg abtransportiert, gegen seinen Willen und unter Anwendung von Gewalt. Die Landgräfin Caroline von Hessen-Homburg hat die Szene (auf Französisch) geschildert. Hölderlin wurde trotz seines massiven Widerstandes in den bereitstehenden Wagen verfrachtet. »Wieder und wieder versuchte er sich herauszustürzen, und jedes Mal stieß ihn der Mann, der zu seiner Begleitung mitfuhr, zurück. Hölderlin schrie, dass Harschierer (königliche Leibwächter, Vf.) ihn wegholten und wehrte sich mit seinen ungeheuer langen Fingernägeln so heftig, dass der Mann ganz mit Blut bedeckt war« (III, 644).

Er wird nach Tübingen gebracht, ohne familiäre Begleitung durch die Mutter, die Schwester Heinrike oder den Halbbruder Karl. Weggeschafft wie bei einer Verhaftung, die er, SINCLAIRS Schicksal entsprechend, auch für sich befürchtete. Die anschließende Einlieferung ins Tübinger Klinikum Autenrieth in der Alten Burse, unweit des Stifts, kann diese panische Vorstellung kaum zerstreut haben. Denn die psychiatrische Behandlung erfolgte vermutlich mit drastischen Methoden zur Stillstellung der Patienten. Hölderlin wird einschlägige Erfahrungen damit gemacht haben.

Als er im Sommer 1807 wegen Unheilbarkeit aus dem Klinikum entlassen wurde, fand er Aufnahme im Haus des Tübinger Schreinermeisters ERNST ZIMMER, drunten am Neckarufer. Es muss wie eine Erlösung gewesen sein, und wenn sich sein Gesundheitszustand auch nicht generell besserte, so beruhigte sich der Patient doch zunehmend und richtete sich ein in den Verhältnissen, die ihm nun zugewiesen waren. ZIMMER war

---

7 A. a. O., S. 141.

rührend um ihn besorgt, wie später auch seine Tochter Charlotte, die Hölderlin nach dem Tod ihres Vaters mit außerordentlicher Hingabe weiter betreute. Hölderlin hat 36 Jahre in diesem Turmzimmer am Neckar verbracht, nicht weniger als die Hälfte seines ganzen Lebens. War das nun eine lange Strecke der geistigen Umnachtung, des Wahnsinns, der Schizophrenie[8]?

PIERRE BERTAUX hat mit einer akribischen Detektivarbeit den Nachweis zu führen versucht, dass Hölderlin nicht geisteskrank gewesen sei. Ein »gebrochener Mensch«, ja. Geplagt von Depressionen, ja. »Man hatte ihn zum geistigen Krüppel unrettbar geschlagen. Diese psychische Situation hat mit Geisteskrankheit nichts zu tun: ein Krüppel, auch ein seelischer Krüppel, ist noch lange kein Geisteskranker.«[9]

Ausschlaggebend für diese Einschätzungen sind zwei Faktoren in Hölderlins Lebensgeschichte, die ihr Gewicht auch unabhängig von den verblüffenden und letzten Endes schwerlich haltbaren Rückschlüssen haben, welche BERTAUX aus ihnen gezogen hat.

Der erste ist Susettes Tod, der Hölderlin zweifellos zutiefst erschütterte. Aber was ist der Tod und was ist das Leben? Hatte er nicht noch im April 1802, auf die Nachricht vom Ableben seiner Großmutter hin, aus Bordeaux geschrieben, der Tod sei »ein sicherer Fortgang vom Leben ins Leben«? Und hatte er nicht selber im *Hyperion* die geliebte Diotima am Ende sterben lassen, um ihre Bedeutung dadurch zu verewigen? Da ist immerhin nicht auszuschließen, dass er im Turm am Neckar auch seinen Abschied

---

8 M. Franz bemerkt dazu: »Die Wissenschaftssprache klassifiziert Hölderlin als ›Schizophrenen‹, als psychisch Kranken. Sie beschreibt den umgekehrten Weg wie die Mythologie. Sie untergräbt die Menschenwürde des zum ›Patienten‹ gemachten und verdinglicht ihn zu einem undeutlichen Krankheitsfall, der kein menschliches Antlitz mehr besitzt« (Michael Franz, Annäherung an Hölderlins Verrücktheit, in: Hölderlin-Jahrbuch –HJb – 1980/81, S. 276). – Näher liege eine »ökologische Betrachtungsweise«, die Ursache und Art von Hölderlins Kommunikationsabbrüchen beachte: »Nach und nach wird Hölderlin durch die Heimlichkeiten, mit denen man ihn zum Unmündigen macht, aus dem Gespräch ausgeschlossen. Er wird zum Gegenstand der Fürsorge, des Aufpassens und wohl auch der Überwachung ... Hölderlin reagiert auf seinen Ausschluss mit Verschlossenheit, mit Rückzug in sich selbst«, a. a. O., S. 280.
9 Bertaux, a. a. O., S. 685.

genommen hatte vom Leben in einer Welt der Vergänglichkeiten, die ein substantielles »Bleiben« nicht erlaubte, nach dem er so nachdrücklich auf der Suche gewesen war; dass er stattdessen Zuflucht fand in seiner Diotima-Welt der überwundenen Grenzen und der aufgelösten Widersprüche[10].

Zu den spärlichen Zeugnissen, die aus diesen Jahren nach 1806 erhalten sind, gibt es ein paar fragmentarische Äußerungen Hölderlins, die sich in dieser Richtung deuten lassen, wenn man sie überhaupt für deutungsfähig hält. Da sind einige Sätze aus seinem in den ersten Turmjahren unternommenen Versuch, den Briefroman *Hyperion* fortzusetzen. Hyperion lässt er nun an Diotima schreiben: »Ich kann dir nicht sagen, wie sehr ich zuweilen wünsche, dich wiederzusehen«, und: »Ich hüte mich, von dir mich weg zu machen.« Oder, in einem anderen Fragment: »... ich wäre sogar lieber mit meinem Leben in den stillen Orten im Innern der Inseln, oder in heiligen Klöstern, oder mit Menschen, in Kirchen, so ruft mich ein Gott zur Ruhe, wegen ziemlicher Gottlosigkeit, die ich unter den Menschen finde ... In himmlischen Lüften erscheint die Gnade der Gottheit« (I, 910f).

Das mag unklar erscheinen, ist aber keineswegs unverständlich. Besonders dann, wenn berücksichtigt wird, welches inhaltliche Gewicht Schlüsselbegriffe wie »Stille«, »Ruhe«, »Gott« (und konträr »Gottlosigkeit« als verhängnisvolle Zeiterscheinung) für Hölderlin vor seiner schweren Krise besaßen. Die religiösen Anspielungen sind ohne weiteres erkennbar. Die Erfahrungen, die damit verbunden waren, und die Hoffnungen, die sich darauf beziehen, ebenfalls.

Ein zweiter Umstand, der für Hölderlins Entwicklung um 1806 eine Rolle gespielt haben dürfte, ist die politische Situation. Die verantwortlichen Kräfte in den alten Regierungen konzentrierten sich darauf, revolutionäre Umtriebe im Keim zu ersticken und darum entsprechende Gesinnungen misstrauisch auszuschnüffeln. Hölderlin fühlte sich deswegen bedroht und

---

10 »Er zog sich ganz in sein Werk zurück, das er schon geschaffen hatte«, urteilt David Constantine: Friedrich Hölderlin, 1992, S. 104.

namentlich durch das Verfahren gegen SINCLAIR der akuten Gefahr von Verurteilung und Gefangenschaft ausgesetzt. Dem, das wusste er, wäre er nicht gewachsen gewesen. Also blieb ihm, um nicht polizeilich gestellt zu werden, die Möglichkeit, sich zu verstellen. BERTAUX hält es für wahrscheinlich, dass Hölderlin, dem Vorbild Hamlets folgend, diesen Weg nach vorherigem Kalkül wählte, um einer Verhaftung zu entgehen. Dann hätte er den Verrückten gespielt, ohne tatsächlich verrückt gewesen zu sein. Die Simulation als Trick, in der Gefahr ungeschoren und am Leben zu bleiben. Mag sein, dass 1806 dergleichen in Hölderlins Verhalten mitgespielt haben könnte – aber nicht schon 1802 nach seiner Heimkehr aus Bordeaux und schwerlich über Jahrzehnte in der Tübinger Turmstube. Wohl aber ist anzunehmen, dass Hölderlins Angst vor einer Verhaftung in Homburg sich geradezu verheerend auf seine ohnedies aus den Fugen geratene psychische Konstitution ausgewirkt haben dürfte. Es war wie ein schweres Wetter, das ihn traf und ihn wie ein leck geschlagenes Schiff vollends in den Abgrund treiben ließ.

Und nun verbringt er also seine Tage, seine Jahre im Turm, in äußerlich verordneter und innerlich zunehmend begrüßter Zurückgezogenheit, ein Eremit aus Nötigung und aus Passion. Gelegentlich meldet sich Besuch, er empfängt ihn mehr oder weniger förmlich und distanziert, ohne aufzuhören, nur bei sich zu sein und nicht bei anderen. Er schreitet die immer gleichen Bahnen seiner Stube aus, deklamiert, liest in seinen eigenen Schriften und wirft ab und an ein paar Zeilen, eine gereimte Strophe aufs Papier. Zunächst aus eigenem Antrieb, später lediglich auf ausdrückliche Bitten seiner Gäste hin. Und mitten unter den schlichten, zumeist Natur und Jahreszeiten besingenden Versen erscheint dann auch einer wie dieser, der den Leser stutzen und nachdenklich werden lässt:

Die Linien des Lebens sind verschieden
Wie Wege sind, und wie der Berge Gränzen.
Was hier wir sind, kann dort ein Gott ergänzen
Mit Harmonien und ewigem Lohn und Frieden.

Die Reimform hat Hölderlin im Turm wieder aufgenommen, nachdem er sie Jahre zuvor als Mittel der poetischen Gestaltung aufgegeben hatte. Jetzt hilft sie ihm, überhaupt in eine Form zu gießen, was noch zur Mitteilung bereit erscheint in seiner Seele. Im Vergleich zu früheren Elegien und Oden sind die Zeilen schlicht und reduziert auf ein gängiges Maß.

Trotzdem klingt in ihnen nach, was früher glänzender, weitreichender und intensiver geklungen hatte, wenn der Dichter auf die Gestalt der »Berge«, auf die Wirklichkeit eines »Gottes« und auf die Sehnsucht nach »Harmonie« und nach »Frieden« zu sprechen gekommen war. Das ist jetzt alles ermäßigt, nur wie in Bruchstücken noch geblieben, aber es ist noch da. Die vier Zeilen über die Linien des Lebens sind kein Niederschlag von Geistesverwirrung, sondern ein Spätzeugnis, das späteste Selbstzeugnis von Hölderlins poetischer Religion.

Natürlich gilt dies nicht schon deshalb, weil das Wort »Gott« auftaucht. Von Gott könnte gehandelt werden auf eine bestimmte Weise, auch eine bestimmte biblisch-christliche Weise. Hölderlin hat das jedoch vermieden, schon formal dadurch, dass er gern von »einem« Gott sprach. Er tut es auch an dieser Stelle. Gott ist die nicht festgelegte und nicht festzulegende Wirklichkeit, das respektiert die Verwendung des unbestimmten Artikels. Selbst da, wo er sich zeigt, entzieht Gott sich zugleich und ist in keinem der Namen, welche Menschen ihm beilegen, annähernd zu fassen. Darum beginnt *Patmos*, die große Hymne in Hölderlins poetischer Religion, in der ersten Fassung mit der bezeichnend antithetisch gebauten Wendung:

Nah ist
Und schwer zu fassen der Gott. –

Zu den vier Versen über die Linien des Lebens müssen wir nun ihre unmittelbaren Entstehungsbedingungen beachten. Vorangegangen war ein Gespräch zwischen Hölderlin und dem Schreinermeister Zimmer. Der hatte, wie er selbst im April 1812 an Hölderlins Mutter schrieb, dem Dichter die Zeichnung eines Tempels vorgelegt, und Hölderlin hatte angeregt, den Tempel aus Holz zu fertigen. Worauf Zimmer ihm entgegenhielt, er müsse für Brot arbeiten und sei »nicht so glüklich so in Philosofischer ruhe zu leben wie Er«. Hölderlin habe darauf erwidert: »Ach ich bin doch ein armer Mensch« und anschließend mit Bleistift den Vierzeiler auf ein Brett geschrieben (III, 649).

Der Tempel, die angesprochene Ruhe, die wahrgenommene eigene Armut – das steht miteinander motivierend hinter dem kleinen Gedicht. Tempel waren für Hölderlin manifeste, freilich längst der Zerstörung anheim gefallene Zeugen des antiken Geistes und der griechischen Göttergegenwart. Die Ruhe war für ihn ein Inbegriff der künftig zu erwartenden allgemeinen Lebensbeschaffenheit, durchaus im Sinne der sabbatlichen Ruhe, die biblisch an den Anfang der Zeit ebenso wie in den Zielraum der Schöpfung gehört. Und Armut oder Bedürftigkeit kennzeichnete schon für den frühen Hölderlin die Verfassung des erwachsenen Menschenlebens zwischen der Fülle einer verlorenen Kindheit auf der einen Seite und der Vollendung in einer kommenden Weltgestalt auf der anderen. So kann es in dem Gedicht *An die Natur*, das im Frühjahr 1795 entstanden ist, heißen:

Seid geseegnet, goldne Kinderträume,
Ihr verbargt des Lebens Armuth mir.
I, 158

Berücksichtigt man diese Zusammenhänge, so gewinnen die vier Zeilen von den *Linien des Lebens* eine eigene Dichte. Sie bringen in Erinnerung, dass diese Linien keinen festgelegten Verlauf nehmen, denkt man nun an die biographischen Weglinien von Menschen oder an die Handlinien, aus denen Wahrsager die Zukunft eines Menschen ermitteln. Wie »der Berge Gränzen« verlaufen diese Linien, also unregelmäßig und anscheinend zufällig wie das Profil einer Gebirgskette, das sich bei günstiger Witterung scharf am Horizont abzeichnet. Dergleichen hatte sich Hölderlin seit seiner Jugend in Nürtingen mit Ansichten von der Schwäbischen Alb eingeprägt. Aber die Linien scheinen nun, so verschieden sie ausfallen und so exakt sie profiliert sein mögen, doch irgendwo einmal abzubrechen, irgendwann sich zu verlieren im Ungewissen.

Und das betrifft die menschliche Existenzfrage: Wer bin ich? Woher komme ich? Wohin gehe ich? Hölderlin antwortet darauf mit dem dritten und vierten Vers seines Gedichts:

Was hier wir sind, kann dort ein Gott ergänzen
Mit Harmonien und ewigem Lohn und Frieden.

Der Ergänzung bedarf, was an sich arm und bedürftig ist, was irgendwann in seinem Lebensverlauf abzubrechen und darum fragmentarisch zu bleiben droht. Solche Ergänzung kann man durch menschlichen Selbsteinsatz herzustellen versuchen, durch geistige Vervollkommnung im individuellen Leben, durch revolutionäre Veränderung auf dem Feld des Politischen. Hölderlin, der sich früher in beiden Horizonten bewegt hatte, war darüber hinweggekommen. Er hatte die verschiedenen Anstrengungen, die so oder so auf ein Programm menschlicher Selbsterlösung hinausliefen, bewusst und entschieden hinter sich gelassen. An ihre Stelle war eine Art von Gnadenerwartung getreten. Sie findet in der dritten Zeile ihren markanten Ausdruck darin, dass es ein »Gott« ist, der diese Lebensergänzung schaffen kann. Das berührt sich mit der christlichen Hoffnung insofern, als Paulus sie nach 1. Korinter 15,52 oder Philipper 3,21 im Bilde einer »Verwandlung« beschreibt: das vergängliche und immer fragmentarisch bleibende Leben (die »Linien des Lebens«) wird von Gott verwandelt, wird ergänzt und geheilt werden zur Ganzheit seiner wesentlichen Lebensgestalt. Dass solches zur Ganzheit »ergänzte« Leben im »Ewigen« ruht, umschreibt der vierte Vers ebenso wie die Einbettung des zukünftigen Lebens in eine neue Gesamtwirklichkeit von »Harmonien« (als Zustand der überwundenen Widersprüche) und von »Frieden« (als Vollendung der Schöpfung in Gottes Schalom).

Die Anklänge an biblisch-christliche Motive und Vorstellungen sind hier, wie in anderen Beispielen bei Hölderlin, unbestreitbar. Sie sind Bestandteil seiner poetischen Religion. Als solche kommen sie freilich nie unmittelbar daher, im Sinne christlicher Bekenntnisaussagen, die lediglich metrisch stilisiert worden wären. Poetische Religion ist mehr und anderes als dies. Sie bezieht sich nicht nur auf die Gestalt, in der ohnehin bekannte Glaubensinhalte mitgeteilt werden können, sondern auf die Grundlagen und die Komposition solcher Inhalte selbst, auf eine originäre Wahrnehmung und Deutung des Religiösen also und auf eine Entdeckung von Sprachmöglichkeiten, um diese Wahrnehmungsweise kommunizierbar zu machen.

In seinen Briefen aus Bordeaux und Lyon an die Mutter hatte Hölderlin, wie wir sahen, keine Schwierigkeiten, sich in der Sprache und Denkweise eines Pietisten mitzuteilen. Warum geschieht das, von jugendlichen Poesieversuchen abgesehen, nirgendwo sonst in seinem Werk, auch nicht während der zweiten Lebenshälfte im Tübinger Turm? Aufs Ganze gesehen liegt das zweifellos an Hölderlins allmählicher Entfaltung seiner poetischen Religion. Aber damit zusammen hängt auch eine, in den Jahren seiner inneren Emigration in Tübingen verschärft hervortretende, schwierige Konstellation seines Lebens: das Verhältnis zu seiner Mutter.

Es war wirklich ein Verhältnis der besonderen Art, zusammengesetzt aus Nähe und Fremdheit, aus Anziehung und Abstoßung, aus Verbundenheit und Widerstand. Die Mutter lebte in der pietistischen Frömmigkeitswelt und hatte keinen sehnlicheren, auch über lange Jahre keinen beharrlicheren Wunsch, als ihren Sohn dort ebenfalls beheimatet zu wissen. Dass er so hartnäckig nicht Pfarrer zu werden gedachte, war ihr letzten Endes unbegreiflich und darum auch unannehmbar. Und so ließ sie kaum eine Gelegenheit verstreichen, dem Sohn jene Weichenstellungen nahe zu legen, die ihn auf ihre eigene Bahn bringen sollten.

Hölderlin hat das natürlich gemerkt und ist dem ausgewichen, immer wieder. Er hat seine Resistenz mit allen Anzeichen einer ausgesuchten Sohnes-Höflichkeit geübt. Aber er musste *seinen* Weg gehen. Er musste diesen Weg finden, indem er sich von der Mutter emanzipierte und von der Welt, in der sie lebte. Dem Druck, der von dort auf ihn ausging, konnte er nur entweder erliegen oder derart entkommen, dass er den ganzen Raum entschlossen hinter sich ließ, der diesen Druck erzeugte. So war die lebensgeschichtliche Ausgangslage beschaffen, die seine poetische Religion gewiss nicht geformt und inhaltlich gefüllt, aber doch kräftig mit angestoßen hat.

Indizien dafür können wir noch (und besonders eindrücklich) dem Briefwechsel aus Hölderlins zweiter Lebenshälfte in Tübingen entnehmen.

Von der Mutter, die ihn anscheinend über 21 Jahre hin bis zu ihrem Tod nie im Turm besucht hat, liegt nur ein einziger Brief an den Sohn vor, datiert vom 29. Oktober 1805, also noch vor der Überführung Hölderlins von Homburg nach Tübingen. Der Brief ist aufschlussreich in doppelter Hinsicht. Einmal, weil die Mutter überhaupt nicht nachzuempfinden vermag, weshalb Hölderlin auf eine innere und äußere Distanz zu ihr gegangen ist: »Vielleicht habe ich Dir ohne mein Wisen, u. Willen Veranlasung gegeben, dass Du empfindlich gegen mich bist, u. so bitter entgelten läsest ...« – Zum andern, weil sie auch jetzt nicht darauf verzichtet, den religiös-moralischen Druck zu erneuern, den sie immer auf ihren Sohn auszuüben bemüht war: »Besonders aber Bitte ich Dich herzlich, dass Du die Pflichten gegen unser l. Gott u Vatter im Himel nicht versäumest. Wir können auf dieser Erde keine grösere Glückseligkeit erlangen, als wan wir bey unserem l. Gott in gnaden stehen« (II, 932).

Hölderlin hat einstweilen gar nicht geantwortet, und zwar bis ins Jahr 1812 hinein, wo er auch nur auf ZIMMERS Betreiben anfing, eine dürftige Korrespondenz mit der Mutter in Nürtingen zu pflegen. Und wenn man diese kurzen, hochgradig formelhaften Brieftexte durchsieht, fällt auf, dass sich neben der von Hölderlin damals an den Tag gelegten übertriebenen Unterwürfigkeit ein Motiv lange durchhält, nämlich der Dank für die mütterlichen Ermahnungen:
- »Ihre so nüzlichen Ermahnungen ...«
- »... die Fortdauer Ihrer Zärtlichkeit und Ihres mir so wohltätigen moralischen Einflusses ...«
- »Wenn Sie mich belehren, wenn Sie zu ordentlicher Aufführung Tugend und Religion mich ermuntern ...«
- »Wie haben Sie recht, mich zu ermahnen ...«
- »Ihre Ermahnungen zur Verehrung eines höhern Wesens ...«

Und wenn diese Beispiele noch nicht hinreichend illustrieren sollten, wie sehr Hölderlin hier seiner Mutter gegenüber zum Mittel der Ironie greift, dann zeigen es die beiden folgenden Belege unmissverständlich:

»Dass ich Sie so wenig unterhalten kann, rühret daher, weil ich mich so viel mit den Gesinnungen beschäfftige, die ich Ihnen schuldig bin.« Und: »Ihr Beispiel voll Tugend soll immer in der Entfernung mir unvergesslich bleiben, und mich ermuntern zur Befolgung Ihrer Vorschriften, und Nachahmung eines so tugendhaften Beispiels.«

Der Fall liegt offen da. Den Einfluss, den die Mutter mit ihrem moralischen und pietistisch-religiösen Programm stets auf ihren Sohn zu nehmen versuchte, möchte sie weiterhin geltend machen. Aber der Sohn hat sich ihr entzogen, im Tübinger Turm noch einmal anders als in den Jahren seiner Entwicklung und Reife zuvor. Jetzt erreicht sie ihn gar nicht mehr, und den Nachdruck, mit dem sie seinem Leben die für sie verbindliche Ordnung und Richtung zu verleihen wünschte, konnte er inzwischen mit leichter Hand abwehren.

Es verhielt sich wahrhaftig nicht immer so in Hölderlins Vergangenheit. Er war seiner Mutter nah und hat eine Fülle von Briefen hinterlassen, die eindrucksvoll zeigen, wie stark seine frühere Verbundenheit mit ihr gewesen ist. Aber daneben ergab sich für ihn die unverzichtbare Aufgabe, ein eigener Mensch zu werden. Die Kräfte und Begabungen empfand er frühzeitig, die es ihm erlaubten, diese Aufgabe anzugehen. Und er hat sie genutzt. Er hat sie so genutzt, dass er eine Dichtung hervorbrachte, die sich weit, unendlich weit von den geistigen und religiösen Horizonten seiner Mutter zu entfernen schien und die doch, auf »exzentrischer Bahn«, wie er das nannte (I, 489), ihre eigenen Wege nehmend und ihre eigenen Wahrheiten entdeckend, eine Berührung mit den Fragen und den Erscheinungsweisen des Religiösen nie aufgegeben hat.

Religiöse Verse

Religiöse Poesie und poetische Religion –
Frühe Bekenntnis-Lyrik

Religiöse Verse hat schon der vierzehnjährige Hölderlin geschrieben, als Seminarist in der Klosterschule Denkendorf.
Aber religiöse Poesie ist eines, poetische Religion ein anderes. Der Unterschied liegt weniger in der Form. Er liegt im Gehalt. Natürlich sind Hölderlins lyrische Versuche in der Seminarzeit unfertige Probierstücke, einfach und anspruchslos. Sie sind wirklich Verse eines Anfängers, der sich übt in Reimen und Rhythmen. Es könnte in seinen jungen Jahren nicht anders sein.
Aber dieser Mangel ist nicht entscheidend. Religiöse Verse mögen auch in weit kunstvollerer Form erscheinen – und bleiben doch Beispiele einer religiösen Poesie, werden deswegen nicht zu Zeugnissen einer poetischen Religion. Hölderlin ist in seinem Werk von der religiösen Poesie ausgegangen und bei der poetischen Religion angekommen. Der Unterschied besteht im Gehalt, und der Gehalt ist die Frucht umfangreicher, auch schmerzlicher Wachstumsschritte.
Die frühen religiösen Gedichte, die von Hölderlin erhalten sind, könnte man als Bekenntnis-Lyrik bezeichnen. Ihr Gegenstand ist ihnen vorgegeben, das christliche Bekenntnis nämlich, und zwar in seiner pietistischen Tönung. Darum trifft nicht zu, dass diese Gedichte sich durch Objektivität in den religiösen Aussagen auszeichneten, während Subjektivität umgekehrt das Kriterium einer poetischen Religion wäre. Denn zur pietistischen Weise des Bekennens gehört immer der Selbsteinsatz des Subjekts, das Aufmerken auf Befindlichkeiten einer frommen Seele.
Es handelt sich aber eben um Befindlichkeiten im sicher gebauten Hause des christlichen Bekenntnisses. Die Fundamente sind klar und unerschütterlich. Die Grenzen zur »Welt«, jenem verhängnisvollen Raum der Gefahr, in dem Abfall von Gott und substantieller Lebensverlust drohen, sind deutlich markiert,

allerdings auch immer wieder einzuschärfen und einzuhalten. Anfechtung ist möglich, sogar zulässig, solange sie durch Schwachheiten der bekennenden Person erklärt wird und nicht mit Schwächen in der Sache, welche bekannt wird. Bekenntnis-Lyrik bekräftigt den vorgegebenen Glauben, sie überschreitet ihn nicht. Sie bewegt sich im Hause der Väter und vollzieht dort keinen Ausbruch.

Ein Beispiel für die religiöse Poesie Hölderlins in seiner Denkendorfer Zeit ist das zweistrophige Gedicht *Das Erinnern*. Es ist inhaltlich wie formal auf den Gegensatz zwischen Sünde und Frömmigkeit gestimmt. Die erste Strophe beginnt:

Viel, viel sind meiner Tage
Durch Sünd entweiht gesunken hinab,

und umgekehrt heißt es am Anfang der zweiten Strophe:

Ach wenig sind der Tage
Mit Frömmigkeit gekrönt entflohn.
I, 13

Die Verse setzen, ganz dem orthodoxen Bekenntnis folgend, auf den Vater der Barmherzigkeit, der alle Sünde durch das Blut des Sohns zu tilgen vermag. Aber sie biegen das Objektive der Bekenntnisaussage zugleich um in die Selbstwahrnehmung des religiösen Subjekts. Dadurch wird aus dem Bekenntnis ein Bußlied. Im Bußlied offenbart der bekennende Mensch sein sündiges Herz und wendet sich so an den vergebungsbereiten Gott. Je radikaler die Einsicht in das Ausmaß der persönlichen Sünde erfolgt, desto größer erscheint das Übermaß göttlicher Gnade. Diese Grundstruktur in der religiösen Selbst- und Weltbeobachtung ist charakteristisch für die pietistische Glaubensweise, in die Hölderlin schon daheim durch Familie und Lehrer und weiter in den kirchlichen Seminaren Denkendorf und Maulbronn eingeführt wurde.

Zwar ist der Bestand von Texten des jungen Hölderlin aus dieser Periode gering. Sie belegen aber in zahlreichen Details, wie stark seine religiöse Lyrik in der Anfangszeit von den anerzogenen Impulsen des pietistischen Geistes bestimmt war. Das hat er getreu wiedergegeben, nicht etwa verwandelt. Er hat die Wertungen übernommen und die Gefühlsregungen nachempfunden, die da ausschlaggebend waren. Und er hat es mit Sprachmitteln versucht, die ihm als geprägte Ausdrucksformen seiner religiösen Umgebung zu Gebote standen.

Da ist die Welt eine »tränenvolle Welt«, die von »Sünde« beherrscht ist und von »Verführung«. Darum wird das Leben, alle »Tugendfreuden« zerstörend, zu einer »Lasterbahn«. Die »Sünde, Dolch der edlen Seelen«, lässt »trübe Seelen« zurück, die ein »banges Seufzen« erfüllt, und alle Hoffnung bezieht sich auf des »Gewissens Schreckensreu«. Sie mag bewirken, dass die »unvollkommne Hülle« des Leibes endlich in Nacht und Grab versinke und ohne sie der »Geist verklärt« werde. – Dies alles sind Motive und Bestandteile einer pietistischen Frömmigkeit, die Hölderlin so in einem einzigen Gedicht (*Das menschliche Leben*, I, 16f) unterbringen konnte.

Aber es geht ja nicht nur um die religiöse Begrifflichkeit, die im Einzelnen verwendet wird. Wichtiger ist die ganze Vorstellungswelt und Lebensdisziplin, die da zum Ausdruck kommen und die der junge Hölderlin erst einmal für sich hat gelten lassen. Eine Welt der Abgrenzungen, der Ausschließungen und der bußfertigen Selbstbezogenheit. Der Leib, nach biblischem Verständnis Inbegriff menschlicher Geschöpflichkeit, wird zur »unvollkommnen Hülle«, die im Grunde nur dazu angetan ist, den Menschen ins Verderben zu ziehen. Und solches Verderben lauert überall. Die Welt ist durchsetzt davon, und es gibt nur einen Weg heraus, nämlich den Weg nach innen, in eine Herzenszuwendung zu Gott, die mit unerbittlicher Gewissensprüfung, mit Reuebereitschaft und Vergebungszuversicht verbunden ist. Es ist eine Lebensorientierung, die die dunklen Stimmungen liebt und befördert. Stark in der Verneinung des Natürlichen, schwach in der Beziehung zu allem Geschöpflichen. Stark in den Formen einer seelischen Zerknirschung und religiösen Selbstverklagung, schwach in der Wahrnehmung und Würdigung des Großen und des Schönen in der sichtbaren Welt.

Wenn man so will: eine religiös organisierte Erlebnisreduktion und Lebenseinschränkung, die der jugendliche Hölderlin zunächst geteilt, bald aber entschieden hinter sich gelassen hat.

Doch hat er dies nicht im offenen Protest getan, nicht in einer radikalen Wende zu einer strikt antireligiösen oder atheistischen Position, sondern in einem mehrjährigen und mehrphasigen Vorgang von Wandlungen, denen er sich aussetzte. Das begann schon in der Maulbronner Seminarzeit, verdichtete sich in Tübingen, entscheidend in Jena und noch einmal später während des ersten und zweiten Aufenthalts in Homburg. Und nie ist ihm die religiöse Frage oder das, was man die religiöse Sehnsucht nennen mag, völlig abhanden gekommen. Auch dort nicht, wo er ihr nicht mehr im Horizont eines religiösen Bekenntnissystems begegnete, sondern im Kontext philosophischer Klärungen. Seine Sprache wandelt sich dann und vordergründig auch die gesamte Thematik. Aber die Frage nach Gott und nach einem sinnbestimmten Leben bleibt, bis in einer späten Wandlung – das sind die Jahre der großen Hymnen – alle Einsicht in einer eigenständigen Neuentdeckung des Christlichen gipfelt. Und dort erscheint dann im Zustand der Reife, was wir Hölderlins poetische Religion nennen.

Religionskritik – um der Religion willen

FRÖMMIGKEIT DES KLOSTERSCHÜLERS – ZU NEUEN UFERN –
RELIGIONSKRITISCHE PASSAGEN – REALE UND IDEALE RELIGION

Aus dem Raum fest geprägter Frömmigkeit hat Hölderlin sich entfernt, weil ihm zunehmend wichtig wurde, was dort ausgeschlossen war: das Ganze des Lebens und die Freiheit der Person.

Das daheim und an seinen Bildungsstätten Erfahrene, wahrhaftig auch Erlittene, hat er jedoch nicht denunziert. Er hat den Abstand gesucht, nicht den Abbruch. Und so sehr es bei dieser Bewegung um eine geistige Wanderschaft in neue Räume ging, so wenig war sie allein eine Sache des Verstandes. Es war der gesuchte Ausweg aus einer existenziellen Enge. Erst hatte er unter den Einflüssen seiner anerzogenen Frömmigkeit gelernt, an sich selbst zu leiden. Dann litt er unter den Bedingungen, die ihm diese Art von Glauben und Leben auferlegten. Der Übergang vom einen zum andern spiegelt sich in den Zeugnissen aus dem Denkendorfer und Maulbronner Seminar.

Die Bemühung des Klosterschülers, ein »rechter Christ« zu sein, hat ihn im November 1785 an NATHANAEL KÖSTLIN schreiben lassen (II, 393f). Der bekleidete in Nürtingen das Amt eines Diakons, damals eine nachgeordnete Pfarrstelle, und hatte Hölderlin in einer wöchentlichen Privatstunde über drei Jahre hin auf das Württembergische Landexamen vorbereitet. Das war jene Prüfung, die zum Besuch der Klosterschulen und anschließend des Theologischen Stifts in Tübingen berechtigte. Hölderlin war diesem Mann zweifellos zugetan. Er spielte für den frühzeitig vaterlos gewordenen Jungen die Rolle eines väterlichen Freundes, und Hölderlin bittet ihn denn auch in seinem Brief: »seyn Sie mein Führer, mein Vater, mein Freund (doch das waren Sie schon lange!)«. Er wendet sich vertrauensvoll an seinen geistlichen Mentor, dem er die Widersprüchlichkeiten seines religiösen Schülerlebens beichtet: ein Beispiel von persönlicher Seelenerforschung, Dokument seines Leidens aus

Religion und an der Religion. Nie wolle es ihm gelingen, »Gefälligkeit und Religion« glücklich zu verbinden, notiert er. Und wenn er auf der einen Seite »viele gute Rührungen« spüre, so ergehe er sich auf der anderen in Menschenverachtung, die ihn ins Einsame treibe. Dann wieder sei er bestrebt, »vor den Menschen zu gefallen, aber nicht vor Gott«, und so laufe es hin und wider, bis er endlich den festen Entschluss gefasst habe, »ein Christ und nicht ein wankelmüthiger Schwärmer« zu sein. Dies durchzuhalten, dabei möge KÖSTLIN ihm behilflich sein.

KÖSTLIN war ein Vertreter des württembergischen Pietismus, und er wird Hölderlins Maßnahmen zur eigenen Gewissensprüfung kaum getadelt haben. Regte er ihn eher an dazu, dann muss er es immerhin so gemacht haben, dass ihre Vertrauensbeziehung nicht gelitten hat. Der Diakon aus Nürtingen war für Hölderlin gewiss eine glaubwürdige Person, die das pietistische Lebenskonzept lehrte und auch selber lebte. Ein Vorbild also. Zwar eines, das nicht geeignet war, ihm das Leben in seiner Fülle und Vielfalt zu erschließen, aber das die Strenge eines religiösen Lebensideals mit Herzlichkeit und Einfühlung zu vermitteln wusste.

Doch dieser Eindruck wurde bald überlagert von anderen Lehrerprofilen, denen Hölderlin in den Klosterschulen begegnete. Dort waren die theologischen und pädagogischen Ziele, wie sie früher namentlich von dem bekannten Denkendorfer Klosterpräzeptor BENGEL vertreten wurden, längst ins schulmeisterliche Fahrwasser geraten. Was einmal »Zucht« hieß im Sinne einer geistlichen Selbstkontrolle, wurde mehr und mehr zur förmlichen Disziplinierung der Schüler. Glaube gerann zur Lehre und sollte doktrinär anerzogen werden. Das Lebendige erschien verformt zu einem Regelsystem christlichen Wohlverhaltens, in das unter Druck eingeübt wurde. Die wenigen kritischen Anmerkungen, die Hölderlin sich dazu während seiner Klosterschulzeit erlaubte, reden eine deutliche Sprache. Im Januar 1787 schreibt er aus Maulbronn an den Freund IMMANUEL NAST, er habe schon als Kind ein Herz besessen, das sich durch eine »wächserne Weichheit« auszeichnete, womit er auf seine besondere Empfindsamkeit anspielt: »aber das haben sie mir genommen«, »eben dieser Theil meines Herzens wurde am ärgsten mishandelt, so lang ich im Kloster bin« (II, 397). Und dann, an denselben Freund gerichtet, im Sommer 1787: »Hier halt' ichs nimmer aus! nein warlich! Ich muss fort« (II, 407).

Tatsächlich ist er dann doch geblieben, hat die reguläre Internatszeit abgesessen und sich trotz des rebellischen Tons, den er sich im Brief erlaubt, den Umständen gefügt. Äußerlich hat er erst einmal hingenommen, was anscheinend nicht zu ändern war. Aber innerlich hat er bereits angefangen, sich zu entfernen. Der geistige Exodus aus dem Milieu einer geordneten und verordneten Religion und aus dem System einer kanalisierten Bildung heraus wurde schon im Maulbronner Seminar eingeleitet, bevor er in Tübingen an Energie und Entschlossenheit gewinnen sollte. Doch vollzog er sich nahezu in der Stille. Es entsprach einfach nicht Hölderlins Art, durch Unwillen oder gar Proteste auf sich aufmerksam zu machen und Autoritäten gegen sich aufzubringen, denen er verpflichtet war. Statt öffentlich aufzubegehren, zog er sich lieber zurück. Das musste keinen resignativen Rückzug ergeben, der alle Hoffnung fahren ließ. Im Gegenteil! Hölderlin war zu Rückzügen imstande, die ihn geistig und seelisch weiterbrachten. Er nahm dann Abstand von Belastungen, um sich innerlich zu regenerieren und die Gewissheit in sich reifen zu lassen für den einzuschlagenden Weg. In dieser Weise scheint er auch einfach fortgegangen zu sein aus der religiösen Heimat seiner Kinderzeit. Fortgezogen ohne Zorn, ja sogar ohne das Bedürfnis, sich selbst und anderen gegenüber Rechenschaft abzulegen über diesen Schritt. Wie einer, der die Hand an den Pflug legt und keinen Grund erkennt zurückzuschauen.

Erst später werden hier und da in Briefen, spärlicher noch in seinem Werk einzelne Mitteilungen greifbar, denen sein Ungenügen an einem Religionsbetrieb zu entnehmen ist, in den er einmal hineinerzogen wurde. Zwei Stellen seien dazu als Beispiel erwähnt. Es handelt sich um eine Hymnenstrophe und um Passagen aus der Tragödie *Empedokles*. In beiden Fällen liegen Hölderlins Religionserfahrungen aus Kindheit und früher Jugend inzwischen über zehn Jahre zurück. Sie werden also aus einem Abstand heraus betrachtet, der keinen unmittelbaren Eindruck, sondern eine reflektierte Bilanz zur Sprache bringt.

Die Hymnenstrophe, die wir heranziehen, entstammt einem Erstentwurf zur *Friedensfeier*. Deren Endfassung wurde erst 1954 in London entdeckt und hat damals Aufsehen erregt, weit über die Grenzen des Fachpublikums hinaus. Zahlreiche Interpretationen in sehr unterschiedlichen Richtungen wurden dazu veröffentlicht. Einig war man sich allerdings in dem Urteil, dass man eines der bedeutendsten Gedichte Hölderlins gefunden hatte und ein hervorragendes Zeugnis seiner poetischen Religion zugleich. Deren wichtigste inhaltliche Bestandteile sind alle darin versammelt. Angefangen von den Hoffnungen, die sich auf die universalen Folgen eines geschichtlichen Friedensschlusses richteten, bis zum Motiv eines anbrechenden Weltenfeiertags, in dem Himmel und Erde, Götter- und Menschenwelt zusammenfinden.

In einem ersten Versentwurf zu dieser *Friedensfeier* steht nun eine Strophe, die uns im Augenblick interessiert. Der gesamte Text beginnt mit den Worten »Versöhnender der du nimmergeglaubt« (I, 356) und gehört wahrscheinlich in Hölderlins Hauptwiler Zeit, Anfang 1801, kurz nachdem Österreich und Frankreich am 9. Februar den Frieden von Lunéville geschlossen hatten. Hölderlin besingt die Ankunft des Friedens, der als »himmlischer« und »seeliger Friede« bezeichnet wird und essentiell weit mehr bedeutet als einen diplomatischen Vertragsschluss. Dieser Friede eröffnet nicht weniger als eine geschichtliche Epiphanie des Göttlichen, das in seinem Wesen eine vereinigende und versöhnende Kraft darstellt.

Und nun, im Angesicht des lange herbeigesehnten Weltenfeiertags, erinnert der Dichter sich an die Feiertage und deren Gestaltung aus seiner Jugendzeit. Das Neue, das jetzt in der Friedensfeier zur Erscheinung kommt, wird also in Beziehung gesetzt zum Vergangenen, das dem Dichter einmal in seine Kindheit schien, von dem er sich aber äußerlich und innerlich weit entfernt hat. So kommt es zu einer Schilderung des sonntäglichen Gottesdienstes, wie Hölderlin ihn in Erinnerung behalten hatte:

Fern rauschte der Gemeinde schauerlicher Gesang,
Wo heiligem Wein gleich, die geheimeren Sprüche
Gealtert aber gewaltiger einst, aus Gottes
Gewittern im Sommer gewachsen,
Die Sorgen doch mir stillten
Und die Zweifel aber nimmer wußt ich, wie mir geschah,
Denn kaum geboren, warum breitetet
Ihr mir schon über die Augen eine Nacht,
Daß ich die Erde nicht sah, und mühsam
Euch athmen mußt, ihr himmlischen Lüfte.

Es ist eine Reminiszenz, die etwas Schillerndes hat und sich der Eindeutigkeit eines Urteils entzieht. Die frühe Gottesdienst-Erfahrung wird kritisch, aber keineswegs rein negativ beschrieben. In den Formen der Liturgie, im Gesang der Gemeinde, in der Sprache der Predigt (»die geheimeren Sprüche«) wirkte durchaus nach, was einmal kraftvoll »aus Gottes Gewittern im Sommer gewachsen« war. Und ganz praktisch und sehr persönlich vermochten in solchen religiösen Feiern Sorgen und Zweifel gestillt zu werden. Aber dies nun doch auf eine undurchsichtige, beinahe magisch anmutende Weise: »Nimmer wußt ich, wie mir geschah.« Der dominante Eindruck aus diesen Gottesdiensten war jedenfalls nicht erhebend, erst recht nicht beseligend, wie das in der *Friedensfeier* vermittelt wird. Er war vielmehr bedrückend. Nicht, weil Religion als solche bedrückend sein müsste, sondern weil die erlebte und erlittene Handhabung von Religion bedrückend ausfiel. In den Schlusszeilen der Hymnenstrophe wird das ganz offenkundig, wenn die Religionsverantwortlichen beschuldigt werden, dem Knaben so früh schon »über die Augen eine Nacht« gebreitet zu haben. Sie haben verhindert, dass er die »Erde« sah mit ihrer Schönheit und die »himmlischen Lüfte« atmen konnte in aller Freiheit, und sie haben es nicht etwa aus Ungeschick oder aus Gleichgültigkeit verhindert, sondern in voller und gezielter Absicht. Religion wurde da eingesetzt als Instrument zur Verdunkelung des Bewusstseins und zur Abschottung vor der Gabenfülle des Lebens.

Derselbe Vorwurf kehrt noch einmal wieder im *Empedokles*, und zwar beim Gegenspieler des Titelhelden, dem Priester Hermokrates. Der entlarvt nun selbst die Strategie seiner priesterlichen Religionsverwaltung, indem er erklärt:

Drum binden wir den Menschen auch
Das Band ums Auge, daß sie nicht
Zu kräftig sich am Lichte nähren.
Nicht gegenwärtig werden
Darf Göttliches vor ihnen
Es darf ihr Herz
Lebendiges nicht finden.
                                I, 841

Die beiden Stellen aus der Hymne und aus dem Drama ergänzen sich und interpretieren sich wechselseitig. Das »Band ums Auge« und die über die Augen gebreitete »Nacht«: Sie sind kein Missgeschick im religiösen Betrieb, vielmehr umschreiben sie dessen verborgenes Programm. Scheinbar, wie der Priester Hermokrates sich selbst und anderen vorzumachen versucht, zur Schonung der Menschen, die sich am »Lichte« zu kräftig nähren könnten. Doch Schonung vor der Übermacht des Göttlichen fällt in die Zuständigkeit der Gottheit selbst, wie Hölderlin mit Traditionen des Alten Testaments weiß, nicht in die Verfügungshoheit einer Priesterschaft. Es ist Kennzeichen der priesterlich domestizierten Religion, dass sie sich in einem höheren Sinne beauftragt sieht, die Menschen zu schützen und zu schonen. In Wahrheit manipuliert sie sie.

Natürlich darf Hermokrates nicht als Abbild irgendeiner Person aus Hölderlins religiöser Vergangenheit aufgefasst werden. Er ist wirklich eine dramatische Gestalt Hölderlins, nicht eine biographische. Aber in diesem Hermokrates versammeln sich doch Elemente einer missbrauchten Religion, die Hölderlin nicht frei erfunden, sondern in seinen Jugenderinnerungen gespeichert hatte. Schon der Name Hermokrates wurde zweifellos mit Bedacht gewählt. Denn Hermes ist Herold aus dem griechischen Pantheon und zugleich der Listenreiche, der Täuscher, der Verlogene. Der zweite Namensbestandteil »kratos« zielt auf seine besondere Mächtigkeit. Hermokrates, der Priester, erscheint so als in der

Täuschung Mächtiger, als »Heuchler«, wie Empedokles ihn dann auch direkt beschimpft. Im Munde des Pausanias, des engen Vertrauten und Schülers von Empedokles, heißt dieser religionsverwaltende Priester noch drastischer der »heiligschlaue Würger« (I, 816): heiligschlau wie Hermes und ein Würger darum, weil er Lebendiges erstickt, denn:

> *Viel hast du gethan, Hermokrates*
> *Solang du lebst, hast manche liebe Lust*
> *Den Sterblichen hinweg geängstiget,*
> *Hast manches Heldenkind in seiner Wieg*
> *Erstikt ...* I, 815f

Eine Spezialität der priesterlich instrumentalisierten Religion ist die Erzeugung von Angst. Wer Angst verbreitet, bereitet den Boden, um herrschen zu können. Die pointierte Wendung, nach welcher der Priester »manche liebe Lust« absichtsvoll »hinweg geängstiget« habe, spiegelt sowohl die eigene Angst als auch das Kontrollmotiv des Priesters. Seine Angst gilt den Vitalkräften des Lebens, welche dionysisch wahrhaftig auch in der Religion am Werke sind. Sie könnten Chaotisches herbeiführen. Darum wird gleichsam Religion gegen Religion eingesetzt, eine beherrschte Religion gegen das Unbeherrschte in der Religion, eine Kontrollinstanz gegen die Entfesselung, Disziplinierung gegen den Rausch.

Empedokles, der im Drama diese andere, sozusagen naturnahe und nicht kontrollierende Seite der Religion vertritt, kann deshalb seinem Gegenspieler vorhalten:

> *Ich kenne dich und deine schlimme Zunft.*
> *Und lange wars ein Räthsel mir, wie euch*
> *Zu ihrem Runde duldet die Natur.*
> *Ach! als ich noch ein Knabe war, da mied*
> *Euch Allverderber schon mein frommes Herz,*
> *Denn wohl hab' ichs gefühlt, in meiner Furcht,*
> *Dass ihr des Herzens freie Götterliebe*
> *Bereden möchtet zu gemeinem Dienst.* I, 785f

Da erscheint noch einmal in strikter Entgegensetzung, was Hölderlins Religionskritik um der Religion willen ausmacht: die

»freie Götterliebe« auf der einen Seite und der »gemeine Dienst« auf der anderen. Gemeiner Dienst, in dem alles seine dogmatische Richtigkeit und seine rituelle Ordnung hat, ist Ausdruck der reglementierten Religion, die das Lebendige zu ersticken droht. Freie Götterliebe kennzeichnet umgekehrt das Echte und Ursprüngliche in der Religion, persönliches Ergriffensein von einer Macht, die nicht niederdrückt, sondern erhöht und beflügelt und empor in den Himmel auf Erden, den Himmel der Freiheit hebt.

Von dieser Stimmung enthält die Erinnerungsstrophe aus dem Hymnenentwurf zur *Friedensfeier* nun gar nichts. Der Gesang, der von der Gemeinde ausgeht und daherrauscht, mutet »schauerlich« an. Ähnlich wie die »geheimeren Sprüche«, die »gealtert« sind. Ihnen fehlt jene »Klarheit«, die sich einstellt, wenn »ein Gott erscheint«, wie es wenige Zeilen vorher heißt. Die Klarheit göttlicher Offenbarung und numinoser Präsenz also, wie sie die Hirten wahrnahmen in der Weihnachtsgeschichte (Lukas 2,9), als göttliche Klarheit – Gottes himmlische *doxa* – sie plötzlich umleuchtete. Wie solche Klarheit oder Herrlichkeit das Merkmal göttlicher Anwesenheit ist, so ist umgekehrt die »Nacht«, die über den Augen liegt, Indiz einer Gottabwesenheit. Schauerlicher Gesang erfüllt einen Gottesdienst, der sich in Zeiten der Gottabwesenheit abspielt, strahlender und aufblühender Gesang dagegen steht im Zeichen des Advent. Wo Gott im Kommen ist, reagiert die Welt mit Gesang.

Dass die gottesdienstliche Feier keineswegs dunkel und bedrückend ausfallen muss, wie Hölderlin aus seiner Kindheit erinnert, zeigt die *Friedensfeier* selbst. Sie tut es prospektiv hinsichtlich des Festes, das bevorsteht. Es gibt bei Hölderlin jedoch ebenso die authentische Gottesdienstfeier im Rückblick, sie reicht in der Erinnerung freilich weit über die persönlichen Erlebnisse hinaus in die frühe Geschichte der Kulturwanderung von Osten nach Westen. Ein Textstück aus der Hymne *Am Quell der Donau* erzählt davon. Und diese Passage bildet nun ein exaktes Gegenstück zu der Erinnerungsstrophe im Entwurf zur *Friedensfeier*. Dabei ist die Hymne ebenfalls im Jahre 1801 entstanden und besingt, was von Asien her kulturstiftend nach

Germanien überging. Hölderlin kann das in zwei Begriffen bündeln. Denn von Osten kamen damals die göttlichen Gaben der »theuern Lehr'« und der »holden Gesänge«. Wohlgemerkt: »holde Gesänge«, aus denen im Lauf der Geschichte und unter den Bedingungen einer reglementierten Religion ein »schauerlicher Gesang« werden sollte. Die Hymne beginnt so:

> *Denn, wie wenn hoch von der herrlichgestimmten, der Orgel*
> *Im heiligen Saal*
> *Reinquillend aus den unerschöpflichen Röhren,*
> *Das Vorspiel, wekend, des Morgens beginnt*
> *Und weitumher, von Halle zu Halle,*
> *Der erfrischende nun, der melodische Strom rinnt,*
> *Bis in den kalten Schatten das Haus*
> *Von Begeisterungen erfüllt,*
> *Nun aber erwacht ist, nun, aufsteigend ihr,*
> *Der Sonne des Fests, antwortet*
> *Der Chor der Gemeinde; so kam*
> *Das Wort aus Osten zu uns ...*   I, 351

Ein ganz anderer Geist und Schwung beseelt diese Verse im Vergleich mit der Erinnerungsstrophe, die so schwerlastig und so bedrückend wirkte. Jetzt erscheint alles wie umgedreht. Das Gealterte macht der Frische Platz, aus dem schauerlichen Gesang wird eine aufsteigende Melodie des Chores, und nichts dämpft die Sinne, nichts belegt die Augen, das Vorspiel bereits ist »wekend« und das ganze Haus »von Begeisterungen erfüllt«. Das ist Religion, wie Hölderlin sie meint und sucht, eine Religion der göttlichen Lebenssteigerung, nicht der menschlich betriebenen Lebensverkümmerung. Der Realgestalt von Religion, die er in seiner Jugend genossen hatte, steht eine Idealgestalt von Religion gegenüber, die einerseits lange vergangen ist, andererseits neu heraufzieht. Und der Dichter begreift sich als Herold und als berufener Agent der wiedererwachten Religion. Seine Religionskritik soll deshalb nicht das Urbild und auch nicht das neu in die Geschichte eintretende Idealbild von Religion treffen, sondern lediglich deren Zerrbild, das beherrschend geworden war. Religionskritik erfolgt nicht anders als um der Religion willen.

In Übergängen

Freiheit – Überrest aus Edens Tagen

MÄNNERJUBEL – DREIGLIEDRIGES GESCHICHTSMODELL – FREIHEITSPATHOS – DAS BEDROHLICHE PFARRAMT – TÜBINGER THEOLOGIE – DIE CHRISTUM ÄRGER TÖDTEN, ALS DIE JUDEN – GEGEN MONARCHIE UND OFFENBARUNGSPOSITIVISMUS

Die Sehnsucht des ausgehenden 18. Jahrhunderts hatte einen Namen. Sie hieß »Freiheit«. Und sie hatte einen Ort, wo sie Gestalt zu gewinnen versprach und von wo sie sich ausbreiten sollte: Frankreich, in den Jahren der Revolution.

Hölderlin hat das Pathos der Freiheit nicht angestimmt, aber er hat darin eingestimmt. Und das schon um die Zeit, als der herzogliche Stipendiat ins Tübinger Stift einzog, Monate bevor in Paris die erste Stunde der großen Revolution geschlagen hatte. Im Spätherbst 1788 verfasste Hölderlin flammende Verse gegen »Despotengerichte« und »Despotenflüche«, die den Aufbruch zur Freiheit nicht hemmen und die Kämpfer für Freiheit nicht einschüchtern könnten. Das Gedicht ist beziehungsreich mit *Männerjubel* überschrieben (I, 57f) und wendet sich in feierlicher Anrede an jene drei Kräfte, deren neue Wirksamkeit den politischen Umsturz herbeiführen müsse: die Gerechtigkeit, die Freiheit und die Vaterlandsliebe.

Die Gerechtigkeit wird als erhabene Tochter Gottes apostrophiert, die den »Dreimalheiligen« von Anbeginn umstrahlte und die auch am »Tage der ernsten Gerichtsposaune« um ihn sei. Geschichtliche Gegenwart erscheint demnach eingespannt in eine Gottesgeschichte, die – mit Anspielung auf die prophetische Vision in Jesaja 6 – von den Anfängen im Paradies bis zum Zielpunkt im Endgericht reicht. Und gerade jetzt hebt diese endzeitliche Geschichte an. Wenn die Gerechtigkeit, die Gott umschwebt wie ein himmlischer Saraph, sich durchsetzt auf der Erde und unter den Völkern, dann müssen die Gewaltherrschaften stürzen. Deren Wut erweist sich als die verzweifelte Agonie ihres Endes, und »es lachen Ihrer die Söhne der Töchter Gottes«, die heroischen »Männer«. Sie nehmen den bevorstehenden

Umsturz bereits im Jubel vorweg und sind erfüllt vom Geist der »Töchter Gottes«, eben der Gerechtigkeit, der Freiheit und der Vaterlandsliebe. Ihr Lachen über den Fall der Tyrannen entspricht – eine zweite biblische Anspielung – dem Lachen Gottes, der über die Könige und Fürsten spottet, die gegen ihn und seinen Gesalbten aufbegehren (Psalm 2).

In der Mitte zwischen den Gottestöchtern der Gerechtigkeit und der Vaterlandsliebe steht die Freiheit, und der junge Hölderlin ruft sie an mit den Worten:

Und du, o Freiheit! heiliger Überrest
Aus Edens Tagen: Perle der Redlichen!

Nur einen Überrest bildet sie noch, diese Freiheit, mit Heimatrecht bei den Redlichen, ansonsten wurde sie geschlagen, verbannt und zugrunde gerichtet. Um ein hohes Gut handelt es sich, das aus der Ursprungsgeschichte der Menschheit stammt. Und der Weg nach vorn, der im Freiheitskampf nun beschritten wird, verspricht endzeitlich in Kraft zu setzen, was vorzeitlich – in »Eden« – einmal war.

Damit taucht in diesem frühen Gedicht Hölderlins erstmals jenes geschichtstheologische Verlaufsschema auf, das er in seinem Denken beibehalten hat und in der Grundierung seines poetischen Werks fortentwickeln sollte. Gemeint sind die drei Phasen einer Ursprungszeit, einer Verfallszeit und einer kommenden Heilszeit. Diese dreifache Periodisierung der Menschengeschichte geht auf JOACHIM VON FIORE zurück, der im 12. Jahrhundert die Wirksamkeit des dreieinigen Gottes im Ablauf der Geschichte nachzuweisen versuchte. Er gliederte die gesamte Gottes- und Menschengeschichte in drei aufeinander folgende Zeiten: das Reich des Vaters, das Reich des Sohnes und das Reich des Geistes. Über JOHANNES COCCEJUS und seiner Theologie der göttlichen Bundesschlüsse fand diese Theorie der Geschichtsperioden Eingang in den schwäbischen Pietismus bei BENGEL und OETINGER, aber auch in aufklärerische Geschichtsbetrachtungen und in LESSINGS sowie HERDERS Programme einer allgemeinen Erziehung des Menschengeschlechts. Hölderlin hat davon vermutlich schon bei seinen Lehrern in Nürtingen gehört. Seine nähere Beschäftigung mit HERDER und seine Gespräche mit HEGEL im Tübinger Stift haben bewirkt, dass dieses Grundschema eines dreigliedrigen Geschichtsablaufs in seiner Vorstellungswelt beheimatet wurde.

Das wird bereits ein Jahr später erkennbar, 1789, als Hölderlin im Stift seine *Tübinger Hymnen* schrieb. Sie sind, stärker noch als der *Männerjubel*, in Form und Gehalt am Vorbild SCHILLERS orientiert, den Hölderlin glühend verehrte. Auch die Hymne *An die Freiheit* lebt von Impulsen, die SCHILLER zu verdanken waren, und sie bedient sich ebenfalls der erwähnten dreigliedrigen Geschichtsschau. Weit zurück in seligen Vergangenheiten liegt das »Paradies«, die Ursprungszeit eines Lebens in ungeteilter Liebe und Unschuld. Darauf folgt eine Zeit des Abfalls, ausgelöst durch die verhängnisvolle Macht des »Übermuts«, in welcher unschwer das hybride Seinwollen wie Gott aus der Erzählung vom Sündenfall wiederzuerkennen ist. Diese Zeit reicht bis in die Gegenwart. Aber jetzt steht die entscheidende Zäsur der Zeiten bevor. Jetzt ist Wendezeit, und Hölderlin unterstreicht das in seinem Gedicht mit einem geradezu inflationären Gebrauch des Wörtchens »neu«. Das »neue niegenoss'ne Leben« ist jetzt im Anbruch; es schafft »neuen glühenden Entschluß« und einen »neugeschaff'nen Sinn«. »Schon beginnt die neue Schöpfungsstunde« (das Alte ist vergangen, Neues ist geworden, erklärt Paulus über die Neuschöpfung in 1. Korinther 5,17). – Die »neuen Brüder« stehen bereit, um das alte Gut »neuerkauft« zu empfangen. Und in und mit dem allen leuchtet dem hymnischen Sänger ein »freies kommendes Jahrhundert« entgegen.

Die kräftig heraufziehende und feierlich erwartete Zeitenwende wird eine Wende zur Freiheit sein. Was im Ursprung war, kommt am Ende neu. Die Geschichte ist dabei, die Schwelle zu übertreten, die den Raum zu ihrer Vollendung öffnet. Und Freiheit soll die allgemeine Signatur dieser neuen Epoche werden.

Hölderlin hat das mit jugendlichem Überschwang so gesehen und so erhofft, als die Revolution in Paris ihren Anfang nahm.

Er hat sie begrüßt und auf ihren Erfolg gesetzt, der von menschheitsgeschichtlicher Bedeutung sein sollte. Zu Beginn der Koalitionskriege gegen Frankreich hat sich diese Stimmung noch einmal verstärkt. »Es muß sich also bald entscheiden«, schreibt er aus Tübingen an seine Schwester Rike, Juni 1792. »Glaube mir, liebe Schwester, wir kriegen schlimme Zeit, wenn die Oestreicher gewinnen. Der Misbrauch fürstlicher Gewalt wird schröklich werden. Glaube das mir! und bete für die Franzosen, die Verfechter der menschlichen Rechte« (II, 489).

Mit seiner Haltung und in der Einschätzung der politischen Vorgänge war Hölderlin freilich nicht allein. Er war in dieser Hinsicht auch keineswegs originell. Im Tübinger Stift und in seinem Freundeskreis dachten etliche wie er, man saß zusammen und besprach und deutete die Ereignisse und riskierte es, Sympathien für die französische Sache an den Tag zu legen. Und Gemeinsamkeit bestand überdies in der Erwartung, dass die Revolution sich nicht auf eine bloße Veränderung der politischen Strukturen beschränken werde. Sie musste eine grundlegende Veränderung des Geistes, des allgemeinen Bewusstseins auslösen. Eine Befreiung nicht allein von äußeren Ketten, die dem Leben angelegt waren, sondern eine tiefer reichende Befreiung, welche auch die inneren Zwänge und das Leiden an tödlichen Festgelegtheiten überhaupt betreffen sollte.

Insofern war die Sehnsucht, die in eine äußere und innere Freiheitsbewegung einströmte, außerordentlich komplex. Sie bezog alle Gestalten und Umstände des Lebens ein. Sie rüttelte an den Mauern und Zäunen der politischen Ordnung, setzte neue Maßstäbe für die Aufgaben in Pädagogik und Bildung, erschütterte die traditionellen Grundlagen in Philosophie und Theologie und verlangte nach einer Dichtung, in welcher die neue Zeit sich wie in einem Spiegel wiedererkennen könnte.

Hölderlin hat diesen Generalaufbruch zu neuen Ufern in Tübingen leidenschaftlich mitvollzogen. Wer da im Kreis der Stiftsfreunde, der NEUFFER, MAGENAU, etwas später auch der HEGEL und SCHELLING, jeweils der Gebende und wer der Nehmende war, ist im Einzelnen kaum zu ermitteln. Hölderlin war jedenfalls, neueren Untersuchungen zufolge, auch in philosophischer Hinsicht einem HEGEL gegenüber keineswegs nur Empfänger und Gefolgsmann. Er hat in kritischer Eigenständigkeit seine Position gefunden und damit auch HEGEL beeinflusst.

Doch die Resultate seiner Klärungsbemühungen sind eines, die Motivationen zu seinen Aufbruchsversuchen aus alten Festlegungen ein anderes. Man versteht die Ergebnisse seines Denkens und Dichtens in dieser Lebensphase nicht, wenn man die Energien außer Acht lässt, die ihn von Beginn seiner Tübinger Tage an geistig in Bewegung gesetzt haben. Äußere Umstände wie der politische Aufstand in Paris oder der stimulierende Freundschaftsbund im Stift haben ihn zweifellos angeregt und angestoßen. Aber sie konnten doch nur ihre Wirkung haben, wenn ihnen aus Hölderlins geistigseelischer Anlage entgegenkam, wonach ihn selbst vehement verlangte. Warum konnte er das Erhoffte als »Rettung« bezeichnen, betont mit diesem alten biblischen Schlüsselwort? Warum wurde dem Theologiestudenten dieser Jahre die Aussicht auf eine künftige Tätigkeit im Pfarramt immer bedrückender? Worauf wollte er denn, einvernehmlich zunächst mit dem Studienfreund HEGEL, mit der biblischen Hoffnungschiffre »Reich Gottes« hinaus? Und vor allem: wie konnte er FICHTE mit seiner komplizierten Ich-Philosophie derart begeistert aufnehmen, dass er seine persönliche Nähe in Jena suchte und poetisch verarbeitete, was er bei ihm zu lernen anfing?

Dass dies alles Suchbewegungen ergab, die Hölderlin seit 1789 unternommen hat, ist klar. Aber was hat ihn dazu bewegt? Was waren die inneren Triebkräfte, die ihn diesen Weg nehmen ließen?

Das Modewort der Epoche – Freiheit – wirkt plakativ, weil es so vielseitig anwendbar ist. Aber es erfasst, steuert und verbindet auch grundlegende Leiden und Leidenschaften. Hölderlin suchte Befreiung schlechthin, Befreiung aus allen Festgelegtheiten, denen er sich ausgesetzt sah.

Und in diesem Zusammenhang spielen seine Anstrengungen, den religiösen und theologischen Einkapselungen seines Lebens zu entkommen, keineswegs eine untergeordnete Rolle.

Beachtlich sind seine Äußerungen zum pfarramtlichen Dienst, auf den er in Tübingen vorbereitet wurde. Sie erfolgen verstreut über Jahre hin, mehrheitlich in Briefen an seine Mutter. Ab und zu lenkt er ein, hält seine berufliche Zukunft in einer schwäbischen Pfarrgemeinde für denkbar, allerdings deutlich als Konzession an die Gegebenheiten, die die Wahl eines Brotberufs unausweichlich machen, und zur Dämpfung der mütterlichen Ungeduld, die den zögernden Kandidaten partout in einem geeigneten Pfarramt unterbringen wollte. Sie folgte damit nicht allein ihrem geistlichen Antrieb, sondern auch ihrer wirtschaftlichen Vernunft: einem ehemaligen Stiftler, der nicht in den württembergischen Kirchendienst eintrat, drohte nämlich die Rückzahlungspflicht seines Ausbildungsstipendiums[11]. Konkrete Angebote für eine Pfarrstelle hat die Mutter ihm mehrfach unterbreitet, aber Hölderlin hat sich jedes Mal entzogen. Er befürchtete eine Anbindung, die er nicht wollte. Das ging so weit, dass er, um eine von der Mutter betriebene Einheirat in ein Pfarrhaus definitiv auszuschließen, auch gleich auf die Ehe selbst, jedenfalls einstweilen, dankend verzichtete: »Ein ruhiger Ehemann ist eine schöne Sache; nur muß man einem nicht sagen, dass er in den Hafen einlaufen soll, wenn er von seiner Fahrt die Hälfte kaum zurükgelegt hat« (II, 646f).

Gepredigt hat er gelegentlich in den Ortschaften des Tübinger Bezirks, aber das war Bestandteil der Theologenausbildung und keine persönliche Vorliebe. Er hat die Aufgabe erledigt, wie er sein Studium erledigt hat: gewissenhaft, aber leidenschaftslos. Nach den religiösen Bindungen, die er daheim und in den Klosterschulen erlebt hatte, waren es jetzt die dogmatischen Engpässe, die ihm in Tübingen zu schaffen machten. Es sei schon arg, schreibt er im August 1793 an den Bruder, »an der Galeere der Theologie zu seufzen« (II, 502).

Man könnte das als vorübergehenden Missmut eines Studenten werten, der seine Kräfte im freien Flug der Poesie üben möchte, statt sie im Studium dogmatischer Lehrbücher hart an die Kandare nehmen zu müssen. Zweifellos hat dies auch eine Rolle gespielt, denn die Studienangebote im Stift waren tat-

---

11 Vgl. Hölderlin-Handbuch. Leben-Werk-Wirkung, hg. von Johann Kreuzer, 2002, S. 21.

sächlich so übel nicht, wie aus späteren Äußerungen Hölderlins und insbesondere aus abfälligen Urteilen seines Freundes SCHELLING geschlossen werden könnte. In der philosophischen Ausbildungsphase hatte man die Auseinandersetzung mit KANTS Vernunftkritik aufgenommen, und dies keineswegs nur in einer Grundhaltung von Abwehr. JOHANN FRIEDRICH FLATT, dessen Kolleg Hölderlin besuchte, zunächst im philosophischen, dann auch im theologischen Fach, vermittelte KANTS Theorien und versuchte, ihr Recht ebenso wie ihre Grenzen aufzuzeigen. Eine erste Einführung in die Erkenntnistheorie, aber auch in die Metaphysikkritik und die Religionsauffassung des Königsberger Philosophen hat Hölderlin gewiss an dieser Stelle erfahren. Freilich war FLATT kein Kantianer, aber doch gut bewandert in den aktuellen Debatten, die Diskussion um LESSINGS Spinozismus und um die Entgegnungen JACOBIS eingeschlossen. Es war also durchaus nicht allein verstaubte Orthodoxie, die dem Studenten Hölderlin in Tübingen entgegentrat, nicht bei FLATT und auch nicht bei GOTTLOB CHRISTIAN STORR, der als eigentlicher Kopf der damaligen theologischen Fakultät galt, und nicht einmal bei JOHANN FRIEDRICH LEBRET, der neben seinem Ordinariat noch das Amt des Universitätskanzlers in Tübingen und eines Mitglieds im herzoglichen Konsistorium bekleidete.

Mit LEBRETS Tochter Elise war Hölderlins Verbindung während seiner Tübinger Zeit im Übrigen herzlicher und intensiver gewesen als mit deren Vater. Er hat später noch brieflichen Kontakt zu ihr gehalten, dies jedoch bei wachsender innerer Distanz, weil die Professorentochter seine wirklich große Liebe nie gewesen war und die Beziehung zusehends ermattete. Aus Jena konnte Hölderlin dann im Dezember 1794 seiner Mutter schreiben, dass es für ihn nicht wünschenswert sei, »ein engeres Verhältnis mit ihr geknüpft zu haben« (II, 558). Und NEUFFER gegenüber nennt er die Freundschaft mit Elise im Oktober 1795 sogar »dieses bisarre Verhältniß, das Du kennst« (II, 597). Am Ende entlässt er im September 1799 die »gute Lebret« wohlwollend und erleichtert in deren Ehe mit Pfarrer Ostertag: »Sie wird glüklicher mit ihm seyn, als sie es mit mir geworden wäre« (II, 810).

LEBRET hat Hölderlin also gehört in Tübingen, vermutlich mehr aus Pflicht als aus Neigung, ebenso STORR, der sich, ähnlich wie FLATT, um eine zeitgemäße Form evangelischer Lehre bemühte. Das bedeutete eine neue Position gegenüber Inhalten und Methoden der protestantischen Orthodoxie, die ihrerseits freilich mit dem Kompendium von SARTORIUS, das im Stiftslocus jährlich »durchgekaut werden musste«[12], nach wie vor im Schwange war. Hölderlin muss, dem regulären Studiengang folgend, die Prozedur dieser dogmatischen Pflichtlektüre nicht weniger als dreimal mitgemacht haben. Der neuere, nun von STORR eingeschlagene Weg versuchte theologisch in Anknüpfung und Widerspruch das geistige Niveau der Zeit zu halten und supranaturalistische Nischen zu besetzen, die sich bei kritischer Prüfung der kantischen Erkenntnislehre zu ergeben schienen. Hauptargument wurde die nötige Einschränkung von KANTS Verstandesprinzipien auf solche Gegenstände, die der sinnlichen Erfahrung zugänglich sind. Denn damit ließ sich ein Freiraum für übernatürliche Offenbarungswahrheiten reklamieren, wie sie biblisch bezeugt waren und im Phänomen des Wunders ihr augenfälliges Konzentrat bildeten. Solche Offenbarungszeugnisse mit den Mitteln der Vernunftkritik in Frage zu stellen, konnte als unzulässige Grenzüberschreitung erkannt und verworfen werden. Wie der Schuster bei seinem Leisten, so sollte die menschliche Vernunft tunlichst innerhalb ihrer Grenzen verbleiben. Sie mochte dann zu Urteilen kommen bei allem, was als Weltwirklichkeit in Erscheinung trat. Aber sie verließ den Raum ihrer Zuständigkeiten, sobald sie sich anschickte, auch über Dasein und Wesen Gottes und über Inhalte seiner Offenbarung Regeln des Möglichen oder Unmöglichen aufzustellen.

Hölderlin hat diese Art einer modernisierten Kirchenlehre bei supranaturalistischem Vorbehalt während seiner Tübinger Studienzeit im Wesentlichen akzeptiert. Er hat sie jedoch eher hingenommen als aus eigener Überzeugung bekräftigt. Begeistern konnte sie ihn ohnehin nicht. Dass KANT mit seinem

---

12 Martin Brecht, Hölderlin und das Tübinger Stift 1788–1793, in: HJb 1973/74, S. 42.

Denken nicht einfach unterschlagen wurde, hat er anscheinend honoriert; zugleich aber auch empfunden, dass KANT theologisch domestiziert werden mochte, um auf diese Weise alte Autoritäten zu stützen, denen er mit seiner Kritik den Boden bereits entzogen hatte. Mit dem Ergebnis mochte Hölderlin sich auf weitere Sicht nicht zufrieden geben. Und es zeigte sich sehr bald, dass er sich veranlasst sah, seine KANT-Studien auf eigene Faust zu vertiefen und dem theologisch unverkürzten Geist der Zeit, wie er sich in Jena präsentierte, näher zu rücken. Je klarer sich dieser Weg vor seinen Augen abzeichnete, desto abweisender wurde seine Haltung im Rückblick allem theologischen Schulbetrieb gegenüber. Zwar wollte er auch jetzt nicht eigentlich aus der Religion heraus, wohl aber aus dem Gefängnis, in das sie, aufs Ganze gesehen, eingesperrt schien, wodurch ihr die Freiheit geraubt und Fesseln der Dirigierbarkeit angelegt wurden.

Was da vorging in ihm, beschreibt Hölderlin rückschauend in aller wünschenswerten Klarheit. Das geschieht in einem Brief an die Mutter vom Januar 1799. Beachtlich ist, dass diese Bemerkungen in einem Kontext stehen, wo Hölderlin seiner Mutter Rechenschaft zu geben versucht über sein Verhältnis zur Religion. Die Gretchenfrage also. Das war eine delikate Aufgabe insofern, als Hölderlin recht genau wusste, welche Auskünfte die Mutter zu welchem Ziel und Ende von ihm tatsächlich erhoffte. Ein orthodoxes Bekenntnis abzuliefern, widerstrebte ihm freilich. Und so stellt er denn in Aussicht, ihr »bei mehrerer Muße ein vollständiges Glaubensbekenntniß abzulegen« (II, 734). Eines freilich kann und will er schon jetzt festhalten:

»Aber die Schriftgelehrten und Pharisäer unserer Zeit, die aus der heiligen lieben Bibel ein kaltes, geist- und herztödtendes Geschwäz machen, die mag ich freilich nicht zu Zeugen meines innigen, lebendigen Glaubens haben. Ich weiß wohl, wie jene dazu gekommen sind, und weil es ihnen Gott vergiebt, dass sie Christum ärger tödten, als die Juden, weil sie sein Wort zum Buchstaben, und ihn, den Lebendigen, zum leeren Gözenbilde machen, weil ihnen das Gott vergiebt, vergeb' ichs ihnen auch. Nur mag ich mich und mein Herz nicht da blos geben, wo es mißverstanden wird, und schweige deßwegen vor den Theologen von Profession (d. h. vor denen, die nicht frei und von Herzen, sondern aus Gewissenszwang und von Amtswegen es sind)« (II, 734f).

Das ist eine ebenso glutvolle wie deutliche Abrechnung mit dem Theologiebetrieb, von dem er sich äußerlich und innerlich abgewendet hatte. Die Tragödie der Theologie ist ihre babylonische Gefangenschaft unter dem Wächteramt der Kirche. Die »Theologen von Profession« sind selbst gefangene Gefängniswärter der Religion, sie sind »nicht frei« und unterliegen einem »Gewissenszwang«, der sie autoritativ sagen und lehren lässt, was nicht »von Herzen« kommt. Auf diese Weise werden sie weiter zu öffentlich anerkannten Totengräbern der Religion, weil sie das Lebendigste, das nur in Freiheit lebendig bleiben kann, zu Tode strangulieren. Aus der »heiligen lieben Bibel« wird kaltes Geschwätz, und der lebendige Christus wird getötet, damit man ihn als handhabbares totes Götzenbild nach jeweiligem Bedarf in Gebrauch nehmen kann.

Was Hölderlin hier in zorniger Kritik zusammenstellt, atmet noch immer den Geist der Freiheit, der ihn im Stift ergriffen hatte. Der Ausbruch aus den starren Gebilden, in denen die Religion förmlich eingefroren schien, sowohl in autoritären Frömmigkeitsformen als auch in einem dogmatisch engbrüstigen Lehrbetrieb, bedeutete für Hölderlin keinen Ausbruch aus der Religion schlechthin. Das wäre ihm so absurd vorgekommen wie der versuchte Ausbruch aus dem Leben selbst. Aber Freiheit brauchte das Leben, und Freiheit brauchte auch die Religion. Wo sie ihr genommen wurde, erkannte Hölderlin keinen Grund, länger zu verweilen.

Es liegt auf der Hand, dass diese Kritik an der Theologenprofession auch direkte Auswirkungen auf seine Einschätzung des Pfarramts haben musste. Sollte er etwa werden, was andere zum Unglück der Religion längst geworden waren? Im April 1798 kann er darum der Mutter, wieder einmal in Abwehr ihres Drängens auf ein Pfarramt hin, sehr trocken und sehr entschieden entgegenhalten, er sei nicht gewillt, sein »Brod zu verdienen auf der Kanzel, die ich nicht betreten mag, weil sie zu himmelschreiend entweiht wird« (II, 686). Sein Anspruch an

Wahrheit und Wirkung dessen, was als Religion bezeichnet wird, ist denkbar hoch. Was er landauf, landab antrifft, genügt ihm nicht. Seine Erwartungen reichen weiter. Wenn die Sehnsucht darauf zielt, an Offenbarungen teilzuhaben, muss die Enttäuschung gewaltig sein, bloß mit Fertigwaren abgespeist zu werden.

Eine Stelle in Hölderlins Briefen liefert in dieser Beziehung noch einen interessanten Aufschluss. Sie begegnet in einem Schreiben an SINCLAIR vom Heiligabend 1798, in welchem er unter anderen mitteilt, dass er gerade den DIOGENES LAERTIUS lese, der für seine Arbeit am *Empedokles* wichtig wurde. Auch hier vertritt Hölderlin die Losung der Freiheit, das Unabdingbare einer »eigensten, freiesten Thätigkeit« (II, 723), und untermauert dies mit dem Satz, es sei »die erste Bedingung alles Lebens und aller Organisation, dass keine Kraft monarchisch ist im Himmel und auf Erden« (ebd).

Das ist nicht allein ein politischer Satz und als solcher in den Jahren der Revolution einleuchtend. Er wird vielmehr zu einem theologischen Satz dadurch, dass ausdrücklich auch »im Himmel« keine monarchische Kraft walten könne. Deshalb ließe sich Hölderlins Satz durchaus lesen und verstehen als Plädoyer für die Wahrheit und sogar für die politische Relevanz einer christlichen Trinitätslehre, gegen einen monarchisch angelegten Monotheismus. Aber dazu äußert er sich nicht. Worum es ihm geht, das ist die Qualität von »Offenbarung«. Sie kann nach seinem Verständnis nicht singuläre Selbstmitteilung eines einzigen himmlischen Herrschers sein. Und sie kann vor allem nicht die autoritative Veranstaltung eines Gottes sein, der im Augenblick seiner Offenbarung die Freiheit des Menschen vernichtet, so dass dieser nur untätig hinzunehmen vermöchte, was da über ihm und für ihn geschieht. Entsprechend nennt Hölderlin es in seinem Brief ein »Unding«, »eine positive Offenbarung (anzunehmen), wo der Offenbarende nur alles dabei thut, und der, dem die Offenbarung gegeben wird, nicht einmal sich regen darf, um sie zu nehmen, denn sonst hätt' er schon von dem Seinen etwas dazu gebracht« (ebd).

Die Bemerkung mutet an wie ein pointierter Beitrag zur neueren Debatte um KARL BARTHS Theologie der Selbstoffenbarung Gottes. Und die kritische Anfrage an das, was Hölderlin hier »positive Offenbarung« nennt, scheint nicht allzu weit entfernt zu sein von BONHOEFFERS später Reserve gegen einen christlichen »Offenbarungspositivismus«. BONHOEFFER hatte sich in Briefen aus dem Untersuchungsgefängnis Berlin-Tegel mehrmals kritisch zur Theologie BARTHS geäußert und unter anderem bemerkt: »Der Offenbarungspositivismus macht es sich zu leicht, indem er letztlich ein Gesetz des Glaubens aufrichtet und indem er das, was eine Gabe für uns ist – durch die Fleischwerdung Christi! – zerreißt«[13].

Selbstverständlich sind die geistigen und die geschichtlichen Kontexte der Aussagen von Hölderlin und von BONHOEFFER nicht zu vergleichen. Aber neben der auffälligen Übereinstimmung in der Begriffswahl berühren sie sich jedenfalls auch in der Sache. Und zwar an der Stelle, wo Freiheit bedroht zu sein scheint; die Freiheit des Menschen ebenso wie die Freiheit dessen, was bei beiden als »Offenbarung« bezeichnet wird. BONHOEFFER möchte vermeiden, dass daraus ein »Gesetz des Glaubens« gemacht wird. Hölderlin wehrt sich in ähnlicher Weise – um der lebendigen Wirksamkeit aller Offenbarung willen – gegen deren vermeintlichen Automatismus, dem sich dann der Mensch nur im Gehorsam fügen könnte. Doch genau in demselben Maße, wie er sich fügt, erlebt er auch nichts mehr. Was Offenbarung sein soll, bringt – als autoritative Setzung – nichts wirklich in Bewegung. Solche Offenbarung ist nicht interessiert an menschlichen Erfahrungen, und die menschlichen Erfahrungen bleiben unberührt von Offenbarung. Religion wird so zu einer geschlossenen Konserve, und wer den echten Hunger nach Religion verspürt, findet keinen Zugang und keinen Inhalt, um gesättigt zu werden.

Vermutlich darf man die Klage Hyperions, die er erhebt als einer, der weit gereist war, um »Wahrheit« zu suchen, auf

---

13 Brief vom 5.5.1944, in: Widerstand und Ergebung, Dietrich Bonhoeffers Werke Bd. VIII, 1998, S. 415f.

diesem Hintergrund auch als Klage über den Niedergang der Religion begreifen: »Perlen wollt' ich kaufen bei Bettlern, die ärmer waren, als ich, so arm, so begraben in ihr Elend, dass sie nicht wussten, wie arm sie waren, und sich recht wohl gefielen in den Lumpen, womit sie sich behangen hatten« (I, 490).

Suchen nach Wahrheit

Ehrgeiz und Streben – Transzendieren ohne Transzendenz?

Was sollte er nun machen? Sein vergangenes Leben hatte er abgestreift wie eine Schlangenhaut, die ihm zu eng geworden war. Auch im Tübinger Stift fühlte er sich unwohl, klagte übers Essen, die Unterkunft. Und über den Geist, den offiziell verbreiteten, der folgsam und gelehrig inhaliert werden sollte. Zu seinem Glück wehte immerhin noch ein anderer, neuer Geist und erfrischte die Köpfe der Freunde und erwärmte ihre Herzen. Doch wo sollte man hin mit diesem befreienden Geist, der viel versprach, aber noch keine Stätte gefunden hatte auf der Erde? Einstweilen nährte er weiter das Sehnen, das vorher schon in ihm lebendig gewesen war.

Früher hatte er's wahrgenommen als seinen Ehrgeiz. Solcher Ehrgeiz ist eine erste, durchaus pubertäre und narzisstisch bestimmte Form, in welcher das Sehnen seiner selbst noch nicht bewusst geworden ist:

Ists heißer Durst nach Männervollkommenheit?
Ists leises Geizen um Hekatombenlohn?
Ists schwacher Schwung nach Pindars Flug? ists
Kämpfendes Streben nach Klopstocksgröße?

So fragt Hölderlin 1787 im Gedicht *Mein Vorsaz* (I, 43f). Hinaus will er über das Niveau und über die Grenzen seines jugendlichen Lebens, hinaus und hinauf aus der Niederung auf die Höhe, aus der Unbedeutendheit zum Ruhm, und da kommen ihm die Namen der Verehrung in den Sinn, Pindar und Klopstock, zu denen er aufschaut, zu denen er aber auch aufstrebt.

Freilich, bei einem wie Hölderlin regt der Ehrgeiz sich niemals ohne sein Gegenteil. Bei den Robusten mag das geschehen, bei Unempfindlichen im Grunde, dass Ehrgeiz sie fortreißt ohne jeden Widerstand. Hölderlin spürt, wo Ehrgeiz ihn nach oben zieht, bald auch das Gegenteil, den trüben Sinn, die Melancholie. Er findet zahlreiche Begriffe dafür, nennt es Lebensüberdruss (II, 451) oder seine Grillen und Launen (II, 454) oder seinen Schmerz (I, 31). Und es ist kein Zufall, sondern eine innere Konsequenz, dass auf die eben zitierten, vom Ehrgeiz eingegebenen Verse in der nächsten Strophe die resignierte Feststellung folgt:

Ich erreich' ihn nie den
Weltenumeilenden Flug der Großen.

Im Ehrgeiz schlägt sich ein Sehnen nieder, das seiner selbst noch nicht bewusst geworden ist. Ehrgeiz ist darum immer affektiv selbstbezogen und in solcher Selbstbezogenheit nicht sicher vor dem Absturz in Selbstzweifel. Das mochte sich bei Hölderlin noch verschärfen dadurch, dass eine Neigung zum Selbstzweifel ihm auch durch seine religiöse Herkunft mitgegeben war. Sein aufbrechender Ehrgeiz bildete eine unbewusste Rebellion gegen die religiöse Kultur des Selbstzweifels, die ihm eingeimpft worden war. Und umgekehrt holte ihn diese verinnerlichte Kultur des Selbstzweifels auch regelmäßig von den Aufschwüngen zu höheren Ehren zurück und warf ihn auf den Boden der Zerknirschung und der Erbärmlichkeit.

Es erscheint keineswegs abwegig zu vermuten, dass FICHTES Philosophie des absoluten Ich für Hölderlin so attraktiv werden konnte, weil sie eine Befreiung verhieß. Sie schien eine Lösung anzubieten, die aus dem spannungsvollen Gegensatz von Ehrgeiz und Selbstzweifel herausführte, indem sie das Ich auf einen unbedingt verlässlichen und seiner selbst gewissen Grund stellte. So hätte die philosophische Anstrengung, die Hölderlin unternahm, nicht einfach einem allgemeinen Erkenntnisinteresse gegolten, sondern hätte auch im Dienst eines existenziellen Klärungsbedarfs gestanden, der für ihn an der Zeit war.

Bevor wir diesem Weg Hölderlins zu FICHTES Denken und durch dessen Denken hindurch folgen, müssen wir aber einen Schritt beachten, den er zuvor getan hat. Das ist der Schritt vom ehrgeizigen Wünschen zum substanziellen Suchen. Gemeinsam ist beidem der Drang über das Gegebene hinaus. Aber der Ehrgeiz ist ein Sehnen des Menschen, das ganz selbstbezogen und zugleich seiner selbst nicht bewusst ist. Das Suchen dagegen ist seiner selbst bewusst gewordenes Sehnen, es überschreitet Grenzen, um ein Ziel zu erreichen, das nicht mit irgendeinem Entwicklungszustand der Person identisch sein kann. Insofern wohnt solchem Suchen nicht nur das Transzendieren inne, sondern auch eine Erwartung von Transzendenz. Selbst wenn diese Erwartung zunächst ganz unbestimmt und die Transzendenz unbeschrieben und offen bleiben.

Der Anfang des *Hyperion*-Fragments steht deutlich im Zeichen eines sehnsüchtigen Suchens, dessen Ziel mit dem Begriff »Wahrheit« angezeigt wird. Der Grieche Hyperion notiert gleich zu Beginn seines ersten Briefes, er sei nun wieder nach Jonien zurückgekehrt: »umsonst hab' ich mein Vaterland verlassen, und *Wahrheit gesucht*« (I, 490). – Im selben Zusammenhang spricht er von seiner »durstenden Seele«, die sich »gegen das Wesenlose« sträube. Hervorgegangen ist dieses Suchen aus einem »Seufzen der Kreatur«, wie Hölderlin in Anspielung auf Römer 8,19ff, und aus dem »Gefühl des verlornen Paradieses« (I, 491), wie er mit Bezug auf Genesis 3 feststellt. Beides sind keine zufällig und unbedacht herangezogenen Bibelzitate, sondern Bedeutungssignale. Sie ordnen die Energie des Suchens ein in den großen Zusammenhang von Lebensverlust und Lebenshoffnung. Auf der einen Seite steht der Verlust des Ursprungs in Gestalt einer gottmenschlichen Lebenseinheit, so dass der »ganze Schmerz unsers Daseyns nur in der Trennung von dem, was zusammengehörte« (I, 490), zu bestehen scheint. Auf der anderen Seite verbindet das sehnsüchtige Seufzen der Kreatur mit dem Geist der Hoffnung und, so Paulus in Römer 8,21, mit der »herrlichen Freiheit der Kinder Gottes«. Hyperion wird ein wesentlich Suchender, weil er sich in der Spannung zwischen dem Schmerz des Verlorenen und der Hoffnung auf Kommendes bewegt und eins wie das andere »verstehen gelernt« hat (I, 491). Was er sucht, ist – inhaltlich unbestimmt, aber als Bewegung des Herzens eindeutig – »das

Eine, das uns Ruhe giebt« (I, 490). Und die Summe seiner Wege ebenso wie der Einsichten, die er auf seinen Wegen gewann, fasst er zusammen in dem Satz: »Wir sind nichts; was wir suchen, ist alles« (I, 509).

Diese Sentenz erlaubt eine zweifache Akzentuierung je nachdem, ob »was« oder ob »suchen« betont wird. Im zweiten Fall liegt in der Lebensbewegung des Suchens selbst bereits alles, was wir als Menschen sein können. Doch hätte es Hölderlin präzis in diesem Sinne gemeint, dann hätte er wohl anders formuliert: »Wir sind nichts; *dass* wir suchen, ist alles.« Indem er jedoch »*was* wir suchen« schreibt, richtet er den Blick durchaus nicht nur auf den *Akt* des Suchens, sondern ebenso auf dessen *Ziel*. Das Suchen bleibt auf solche Weise keine dem Menschen natürlich einwohnende Energie des unentwegten Transzendierens ohne Transzendenz – der »Trieb Unendlich fortzuschreiten«, wie es in der metrischen Fassung des *Hyperion* heißt (I, 519). Er wird darüber hinaus zum ahnungsvollen Streben.

Mit Ahnung ist solches Streben deshalb begabt, weil es mit dem Schmerz vertraut ist. Mit dem Schmerz des verlorenen Ursprungs nämlich. Und es gehört zu den wesentlichen Einsichten, die sich in der Bewegung des Suchens einzustellen vermögen, dass der Schmerz weder vermeidbar noch sinnlos erscheint, weil er kraft fühlbarer Erinnerung an das verlorene Gute den Stachel setzt für eine Aussicht auf die Möglichkeit einer Wiederherstellung des ursprünglichen Lebens. »Mir ist er heilig dieser Schmerz«, lässt Hölderlin seinen Hyperion darum im Romanentwurf *Hyperions Jugend* sagen (I, 538).

Gefühl des Mangels

Die erfahrene Trennung – Existenz im Mangel – Platons
Mythos vom Eros – Das Ziel heißt Vereinigung –
Biblischer Kontext von Schöpfung und Fall

Der Weg Hölderlins auf diesem Abschnitt seiner Lebensbewegung und seines Denkens wird verkannt, wenn man sich vorschnell den Lösungsansätzen zuwendet, die er durchzuspielen beginnt. Zweifellos gewinnen dabei das Wesen des Schönen, die Macht der Liebe, die Entdeckung der Natur, das Programm des »Hen kai Pan« und die Selbstgewissheit des Ich ihre jeweils eigene Bedeutung. Aber die Zusammenhänge, in denen das erfolgt, müssen beobachtet werden. Dazu die inneren Impulse und Konflikte, die ihn antrieben, nach Lösungen zu suchen. Abstrahiert man davon, werden die Ergebnisse seiner leidenschaftlichen Wahrheitssuche zu neutralen Protokollnotizen, die es tatsächlich nicht waren.

Wir sind bereits auf den Begriff der »Trennung« gestoßen, mit dem Hölderlin eine maßgebliche Grunderfahrung menschlichen Lebens anzeigt. Der »ganze Schmerz unsres Daseyns«, so hatte er im Eingang zu seinem *Hyperion*-Fragment erkannt, beruht auf »Trennung«.

Dass Trennung mit Schmerz verbunden ist, zählt zu den elementaren Erfahrungen des Lebens. Die operative Abtrennung eines Glieds vom Körper erzeugt massiven sinnlichen Schmerz. Das schicksalhafte Ende einer Liebesbeziehung führt zum tief empfundenen Trennungsschmerz. Das Gefühl, allein gelassen, von anderen Menschen und vom organischen Zusammenhang des Lebens abgeschnitten zu sein, kann Stimmungen von Todesnähe und Todverfallenheit hervorrufen. Hölderlin hat solche Stimmungen gekannt und durchlitten. Noch 1801 fragt er in einem Brief aus Hauptwil: »Sage mir, ists Seegen oder Fluch, diß Einsamseyn, zu dem ich durch meine Natur bestimmt« bin (II, 896). Früh schon kannte er neben seinem Leiden am Einsamsein auch den gegenteiligen Wunsch nach Zurückgezogenheit.

Aus Maulbronn schrieb er im Oktober 1787 an den Freund IMMANUEL NAST, er wolle »nach vollendeten UniversitätsJahren Einsiedler werden« (II, 409). Und seinen *Hyperion*, der nicht von ungefähr im Untertitel als »Eremit in Griechenland« vorgestellt wird, lässt Hölderlin rückblickend erklären: »in herrlicher Einsamkeit hab' ich manchmal in mir selber gelebt; ich bin gewohnt geworden, die Außendinge abzuschütteln, wie Floken von Schnee; wie sollt' ich dann mich scheun, den sogenannten Tod zu suchen?« (I, 724) – Auf der anderen Seite sitzt Hölderlin einsam im Stift und berechnet, »wie bettelarm ich bin an Herzensfreude, und bewundre meine Resignation« (II, 483). Später heißt es in *Hyperions Jugend*: »Man hatte mir schon oft gesagt, es würde mir gut seyn, wenn ich nicht so sehr einsam lebte. Man würde so leicht exzentrisch in seinen Meinungen bei gänzlicher Zurückgezogenheit« (I, 533f). Und im Roman *Hyperion* wird nachdrücklich der »Schmerz der Einsamkeit« beklagt (I, 614).

Einsamkeitserfahrung ist eine Spielart jener allgemeineren Wahrnehmung von Getrenntsein, die Hölderlin bewegt und ihn in seinem Denken, seiner Dichtung beschäftigt hat. Denn wo Trennung ist, stellt sich nicht allein der Schmerz ein. Es meldet sich im Schmerz der Trennung auch eine Erinnerung, die von ursprünglicher Lebenseinheit weiß. Was getrennt wurde, gehörte einmal zusammen. Das gilt logisch ebenso wie ontologisch. Logisch ist der Begriff »Trennung« überhaupt nur möglich auf der vorgängigen Annahme von Einheit, die – auf welche Weise auch immer – durch einen Trennungsakt verloren ging. Ontologisch setzt die Wahrnehmung von Trennungen in der Wirklichkeit des Lebens und vor allem das empfindliche Leiden daran eine Seinsbeschaffenheit voraus, die als lebensvolle Einheit aufgefasst werden muss. Diese Ursprungs-Einheit aber kann selbst nicht näher bestimmt werden, weil alle Bestimmung auf dem Tatbestand von Trennung beruht. Die Möglichkeit von Bestimmung hängt am Vorhandensein des Einzelnen, also einzelner Erscheinungen, einzelner Gegenstände. Und diese gehören immer schon – als bestimmbare Dinge – zum Daseinszustand der Trennung, sie sind aus der Einheit des Ursprungs herausgefallen.

Für Hölderlin ergeben sich daraus zwei Wege der Klärung, die nebeneinander herlaufen und die er beide beschritten hat. Der eine Weg ist erkenntnistheoretischer Art und geht der Frage nach, wie eine Einheit des Erkennens in der bunten Vielfalt real begegnender Gegenstände und Erscheinungen möglich sei. Der andere Weg ist ontologischer Art und sucht nach dem einheitlichen Sein, das allem vielfältig unterschiedenen Dasein zugrunde liege. Der erste Weg führt zu FICHTE. Der zweite zu PLATON – sowie zum theologischen Denkmodell von Schöpfung und Fall.

Im Verfolgen des zweiten Weges stoßen wir auf Äußerungen Hölderlins, welche die Trennungserfahrung existenziell als Mangelerfahrung kenntlich machen. Mangel schafft Unzufriedenheit und Ungenügen. Man hat nicht, was man haben könnte, und ist nicht, was man sein sollte. Man ist Teil und nicht das Ganze. Man spürt den Hunger und verlangt nach Sättigung, man sucht und erleidet im Suchen den Schmerz, das Ziel nicht zu erreichen. »Ich fühlte, dass mir's überall fehlte, und konnte doch mein Ziel nicht finden«, konstatiert Hyperion (I, 619).

Hölderlin kann den persönlich erlebten und durchlittenen Mangel auch »Armut« nennen oder »Bedürftigkeit«. »Ich hatte mich gewöhnt«, so lässt er in *Hyperions Jugend* den Rückschauenden sagen, »Ruh' und Freude aus fremder Hand zu erwarten, und war nun dürftiger geworden, als zuvor« (I, 536). Das betrifft aufeinander folgende Lebensperioden, die Hölderlin angesichts eigener Entwicklungsschritte in dieser Weise unterscheiden kann. Das Gute des Lebens »aus fremder Hand« zu erwarten, kennzeichnet den Zustand materieller und geistiger Abhängigkeit, der politischen Unfreiheit und der religiösen Heteronomie. Aufzunehmen und einzunehmen, was von außen angeboten wurde, versprach »Ruh' und Freude«, wahrhaftig nicht zuletzt in Angelegenheiten der Religion. Aber solche Abhängigkeit (»Dependenz« sagt Hölderlin gern) hatte ihre Zeit und musste überwunden werden. Was bislang aus fremder Hand erwartet wurde, sollte in die eigene Hand genommen werden. Der Bruch mit dem heteronomen Leben geschah im Zeichen der Autonomie. Selbständigkeit verhieß, das wahre Sein und die Fülle des Lebens erringen zu können.

Die Erfahrung aber ergab anderes. Denn das fatale Resultat dieser Wendung zum Selbstsein offenbarte gerade nicht lauter Fülle, sondern quälenden Mangel. Der Suchende war nur »dürftiger« geworden, und Hölderlin fährt fort, das Gleichnis in Lukas 16,19ff andeutend: »Ich war, wie ein Bettler, den der Reiche von der Thüre stieß, und der nun heimkehrt in seine Hütte, sich da zu trösten, und nur um so bitterer sein Elend fühlt zwischen den ärmlichen Wänden. Je mehr ich über mir brütete in meiner Einsamkeit, um so öder ward es in mir. Es ist wirklich ein Schmerz ohne gleichen, ein fortdaurendes Gefühl der Zernichtung, wenn das Daseyn so ganz seine Bedeutung verloren hat« (I, 536f).

So eindringlich diese Erfahrung von Mangel und Bedürftigkeit auch geschildert wird, so unvermeidlich wird sie auf dem eingeschlagenen Lebensweg. Nicht nur, dass es unmöglich wäre, dieser Schmerzerfahrung zu entgehen, wenn man den Schritt vom fremdbestimmten zum selbstbestimmten Leben vollzieht. Der zwangsläufig empfundene Schmerz wird vielmehr selbst zu einem Zeichen der Verheißung. Der erlebte Mangel bringt in Not, aber er ist auch notwendig. Er enthält die Triebkraft, über eben diesen Lebenszustand hinauszuführen, der als mangelhaft qualifiziert war. Darum fährt Hölderlin in der betreffenden *Hyperion*-Passage fort: »Wohl dem, der das Gefühl seines Mangels versteht! wer in ihm den Beruf zu unendlichem Fortschritt erkennt, zu unsterblicher Wirksamkeit ... Wohl manches jugendliche Gemüth trauert, wie ich einst trauerte, im Gefühle menschlicher Armuth, und je trefflicher die Natur, desto größer die Gefahr, dass es verschmachte im Lande der Dürftigkeit« (I, 538f).

Keineswegs ausgeschlossen erscheint also die Möglichkeit, im erlebten äußeren und inneren Mangel des Lebens umzukommen. Ein Empfinden des Ungenügens an sich selbst kann es ja mit eben diesem Empfinden auch genug sein lassen. Jeder Schmerz vermag zu lähmen, auch der Schmerz eines Mangels an Leben. In solchem Falle wird freilich versäumt, das Gefühl dieses Mangels wirklich zu »verstehen«. Es bleibt dann reines Gefühl, ohne zu einer Einsicht zu reifen. Denn die Einsicht in die Verfassung jenes Mangels, der sich aus dem Abschied von vergangener Heteronomie und aus der autonomen Konzentration ergibt, ist Einsicht in eine lebendige Dynamik. Eine Dynamik nämlich, die sich dem Gefühl des Mangels verdankt und die, von ihm angetrieben, »zu unendlichem Fortschritt« befähigt. Mit anderen Worten: Bedürftigkeit und Bestreben korrespondieren miteinander. Das sehnsüchtige Suchen nach Wahrheit resultiert aus dem autonomen Akt, in welchem der Mensch alle Abhängigkeitsverhältnisse hinter sich lässt und – ganz auf sich selbst bezogen – den Schmerz der Trennung und des Mangels erlebt. In diesem Schmerz steckt freilich auch das stimulierende Verlangen nach dem einen, ungeteilten und ganzen Leben, das in der erinnernden Vorstellung zunächst im Bilde eines verlorenen Paradieses aufscheint.

Das Konzept menschlichen Strebens, das einer Erfahrung von Bedürftigkeit und Mangel entspringt, ist nun von Hause aus platonisch. Hölderlin liefert selbst den Hinweis darauf, indem er zu erkennen gibt, dass er nicht zufällig, sondern mit Bedacht bei PLATON anknüpft. Schon im Stift sind seine Studien zu PLATON nachweisbar. Er hat sie in der Zeit nach Tübingen wieder aufgenommen und vertieft, insbesondere zum *Phaidros* und zum *Symposion*. In beiden Dialogen bildet die Liebe das Kernthema.

Im *Symposion* berichtet Sokrates von Diotima, der mantinäischen Zauberin, die ihn über das Geheimnis der Liebe unterrichtet habe. In diesem Zusammenhang erzählte sie den Mythos von der Geburt des Eros, und genau diesen Mythos hat Hölderlin aus seiner PLATON-Lektüre nicht nur gekannt, sondern zitierend aufgenommen; in knappen Hinweisen zu wiederholten Malen, im Erzähl- und Sinnzusammenhang, aber ausführlich bei der metrischen Fassung des *Hyperion* (I, 518). Dort redet der Weise:

Als unser Geist, begann
Er lächelnd nun, sich aus dem freien Fluge
Der Himmlischen verlor, und erdwärts sich,
Vom Aether neigt', und mit dem Überflusse
Sich so die Armuth gattete, da ward

*Die Liebe. Das geschah am Tage, da
Den Fluthen Aphrodite sich entwand.
Am Tage, da die schöne Welt für uns
Begann, begann für uns die Dürftigkeit
Des Lebens und wir tauschten das Bewußtsein
Für unsre Reinigkeit und Freiheit ein ...*

Im *Symposion* (203 b–d) erzählt Sokrates die entsprechende Geschichte von Poros und Penia. Poros ist die göttliche Personifikation des Überflusses, Penia die des Mangels und der Armut. Nach einem Göttergelage kommen Poros und Penia im Garten des Zeus zusammen und zeugen den Eros, am Geburtstag der Aphrodite.

PLATON gibt in seiner Wiedergabe des Mythos erste Deutungshinweise, die die Eigenschaften des Eros betreffen. Da er aus der Vereinigung von Poros und Penia, von Überfluss und Mangel, hervorgegangen ist, hat er nun Anteil an beidem. Er ist »der Natur seiner Mutter gemäß immer der Dürftigkeit Genosse. Und nach seinem Vater wiederum stellt er dem Guten und Schönen nach« (Symp. 203 d). Das heißt: Eros ist seinem Wesen nach Streben. Er leidet am Mangel, der ein Teil von ihm ist, und begehrt nach der Fülle, die als anderer Teil in ihm angelegt ist. Die Lebensfülle, die er sucht, gerade weil er ihrer entbehrt und weil er sich dieser Entbehrung bewusst ist, erscheint in Gestalt der Schönheit, verkörpert durch Aphrodite. Infolgedessen ist Eros seiner Natur und seiner Intention nach »Liebe zum Schönen« (Symp. 204 b).

Hölderlin stimmt mit dem platonischen Mythos darin überein, dass das vitale menschliche Streben als erotisch bestimmt werden muss. Damit verbinden sich drei Merkmale. Den Eros gibt es nicht nur in der Form erfüllender und selbstgenügsamer Vereinigung. Er ist zugleich die Energie oder der Trieb, solche Vereinigung zu suchen. Liebe gibt es nicht erst im Augenblick der Erfüllung. Sie ist auch das bewegende, nie sich erschöpfende Begehren, das auf den mühsamen und entbehrungsreichen Weg zum Ziel der Fülle bringt. – Weiter erwächst die Liebe aus dem Grunde der Bedürftigkeit, so dass die

Bedürftigkeit selbst als Potentialität gewertet werden muss. Sie ist das Gegenteil von Fülle, zugleich aber alles Möglichen voll. – Und schließlich: Schönheit ist das, worauf alles menschliche Streben, das aus der Mangelerfahrung sich ausstreckt nach dem Vollkommenen, letzten Endes hinaus will. Und es bleibt dann nur die Frage, wie das Wesen solcher Schönheit näher bestimmt werden kann.

In seiner Version von der Herkunft des Eros, des sehnsüchtigen Strebens, hat Hölderlin bei PLATON angeknüpft, aber auch eigene bezeichnende Akzente gesetzt. Dazu gehört die Betonung des Schmerzes, der sich im Zustand des Mangels einstelle. Und dazu gehört weiter die gedankliche und die erzählerische Verbindung von *Mangel* und *Verlust.* Hölderlin weist sowohl am Anfang wie am Ende der zitierten Passage aus der metrischen Fassung des *Hyperion* darauf hin. Denn das, was zwischen Poros und Penia zur Zeugung des Eros geschah, wird nicht, wie bei PLATON, ins Nachspiel zu einem olympischen Festmahl und in den »Garten des Zeus« verlegt, sondern in den Kontext von Ursprungsverlust und menschlicher Bewusstwerdung. »Als unser Geist ... sich aus dem freien Fluge der Himmlischen verlor« – das beschreibt bildlich[14] den Verlust ursprünglicher Lebenseinheit und damit den Schicksalsmoment von Trennung. Und das wird am Ende noch einmal aufgenommen in der Aussage: »Wir tauschten das Bewusstsein für unsre Reinigkeit und Freiheit ein.«

Das Bewusstsein ist Indiz von Trennung, weil es immer Bewusstsein von etwas, also von eigenständigen, jeweils für sich wahrnehmbaren Gegenständen ist. Bewusstsein erscheint aber ebenso als ein Indiz von Trennung, wenn es, der biblischen Schöpfungsgeschichte gemäß, als unterscheidendes Bewusstsein von Gut und Böse verstanden wird. Der biblischen Erzählung liegt ja an der Feststellung, dass die Früchte vom Baum der Erkenntnis des Guten und Bösen unter Tabu gestellt waren (Genesis 2,17), damit die ursprüngliche Lebenseinheit im Garten Eden gewahrt

---

14 Motivgeschichtlich ist das Bild dem platonischen Mythos vom Weg der himmlischen Seele in den irdischen Körper entlehnt, vgl. Phaidros 246c.

bleibe. Der menschliche Sündenfall bedeutet darum den Verlust des Paradieses wie den Ursprung des menschlichen Bewusstseins in einem, ganz so, wie Hölderlin es skizziert hat.

Es besteht deshalb Grund zu der Annahme, dass Hölderlin mit seinem Konzept vom menschlichen Streben, das aus der Erfahrung von Mangel und Bedürftigkeit entspringt, sich nicht allein auf PLATON bezieht, sondern auch auf die biblische Erzählung von Paradies und Sündenfall. Der Rekurs auf PLATON erfolgte dabei direkt und offen, der andere auf den biblischen Stoff – trotz der Rede vom »verlorenen Paradies« – eher andeutend und versteckt. Warum das der Fall war, lässt sich allerdings vermuten.

Hölderlin hat, soweit ich sehe, weder in seinen theoretischen Schriften noch in seinem poetischen Werk den Begriff der Sünde verwendet. Er taucht lediglich und auf charakteristische Weise in seinen frühesten religiösen Gedichten auf. Danach erschien er ihm wohl zu sehr von problematischen religiösen Vorstellungen belastet und darum unbrauchbar. Sünde wurde ja in der pietistischen Frömmigkeit und Lebenspraxis gern mit moralischen Verfehlungen konnotiert, so dass vor allem die Einschärfung von Sündenbewusstsein die Funktion hatte, Verhaltensbesserungen zu erzeugen. Und das moralische Gegenteil von Sünde war anscheinend nicht viel mehr als ein Abbild bürgerlicher Anständigkeit.

Das alles hatte Hölderlin gründlich hinter sich gebracht, und es führte auch kein Weg dorthin zurück. Aber dass er, dank seiner pietistischen Vergangenheit, auf die Verwendung des Sündenbegriffs so konsequent verzichtete, bedeutet nun keineswegs, dass er sich auch von der Sache erinnerungslos entfernt hätte, um die es in der biblischen Erzählung von Paradies und Sündenfall im Grunde geht. Stattdessen hat es den Anschein, als sei es Hölderlin gelungen, das Anliegen dieser Tradition theologisch profunder und klarer aufzunehmen, als dies von der zeitgenössischen Schultheologie und erst recht von der herrschenden Frömmigkeitspraxis behauptet werden kann. Dies gilt auch dann, wenn Hölderlin selbst sich keiner ausdrücklich theologischen Argumentation bedient.

Der für Hölderlin im erörterten Sach- und Sinnzusammenhang zentrale Begriff der »Trennung« erweist sich jedenfalls als nah verwandt mit dem biblischen Gebrauch des Sündenbegriffs. Denn Sünde meint biblisch Getrenntsein von Gott. Als solche ist sie lebensbestimmend in der Weise, dass sie den gesamten Handlungs- und Entscheidungsspielraum des Menschen umfasst. Keiner vermag zu wählen, ob er der Sünde unterliegen will oder nicht. Alle sind dadurch, dass sie als endliche Wesen von Gott geschieden sind, unausweichlich der Sünde unterworfen. Sie leben im *status corruptionis*, das heißt: in einem Zustand, den sie als einzelne Menschen nicht selbstverantwortlich hervorgerufen haben, an dem sie aber zwangsläufig Teil haben, ob sie wollen oder nicht. Die klassische Theologie hat diese Verfasstheit menschlichen Daseins mit dem missverständlichen Begriff der Erbsünde zu beschreiben versucht. Als Erbe bin ich eben einbezogen in einen großen, nicht von mir selbst hervorgerufenen Lebenszusammenhang.

Das moralische Missverständnis des biblisch-christlichen Sündenbegriffs entzündete sich an der Gedankenverbindung von Erbsünde, Zeugung und Geschlechtstrieb. Die Folge war, dass der Bereich des sexuellen Begehrens als zentrales Feld menschlicher Versuchung zur Sünde erkannt und die Sünde selbst in den Rang eines pervertierten Gebrauchs der Geschlechtlichkeit herabgestuft werden konnte. Sünde war so nicht mehr daseinsbestimmend schlechthin, sie degenerierte zu einem Phänomen von sittlicher Peinlichkeit.

Diese moralisierte Sündenauffassung hat aber mit dem ursprünglich biblischen Konzept wenig zu tun. Dem kommt Hölderlin entschieden näher, wenn er den Zustand von Trennung, der alles irdische Leben bestimmt, nun gerade nicht moralisch, sondern ontologisch begreift. Er betrifft das Sein, nicht das Wollen. Im Sein ist Trennung präsent, die nicht nur eine Welt der Gegenstände, sondern ein Leben in Gegensätzen hervorgerufen hat. Sündenerfahrung bringt auf diese Weise auch nicht moralische Zerknirschung mit sich, sondern Leiden unter dem generellen Verlust von Lebenseinheit: den empfindlichen »Schmerz unsres Daseyns«.

Die Ursache für alle Trennungszustände liegt nicht innerhalb der Menschengeschichte, sie liegt ihr voraus. Sie ist deshalb auch nur mit den Mitteln des Mythos darstellbar. In der biblischen Erzählung von Paradies und Sündenfall wird die Trennung so geschildert, dass sie als aller menschlichen Geschichte vorauslaufend gedacht werden muss. Die Einheit des Paradieses als Einheit des Lebens zwischen Gott, Mensch und Natur zerbricht – gleichsam in einem Urakt menschlicher Selbstbestimmung, jenem erzählten Griff nach der tabuisierten Frucht vom Baum der Bewusstwerdung und der Erkenntnis von Gegensätzen. Sie konzentriert sich in der Erkenntnis des Gegensatzes von Gut und Böse.

Biblisch wird die Ursprungseinheit zweifellos vorgestellt als Lebensgemeinschaft des Menschen mit Gott, in Einheit mit der gesamten Schöpfung. Aus dem Sein in Gott wird, durch die trennende Macht der Sünde, ein geschöpfliches Sein außer Gott. Die verlorene Ursprungseinheit erscheint dabei bildlich als Verstoßung: heraus aus dem Garten Eden, hinein in einen Daseinszustand von Mangel und Bedürftigkeit und in eine Bewusstseinsbildung, die ihrer Genese zufolge nur unglücklich sein kann: unglücklich im Erleiden des Verlustes; unglücklich aber auch in der vergeblichen Rebellion gegen den Verlust, im Aufbegehren gegen die Trennung von Gott, die auf dem Weg eines titanischen Selbsteinsatzes ins Himmlische behoben werden soll. – Davon hat Hölderlin nun auch gewusst, es wird vor allem Thema in seinem Drama *Empedokles* werden.

Hyperion – Geschichte eines Projekts

EIN ROMAN ZUM GÄHNEN? – DIE PÄDAGOGIK EINES HOFMEISTERS – KONTAKTE ZU SCHILLER – DAS *THALIA-FRAGMENT* UND DIE PRIESTERIN DER LIEBE – THEMA ERLÖSUNG – DER BILDUNGSGEDANKE – METRISCHE FASSUNG DES *HYPERION* – *HYPERIONS JUGEND* – VISION VON GEMEINSCHAFT – DER ZWEIBÄNDIGE ROMAN – MÖRIKES *HYPERION*-LEKTÜRE – SUSETTE UND DIOTIMA – VOLLENDETE SCHÖNHEIT – DIE VERKEHRTE REVOLUTION

Das Projekt des *Hyperion* hat Hölderlin über Jahre beschäftigt, und es ist aufs engste verbunden mit seiner geistigen Entwicklung zwischen den *Tübinger Hymnen* und den ersten Arbeiten am *Empedokles*.

Früheste Hinweise auf seinen Plan, den *Hyperion* zu schreiben, fallen in die Zeit seines Tübinger Studiums. Die vollendete Fassung des zweiten Romanbandes kann er schließlich 1799 seiner Susette in Frankfurt widmen. Er tut es mit dem Vermerk »Wem sonst als dir?«, den er wortidentisch schon einmal verwendet hatte, im *Hyperion*-Fragment als Huldigungsadresse an den Genius Homers (I, 504).

Zwischen Aufnahme und Abschluss des *Hyperion*-Projekts liegen sechs Jahre, 1792 bis 1798, mit den Stationen Tübingen, Waltershausen, Jena, Nürtingen, Frankfurt. Der Stoff des Romans ist im Wesentlichen gleich geblieben, aber die Bearbeitung des Stoffs weist alle Anzeichen eines sich wandelnden und neu orientierenden Bewusstseins auf. Die erzählte Handlung bildet dabei nicht mehr als ein mageres Gerüst: Der Grieche Hyperion präsentiert und referiert in Briefen den Gang seines Lebens; seine Begeisterung für die Größe des antiken Griechenland und sein Leiden an dessen Untergang. Auf der Suche nach sich selbst sucht er nach dem Bedeutsamen und dem Bleibenden in den Trümmern der altgriechischen Kultur und hofft auf eine äußere und innere Erneuerung dieser vergangenen Welt durch Erfolge im aktuellen griechischen Befreiungskampf gegen die osmanische Herrschaft. Damit erscheint das

Freiheitsthema im Zentrum des Romanentwurfs, freilich als Thema, das auf der politischen Bühne dramatisch aufgeführt, dort aber nicht mit dem Ergebnis wirklicher Befreiung zu Ende gebracht werden kann. Die Begegnung mit Menschen ist es, ob sie nun Adamas, Notara oder Alabanda, Melite oder Diotima heißen, welche Hyperion erfahren lassen, was es mit den Umständen von Freiheit auf sich hat.

Wer sich also von Hölderlins Roman eine spannungsreiche oder auch nur unterhaltsame Handlungsführung verspricht, wird ihn bald enttäuscht beiseite legen. Das hat Hölderlin selbst gesehen, als er in seiner Vorrede zur vorletzten Fassung diejenigen Leser freundlich zu »trösten« sucht, die »über den Mangel an äußerer Handlung gähnen« (I, 558). Die Aufmerksamkeit des Dichters galt von Anfang an der inneren Geschichte des Romans, nicht seiner äußeren. Die Geschichte von menschlicher Sehnsucht und Enttäuschung, von Bestreben und Scheitern und von Momenten der Erfüllung ist es, die den Roman voranbewegt und im Roman die Hauptperson Hyperion. Und im Zusammenhang dieser inneren Entwicklungsgeschichte einer Romanfigur, in die Hölderlin viel von sich selbst hineingelegt hat, entfaltet sich der ganze Reichtum seiner poetischen Wirklichkeitsansage und Daseinsdeutung. Dahin gehören die Landschaftsbilder und Naturschilderungen, welche Prosa in Lyrik und Lyrik in Prosa übergehen lassen, ebenso wie die Darstellung menschlicher Befindlichkeiten, die nicht nur an die literarischen Vorbilder der *Empfindsamkeit* erinnern, sondern auch das Niveau der zeitgenössischen Bewusstseinsphilosophie und der klassisch-ästhetischen Theorien halten. Wenn man so will, gerät der *Hyperion* deshalb im Endeffekt mehr zu einer philosophisch-poetischen Selbstvergewisserung als zu einem handlungsverpflichteten Roman. Man liest ihn am angemessensten so, wie man Hölderlins Gedichte auch liest: nicht nur einmal und in einem Zug, sondern in kleinen Abschnitten und wiederholt, um die Fäden zu erkennen, die da gesponnen werden, und die Verknüpfungen, in denen Bedeutung sich einfindet.

Von der frühen Tübinger Beschäftigung mit dem Projekt ist textlich nichts erhalten, sofern man das Bruchstück *An Kallias* (I,

485f) nicht dazurechnet. Ausführlich jedenfalls hat Hölderlin sich seiner Aufgabe im Sommer 1794 gewidmet, mit dem Resultat des sogenannten *Thalia-Fragments*, das in Waltershausen entstand. Beides, seinen Aufenthalt in Waltershausen als Hauslehrer auf dem Gut der Charlotte von Kalb sowie die Veröffentlichung der ersten Fassung des *Hyperion*, verdankte Hölderlin seinem Förderer FRIEDRICH SCHILLER. Dieser hatte, auf Vermittlung STÄUDLINS, welcher Hölderlins Tübinger Hymnen in seinem *Musenalmanach* herausgegeben hatte, den soeben examinierten Theologen seiner befreundeten Charlotte, die einen geeigneten Hofmeister suchte, empfohlen. Und er hatte auch Hölderlins erstes *Hyperion-* Manuskript freundlich aufgenommen und die Publikation in seiner Zeitschrift *Thalia* in die Wege geleitet (darum *Thalia-Fragment*).

Doch das Verhältnis zwischen Hölderlin und SCHILLER war vielschichtig. Von SCHILLERS Seite, immerhin anfänglich, voller Wohlwollen. Von Hölderlins Seite voller Erwartung. Das Tragische war nur, dass weder Hölderlin auf längere Sicht SCHILLERS Wohlwollen ertragen noch SCHILLER Hölderlins Erwartungen befriedigen konnte. Zweifellos hat Hölderlin seinen Landsmann nicht nur hoch verehrt, weit mehr und ausdrücklicher als GOETHE übrigens, er hat auch an ihm und seinem Werk Maß genommen und von ihm gelernt. Der Einfluss ästhetischer Schriften SCHILLERS zum Beispiel ist bei Hölderlins Dichtung ebenso wie bei seiner eigenen ästhetischen Theoriebildung spürbar. Im Grunde hat Hölderlin den längst zu Ruhm und Ehren gekommenen SCHILLER zu seinem geistigen Adoptivvater gewählt, nachdem er auf den leiblichen Vater und Stiefvater schon früh hatte verzichten müssen. Und SCHILLER zeigte sich dem jüngeren Hölderlin auch durchaus gewogen. Er nahm seine frühen Hymnen zur Kenntnis und beurteilte sie anerkennend. Als Hölderlin nach Jena kam, wurde das nicht grundsätzlich anders. Aber Hölderlins Weg führte unvermeidlich und zunehmend deutlich in die Zonen einer nicht mehr von Vorbildern abhängigen, vielmehr eigenständigen, womöglich eigenwilligen Dichtung, die SCHILLER nicht ohne weiteres mehr zugänglich war.

Und so geschah es, dass Hölderlin weiter einen SCHILLER brauchte, um sich an ihm zu messen. Er suchte seine Nähe in Jena, aber dann auch wieder den Abstand von ihm, beim plötzlichen, geradezu fluchtartigen Aufbruch von Jena weg, um vom Maß des Älteren und Größeren nicht erdrückt zu werden. Aus Frankfurt gesteht er SCHILLER brieflich, »dass ich zuweilen in geheimem Kampfe mit Ihrem Genius bin, um meine Freiheit gegen ihn zu retten, und dass die Furcht, von Ihnen durch und durch beherrscht zu werden, mich schon oft verhindert hat, mit Heiterkeit mich Ihnen zu nähern« (II, 690).

Umgekehrt konnten die Olympier GOETHE und SCHILLER auf ihren literarischen Kathedern thronen und beiläufige Gutachten austauschen über den strebsamen Adepten Hölderlin, der ein gewisses Talent zu verraten schien, aber nicht zu den größeren Hoffnungen berechtigte. SCHILLER an GOETHE im Juni 1797: »Es freut mich, dass Sie meinem Freunde und Schutzbefohlenen nicht ganz ungünstig sind. Das Tadelnswürdige an seiner Arbeit ist mir sehr lebhaft aufgefallen ...« (III, 594). GOETHE an SCHILLER im August 1797: »Gestern ist auch Hölterlein (!) bey mir gewesen ... Ich habe ihm besonders gerathen kleine Gedichte zu machen und sich zu jedem einen menschlich interessanten Gegenstand zu wählen« (III, 598).

Von Waltershausen war der Weg nicht weit nach Jena und nach Weimar, und die pädagogischen Aufgaben im Hause von Kalb gewährten Hölderlin, jedenfalls in der Anfangszeit, Spielraum genug, an seinem Roman zu arbeiten und mit SCHILLER Verbindung zu halten. Für die Unterrichtung seines »Zöglings« Fritz hatte Hölderlin ein Bildungskonzept entworfen, das sich ROUSSEAUS Vorstellungen von einer allmählichen Selbstentfaltung des menschlichen Subjekts aus seinen natürlichen Kräften heraus sowie dem kantischen Prinzip der Sittlichkeit verdankte. Notizen dazu hat er in seinen Briefen hinterlassen. Schon im April 1794 schreibt er an SCHILLER, er habe vor, seinen »Zögling zum Menschen zu bilden« und ihn »zum Bewusstsein seiner sittlichen Freiheit zu bringen« (II, 524f). Und später, nach der Waltershausener Zeit, bekennt er sich zu dem erzieherischen Grundsatz, »das Kind aus dem

Zustande seines schuldlosen aber eingeschränkten Instinkts aus dem Zustande der Natur heraus auf den Weg (zu) führen, wo es der Kultur entgegenkömmt, ich muss seine Menschheit, sein höheres Bedürfniß erwachen lassen ..., ihm die Gegenstände zuführen, die groß und schön genug sind, sein höheres Bedürfniß, das Streben nach etwas Besserem oder wenn man will seine Vernunft in ihm zu erweken« (II, 593).

Das waren hohe Ziele, die den Zögling Fritz von Kalb gewaltig beanspruchten und die den jungen Lehrer Hölderlin bei seinem Bildungsexperiment letzten Endes auch scheitern ließen. Seiner Überzeugung, die in diesem Punkte übrigens ganz dem Geist der Zeit verpflichtet war, dass der Weg des Menschen ein Bildungsweg zu sein habe, tat dies keinen Abbruch. Er behielt sie bei, auch wenn das Programm mit der Realität und mit Realisierungsversuchen kollidierte. Dass der menschliche Bildungsweg nicht glatt, sondern mit Widerständen gepflastert sei, gehörte ohnehin ins Konzept. Solche Widerstände konnten sich in allen möglichen Formen einstellen und nicht zuletzt in einem ungebändigten menschlichen Triebverhalten angelegt sein.

Hölderlin hat das bei seinem Schüler in Waltershausen massiv zu schaffen gemacht, als ihm dessen Neigung zu masturbieren bekannt wurde. Er hat sich deswegen Nächte um die Ohren geschlagen, um am Bett des Knaben zu wachen und zu verhindern, dass er unbedacht, aber konsequent seine Zukunft ruiniere. Denn einmal galt die sexuelle Selbstbefriedigung damals als akut gehirnschädigend, als Auslöser für einen triebhaft bedingten geistigen Verfallsprozess bis hin zur Verblödung. Und zum anderen musste es für Hölderlin die gröbste Vereitelung seiner ganzen Erziehungsabsichten bedeuten, wenn der Zögling sich derart seinem »Instinkt« unterwarf und anscheinend in Kauf nahm, dass dieser über jedes »höhere Bedürfnis« und über alles »Streben nach etwas Besserem« jämmerlich triumphierte.

Vermochte Hölderlin also, was er als menschlichen Bildungsgang verstand und vertrat, in seiner unmittelbaren pädagogischen Praxis nicht zu realisieren, so verlegte er es um so entschiedener in seinen Roman und in die Gestalt des Hyperion. Dessen Geschichte ist im weitesten Sinne eine Bildungsgeschichte, und zwar eine solche, die sich nicht an Maßstäben des Lernbaren, sondern am Maß des Menschlichen überhaupt orientiert. Und es kennzeichnet dann die Folge der verschiedenen, zumeist fragmentarisch gebliebenen Romanfassungen, worin Hölderlin, jeweils im Augenblick seiner eigenen Entwicklung, dieses Maß des Menschlichen erkannte.

Im *Thalia-Fragment* wird das Maß des Menschlichen offenbar im Gegenüber der beiden Hauptpersonen Hyperion und Melite. Melite ist der Mensch, wie er sein soll; Hyperion der Mensch, der in seiner Beschränkung, seiner Armut darunter leidet, nicht sein zu können, was er sein soll. Dort, wo er sich vorfindet, hält es ihn darum nicht[15]. Nicht in Jonien, wo er beheimatet ist: es treibt ihn fort, um Wahrheit zu suchen, die er, wie man später erfährt, in Deutschland zu finden hofft, in den Zentren der Philosophie. Ebenso wenig hält es ihn in seiner Gegenwart, die durch Verlusterfahrungen entleert wurde. Er sehnt sich nach dem Vollkommenen, das in der Hoffnungsprojektion sowohl im Bilde einer ursprünglichen Vergangenheit als auch in der Vision einer Zukunft vorstellbar wird, worin alle zerreißenden Gegensätze zu einem harmonischen Ganzen vereint werden.

Hölderlin hat bereits im *Thalia-Fragment* die Form des Briefromans gewählt, die er schließlich nach anderen Gestaltungsversuchen im endgültigen Roman wieder aufnehmen sollte. Der Briefroman war zu seiner Zeit keine Seltenheit, Hölderlin kannte natürlich GOETHES *Werther* und vor allem WILHELM HEINSES *Ardinghello*, dem er literarische Anregungen sowohl in formaler wie in inhaltlicher Hinsicht verdankte. Der Vorzug des Briefromans, welcher Hölderlins Intentionen entgegenkam, bestand darin, einen ständigen Austausch zwischen den Ebenen der

---

15 Der Name »Hyperion« bezieht sich zunächst auf den Sohn des Uranos und der Gaia, und Diotima weist einmal ausdrücklich darauf hin: »dein Nahmensbruder, der herrliche Hyperion des Himmels ist in dir«, I, 677. – Hölderlin dürfte, einer zeitgenössischen Etymologie folgend, beim Namen »Hyperion« auch an den »Darüberhingehenden«, den Transzendierenden, gedacht haben (vgl. Wolfgang Binder, Hölderlin-Aufsätze, 1970, S. 180f) und so ein Grundmerkmal seines Wesens und Handelns bereits im Namen verschlüsselt anzeigen.

Handlung und des Bewusstseins zu erreichen. Was Hyperion erlebt, was er anstrebt und was ihm widerfährt, ist nie in der Weise objektiv, wie es ein neutraler Erzähler in distanzierter Betrachtung mitteilen könnte. Es ist immer das Erlebte, wie es der Briefschreiber selbst unter den Bedingungen seiner lebensgeschichtlichen Situation zu erleben imstande war. Die Handlungsgeschichte lässt sich nicht lösen vom Prozess seiner eigenen inneren Bildungsgeschichte. Und der eingeschlagene Weg wird ein Weg zur »vollendeten Bildung« (I, 506), die zu erreichen freilich nie gesichert sein kann.

Entscheidend für Hyperions Lebensgang ist im *Fragment* die Begegnung mit Melite. Sie wird in diesem ersten Romanentwurf bereits mit allen wesentlichen Bedeutungsanteilen ausgestattet, die später auch Diotima charakterisieren werden. Hyperion trifft sie im Garten des befreundeten Gorgonda Notara, und es ist vom ersten Augenblick an nicht allein die Begegnung mit einer schönen Frau, sondern Annäherung ans Mysterium. Melite betritt da nicht nur die Szene, sie »erscheint« (I, 492). Dem verzweifelten Hyperion mit seinem »freudeleeren blutenden Herzen«, der nicht zu finden vermochte, was er leidenschaftlich suchte und was ihn endlich »vom Tode retten« könnte, wird die Person der Melite zur Epiphanie einer Heilsgestalt. Sie erscheint ihm »wie eine Priesterin der Liebe«, als »himmlisches Wesen«, und es ist nicht nur eine Ästhetisierung religiöser Wahrnehmungsgehalte, die hier vollzogen wird. Denn das »Erscheinen« der Melite bewirkt mehr als eine momentane Begeisterung. Es ergreift und verwandelt vielmehr die ganze persönliche Lage und Verlegenheit des Hyperion, in einem »Augenblick der Befreiung«. Was ihn erniedrigte und in seinem Mangel gefangen hielt, fällt ab mit einem Mal. Die »Laiden meines Lebens«, so erinnert sich Hyperion, »die ganze dürftige Sterblichkeit« schwindet dahin, löst sich auf; »auferstanden« fühlt er sich, und jetzt wahrhaftig, wohin ja seine Sehnsucht ging, »vom Tode« errettet.

Dies alles, als Zeugnis einer elementaren Liebeserfahrung, ist zweifellos auch religiös empfunden und religiös vermittelt. Das Verlangen nach Erlösung, das sich innerhalb der dem Leben gesetzten Grenzen nicht bescheidet, wird gestillt im Augenblick des sich offenbarenden Erlösers. Aber Erlöser ist jetzt eine Griechin mit Namen Melite, Inbegriff des Schönen in menschlicher Gestalt. In jedem erzählten Detail wird jedoch offensichtlich, dass in Melite sich nach Hyperions Erinnerung mehr vergegenwärtigt als das Idealbild einer schönen Frau. Nach dem Willen des Dichters repräsentiert sie tatsächlich, was in den Zielraum alles menschlichen Sehnens und Strebens hineingehört. Denn sie stellt personhaft dar, was als einheitliches Leben von Hyperion gesucht und bis dahin schmerzlich vermisst wurde: Versöhnung der Gegensätze, Verschmelzung von Himmlischem und Irdischem, von göttlich Vollkommenem und menschlich Begrenztem. Darum ist »Frieden« die Aura, die Melite umgibt, und »Ruhe« das Fluidum, das von ihr ausgeht und an welchem zu partizipieren nicht weniger als befreiend und erlösend wirken muss.

Im *Thalia-Fragment* endet allerdings Hyperions Begegnung mit Melite nicht glücklich. Sie führt ihre eigene Tragik mit sich. Denn es zeigt sich, dass Melite zwar für sich der Mensch im Stande der Erlösung ist. Aber sie ist es in der Rolle und im Rahmen endlichen Menschseins. Was Frieden und Erlösung und Einheit des Lebens substantiell ausmachen, wird zwar durch sie anschaulich. Es wird aber durch sie nicht ebenso allgemein und übertragbar. Hyperion empfindet es schnell und leidet darunter. »Ich fühlte nur zu bald, dass ich ärmer wurde, als ein Schatten, wenn sie nicht in mir, und um mich, und für mich lebte, wenn sie nicht mein ward; dass ich zu nichts ward, wenn sie sich mir entzog.« Das treibt ihn in eine neue Art von Verzweiflung darüber, »dass das Herrliche, was ich liebte, so herrlich war, dass es mein nicht bedurfte« (I, 496).

Der »Schmerz des Daseyns«, der auf endlosen Erfahrungen von Getrenntsein beruht und nach Vereinigung sich sehnt, bricht jetzt, in der Begegnung mit Melite, in einer neuen Weise auf. Es ist der Schmerz, dem angestrebten Ziel ganz nah zu sein und es doch nicht erreichen und halten zu können. Denn Melite bleibt Melite, und Hyperion bleibt Hyperion. Sie sind zwei, nicht eines. Sie bilden ein Gegenüber, sogar ein Gegenüber von

Lebensarmut und Lebensfülle, worin der Gegensatz von Poros und Penia wiederscheint. So sehr es ihn nach ihrer Gegenwart verlangt, so wenig braucht sie ihn. Sie ist das Person gewordene Absolute, das in sich alles enthält und das selbstgenügsam in sich zu ruhen vermag. »Weil sie nicht verarmt war, wie ich, weil sie den Himmel noch im Herzen trug ..., weil sie nicht untergehen fürchten konnte, wie ich, ... hatt' ich gelästert mit meinem Unmuth, mit unedlem Groll sie um ihr Paradies beneidet« (I, 499).

Es wäre oberflächlich zu meinen, Hyperion beweise hier nichts weiter als das exzentrische Verhalten einer überempfindlichen Person. Denn seine plötzliche Distanzierung von Melite resultiert aus dem Innewerden ihrer unüberbrückbaren Distanz. Die Erlösergestalt bleibt der Fülle des Himmels zugehörig wie Hyperion der Endlichkeit und aller Ärmlichkeit der Erde. Es ist dieselbe Wahrnehmung und dieselbe Problemstellung, die schon die Christologie der alten Kirche beschäftigt hat: ist der Erlöser gottgleich zu denken, – wie kann er uns erreichen und erretten in unserem menschlichen Elend? Und ist er ganz als Mensch zu denken, – wie kann er eine volle und allgemeine Erlösung wirken für die Menschheit? Die spekulative Christologie, die dann in der dialektischen Formel vom *vere Deus – vere homo* einen vorläufigen Abschluss fand, ist mit der Leidenschaftlichkeit, unter der sie ausgefochten wurde, überhaupt nur verständlich, wenn man dahinter die grundlegende Existenzproblematik erkennt, die besagt: Was aus dem menschlichen Elend befreien und erlösen soll, kann nicht unendlich erhaben bleiben darüber. Es muss selbst die Bedingungen des Begrenzten und der Armut annehmen. Exakt dasselbe Motiv ist lebendig in Hyperions Erwartung und begründet seinen »Unmuth« jener himmlischen Melite gegenüber, die sich eben nicht »verarmt« zeigen konnte, wie er es war.

Melite mag also die Züge einer Erlösergestalt an sich tragen, sie schafft trotzdem keine allgemeine Erlösung, nicht einmal die besondere durch ihre Nähe zu dem einen Menschen Hyperion. Gerade weil sie als Mensch so vollkommen ist, was Hyperion – verzweifelt – nicht zu sein vermag, bleibt und vertieft sich das

Trennende zwischen ihnen. Beide kommen sich entgegen, aber sie werden nicht eins.

Und deshalb steht folgerichtig am Endes des *Thalia-Fragments* nicht die Erlösergestalt der Melite, sondern die Vision von einer zukünftig erlösten und zur Einheit gebrachten Welt, »bei der großen Vereinigung alles Getrennten« (I, 506). Was die Unschulds-Einheit im paradiesischen Ursprung war, muss am Ende wieder aufblühen. Aber wie und wodurch? Anscheinend nicht durch eine endzeitliche, alles Leben verwandelnde und neu schaffende Offenbarung Gottes, sondern durch eine »vollendete Bildung«, »als errungnes Eigentum der Menschheit« (ebd). Der Akzent liegt an dieser Stelle, so sehr sie im Übrigen eschatologischen Geist verrät, doch beim unverzichtbaren, selbsttätigen Gang menschlicher Bildung.

Das verträgt sich nicht ohne weiteres und bruchlos mit den Melite-Passagen, die von einer Verlorenheit und Todverfallenheit des Menschen wissen und eine Aussicht auf »Rettung« nur insofern erlauben, als sie nicht durch Aufbietung eigener Kräfte erwartet wird, sondern jenseits davon, im »Erscheinen« einer neuen Lebensgestalt, die den Himmel auf die Erde bringt. Es verträgt sich auf der anderen Seite möglicherweise doch, wenn man nicht zu eng führt, was Hölderlin insgesamt unter Bildung verstanden hat. Denn selbst wenn er Bildung im Wesentlichen als Selbstbildung begreift, klingt in seiner Verwendung des Begriffs der alte mystische Sinn nach. Dementsprechend geschieht Bildung im Überschreiten von Grenzen und Zuständen, in Akten des Transzendierens also, aber dies in der Weise, dass ein wechselseitiger Vorgang angenommen wird: ein Transzendieren des Menschen in die Wahrheit seines göttlichen Ebenbildes erscheint nur möglich, sofern Gott selbst sich umgekehrt ins innere Bild des Menschen, in seine Seele, hineinversenkt. Bildung wird dadurch ein Heranreifen des Menschen zum Ebenbild Gottes. Menschliche Immanenz, seine geschöpfliche Begrenztheit, wird derart überschreitbar in Richtung auf eine göttliche Transzendenz hin. Und umgekehrt geht Gottes Transzendenz grenzüberschreitend ein in den Lebensraum menschlicher Immanenz. Legt man diesen mystischen Hintergrund im Verständnis von Bildung frei, dann wird jedenfalls nicht ausgeschlossen, dass der Weg zu einer »vollendeten Bildung« einen Prozess meint, in dessen Verlauf einem transzendierenden Streben des Menschen auch Transzendentes mit der Kraft zu verwandeln entgegenkommt.

Um die Jahreswende 1794/95 hat Hölderlin in Jena sein Hyperion-Projekt neu aufgenommen. Im Grunde bleibt dabei kein Stein auf dem anderen. Die Form des Briefromans legt er beiseite und entscheidet sich für eine metrische Fassung. Inhaltlich wird umgestellt, unter dem Eindruck der Begegnung mit FICHTE und seiner Philosophie anders akzentuiert. Melite erscheint nicht mehr, Diotima noch nicht, jetzt sind es die Ausführungen eines »weisen Mannes«, dem alle Aufmerksamkeit gilt. Er reflektiert die Erfahrungen seines Lebens, die um die Wahrheit der Liebe kreisen und die Sehnsucht nach Vereinigung des Getrennten in einem Ausgleich zwischen menschlichem Ich und ewiger Natur zur Ruhe kommen lassen,

Wo uns die schönen Formen der Natur
Die Gegenwart des Göttlichen verkünden.
I, 518

Dieser Entwurf ist über einige Abschnitte nicht hinausgekommen. Hölderlin hat wenig später Abstand genommen von der metrischen Form und Anfang 1795 neu angesetzt, jetzt nicht in Versen und auch nicht erzählend in Briefen, sondern in chronologischer Folge *Hyperions Jugend* darstellend, die der alt gewordene Hyperion verantwortet. Der inhaltliche Anschluss an die metrische Vorlage ist unverkennbar, eine weitere kritische Auseinandersetzung mit FICHTE maßgebend und darum das Ganze weit argumentationslastiger und weniger poetisch als der später vollendete Roman. Immerhin wird die Gestalt der Diotima eingeführt, ausgestattet mit den Wesenszügen der Melite aus dem *Thalia-Fragment*: sie ist »die Herrliche, wie eine Priesterin der Liebe«[16]

---

16 »Diotima« heißt in Platons *Symposion* die weise Seherin, die den Sokrates in die Wahrheit der Liebe einführt. Sie kommt dort freilich nicht selber zu Wort, sondern bloß in der Wiedergabe durch Sokrates.

und weckt in Hyperion ein »Gefühl der Vollendung«, worin ihm »die ganze dürftige Sterblichkeit« dahinschwindet (I, 539).

Hinzugekommen sind gegenüber dem *Thalia-Fragment* die Motive der *Gemeinschaft* und des *Festes*. Sie stammen beide aus einem religiösen Erlebenshintergrund und sollten für Hölderlin zunehmend bedeutsam werden. Im *Fragment* war alles, was sich auf die Geschichte von Trennungserfahrung und Einheitssehnsucht bezog, auf die Konstellation zwischen Melite und Hyperion konzentriert. Einheit erschien lediglich bei der einig in sich selbst ruhenden Person der Melite. Ihr stand der innerlich zerrissene Hyperion gegenüber, letzten Endes in dem unglücklichen Bewusstsein, dass es keine reale Vermittlung geben konnte. – Jetzt wird die »Gemeinde« zum Ort der vermittelten Einheit: »ich trage ein Bild der Geselligkeit in der Seele«, sagt Diotima in *Hyperions Jugend*, »guter Gott! wie viel schöner ists nach diesem Bilde, zusammen zu seyn, als einsam«. Und dann: »wenn das Heilige, das in allen ist, sich mittheilte durch Rede und Bild und Gesang, wenn in Einer Wahrheit sich alle Gemüther vereinigten ...« – worauf Hyperion einfällt: »O Diotima ..., wenn ich wüsste, wo sie wäre, diese göttliche Gemeinde ...!« (I, 545f).

Entsprechendes kann bis in die Diktion hinein beim jungen SCHLEIERMACHER nachgelesen werden, allerdings von ihm ein paar Jahre später niedergeschrieben, so dass eine Abhängigkeit Hölderlins von SCHLEIERMACHER auszuschließen ist. Aber der Geist ist derselbe, der alles Trennende, einander Widersprechende aufgehoben findet in einer Gemeinschaft von Menschen, die sich im freien Austausch begegnen und sich bei solcher Begegnung nicht gegenseitig begrenzen oder ausschließen, sondern ergänzen. SCHLEIERMACHER konnte diese Lebensform menschlicher Gemeinschaft auch »Kirche« nennen, Kirche in ihrem eigentlichen und wahren Sinne, und Hölderlin tat es ebenso. Noch nicht ausdrücklich in *Hyperions Jugend*, aber nachher in der endgültigen Romanfassung.

Da wird nämlich im Gespräch zwischen Hyperion und Alabanda eine fundamentale Staatskritik geübt, die nach den Erfahrungen mit totalitären Systemen im 20. Jahrhundert außerordentlich modern anmutet: »Beim Himmel! der weiß nicht, was er sündigt, der den Staat zur Sittenschule machen will. Immerhin hat das den Staat zur Hölle gemacht, dass ihn der Mensch zu seinem Himmel machen wollte« (I, 636). Und diesem äußerlichen Zusammenhang von Menschen in einem Staatswesen, wo eine »Mauer um den Garten menschlicher Früchte und Blumen« gelegt ist, wird nun ein innerer, verbindender Zusammenhang von Menschen gegenübergestellt, welcher Einheit in der Gemeinschaft ermöglicht und dem die Zukunft gehört. Dies soll geschehen, wenn »die jüngste, schönste Tochter der Zeit, die neue Kirche, hervorgehen wird aus diesen beflekten veralteten Formen« und wenn »das erwachte Gefühl des Göttlichen dem Menschen seine Gottheit ... wiederbringen wird« (I, 637). Dem Zitat ist unschwer zu entnehmen, dass Hölderlin mit der »neuen Kirche« anderes im Sinn hat als die Religionsanstalt, von deren Angeboten und Erwartungen er sich eindeutig entfernt hatte. Aber er konstatiert immerhin, dass die Sehnsucht nach einer Vereinigung alles Getrennten nicht auszukommen vermag ohne eine Utopie der freien und vollkommenen Gemeinschaftsbildung. Und er hält es überdies für angezeigt, diese erwartete Menschengemeinschaft als »Kirche« zu bezeichnen.

Eng zusammen damit steht seine Würdigung des *Festes*. Wo Hyperion die kommende »göttliche Gemeinde« propagiert, ergänzt Diotima, was die innere Verbindung der Menschen eigentlich ausmache. Es ist das Fest. Also kein allgemeiner oder bestimmter Zweck, auf welchen hin Aufgaben anstünden. Im Fest feiert die Gemeinschaft sich selbst. Man könnte auch sagen: sie feiert den Geist und sie feiert im Geist, der sie untereinander verbindet: »Er ist ja wohl eines Festes werth, der seelige Friede mit allem, was da ist!« (I, 546). Dort, wo die Grenzen abgebrochen und erledigt, wo die Trennungen überwunden und überholt sind, dort kommt die Zeit der »göttlichen Gemeinschaft«. Und dort ist Zeit des Festes. In diesem Hoffnungsbild schwingt die alte biblische Erwartung von einer endzeitlichen Versöhnung der Menschen und Völker mit, die ihren markanten Ausdruck im Fest der Befreiten auf dem Berge Zion findet (vgl. Jesaja 25,6-8; Jesaja 2,1-5). Diese Synthese aus Frieden, Gemeinschaft und Fest wird in der poetischen Religion der *späten Hymnen* Hölderlins zu einer Leitvorstellung werden.

Nach seinem abrupt erfolgten Aufbruch aus Jena hat Hölderlin in der zweiten Jahreshälfte 1795 während seines Aufenthalts in Nürtingen an der *Vorletzten Fassung des Hyperion* gearbeitet. Wichtig ist davon die Vorrede, in der er, ähnlich wie bereits in der Vorrede zum *Thalia-Fragment*, die Grundzüge seiner philosophischen Fundierung des Romans formuliert. Sie werden uns noch beschäftigen.

Der endlich auf zwei Bände angelegte Roman *Hyperion oder der Eremit in Griechenland* erschien bei Cotta in Stuttgart mit der bescheidenen Auflage von 360 Exemplaren. Und nicht einmal diese wurden über Jahre hin vollständig verkauft.

Den mangelhaften Zuspruch, welchen der Roman zu erwarten habe, hat Hölderlin übrigens selber geahnt. In der Vorrede äußert er die Befürchtung, einige möchten das Buch lesen »wie ein Compendium, und um die *fabula docet* sich zu sehr bekümmern, indeß die andern gar zu leicht es nehmen, und beede Theile verstehen es nicht« (I, 611).

Einer, der den Roman nachweislich zweimal aufmerksam gelesen hat, war EDUARD MÖRIKE. Er hatte zusammen mit WILHELM WAIBLINGER den kranken Hölderlin in seinem Tübinger Refugium besucht[17] und erinnert 1832 brieflich seinen Freund JOHANNES MÄHRLEN daran, »wie wir einmal vor der Allee in Tübingen, unter Schlüsselblumen und Maikäfern den Hyperion lasen«. Jetzt, im Jahre 1832, hatte er die Lektüre noch einmal begonnen, allerdings mit einem zwiespältigen Eindruck. Auf der einen Seite fühlte er sich »ergriffen, wie mit Götterfingern plötzlich an der leisesten Seelfaser berührt«, durch »lauter einzelne, unvergleichlich wahre und schöne Lyrika«. Aber diese Lyrika empfindet er auf der anderen Seite auch »ängstlich auf eine Handlung übertragen«, wobei dem »Hauptcharakter«, also Hyperion selbst, »ganz heterogene Bestrebungen von Größe aufgebürdet werden«[18]. Es ist schön zu beobachten,

---

17 Vgl. Reiner Strunk, Eduard Mörike, Pfarrer und Poet, 2004.
18 Eduard Mörike, Briefe, hg. von Friedrich Seebaß, 1939, S. 343f.

wie MÖRIKE sachverständig den Punkt trifft, dass sich die Romangestalt des Hyperion durch »ganz heterogene Bestrebungen« auszeichne. Er präsentiert in der Tat alles andere als einen stringenten und in sich einheitlichen Charakter.

Nur: genau dies war Hölderlins Absicht, die er selbst auf die Gefahr, damit ärgerliche Kritik zu ernten, konsequent verfolgte. In seiner Vorrede zur *Vorletzten Fassung,* die MÖRIKE nicht bekannt gewesen sein kann, bemerkt Hölderlin ausdrücklich: »Man wird vielleicht sich ärgern an diesem Hyperion, an seinen Widersprüchen, seinen Verirrungen, an seiner Stärke, wie an seiner Schwachheit, an seinem Zorn, wie an seiner Liebe. Aber es muß ja Aergernis kommen« (I, 558). – Der letzte Satz ist Wiedergabe des Jesus-Wortes in Lukas 17,1 nach der alten Luther-Übersetzung: »Es ist unmöglich, dass nicht Ärgernisse kommen.« Hölderlin verwendet das Zitat im Blick darauf, dass seine Geschichte Hyperions nicht hingenommen werden kann wie ein Wirklichkeitsabbild, das im Wesentlichen bloß bestätigt, was ist. Hyperion soll und muss vielmehr provozieren. Er unterminiert mit seinem Sein, seinem Wollen und Handeln, was allgemein in Geltung steht. Er zeigt sich unterwegs im Verlangen nach einer neuen Welt, einer neuen Zeit, einem neuen Menschen. Dies kann Altes nicht unangefochten auf sich beruhen lassen. Es erzeugt Ärgernis. Am drastischsten kommt das zum Ausdruck in Hyperions großer Scheltrede an die Deutschen; aber dort keineswegs allein.

Die Endfassung des *Hyperion*-Romans fällt in Hölderlins Frankfurter Zeit. Band I kam Anfang 1797 in Druck, Band II Ende 1798. Das ursprüngliche Konzept des Briefromans wird wieder aufgenommen, insgesamt sechzig Briefe verteilen sich auf die beiden Romanbände, zumeist von dem Griechen Hyperion an seinen deutschen Freund Bellarmin gerichtet, dem er seine persönliche Entwicklungsgeschichte erzählt. Dabei wird der chronologische Ablauf kunstvoll aufgelöst zugunsten eines inneren Ablaufs, der das Ganze zu einem Lebensgang im Rückblick des Berichtenden werden lässt. Begonnen wird mit der Gegenwart des Briefschreibers, der gerade von seinem Deutschlandaufenthalt nach Griechenland heimgekehrt ist: »Der liebe Vaterlandsboden giebt mir wieder Freude und Laid.« Und das Ende verschränkt sich damit, indem Hyperion dort seinen Abschied aus Deutschland erzählt: »Ich wollte nun aus Deutschland wieder fort, ... wollte nicht, dass meine Seele vollends unter solchen Menschen sich verblute« (I, 758).

Der Abschied Hyperions von Deutschland und den Deutschen trägt viel von der Bitterkeit in sich, die Hölderlin selbst im Hause Gontard bis zu seinem Abschied von Frankfurt im September 1798 allmählich angesammelt hatte. Überhaupt spiegeln zahlreiche Partien des Romanwerks Frankfurter Erfahrungen des Dichters wider. Das gilt in erster Linie für die Gestalt der Diotima[19]. Er hat sie nicht erst in Frankfurt, unter dem Eindruck seiner Begegnung mit Susette Gontard, literarisch entworfen, wohl aber in diesem Zusammenhang einfühlsamer porträtiert.

Die Anreicherung des Romans durch Erlebnisse aus der Frankfurter Zeit gilt ebenso hinsichtlich einer neuen Einschätzung der Revolution und eines durch sie teils geförderten, teils verstellten Freiheitsgewinns. Unter dem Druck des Anmarschs französischer Truppen auf Frankfurt musste Hölderlin mit der Familie Gontard die Stadt fluchtartig verlassen und dann in Bad Driburg ausharren, bis man unbesorgt wieder nach Frankfurt zurückkehren konnte. – Es gilt weiter für eine erkennbare Relativierung der philosophischen Wissenschaft gegenüber der Poesie, der Hölderlin sich im Abstand zu Jena und in der Nähe zu Susette entschiedener zuwandte. – Und es gilt nicht zuletzt für die verstimmte Polemik gegen die Deutschen, welche am Ende des Romans ersichtlich kritische Beobachtungen aus der Frankfurter Kaufmannsgesellschaft sowie persönliche Demütigungen durch seinen Hausherrn Gontard verarbeitete.

In Frankfurt war Hölderlin als Hofmeister zum Jahresende 1795 eingetroffen, auf Vermittlung des Arztes JOHANN GOTTFRIED EBEL, den er zuvor in Heidelberg kennen gelernt hatte und

---

19 Hölderlin betont den Namen auf der dritten Silbe, wie der Metrik in seinen Gedichten an Diotima zu entnehmen ist: »Diotima! edles Leben! / Schwester, heilig mir verwandt ...«, I, 223.

der mit der Familie des begüterten Bankiers und Tuchhändlers Gontard freundschaftlich verbunden war. Der Dienstantritt im Hause Gontard war problemlos und angenehm, Hölderlin äußerte sich dankbar darüber, in seiner neuen Stellung »die besten Menschen« angetroffen zu haben und auch seinem Zögling Henry abspüren zu können, »dass er mich in nicht geringem Grade schadlos halten« werde (II, 609) für das Missgeschick seiner Unterrichtsversuche bei Fritz von Kalb in Waltershausen.

Susette, die aus Hamburg stammende Frau des Bankiers, inzwischen Mutter von vier Kindern, war im Alter von siebzehn Jahren verheiratet worden und galt in der Frankfurter Gesellschaft dank ihrer auffallenden Schönheit und ihrer profunden Bildung als attraktive und viel umschwärmte Persönlichkeit. Man suchte und pflegte ihre Bekanntschaft. Hölderlin hatte angesichts seiner Aufgaben im Haus fortwährenden Umgang mit ihr, und aus anfänglicher Sympathie wurde bald eine beiderseits erlebte, dann einander auch eingestandene Liebe. Im Sommer 1796 schreibt Hölderlin seinem Freund NEUFFER einen enthusiastischen Brief, in dem er seine Beziehung zu Susette aufdeckt: »Ich bin in einer neuen Welt ... Lieber Freund! es giebt ein Wesen auf der Welt, woran mein Geist Jahrtausende verweilen kann und wird ... Lieblichkeit und Hoheit, und Ruh und Leben, und Geist und Gemüth und Gestalt ist Ein seeliges Eins in diesem Wesen.« Und dann: »Daß ich jetzt lieber dichte, als je, kannst Du Dir denken« (II, 624f).

Diese Beschreibung lässt Susette zur Realgestalt der Diotima im Roman werden und Diotima zum literarischen Spiegelbild der Susette Gontard. Diotima ist die Poetisierung Susettes und Susette die Realisierung Diotimas. Hölderlins Begegnung mit der Frankfurter Bankiersgattin gewann dadurch ihre Intensität und ihr Pathos – und zugleich die Unvermeidbarkeit ihres tragischen Ausgangs. Gontard selbst pflegte viel außer Hause zu sein, sowohl geschäftlich als auch privat, und hatte zunächst nichts einzuwenden gegen die Konversationen seiner Frau mit dem poetischen Hauslehrer. Deren inhaltliche Neigungen waren ihm ohnehin fremd, und ihre persönlichen Neigungen zueinander blieben ihm verborgen oder schienen ihm nicht des Aufhebens wert zu sein. Er fand es in der Ordnung, wenn Hölderlin mit Susette und dem Rest der Familie, jedoch ohne ihn, aus Sorge vor der französischen Belagerung Frankfurts im Juli aus der Stadt flüchtete und nachher wochenlang mit ihr im entlegenen Bad Driburg verweilte. Erst in einem vorgerückten Stadium beginnt das Verhältnis sich einzutrüben. Gontard lässt den Hauslehrer spüren, dass er ihn nicht als Gleichrangigen betrachtet, sondern als Domestiken beurteilt und zu behandeln wünscht, und Hölderlin nimmt es hin, die Demütigungen empfindlich registrierend, um die Beziehung zu Susette nicht zu gefährden. Das gelingt wohl eine Weile, macht den Eklat aber wahrscheinlich, und der ereignet sich denn auch im September 1798. Nach einer Auseinandersetzung der beiden Männer verlässt Hölderlin das Haus und findet Zuflucht bei seinem Freund SINCLAIR in Homburg. Der kleine Henry Gontard schreibt ihm rührend: »Ich halte es fast nicht aus, dass Du fort bist« (II, 699), aber tiefer getroffen ist die zurückgelassene Susette. Im ersten aus einer langen Reihe von Briefen, die sie Hölderlin nachschickt, gesteht sie: »Wie ist nun, seit Du fort bist, um und in mir alles öde und leer, es ist als hätte mein Leben, alle Bedeutung verlohren, nur im Schmerz fühl ich es noch« (II, 700). Susette arrangiert heimliche und streng gehütete Treffen mit Hölderlin, aber sie sind nur ein spärlicher Ersatz für die tägliche Gemeinschaft, die sie zuvor genießen konnten. Und mit Hölderlins Abschied von Homburg und seiner Übersiedlung nach Stuttgart im Juni 1800 brechen auch diese verschwiegenen Kontakte ab, und Susettes Briefe, bewegende Liebesbriefe, die erhalten sind, laufen aus.

Hyperions Beziehung zu Diotima endet im Roman tragisch, wie im Leben Hölderlins Beziehung zu Susette tragisch endete. Die Trennung, die durch Hyperions begeisterten Einstieg in den russisch-türkischen Krieg ausgelöst wurde, lässt Diotima buchstäblich verkümmern. Das ist anders als bei der schönen und erhabenen Melite, die im Grunde unanfechtbar in sich selbst ruhte. Diotima leidet, wie Susette gelitten hat unter ihrem unfreiwilligen Abschied von Hölderlin, und die verzweifelten

Mitteilungen beider, der einen in ihren Romanbriefen an Hyperion und der anderen in den realen an Hölderlin, lauten streckenweise übereinstimmend: »Dein Mädchen ist verwelkt, seitdem du fort bist«, schreibt Diotima, »ein Feuer in mir hat mälig mich verzehrt, und nur ein kleiner Rest ist übrig« (I, 746).

Wie Melite in der ersten Fassung des Romans ist Diotima ins Leben des Hyperion eingetreten, als »himmlisches Wesen«, das ihm erscheint und das seine erste Begegnung mit ihr zum »heiligen Moment« werden lässt. Sie ist nicht allein eine ausnehmend schöne Frau, sondern die »Schönheit« selbst, Inkarnation des Schönen überhaupt, womit die an SCHILLERS Ästhetik orientierte Bewertung ins Metaphysische und ins Eschatologische gesteigert wird. Diotima ist deswegen nicht weniger als die »Vollendung, die wir über die Sterne hinauf entfernen (das ist die metaphysische Perspektive, Vf.), die wir hinausschieben bis ans Ende der Zeit (das ist die eschatologische Perspektive, Vf.), die hab' ich gegenwärtig gefühlt« (I, 657). Hölderlin kann diese poetische Apotheose der Diotima konsequent fortführen bis dahin, dass er die göttliche Selbstprädikation aus der Apokalypse (Offenbarung 1,17) für sie in Anspruch nimmt: »du Erste und du Lezte!« (I, 736).

Neu gegenüber dem *Thalia-Fragment* ist nicht nur Diotimas Tod und ihr Leiden, sondern auch ihr Vermächtnis an Hyperion. Sie erschließt ihm seine eigentliche Aufgabe, und diese Aufgabe heißt Dichtung. Schon in den glücklichen Tagen ihres Zusammenseins hatte sie ihm erklärt: »Hyperion! mich deucht, du bist zu höhern Dingen geboren ... Willst du dich verschließen in den Himmel deiner Liebe, und die Welt, die deiner bedürfte, verdorren und erkalten lassen unter dir?« (I, 691).

Dies scheint Hyperion jedoch nicht in der gemeinten Bedeutung aufgenommen zu haben, jedenfalls wagt er anschließend den Schritt, tatsächlich aus dem Himmel seiner Liebe herauszutreten, sich nun aber, zusammen mit dem befreundeten Alabanda, in den Krieg zur Befreiung Griechenlands zu werfen. Er tut es gegen Diotimas Willen und im Begeisterungssturm revolutionärer Aktivisten. Der Kampf erscheint ihm jetzt als die vom Schicksal für ihn bereitgestellte Aufgabe, die »Welt«, und vorab die griechische Welt, in ihrer politischen Abhängigkeit nicht »verdorren« zu lassen. Alabanda, der hinreißende Agent für die Freiheit, hatte den Anstoß gegeben: »die Griechen sollen frei seyn, wenn sie mit aufstehn, den Sultan an den Euphrat zu treiben. Die Griechen werden das Ihre thun, die Griechen werden frei seyn und mir ist herzlich wohl, dass es einmal wieder etwas zu thun giebt« (I, 698).

Nach kurzem Zögern entschließt Hyperion sich zur Tat, weil »Worte« anscheinend nicht reichen. Es ist ein neuer Weg, den er einschlägt, obwohl Diotima ihn warnt (»Der wilde Kampf wird dich zerreißen, schöne Seele«, I, 700), und es schwebt ihm vor, die Freiheit, nach der sein unendliches Sehnen ging, jetzt unter dem Einsatz militanter Kräfte herbeiführen zu helfen. Als das Gefecht unmittelbar bevorsteht (»Der Vulkan bricht los«), schreibt Hyperion an Diotima Briefe von leidenschaftlicher Verfallenheit an das scheinbar lebenssteigernde Kriegsgeschehen, und allein die Häufung des Wortes »Lust« demonstriert seine geistige Betäubung in dieser Lage: »die Rosse, den Tag witternd, schnauben und schrein, und der Wald ertönt von allerschütternder Kriegsmusik, und rings von Waffen schimmert und rauscht – aber das sind Worte und die eigne Lust von solchem Leben erzählt sich nicht« (I, 715). Umgeben und erfüllt sein von solcher »Lust, das ist doch mehr, als Erd' und Himmel und Meer in aller ihrer Glorie zu schaun« (I, 716).

Es scheint plötzlich ein anderer Hyperion zu sein, der da zur Wirklichkeit drängt, und Diotima antwortet entsprechend bestürzt, es schaudere sie, »den sanften Jüngling, der zu meinen Füßen geweint, in dieses rüstige Wesen verwandelt zu sehn« (I, 718).

Hyperions Unternehmen, die ersehnte Freiheit im kriegerischen Einsatz zu gewinnen, schlägt bald dramatisch fehl. Seine Leute haben geplündert, gemordet und Gräuel verbreitet, »und dabei sagen die Rasenden, sie fechten für unsere Freiheit« (I, 720). Die Einsicht wächst erst im Zuge der Katastrophe, nachdem die hoch fliegende Kriegslust wie ein zerschmetterter Vogel am Boden liegt: »In der That! es war ein außerordentlich Project, durch eine Räuberbande mein Elysium zu pflanzen« (ebd). – Alabanda, der Anstifter und Gefährte im Freiheitskrieg, hat dessen drastische Selbstwiderlegung durch lebensverachtende Barbarei ähnlich erlebt und empfunden wie Hyperion. Aber er erklärt sein persönliches Verhalten aus dem Gang seiner Biographie, deren reiche Bekanntschaft mit Knechtschaft und Unterdrückung seine »Freiheitsliebe« erzeugt habe. Seine Beteiligung an einem revolutionären Geheimbund und am Krieg gegen die Türken habe ihn nun ganz zurückgeworfen, seine Zeit sei aus, und dennoch: »Wenn der Baum zu welken anfängt, tragen nicht alle seine Blätter die Farbe des Morgenroths?« (I, 742).

Es entspricht offenbar Hölderlins Erkenntnisstand in dieser Zeit, dass sich die Erwartung, das große Versprechen der Freiheit lasse sich im revolutionären Kampf einlösen, als trügerische Illusion herausstellen muss. Der Krieg um Griechenlands Freiheit, der historisch sowieso ein Krieg im russischen Interesse war, bildet im *Hyperion* den geschichtlichen Rahmen, innerhalb dessen Hölderlin seine gewandelte Einstellung zu den Ereignissen der Französischen Revolution und im Angesicht des jakobinischen Terrors zu erkennen gibt. Anfängliche Begeisterung hat der Skepsis Platz gemacht. Das Gewaltpotential, das in Paris zum Zuge gekommen war, wendet sich erdrückend gegen die Hoffnungen des ursprünglichen Aufbruchs. Die Praxis scheint im Begriff zu sein, Schönheit und Wahrheit der Idee zu schänden. Doch selbst wenn die Sache der Freiheit auf solche Weise erniedrigt wird, gilt sie in Hölderlins Sinne keineswegs als widerlegt. Unterstrichen wird das im Gespräch zwischen Hyperion und Alabanda, nachdem das militärische Fiasko passiert war:

»Was wär' auch, fuhr er fort, was wär' auch diese Welt, wenn sie nicht wär' ein Einklang freier Wesen? wenn nicht aus eignem frohen Triebe die Lebendigen von Anbeginn in ihr zusammenwirkten in Ein vollstimmig Leben, wie hölzern wäre sie, wie kalt? welch herzlos Machwerk wäre sie? So wär' es hier im höchsten Sinne wahr, erwiedert' ich, dass ohne Freiheit alles todt ist« (I, 742f).

Mit Diotima glaubt der vom Kriegsverlauf erschütterte Hyperion nicht mehr zusammenbleiben zu dürfen. Der Weg, den er gewählt hatte, war nicht nur Verrat an ihm selbst, er bedeutete vor allem einen Verrat an ihr und an ihrem Wesen und Wollen. Und er erkennt keinen anderen Ausweg als den einer endgültigen Trennung. Diotima nimmt es hin, schmerzlich getroffen, aber dann auch entschlossen zu ihrem Verzicht stehend, als Hyperion Anstalten macht, ihr wieder zu begegnen. Sie schreibt ihm einen Abschiedsbrief, ihrem Tod bereits entgegensehend (»Soll ich sagen, mich habe der Gram um dich getödtet? o nein!« I, 547). Aber sie fürchtet den Tod nicht, weil er bloß die Macht besitzt, das ohnehin Dürftige und Beschränkte zu zerstören, nicht aber das Ewige in ihr: »Ich werde seyn. Wie sollt' ich mich verlieren aus der Sphäre des Lebens, worinn die ewige Liebe, die allen gemein ist, die Naturen alle zusammenhält? ... Nein! bei dem Geiste, der uns einiget, bei dem Gottesgeiste, der jedem eigen ist und allen gemein! nein! nein! ... Wir trennen uns nur, um inniger einig zu seyn, göttlicherfriedlich mit allem, mit uns. Wir sterben, um zu leben« (I, 749). Und dann, dieses geistige Vermächtnis nun auch mit dem persönlichen Vermächtnis an die Adresse Hyperions vollendend, schließt Diotima: »Priester sollst du seyn der göttlichen Natur, und die dichterischen Tage keimen dir schon« (I, 750).

Das ist Diotimas Abschied und zugleich ihre feierliche Initiation Hyperions in den Stand und in die Aufgabe des priesterlichen Dichters. Und es markiert, biographisch wie literarisch besehen, die Übergangsstelle, an welcher Hölderlin selbst beginnt, seinen poetischen Auftrag neu zu begreifen. Dass er, den Worten Diotimas zufolge, sich nicht »verschließen« dürfe im Himmel seiner Liebe, um inzwischen »die Welt, die deiner bedürfte, verdorren und erkalten« zu lassen, hat Hölderlin ernsthaft zu beherzigen gesucht, indem er sich an eine Dichtung verwiesen sah, in der die Kraft des Heiligen und des Heilsamen lebendig zu werden versprach.

Zum Grund der Freiheit – philosophische Klärungen

Philosophie und Theologie – Kant, Spinoza und Jacobi –
Das Hen kai Pan – Pantheismusverdacht – Freiheit und
Einheit – Das kabbalistische Ensoph – Übergang vom
Unendlichen zum Endlichen – Glauben des Herzens –
A Deo principium – Sehnsucht nach Versöhnung –
Philosophen der Freiheit: Kant und Fichte – Grundlegung
der Freiheit im Ich? – Urtheil und Seyn – Sein und
Transzendenz – Chancen der Freiheit –
Frieden: höher als alle Vernunft

Die Jahre seiner Arbeit am *Hyperion* waren Jahre der entschiedenen Hinwendung zur Philosophie. Man kann leicht eine Liste prominenter Namen aufstellen, mit deren Werk Hölderlin sich in dieser Zeit auseinandergesetzt hat. Da ist Platon, da sind Kant, Herder, Jacobi, Spinoza und Fichte, um nur die wichtigsten aufzuführen, und von ihnen allen hat er genommen und sich auch wieder entfernt, um seine eigene Richtung zu finden und zu halten.

Der Eindruck scheint nicht unbegründet, Hölderlin habe damit nicht allein der Theologie seiner Zeit den Rücken gekehrt, sondern sogar seine »Abkehr vom Christentum« betrieben und sei »klar hindurchgestoßen zu dem pantheistischen Lebensgefühl, zu dem er die Anlage mitbrachte«[20]. – Über den Verdacht auf Pantheismus wird freilich noch zu reden sein, zumal er schon in Hölderlins Tagen von einer streitbaren Orthodoxie gern als Ketzerkeule hervorgeholt wurde, um abweichendes Denken rasch zu erledigen. Und was eine mögliche Abkehr vom Christentum betrifft, so wäre es jedenfalls kurzschlüssig zu meinen, Hölderlins philosophische Arbeiten lieferten als solche bereits einen Beleg dafür.

Die Fragen, um die es ihm ging – Fragen nach der Wirklichkeit Gottes, nach der Möglichkeit von Freiheit, nach dem Grund für

---

20 Emanuel Hirsch: Geschichte der neuern evangelischen Theologie, Bd. IV, 1952, S. 447, 453.

Gewissheit, dem Recht auf Hoffnung, der Überwindbarkeit aller Widersprüche waren zweifellos Fragen, die von Hause aus der Theologie wohl anstanden. Aber die Theologie schien außerstande, ihnen gerecht zu werden. Sie hatte ihre alten Universalitätsansprüche zwar nicht prinzipiell, aber de facto an die Philosophie abgetreten und war weithin zu einer Fachwissenschaft für angehende Pfarrer geworden, die von ihren eigenen Vorgaben und Denkverboten nicht lassen mochte. Das nannten Hölderlin und seine Freunde Dogmatismus. Solcher Dogmatismus baut auf Behauptungen, die angeblich nicht hinterfragt werden dürfen. Und er verteidigt sich hinter einem Wall von Begründungen, die einer internen Logik folgen und vor einem allgemeinen Vernunftangriff nicht bestehen. Hatte die Theologie so das Konklave ihrer eigenen Interessen bezogen und die Philosophie statt ihrer das Forum eines offenen Streits um die Wahrheit eingenommen, dann blieb dem Suchenden nichts anderes übrig, als auf diesem Forum sich zu bewegen und seinen Platz zu finden. Hölderlin hat das jedenfalls so gesehen und sich entsprechend verhalten. Nicht erst bei seinem Aufbruch nach Jena und zu FICHTE, aber seitdem mit aller Entschlossenheit.

Es ist möglich, die philosophischen Bemühungen Hölderlins in der Periode seines *Hyperion*-Projekts, also zwischen 1792 und 1798, sowohl chronologisch als auch sachlich in eine Klammer zu fassen, die pointiert theologisch geprägt ist. Dann steht am Anfang dieser Entwicklung eine Beschäftigung mit SPINOZA, vermittelt durch JACOBI. Und am Ende folgt ein Bekenntnis, das die idealistische Position, jedenfalls in der Ausgestaltung durch FICHTE, überwindet. Die ersten Äußerungen fallen in die Jahre 1790 und 1791, die letzten in das Jahr 1801.

Auf diese Klammer zu achten, erscheint nicht nur deshalb geboten, weil sie einen Beitrag zu Hölderlins theologischem Denken zu leisten vermag. Sie zeigt überdies, dass Hölderlins philosophische Konzentration letzten Endes durch theologische Grundsatzfragen provoziert wurde und auf theologische Ergebnisse hinauslief.

Im Februar 1791 schreibt Hölderlin aus Tübingen einen Brief an seine Mutter (II, 467f), mit dem er ihr die Predigt zuschickt, die er am Vortage gehalten hat.[21] Es handelt sich also um ein Zeugnis aus der Zeit seiner Ausbildung im Stift. Ausdrücklich weist Hölderlin seine Mutter auf jenen Predigtteil hin, der für ihn entscheidend wichtig war. Die Kernaussage darin betont, dass es »ohne Glauben an Christum ... gar keine Religion, keine Gewissheit von Gott und Unsterblichkeit« gebe.

Man könnte das Gewicht dieser Mitteilung kräftig herabstufen und hat es praktisch auch getan. Dann wird in Rechnung gestellt, dass Hölderlin noch in den Grenzen seiner theologischen Ausbildung befangen war und dogmatische Richtigkeiten weitertransportierte, wie er sie gelernt hatte. Außerdem zeigte er sich in Briefen an die Mutter ja durchgängig bestrebt, ihrer Sorge um seine berufliche Zukunft als Pfarrer entgegenzuwirken. – Aber das genauere Studium dieses Briefes vom Anfang des Jahres 1791 nötigt zu einer anderen Einschätzung. Denn Hölderlin setzt nicht allein thetisch einen Glauben an Christus als Gewissheitsgrund für Gott und Unsterblichkeit. Er erklärt anschließend auch im Einzelnen, auf welche Weise sich ihm diese theologische These erschlossen habe.

Vorangegangen waren nämlich, seinem eigenen Bekunden zufolge, philosophische Untersuchungen namentlich zu KANT und SPINOZA. Er teilt das seiner Mutter mit, wohl darum wissend, dass ihre Kenntnis seiner Studien sie »vielleicht unruhig gemacht« hätte, aber auch mit beschwichtigenden Hinweisen darauf, dass er dieses Tal der Anfechtungen glücklich durchschritten habe. Ob dies nun Anfang 1791 seine tatsächliche Überzeugung wiedergibt, mag offen bleiben. Hölderlins Anstrengungen, philosophisch zu durchdringen, was ihn bewegte, waren 1791 jedenfalls nicht erschöpft. Sie kamen damals erst richtig in Gang. Auf der anderen Seite besteht kein Anlass, seine christologische Zentrierung in Brief und Predigt als vorläufig eingenommene Position des Theologiestudenten in Zweifel zu ziehen.

Was KANT betrifft, so bezieht er sich auf dessen Widerlegung der Gottesbeweise in der *Kritik der reinen Vernunft*. Er stimmt ihr

---

21 Die Predigt selbst ist nicht überliefert.

ohne Abstriche zu. Alle Versuche, das Dasein Gottes durch Vernunftgründe zu beweisen, müssen scheitern, weil sie die Grenzen der Vernunft missachten und – vor allem kausalgesetzliche – Beweismittel, die für die physische Welt der Erfahrungen gültig sind, in eine metaphysische Welt des Glaubens hineinverlängern. Dieser Weg, Gewissheit über Gott zu gewinnen, war also verstellt. Ihm seien daraufhin, so berichtet Hölderlin, »Schriften von und über Spinoza« in die Hände gefallen.

Die Wendung »von und über« beschreibt exakt, dass Hölderlin damals nicht nur Originaltexte SPINOZAS zur Kenntnis genommen, sondern ausgiebig und zwar als kursorische Lektüre zusammen mit HEGEL und mit weiteren Stiftlern JACOBIS Streitschrift *Über die Lehre des Spinoza in Briefen an den Herrn Moses Mendelssohn* gelesen hat. Diese Schrift, in erster Auflage 1785 erschienen, hatte im philosophischen Diskurs Ende des 18. Jahrhunderts eine erhebliche Bedeutung und löste den sogenannten Atheismusstreit aus, von dem später FICHTE in Jena betroffen sein sollte. Hölderlin hat seine eigene Beschäftigung mit JACOBIS Streitschrift in Exzerptnotizen festgehalten, die aus dem Sommer 1790 stammen, dem Briefbericht an die Mutter also ein halbes Jahr vorausliegen und das erste erhaltene Dokument seiner philosophischen Arbeit überhaupt darstellen[22].

In Hölderlins Notizen taucht gleich zu Beginn jene griechische Formel auf, die in seinem Freundeskreis wie eine Verschwörerlosung umlief und Jahrzehnte danach noch von WILHELM WAIBLINGER als Konzentrat Hölderlin'schen Denkens an die Wand von Pressels Gartenhaus auf dem Tübinger Österberg geschrieben wurde[23]: »Hen kai Pan« (d. i.: Eins und Alles). Diese Formel, gewöhnlich SPINOZA zugeschrieben, aber doch wohl von LESSING herrührend, der sich damit als Spinozist zu erkennen gab, hat Hölderlin in JACOBIS Text angetroffen. Sie gewinnt in Hölderlins Entwicklung eine ambivalente Bedeutung.

---

22 Der Text erscheint unter dem Titel »Zu Jacobis Briefen über die Lehre des Spinoza«, II, 39–43.
23 Vgl. III, 659.

Im *Hyperion* nimmt er sie zustimmend auf, allerdings nicht im Sinne einer Deklaration von Gegebenem, sondern als Hoffnungschiffre, strukturell also der hochgeschätzten biblischen Chiffre »Reich Gottes« entsprechend. Hier, in den JACOBI-Notizen, gebraucht Hölderlin die Formel dagegen in deutlicher Abgrenzung zu LESSINGS Spinozismus. Sie erweist sich als Resultat eines Denkens, das Gott nicht mehr als Schöpfer und auch nicht mehr als Person zu akzeptieren vermag, sondern von der Einheit einer Substanz ausgeht, die in allem lebendig sein und wirken soll. Diese Substanz kann, weil sie allumfassend gedacht werden muss, auch die Bezeichnung »Gott« oder »Natur« tragen, sie ist jedenfalls Prinzip allen Daseins, A und O aller Wirklichkeit. Mit ihr fällt die Scheidung von Materie und Geist, von Denken und Ausdehnung dahin, welche DESCARTES grundgelegt hatte, zugleich damit auch die Scheidung von Subjekt und Objekt sowie von Immanenz und Transzendenz. Das »Eine« wurde zum Schlüsselbegriff für die vermeintliche innere Aufhebung aller äußeren Differenzen, aber eben nicht das Eine, das sich in irgendeiner Weise für sich isolieren ließe, sondern das im Gesamtzusammenhang des Wirklichen ebenso wie in jedem kleinsten Detail gegenwärtig sein soll. – Auf den ersten Blick schien dem jungen Hölderlin in dieser Richtung wohl eine Gottesgewissheit möglich zu werden, welche durch KANTS Kritik der Gottesbeweise nicht erledigt war. Aber dies doch nur auf seinen ersten Blick.

Bei genauerer Untersuchung, in der Hölderlin sich weitgehend JACOBI anschließt, wird ihm der Pferdefuß im spinozistischen Denken deutlich. Dieser betrifft nicht direkt die Leugnung einer unaufgebbaren Personalität Gottes, sondern den Vorwurf des »Determinismus«. Wenn alles aus einer einheitlichen Substanz hervorgeht und in dieser einheitlichen Substanz sich bewegt, dann ist alles vorherbestimmt, alles Wirkung und Ausdruck dieser Substanz. Es gibt dann keinen wirklichen Gegenstand und kein wirkliches Gegenüber, keinen Willen und keine Empfindung, sondern nur einen unbeeinflussbaren Geschehensablauf, in den der einzelne Mensch einbezogen wird. Solcher philosophische Determinismus enthüllt sich im Effekt als

»Fatalismus«. Und beides zerstört oder ignoriert die Freiheit. Das hatte JACOBI dem Pantheismus SPINOZAS vorgeworfen, und Hölderlin hält es fest in seinen Notizen. Unser Gefühl von Freiheit, so meine SPINOZA, entspreche dem fiktiven Einverständnis eines geworfenen Steins mit seiner Flugbahn. Dasselbe Programm habe LEIBNIZ am Beispiel einer Magnetnadel illustriert, die ihre Bewegung nach Norden nur deshalb einem eigenen Antrieb zuschreibe, weil ihr der magnetische Zusammenhang, dem sie folgt, verborgen bleibe.

Die SPINOZA-Kritik im Interesse der Freiheit war Hölderlin zweifellos wichtig. Er ist damit auf die Kardinalfrage gestoßen, die ihn in den kommenden Jahren umtreiben sollte. Wie wird Freiheit möglich und denkbar, jenseits der dogmatistischen und der deterministischen Theorien, in denen sie unterging? Gab es einen unhintergehbaren Grund der Freiheit, der gedanklich erschlossen werden konnte, sei es innerhalb der Subjektivität des Menschen oder – doch – in Gott?

Neben dem Freiheitsthema benennt Hölderlin einen zweiten Punkt der SPINOZA-Kritik. Der erscheint wesentlich, weil er einen Sachverhalt anzeigt, dem Hölderlin in der Folgezeit seine größte Aufmerksamkeit schenken sollte. Er betrifft die Frage nach der Einheit des Seins. Dass Hölderlin zusammen mit JACOBI die spinozistische Lösung verwarf, diese Einheit im Modell eines pantheistischen Determinismus vorzustellen, bestreitet ja keineswegs das Recht oder gar die Notwendigkeit, nach solcher Einheit zu fragen. Für Hölderlin bilden *Freiheit* und *Einheit* inhaltlich unbedingt korrespondierende Begriffe. Freiheit wird dann nämlich zur Willkür, letzten Endes sogar barbarisch, wenn sie sich nur als Freiheit im *Gegen*einander und nicht als Freiheit im *Mit*einander, in einer Einheit des Lebens, im Frieden zu realisieren vermag. Und umgekehrt wird jede Einheit totalitär, sobald sie die Freiheit ausschließt, statt sie in sich zu enthalten und zu fördern.

Aus diesem Grund richtet Hölderlin sein Augenmerk auf jene Stelle, die in besonderer Weise SPINOZAS philosophischen Sündenfall markieren soll. Er notiert: »Er (sc. Spinoza) verwarf also jeden Übergang des Unendlichen zum Endlichen. Sezte darfür ein immanentes Ensoph« (II, 40).

Der erste Teil dieser Notiz ist wörtliches Zitat aus Jacobi und bestätigt: das Substanzprinzip verneint eine Unterscheidung zwischen Endlichem und Unendlichem und erübrigt damit die Aufgabe, einen »Übergang« vom Unendlichen zum Endlichen zu erklären. Der zweite Satz in Hölderlins Notiz liefert den Grund für Spinozas unzulässiges Verfahren. Denn Spinoza »setze« dort etwas. Setzung meint aber das Gegenteil von Erschließung. Erschließung zeigt Notwendiges auf, Setzung verfährt willkürlich. In der Immanenz zu setzen, was von Hause aus der Transzendenz zugehört, ist darum ein zweifelhafter Akt, der philosophisch beanstandet werden muss. Er behauptet, statt zu begründen.

Entscheidend ist nun aber, was Spinoza nach Jacobi-Hölderlin in der Immanenz setzt, nämlich das »Ensoph«. Dieser Begriff bezeichnet in der mittelalterlichen Kabbala den göttlichen Urgrund allen Daseins und Lebens. »Ensoph« ist die Verborgenheit des ewigen und unendlichen Gottes, seine unaussprechliche und unbeschreibliche Seinsweise vor aller Schöpfung und jenseits aller Weltwirklichkeit. Es ist der Ur-Grund und die Ur-Einheit, welche allen Gestaltungen und Differenzierungen in der gegenständlichen Welt voraus ist: das Eine, in sich noch vollkommen Ungeschiedene. Mit dieser Bestimmung schreibt die spekulative Mystik fort, was das fundamentaltheologische Anliegen im Judentum fordert: die Wahrung der Einheit und Einzigkeit Gottes. Sie tut das aber spekulativ, das heißt: diese Einheit Gottes wird nicht gegen eine Welt voll falscher Götter, sondern gegen alles Welthafte in seiner Vielgestaltigkeit überhaupt vertreten. Und sie behauptet das jüdische Anliegen von der Einheit Gottes in dem mystischen Interesse, auf einem Weg innerer Entsprechungen wiederum am Geheimnis und an der Wahrheit des Ur-Einen Teil haben zu können.

Eine derartige Teilhabe an Gottes transzendenter Einheit ist freilich nicht unmittelbar möglich, denn Gott und Welt sind unendlich geschieden. Wenn dies aber der Fall ist, wird die Frage dringlich, die für Spinoza gar keine Frage war: ob und wie denn ein »Übergang« vom Einen zum Vielen, von Gottes Unendlichkeit zur menschlichen Endlichkeit denkbar sei. Und genau dieser Frage hat sich die Kabbala gestellt. Sie hat das System der Sefiroth entwickelt, zehn an der Zahl nach dem Maß der Vollkommenheit, durch welche die Schöpfung ihre Struktur erhalten habe. Diese Sefiroth meinen Abglänze, Kraftströme oder Entäußerungsweisen des Ensoph, die sich stufenweise nach unten hin materialisieren und über die man umgekehrt im mystischen Aufstieg der Seele auch dem göttlichen Einen wieder entgegenzustreben vermag. In dieses Konzept sind neuplatonische und gnostische Elemente eingeflossen, die den Übergang von der transzendenten Gottheit zur immanenten Weltwirklichkeit durch einen Emanationsprozess erklärten[24]: das Eine verausgabt sich in die Regionen einer vielfältigen Realität. Wenn dies auch nicht direkt pantheistisch gedacht war, so war es doch immer in der Gefahr, zum Pantheismus verkürzt zu werden, indem das bleibende Für-sich-Sein des Ensoph gewissermaßen gestrichen wurde und man sich mit dem immanent Einen und Einigenden begnügte. Genau das ist der Verkürzungsvorwurf, den Jacobi-Hölderlin gegen SPINOZA erheben. Dass dieser Vorwurf nicht beiläufig erfolgt, sondern im Gegenteil mit dem Einspruch für eine Ur-Einheit ein nachhaltiges theologisches und philosophisches Anliegen Hölderlins sogar in seinem Gespräch mit FICHTE betrifft, wird noch zu zeigen sein.

Die Frage des »Übergangs« vom Unendlichen zum Endlichen war also gegen SPINOZA festzuhalten. Eine Antwort darauf bleibt vorläufig allerdings aus. Denn es ist nicht erkennbar, dass Hölderlin nun dem neuplatonischen Modell, jenen Übergang als Emanationsprozess zu denken, wirklich zugestimmt hätte. JACOBIS Rückzug aus der Klemme, der mit dem Argument entschuldigt wird, »dass sich gewisse Dinge nicht entwiklen lassen« (II, 43), hat ihn augenscheinlich auch nicht befriedigt. Wenig später wird er diesen in Frage stehenden Übergang im

---

24 So hatte es auch im von Hölderlin gelesenen und exzerpierten Jacobi-Text geheißen: »... setzte an die Stelle des emanirenden ein nur immanentes Ensoph; eine inwohnende, ewig in sich unveränderliche Ursache der Welt, welche mit allen ihren Folgen zusammengenommen – Eins und dasselbe wäre«, Friedrich Heinrich Jacobi, Über die Lehre des Spinoza, in Briefen an Herrn Moses Mendelssohn, in: Jacobi, Werke, hg. von F. Roth und F. Köppen, Bd. IV, 1980, S. 56.

Sinne einer »Ur-Teilung«, einer Ur-Scheidung zu beschreiben versuchen.

Als Problem war eben dies jedoch auch den kabbalistischen Mystikern vertraut, für die »die Scheidung zwischen Ensof und der ersten Sefira« jenen göttlichen »Urakt«[25] darstellte, aus dem alle weiteren innerweltlichen Scheidungen und Gegenständlichkeiten folgten. Eine kabbalistische Theorie verstand den Übergang als Ur-Teilung in der Weise, dass das Ensoph, das Ur-Eine, sich »in sich selbst verschränkte« und »im Prozess dieser Kontraktion, des zimzum, freigewordenen Urraum« schuf[26], in den die Schöpfungskräfte eingehen konnten. Dass dieser Gedanke Hölderlin jedenfalls nicht fremd gewesen sein dürfte, belegt seine Erwähnung einer spinozistischen Stelle, die LESSING aufgegriffen habe: »Es heißt da von Gott: Er befinde sich in einer immerwährenden Expansion und *Kontraction*. Dieses wäre die Schöpfung und das Bestehen der Welt« (II, 42).

Es mag unentschieden bleiben, wie gut Hölderlin sich im kabbalistischen Systemwerk auskannte. Dass es ihm bekannt war, steht außer Zweifel. Das wird in den Notizen allein schon durch die selbstverständliche Aufnahme des Begriffs Ensoph deutlich, wobei Hölderlin es sich leisten kann, auf die von JACOBI selbst gelieferte Erläuterung zu verzichten. Überdies hatte der schwäbische Pietismus, namentlich vertreten durch OETINGER, eine ausgesprochene Nähe zur kabbalistischen Mystik entwickelt. Die Lehrtafel der Prinzessin Antonia in Bad Teinach wurde ein sichtbares Zeugnis dafür. Und OETINGERS Denken wurde Hölderlin frühzeitig durch seine Nürtinger Lehrer[27], nachher durch sein eigenes Studium vertraut. Diesen Zusammenhang wahrzunehmen, ist wichtig, weil er eine Brücke schlägt zu Hölderlins philosophischem Interesse, den Grund auszumachen für eine Freiheit, die sich nicht im vielfältigen Gegeneinander, sondern in einem harmonischen Miteinander erfüllt.

---

25 Gershom Scholem, Judaica III. Studien zur jüdischen Mystik, 1970, S. 267.
26 Scholem, a. a. O., S. 53f.
27 Vgl. Ulrich Gaier, Oetinger, der Lehrer einer Welt, in: Glauben und Erkennen. Die Heilige Philosophie von Friedrich Christoph Oetinger, hg. von Guntram Spindler, 2002, S. 225.

Wir können nach diesen Beobachtungen zu Hölderlins JACOBI-Notizen wieder zurücklenken auf jenen Brief, den er ein halbes Jahr später, im Februar 1791, an seine Mutter geschrieben hat. Gesehen hatten wir, dass er dort nachzeichnet, wie er über KANTS Destruktion der Gottesbeweise zur Beschäftigung mit SPINOZA gekommen war. Zwar räumt er ein, dass man unter den Bedingungen eines reinen Vernunftgebrauchs wohl zu SPINOZAS Ideen finden müsse, aber es handle sich dabei eben um einen Gebrauch der »kalten vom Herzen verlassenen Vernunft« (II, 468). Hölderlin ergänzt das im folgenden Satz mit dem Bekenntnis: »Aber da blieb mir der Glaube meines Herzens, dem so unwidersprechlich das Verlangen nach Ewigem, nach Gott, gegeben ist, übrig.«

Festzuhalten ist, dass Hölderlin hier gleich zweimal die Instanz des »Herzens« neben dem Vermögen und den Grenzen der Vernunft ins Spiel bringt. Das Herz ist Zentrum des Empfindens und des Wollens. Es hat, auch der Vernunft gegenüber, sein eigenes Recht und sein eigenes Reich. Es ermöglicht Subjektivität und durchdringt sie zugleich. Und – darauf wird nachher noch einzugehen sein: das Herz stellt nach OETINGER auch das Zentrum für den *sensus communis* dar, welcher im Unterschied zur »kalten Vernunft« eine Wahrnehmungsweise bezeichnet, welche die Dinge nicht in ihrem isolierten Eigensein, sondern in der allseitigen Verbundenheit eines Lebensganzen zu erkennen gibt.

Der Herzensglaube, auf den Hölderlin an dieser Stelle rekurriert, bildet als persönlich verantworteter, von anderen Instanzen und Ansprüchen schlechterdings unabhängiger Glaube im Übrigen ein Kernstück reformatorischer Theologie. Im Pietismus wurde das neu entdeckt und verstärkt. Der Glaube gilt als eine Sache des Herzens, und es ist das menschliche Herz, in welchem Gott sich offenbart. Diese Akzentuierung hat eine pietistische Betonung der subjektiven Erfahrungsfrömmigkeit mit sich gebracht, die im Grunde auf allgemeine dogmatische und erst recht philosophische Klärungen verzichten konnte. Und es hat nun den Anschein, als ob Hölderlin Anfang 1791 noch einmal imstande gewesen wäre, seinerseits diesen Schwenk zu vollziehen: von der Vernunft zum Herzen und von der Erkenntnis zum »Glauben meines Herzens«. Er scheint so freilich in seine religiöse Vergangenheit zurückzulenken, aus der er sich mit Mühe herauszuarbeiten begonnen hatte.

Zwei Hinweise im selben Zusammenhang des Briefes modifizieren aber diesen Eindruck. Einmal präzisiert Hölderlin das mit dem »Glauben meines Herzens« Gemeinte dadurch, dass er es als »Verlangen nach Ewigem, nach Gott« erläutert. Das Verlangen nach Gott ist gewiss Augustins *cor inquietum*, aber es ist auch, religiöser Sprache entkleidet, das unwiderstehliche Streben, von dem Hölderlin sich bewegt wusste und das uns bereits beschäftigt hat. Das bedeutet: mit dem Glauben seines Herzens meint Hölderlin noch nicht die *Gewissheit* selbst, mit Gott eins und mit dem Ewigen verbunden zu sein. Er meint damit zunächst den inneren Antrieb und die Bewegung, die zu solcher Gewissheit unterwegs ist. – Unterstrichen wird das durch einen zweiten Hinweis im nächsten Satz, der die Frage aufwirft: »Zweifeln wir aber nicht gerade an dem am meisten, was wir wünschen?« Diese Frage umschreibt Hölderlins damalige Situation. Das Wünschen ist Sache des Herzens, ein unwidersprechliches Verlangen, wie er sagt. Aber das Wünschen führt als solches nicht in die Wahrheit, deshalb wird es ständig vom Zweifel unterlaufen. Und die Zweifel wollen ausgeräumt, sie wollen widerlegt werden. Wie anders könnte das jedoch gelingen als unter der Anstrengung des Denkens, also in einem philosophischen Kurs? Hölderlin hat diesen Weg gesehen und entschlossen beschritten. Es wurde seit 1792 sein Weg, *Gewissheit* zu gewinnen. Eine Gewissheit, die den Zweifeln abzuringen war und die das Gewünschte, das »Verlangen nach Ewigem«, in sein begründetes Recht setzen sollte.

Im Augenblick jedoch beschränkt Hölderlin sich auf eine traditionelle Lösung. Es ist die theologisch schulmäßige. Der von ihm selbst formulierten Grundsatzfrage, wie das Verlangen des Herzens mit den heftigen Zweifeln am Gewünschten zurecht kommen könne, entzieht er sich mit einem unverhofften Sprung ins Christologische: »Wer hilft uns aus diesem Labyrinth? – Christus. Er zeigt durch Wunder, dass er das ist, was er von sich sagt, dass er Gott ist.« Diese Auskunft, unvermittelt und rein thetisch ein Kernanliegen STORRSCHER Dogmatik wiedergebend, mag seine Mutter in Nürtingen zufriedengestellt haben, weil sie fromm und vertraut klang. Hölderlin aber konnte keinesfalls dabeistehenbleiben. Es wäre in dieser Form eine Kapitulation des Denkens vor der Doktrin gewesen, eine Verleugnung seines eigenen Anspruchs, den Grund zu bestimmen, welcher Gewissheit im Glauben und im Denken ermöglichte.

Die zweite Klammer, die Hölderlins philosophische Bemühungen zwischen 1792 und 1798 nunmehr am Ende umfasst, erscheint in einem Brief an den Halbbruder Karl, geschrieben zu Hauptwil in der Schweiz, März 1801. Der Brief nimmt Bezug auf eine Verstimmung, die zwischen den Geschwistern aufgetreten war, und zeigt sich um Versöhnung bemüht. In diesem Kontext stellt Hölderlin einige Überlegungen an über die Ursachen von Streit und die Ursachen von Frieden. Es sei das Ganze, dem der Vorrang gebühre vor allem Einzelnen, erkennt er. Denn alles Einzelne neige für sich zur Selbstbehauptung und zum »Egoismus«, während einem Ausgehen vom Ganzen die Tendenz zum Einigen und zum Vereinigenden innewohne. Und dann folgt die Bemerkung: »*A Deo principium*. Wer diß versteht und hält, ja bei dem Leben des Lebens! der ist *frei* und kräftig und *freudig*, und alles Umgekehrte ist Chimäre und zergehet in so ferne in Nichts« (II, 898).

Dem Gott, auf den Hölderlin sich an dieser Briefstelle beruft, kommt offensichtlich Ursprungswirklichkeit oder Ur-Sein zu. Er ist »Leben des Lebens«, nicht im spinozistischen Verständnis der weltimmanenten Gottheit, sondern im Sinne seiner Vor- und Überweltlichkeit. Zwei Bestimmungen erhärten das. Einmal ist dieser Gott der transzendentale Grund für *Freiheit*. Denn »frei« und »freudig« sei, wer ihn erkennt und versteht, sagt Hölderlin. Diese Kombination der Wirkungen Gottes auf die menschliche Existenz gerät Hölderlin nicht zufällig in den Sinn. Denn die *Freiheit*, nach der er sich sehnt, kann zunächst eine freudlose, vom »Schmerz des Daseyns« und vom Leiden an den erfahrenen Isolierungen im Leben geprägte Freiheit sein. Etwas, das

Hölderlin aus seiner biographischen Geschichte wohl bekannt war und was er in seinen philosophischen Klärungen zu verarbeiten suchte. Zu sich selbst kommt *Freiheit* erst dort, wo sie mit *Freude* gepaart erscheint. Darum erfüllt sich für den späteren Hölderlin das große Freiheitsversprechen nicht etwa in KANTS praktischer Vernunft, sondern im gemeinschaftlichen *Fest*.

Freiheit also und Freude verdanken sich der Einsicht: *A Deo principium*! Eine zweite Bestimmung fügt Hölderlin im folgenden Briefabschnitt hinzu. Das »Umgekehrte« zum Ursprung in Gott wäre – und das ergibt nun ein Resümee seiner Auseinandersetzung mit FICHTE – ein Ursprung im »Ich«. Aber das wäre »Chimäre« und zergehe »in Nichts«. »Kein Ich« also statuiert Hölderlin fürs *principium*, sondern das, was die ursprüngliche Kraft enthält, ein »Einiges und Einigendes« zu sein – und das ist das Ur-Eine, eben Gott.

Sehr schön demonstriert dieser Hölderlin-Brief, wie wenig seine philosophischen Reflexionen rein theoretisch und in diesem Sinne abstrakt angelegt waren. Sie enthielten ihre existenzielle Motivation und zielten auf konkrete Wirkungen. Den Hintergrund für seine brieflichen Auslassungen bildeten ja die entstandenen Differenzen mit dem Halbbruder Karl. Und Hölderlin war weit davon entfernt, dergleichen für eine Belanglosigkeit zu halten, die mit ein bisschen gutem Willen wieder in Ordnung gebracht werden könnte. Vielmehr meldet sich für ihn im Bruch der geschwisterlichen Gemeinschaft und in dieser persönlichen Trennungserfahrung eine elementare Lebensproblematik, die von ihren Grundlagen her beachtet und behoben werden muss. Deshalb bringt er in einem um Verständnis und Versöhnung bemühten Brief die ganze Fracht seines philosophischen Nachdenkens um den Grund von Freiheit und Einheit auf den Plan. Wenn beide, sein Bruder und er selbst, sich einlassen auf die Gotteswirklichkeit des »Einigen« und die Gotteswirksamkeit des »Einigenden«, dann muss der Frieden zwischen ihnen gelingen. Davon ist Hölderlin überzeugt. Der Brief liefert ein kleines, durchaus im Privaten angesiedeltes Beispiel für die Tatsache, dass Hölderlins philosophische

Überlegungen auf praktische Konsequenzen abgestimmt sind. Diese werden sowohl in der Konkretion eines geschwisterlichen Versöhnungsaktes erkennbar als auch – viel weiter ausgreifend – im Konzept einer Erziehung des Menschengeschlechts zu dessen Befähigung, in Freiheit und Friedensgemeinschaft leben zu können.

Beides aber, Freiheit und Frieden, sind gegenwärtig noch uneingelöste Versprechen. Begnügte man sich mit Halbheiten, beim einen wie beim andern, und stieße nicht vor bis zum Grunde, der beide möglich macht, so wären der Rückfall in Unfreiheit und die Fortdauer von Auseinandersetzungen und Unfrieden unvermeidlich. In Frankreich war das politische Experiment im Gange, Freiheit auf dem Weg eines revolutionären Umsturzes herbeizuführen. Aber die Revolution erwies sich nicht gefeit gegen die Auswüchse des Terrors. Außerdem konnte Hölderlin sich wenig später als Beobachter beim Rastatter Kongress ein Bild davon machen, wie die neuen französischen Freiheitsherren mit den alten deutschen Fürstenherrschaften ein Spiel gemeinsamer Machtinteressen aufführten, um ihre Gebietsgewinne zu sichern und zaghafte revolutionäre Keime in Deutschland zu erdrücken.

Wie sollte Freiheit möglich werden, die nicht nur als illusionäre Flamme am Horizont aufleuchtete, um rasch wieder in sich zusammenzusinken und zu verlöschen?

War sie überhaupt eine menschliche Möglichkeit? Und konnte sie als menschliche Möglichkeit über eine bloße Behauptung hinaus stringent erwiesen werden? Nur wenn dieser Nachweis tatsächlich gelang, bestand eine berechtigte Hoffnung, dass der Freiheit die Zukunft gehören könnte.

Hölderlin war sich natürlich bewusst, dass er in diesen Fragen keine Pionierrolle einnahm. Er befand sich in einer Reihe von Denkern, auf die er sich stützen und deren Weg er fortsetzen konnte. Vor allem war da IMMANUEL KANT. Hölderlin hat ihn an einer bildkräftigen Briefstelle den »Moses unserer Nation« geheißen (II, 726). Und das bezieht sich auf die beiden Momente: den Prozess von Befreiung und den Akt von Verpflichtung. KANT habe eben wie Mose »aus der ägyptischen Erschlaffung in die freie einsame Wüste seiner Speculation« geführt. Auffällig und durchaus nicht zufällig redet Hölderlin hier vom befreienden Exodus aus ägyptischer *Erschlaffung*, nicht aus ägyptischer Knechtschaft. Knechtschaft beschreibt die objektive geschichtliche Situation; Erschlaffung dagegen das aus solcher Situation resultierende subjektive Befinden. Ein äußerer Befreiungsvorgang mag deshalb den objektiven Zustand der Knechtschaft beenden, er verändert und behebt aber nicht automatisch die innere Verfassung der Menschen, so dass auf jeden Fall ihre »bessere lebendige Natur« (ebd) zur Geltung käme. KANT habe deshalb, dem Mose entsprechend, neben der Befreiung von fremden Abhängigkeiten seinem Volk auch »das energische Gesez vom heiligen Berge« gebracht. Dies waren bei Mose Dekalog und Thora, bei KANT wurde es der kategorische Imperativ.

Nur – war dies denn ausreichend gewesen zur Begründung und zur Festigung menschlicher Freiheit? Offenbar nicht. Das Volk Israel sehnte sich bekanntlich weiter nach den alten Fleischtöpfen der Abhängigkeit und hätte sie in seiner inneren »Erschlaffung« gern eingetauscht gegen die Anstrengungen der Freiheit. Entsprechend hat, im Urteil Hölderlins, auch die deutsche Nation nach KANT keineswegs damit Ernst gemacht, »vom Bauchdienst und den todten, herz- und sinnlos gewordenen Gebräuchen und Meinungen« abzulassen (ebd). Dies ist Hölderlins Kernanstoß auch bei seiner großen Deutschenkritik im *Hyperion*.

So sehr Hölderlin also bereit ist, KANT darin zuzustimmen, dass Freiheit sich in der Kritik an allen Erscheinungen von Abhängigkeit konstituiere, einschließlich der unaufgeklärten Abhängigkeiten im eigenen Vernunftgebrauch, so zweifelhaft wird ihm die Theorie von der Selbstbegründung menschlicher Freiheit im moralischen Gebot. Der Ansatz beim Menschen selbst und bei den Bedingungen seiner Subjektivität erscheint ihm schlüssig; aber kann einer »Erschlaffung« dieses subjektiven Lebens wirklich aufgeholfen werden, indem ihm seine unveräußerliche Pflicht offenbar gemacht wird?

Der Weg zu einer tieferen Erkundung und genaueren Prüfung dieser Sache führte Hölderlin nach Jena. Denn Jena bedeutete: JOHANN GOTTLIEB FICHTE. Hölderlin besuchte Stadt und Universität und Lehrer bei einem ersten Aufenthalt Ende 1794, damals noch zusammen mit seinem Waltershausener Schüler; Mitte Januar 1795 dann, nach seiner Trennung von der Familie von Kalb, zu einem längeren Studiengang von einem halben Jahr. Seine Absicht war zweifellos, in FICHTE den berufenen Philosophen der Freiheit zu hören. Er fand sich in seinen Erwartungen auch ganz und gar nicht enttäuscht, brachte vielmehr in brieflichen Notizen nach verschiedenen Seiten hin seine Begeisterung zum Ausdruck. Jetzt empfindet er die »Nähe wahrhaft großer Geister« (II, 552), nennt FICHTE die »Seele von Jena« (II, 553) und schwärmt: »Ich hör' ihn alle Tage. Sprech' ihn zuweilen« (ebd). Und dann: »Fichte's neue Philosophie beschäftigt mich izt ganz. Ich hör' ihn auch einzig und sonst keinen« (II, 555).

Was aber war das Neue an FICHTES Philosophie und inwiefern ließ Hölderlin sich so außerordentlich davon faszinieren?

Wir können die Antwort – jedenfalls auf indirektem Wege – verschiedenen Äußerungen Hölderlins aus dieser Periode entnehmen. Jeweils handelt es sich dabei um ungewöhnlich komprimierte Texte, sowohl in sprachlicher als auch in inhaltlicher Hinsicht, deren Interpretation nicht leicht fällt. Allein schon der fundamentalphilosophischen Skizze *Urtheil und Seyn* hat DIETER HENRICH eine aufwendige Untersuchung gewidmet[28], weil sie auf zwei Seiten Hölderlins Auseinandersetzung mit FICHTE dokumentiert und dazu seine eigene Position im Verhältnis zu FICHTE anzeigt. Beachtet werden müssen außer dieser Skizze Briefe Hölderlins an HEGEL und an den Bruder Karl sowie seine *Vorrede zur Vorletzten Fassung des Hyperion*. Und selbst wenn es mühselig erscheinen mag, Hölderlin auf dieser Etappe seines Weges zu folgen, so bleibt die Aufgabe doch

---

28 Dieter Henrich, Der Grund im Bewusstsein. Untersuchungen zu Hölderlins Denken (1794–1795), 2. Aufl. 2004. Henrich folgt der Textfassung nach der StA, während die Münchener Ausgabe Hölderlins Manuskript in umgekehrter Seitenfolge liest und das Ganze, mit dem Abschnitt über »Seyn« beginnend, unter dem Titel »Seyn, Urteil, Modalität« ediert.

unverzichtbar, um überhaupt verstehen zu können, wie die Richtungsintention des Dichters sich trotz seiner unterschiedlichen Schritte zur Klärung der ihn bewegenden Fragen durchhält. Anders ausgedrückt: ohne näheren Einblick in das, was Hölderlin philosophisch verfolgte, ist nicht zu ermessen, was er poetisch und theologisch zu bedeuten hat.

FICHTE hatte es unternommen, den letzten Grund von Freiheit im Ich aufzudecken. Aber was ist mit diesem Ich gemeint und inwiefern kann es als Freiheitsgrund gelten?

Maßgebend für das Verständnis des FICHTESCHEN Denkweges sind mehrere Unterscheidungen. Die erste betrifft eine Unterscheidung zwischen »Ich« und »Nicht-Ich«. »Ich« steht an dieser Stelle noch undifferenziert für die Komplexität eines menschlichen Subjekts. Ich nehme mich wahr als unterschieden von allem, was mir begegnet. Was mir aber begegnet – die Welt – steht mir prinzipiell gegenüber, ist Gegenstand für mich, als solcher in der Regel auch Widerstand, und so lautet die Kernfrage: Wenn auf diese Weise keine Einheit des Lebens gegeben ist, sondern eine vielgestaltig erscheinende Trennung – was behält dann eigentlich die Oberhand? Versinkt das Ich in einem Abhängigkeitsabgrund des Nicht-Ich oder muss umgekehrt das Nicht-Ich (die Welt) als Schöpfung eines freien Ich begriffen werden? Grob besehen bezeichnet der erste Fall die Position eines Materialismus, der zweite die Position des Idealismus. Hölderlin hat die Alternative im *Hyperion* so formuliert: »Oft ist uns, als wäre die Welt Alles und wir Nichts, oft aber auch, als wären wir Alles und die Welt nichts« (I, 558).

Diese erste Unterscheidung zwischen »Ich« und »Nicht-Ich« erweist sich freilich als unzureichend, weil sie bloß die Wirklichkeit eines unfreien und abhängigen Lebens in den Weltzusammenhängen aufdeckt, aber noch nicht eine grundlegende Ermöglichung von Freiheit. Darum wird eine zweite Unterscheidung notwendig, und zwar eine Selbstunterscheidung im Ich. Sie kommt zum Ausdruck in dem Satz: »Ich bin Ich.« Es ist die Reflexionsaussage, in welcher das Ich sein Vermögen anwendet, auf sich selbst zurückzukommen. Es ist Subjekt im Sinne des Betrachtenden und Objekt im Sinne des Betrachteten zugleich.

Das Bewusstsein von Gegenständen außerhalb des Ich bringt auch ein Bewusstsein von sich selbst als einer gleichsam internen Gegenständlichkeit mit sich: das Selbstbewusstsein. »Ich bin Ich« – das ist die Formel des Selbstbewusstseins und der personalen Identität.

Nun wäre eine kurzsichtige Lösung der verhandelten Problematik denkbar, die erklärte: das Selbstbewusstsein *ist* die Freiheit! Und es kann nicht in Abrede gestellt werden, dass diese vermeintliche Lösung samt ihren popularisierenden Vereinfachungen zahlreiche Anhänger gefunden hat bis in die Gegenwart. Übersehen wird dabei freilich, was weder FICHTE noch Hölderlin zu ihrer Zeit übersehen haben: das menschliche Selbstbewusstsein ist und bleibt für sich genommen beschränkt. Es ist gegeben und verbunden mit dem, was nach FICHTE das empirische Ich auszeichnet; das reale seiner selbst gewahr werdende Ich eines endlichen Menschen. Und beschränkt wie dieses Ich-Bewusstsein muss nun auch seine Freiheit sein. Sie findet ja ihre Grenze bereits beim nächsten ihm begegnenden Subjekt und bei dessen Selbstbewusstsein. Klar ist dann, was beide trennt: eben ihr jeweiliges Selbstbewusstsein. Aber es muss unklar bleiben, ob es zwischen ihnen ein Verbindendes, ein Vereinigendes geben kann, das die Getrenntheit und damit die Beschränkung des Selbstbewusstseins grundlegend überwindet.

FICHTE hat dies in einer weiteren Unterscheidung einzuholen versucht, nämlich in der Unterscheidung zwischen dem empirischen und dem absoluten Ich. Wie das empirische, also endlich-beschränkte Ich seiner selbst bewusst wird in dem Satz: »Ich bin Ich«; so weist das absolute oder transzendentale Ich über diese Verfasstheit eines in sich unterscheidbaren Ich zurück auf eine Ursprungs-Einheit, die sich in der Formel: »Ich bin« erkennen lässt. Diese Einheit im Ich ist nach FICHTE strikt objektlos zu denken, weil sie aller Objektbegegnung unendlich voraus ist und reines Sein, reine Tätigkeit meint. Damit scheint für sein Denken der Grund für Freiheit unhintergehbar erschlossen zu sein. Wenn nämlich alles Bewusstsein davon abhängig bleibt, dass es sich als »Bewusstsein von etwas« ausbildet, dann gilt dies auch vom Selbstbewusstsein im empirischen Ich. Es ist Bewusstsein von sich selbst als einem zu betrachtenden und zu bedenkenden Gegenüber, mithin begrenzt und immer noch abhängig. Erst das absolute Ich, das allem Objekthaften und damit notwendig auch allem Bewusstsein und Selbstbewusstsein vorangeht, ist in sich selber eins und frei. Eins, denn aus ihm als unendlicher Tätigkeit geht die Vielfalt des Wirklichen erst hervor. Und frei, denn in ihm herrscht keine Art von Abhängigkeit, es ist reine Spontaneität und setzt sich eine Welt der Erscheinungen gegenüber: alles Erscheinende vermag nur in der Weise da zu sein, dass es in einem tätigen und wahrnehmenden Ich-Bewusstsein erscheint.

Hölderlin teilt FICHTES Überzeugung, der Grund für Freiheit müsse im Rückgang über die Zustände des Bewusstseins hinaus erhoben werden. Denn Bewusstsein gibt es immer nur bei der Unterscheidung und in der Trennung von Subjekt und Objekt. FICHTES Schritt, hinter diese Trennung, die auch noch im Selbstbewusstsein maßgebend ist, zurückzugehen und ihre Voraussetzung in der Einheit eines absoluten Ich zu ergründen, stellt Hölderlin nun jedoch in Frage. Er bestreitet, dass ein Ich ohne Bewusstsein überhaupt denkbar sei und konstatiert eine Ursprungs-Einheit, die allen Trennungen im Dasein und damit allen Abhängigkeitsverhältnissen des Lebens voraus sei und die er mit Nachdruck nun gerade nicht als »Ich«, sondern als »Seyn schlechthin« (II, 49) kennzeichnet.

Um Hölderlins Argumentation und seine in dieser Argumentation sich abzeichnende philosophische Position zu verstehen, ist es zweckmäßig, zwei Linien seiner Diskussion mit FICHTE gesondert zu betrachten. Die eine Linie zielt darauf, die Annahme eines letzten Grundes der Freiheit im Ich zu widerlegen. Die zweite, eine Gleichursprünglichkeit von Freiheit und Einheit in einem vorgeschöpflichen »Seyn schlechthin« aufzuweisen.

Das Ich gehört, so unterstreicht Hölderlin, unaufgebbar in die Welt des getrennten Lebens. Ein Ich kann es niemals ohne Bewusstsein geben, und im Bewusstsein erscheint stets das Getrenntsein zwischen Subjekt und Objekt. Zu zeigen, dass dieses Gegenüber und Gegeneinander weder zufällig noch sinnlos sei, ist dabei Hölderlins ausdrückliches Interesse. Zwar begreift er es als Ursache allen Leidens, und der »Schmerz des Daseyns« ist gerade den Zuständen und Erfahrungen des Getrenntseins zu verdanken, aber ohne dies gäbe es auch keinerlei Entwicklung, keinen Fortschritt im Prozess der individuellen und der kollektiven Menschwerdung. An Widerständen reift der Mensch, besagt eine gängige Weisheit, und sie trifft auf Hölderlins Überlegungen zu, die alles Entgegenstehende als Herausforderung fassen, über die Kluft des Getrennten Brücken zu schlagen und lebendig zusammenzuführen, was auseinanderstrebt.

Bei all diesen Anstrengungen verlässt das Ich jedoch nie die Grenzen seines natürlichen Bezirks. Es sehnt sich nach Freiheit und sucht sie im Aufheben von Widersprüchen und in der Überwindung von Abhängigkeiten. Aber endgültig erreicht es sie nie. Und es kann sie deshalb nicht erreichen, weil Ich-Bewusstsein seinen Bedingungen zufolge immer dem Raum des Welthaften und der Differenz zwischen Subjekt und Objekt verhaftet bleibt. FICHTES Überstieg in eine angebliche Ursprungssituation des Ich, die die Bedingungen von Bewusstsein hinter sich lässt und gleichwohl in der Tiefe des Ich grundgelegt sein soll, stellt für Hölderlin einen Selbstwiderspruch dar. In einem Brief an HEGEL vom Januar 1795 beschreibt er das so: »es giebt also für dieses abs.(olute) Ich kein Object, denn sonst wäre nicht alle Realität in ihm; ein Bewusstsein ohne Object ist aber nicht denkbar, und wenn ich selbst dieses Object bin (in der Form des Selbstbewusstseins, Vf.), so bin ich als solches notwendig beschränkt ..., also nicht absolut; also ist in dem absoluten Ich kein Bewusstsein denkbar, ... das absolute Ich ist (für mich) Nichts« (II, 569).

In der Skizze *Urtheil und Seyn* heißt es – als rhetorische Frage – entsprechend: »Wie kann ich sagen: Ich! ohne Selbstbewußtseyn?« (II, 49). Zwar findet im Selbstbewusstsein eine Vereinigung statt zwischen Subjekt-Ich und Objekt-Ich, wie im menschlichen Bewusstsein überhaupt sich Vereinigungsprozesse ereignen zwischen einem menschlichen Subjekt und Gegenständen der ihn umgebenden Welt; aber dabei handelt es sich doch stets um Herausbildungen einer Beziehungseinheit und nicht, wie Hölderlin hervorhebt, um eine »Vereinigung des Objects und Subjects, die *schlechthin* stattfände« (II, 50). Eine Beziehungseinheit ist dadurch definiert, dass sie immer nur nachträglich erfolgen kann, als gelungene Aufhebung eines zuvor bestehenden Zustands schmerzlichen Getrenntseins. So wünschens- und erstrebenswert es dann erscheinen mag, solche Beziehungseinheit herzustellen, weil nur in ihr ein mögliches Maß menschlicher Freiheit und ersehnten Friedens konkret erreichbar wird, so kritisch grenzt sich Hölderlin doch gegen FICHTES Lösungsversuch ab, eine solche im Ich-Bewusstsein *bedingte Beziehungseinheit* von Subjekt und Objekt unendlich weiter zurück in eine *unbedingte Ursprungseinheit des Ich* fortzuschreiben. Was FICHTE dort transzendental zu setzen versucht, ist nach Hölderlin eine unzulässige Grenzüberschreitung im Ich und stellt als Annahme eines objektunabhängigen Ich-Grundes einen Widerspruch dar, der sich in nichts auflösen muss.

So viel zur kritischen Linie seiner Auseinandersetzung mit FICHTE und seiner Destruktion des absoluten Ich. Die andere, die konstruktive Linie, die hiermit in der Sache aufs engste verbunden ist, läuft nun auf eine, FICHTES Konzept modifizierende, Begründung von Freiheit und Einheit hinaus.

Hölderlin unternimmt dies durch Einführung des Begriffs »Seyn«, und es hängt nun alles daran zu verstehen, was er mit diesem Begriff zu bezeichnen versucht hat. Klar ist dabei, dass das Sein nicht identisch zu denken ist mit bestimmten Gestalten und Beschaffenheiten der endlichen Wirklichkeit. Jedes Ding ist bedingt, jeder Mensch endlich, mithin radikal verschieden von einem Sein, dem wesensmäßig Unbedingtheit und Unendlichkeit zugesprochen werden soll.

Zwei Fragen ergeben sich daraus. Die erste: was veranlasst und berechtigt eigentlich, ein Sein jenseits aller bedingten und endlichen Realität anzunehmen? Und die zweite: wie kann eine Beziehung zwischen unbedingtem Sein und bedingtem Dasein in dessen Vielgestaltigkeit gedacht werden?

Die erste Frage scheint auf einen Weg zu führen, den die alte Metaphysik gegangen war: von besonderen Erfahrungen in der physischen Welt rückzuschließen auf bestimmbare Wirkursachen im Metaphysischen. Aber dieser Weg galt seit KANTS Vernunftkritik als nicht mehr gangbar, und Hölderlin hat sich diesem Urteil ausdrücklich angeschlossen. Sein eigener Weg verläuft nun insofern neu und anders, als Hölderlin nicht von Gesetzmäßigkeiten in der Weltwirklichkeit ausgeht, die nach KANT ja ihrerseits schon das Ergebnis produktiver Vernunftleistungen darstellen, sondern von der eigentümlichen Verfassung des menschlichen Bewusstseins. Der Anlass, ein unbedingtes Sein zu denken, ergibt sich für ihn also aus der Analyse des Bewusstseins. Und die Berechtigung, ein unbedingtes Sein zu statuieren, resultiert aus dem Nachweis, dass Bewusstsein – und zwar als jeweils beschränktes Bewusstsein von endlichen Dingen – nicht der Grund und Ursprung seiner selbst sein kann. Bewusstsein muss seinen Grund haben in einem Sein, das allem Dasein ebenso wie allem Bewusstsein vorausliegt.

Wir können Hölderlins Verifizierung dieses Gedankengangs an zwei Texten genauer verfolgen: an seiner philosophischen Skizze *Urtheil und Seyn*, die im Frühjahr 1795 in Jena entstanden ist, übrigens von Hölderlin wie im Vorbeigehen auf das Vorsatzblatt eines Buches notiert und erst 1960 bekannt geworden; sowie an der *Vorrede zur Vorletzten Fassung des Hyperion*, die nach Hölderlins Jena-Aufenthalt in Nürtingen geschrieben wurde, in der zweiten Hälfte des Jahres 1795.

Wo Bewusstsein ist, da ist auch Trennung und Teilung, davon geht Hölderlin aus. Es verhält sich ja im Bewusstsein jeweils ein Wahrnehmendes zu einem Wahrgenommenen, ein Erkennendes zu einem Erkannten, ein Subjekt zu einem Objekt. Auf diese Weise werden Urteile möglich. Aber die *Möglichkeit* von Urteilen, die im Vermögen des Bewusstseins ihren Ort haben, muss ihrerseits rückführbar sein auf eine *Wirklichkeit*, die ihr vorausgeht. Eine unendliche Reihe von Möglichkeiten wäre undenkbar. »Es giebt für uns keine denkbare Möglichkeit, die nicht Wirklichkeit war« (II, 50). Schlussfolgerung: Wenn eine im Bewusstsein stets gegebene Möglichkeit von Urteilen festzustellen ist, die sich aus der Teilung zwischen erkennendem Subjekt und erkanntem Objekt ergibt, dann muss gefragt werden, was denn wohl die bedingende Wirklichkeit hinter dieser Möglichkeit sein könne. Hölderlin antwortet: die »Ur-Theilung«. Er nutzt dazu eine, übrigens schon von FICHTE vorgenommene[29], in der Sache allerdings unhaltbare etymologische Beobachtung, die das »Urteil« sprachlich mit »Ur-Teilung« in Verbindung bringt. Ur-Teilung verweist dann auf einen ursprünglichen Vorgang von Teilung, der allem menschlichen Urteils-Vermögen und auch der Teilung zwischen Subjekt und Objekt vorausliegt. Ur-Teilung meint die Erstbegründung von Bewusstsein, die Wirklichkeit vor der Möglichkeit von Urteilsbildungen.

Muss aber eine Ur-Teilung angenommen werden, die die Bedingung für die Möglichkeit alles Getrennten im Dasein darstellt, so wird auch ein Ur-Sein denknotwendig, welches durch Ur-Teilung in die Elemente von Bewusstsein und Dasein auseinanderfällt: »Im Begriffe der Theilung liegt schon der Begriff der gegenseitigen Beziehung des Objects und Subjects aufeinander, und die nothwendige Voraussezung eines Ganzes, wovon Object und Subject die Theile sind.« Dieses »Ganze«, das im Vorgang einer Ur-Teilung kein Ganzes mehr bleibt, nennt Hölderlin das »Seyn«, und zwar »Seyn schlechthin«. Solchem Sein kommt ursprüngliche und unbedingte *Einheit* zu. Also keine Einheit, die erst nachträglich aus Teilen zusammengesetzt würde, mithin bedingt wäre. Sie darf deshalb auch »nicht mit der Identität verwechselt werden«. Denn Identität meint eine Einheit des Bewusstseins, das einen Prozess zur Vereinigung von Getrenntem durchlaufen hat und als solches immer geschichtlich geworden und nicht etwa ursprünglich und unbedingt ist.

In seiner *Vorrede zur Vorletzten Fassung des Hyperion* nimmt Hölderlin seine Rede vom »Seyn« noch einmal auf und nennt es jetzt, dem »Seyn schlechthin« entsprechend, »Seyn, im einzigen Sinne des Worts« (I, 558). Er setzt es an dieser Stelle gleich mit dem »Hen kai Pan«, dem Einen und Allen, das uns in seinen Notizen zu JACOBI bereits begegnet war und das dort als spinozistische Chiffre für eine Substanzeinheit in der Gesamtwirklichkeit kritisch beurteilt wurde. Jetzt wird dieses »Hen kai

---

29 Vgl. Hölderlin-Handbuch, S. 98.

Pan«, als Synonym für das Sein, nicht mehr weltimmanent begriffen. Es bezeichnet das Sein in seiner Ursprungseinheit, vor allen Trennungen, die die anschauliche Wirklichkeit konstituieren. Als solches ist dieses Sein in seiner Ursprungseinheit jedoch »für uns verloren«, und das ist dem Gang der Überlegungen nach folgerichtig, weil unser Daseinsverhältnis sich in unserem Bewusstsein abspielt und unser Bewusstsein eo ipso als Ausdruck des Getrennten nach einer Ur-Teilung zu verstehen ist.

Nun könnte die »verlorene« Ursprungseinheit als reines Verhängnis erscheinen, dessen Erkenntnis dem menschlichen Leben allen Sinn und jedes vernünftige Ziel raubte. Wozu leben, wenn das Leben dazu verdammt wäre, sich aussichtslos in einer widersprüchlichen, friedlosen und in lauter Abhängigkeit verstrickenden Wirklichkeit zu verlieren? Warum hoffen, wo keine Hoffnung ist? Wofür streiten, wenn im Streit kein Sieg errungen werden kann?

Solche Fragen besaßen für Hölderlin nicht den gespenstischen Charakter bloß theoretischer Denkaufgaben. Es waren Fragen seines Herzens. Fragen, die seine eigene Person betrafen und ihre Geschichte der Auseinandersetzungen mit all den Widerständen, denen sie sich ausgesetzt sah. Hatte die Freiheit eine Chance, für die er sich stark zu machen bereit war, zumindest in den Gedanken? Oder war sie eine Illusion, niemals richtig erschienen und jedenfalls unglücklich verloren, seit Ewigkeiten her? Und der Frieden? War ein Frieden möglich zwischen Menschen, der auf noch anderem Niveau angesiedelt wäre als es die brüchigen Verträge zur Beendigung von Kriegshandlungen waren? Hölderlin hat solche Fragen nicht wie ein Spielzeug zu intellektuellen Gymnastikübungen gebraucht, er hat unter ihnen gelitten, gelegentlich durchaus bis an den Rand der Verzweiflung. Darum bedeutete eine für ihn selbst plausible Klärung dieser Fragen weit mehr als die befriedigende Lösung eines Theorieproblems. Sie war lebensnotwendig. Denn am Ausgang dieser Bemühungen entschied sich für ihn, ob sich ein Tor auftat für die Realerfahrung von Freiheit und für eine Zukunft des Friedens oder ob dieses Tor unabwendbar und tödlich verschlossen bleiben musste.

Es kommt ja auch nicht von ungefähr, dass Hölderlin seine Bemerkungen über Sein und Ursprungseinheit sowie über deren Verlust in einer Vorrede zum *Hyperion* zu Papier bringt. Beabsichtigt ist offenbar nicht, einen eigenständigen und in sich abgerundeten philosophischen Traktat zu liefern. Denn es handelt sich wirklich um die Vorrede zu einem Roman-Projekt, welches einer Romanfigur gilt, die bis zur Verzweiflung an eigenen Widersprüchen und fremden Widerständen leidet und die mehr als einmal in Abgründen zu versinken droht, aus denen es kein Entrinnen zu geben scheint. Für Hyperion ist die Frage nach einer Freiheit, welche nicht von einem gleichgültig bindenden und vernichtenden Schicksal ausgelöscht werden kann, und nach einem Frieden, der sich nicht bloß als kurzes Intermezzo zwischen todbringenden Kämpfen ereignet, ein elementares Lebensproblem. Man denke etwa an *Hyperions Schicksalslied*, das namentlich in der dritten Strophe einer Stimmung des Romanhelden Ausdruck verleiht, die nur noch einen Absturz ins Verzweiflungsdüstere wahrzunehmen vermag. Und kurz davor lässt Hölderlin den Alabanda sagen: »Was wär' auch diese Welt, wenn sie nicht wär' ein Einklang freier Wesen?« (I, 742) – das zielt auf die Möglichkeit von Frieden, und er lässt den Hyperion fortfahren: »so wär' es hier im höchsten Sinne wahr, ... dass ohne Freiheit alles todt ist« (I, 743).

Dass das »Seyn«, die »seelige Einigkeit«, wie Hölderlin in der Vorrede erklärt, mit der Ur-Teilung und also mit dem gegenständlichen und widersprüchlichen Dasein »verloren« gegangen ist, betrifft nun allerdings bloß die eine, sozusagen die dunkle Seite der Erkenntnis. Ihr korrespondiert eine zweite, entsprechend helle Seite, die hinsichtlich dieses Seins einer Ursprungseinheit erkennt: »wir mussten es verlieren, wenn wir es erstreben, erringen sollten« – und zwar »durch uns Selbst« (I, 558). Das bedeutet: der Verlust des Ursprungs vermittelt menschlichem Leben seine zentrale Aufgabe und sein Ziel, nämlich: die Einheit und Ganzheit des Lebens, ohne die auch Freiheit nicht zu sich selbst zu kommen vermag, neu herzustellen. Im Ursprung war sie unmittelbar; im Ziel des menschlichen Lebens und der Menschengeschichte soll sie vermittelt, und zwar vermittelt aus den gültig behobenen Widersprüchen und Gegensätzen der Welt, neu hervorgehen.

Der Struktur nach erinnert das an eine bestimmte Deutung der biblischen Paradieserzählung, die für Hölderlin ja, wie wir gesehen haben, wichtig war. Diese Deutung erfolgt in humanistischer Anwendung eines von Hause aus heilsgeschichtlichen Entwurfs. Demnach bildet die Ausweisung des Menschenpaares aus dem Paradies – die narrative Illustration der Ur-Teilung einer Ursprungseinheit des Lebens sozusagen – Schicksal und Chance in einem. Sie verursacht schicksalhaft ein Leben im Zustand der verlorenen Einheit. Ein Leben im Widerspruch also, gezeichnet von Hass, Grausamkeit, Rebellion und Unfrieden. Aber sie verursacht genauso eine Geschichte des menschlichen Strebens nach Freiheit und des Verlangens nach Vereinigung des Getrennten. Die Ausweisung des Menschen aus seinem ursprünglichen Paradies bringt so auf einen Weg der Humanisierung des Menschen und seiner Welt. Wo in Hölderlins Zeit – bei ihm selbst und bei anderen wie LESSING, HERDER oder SCHILLER – von einer Erziehung des Menschengeschlechts die Rede war, stand gewöhnlich das heilsgeschichtliche Modell im Hintergrund, das vom Verlust eines Ursprungsheils ausging, um diesen Verlust als Chance und als Impuls für einen Prozess der Menschwerdung zu begreifen.

Hölderlin knüpft an dieses biblische Motiv vom Paradiesverlust samt seiner aktualisierten Deutung im Humanitätsprogramm seiner Zeit an und fügt eine weitere biblische Assoziation hinzu. Sie betrifft die Zielperspektive für das menschliche Streben, das durch den Verlust des Ursprungs gesetzt und in Gang gekommen ist. Denn als Ziel allen Strebens gilt der »Frieden alles Friedens, der höher ist, denn alle Vernunft, den wiederzubringen, uns mit der Natur zu vereinigen zu Einem unendlichen Ganzen, das ist das Ziel all' unseres Strebens, wir mögen uns darüber verstehen oder nicht« (I, 558).

Der Frieden, welcher höher ist als alle Vernunft, hat als Segensformel im christlichen Gottesdienst seinen Platz und ist Zitat eines Segenswunsches in Philipper 4,7. Dort ist freilich vom Frieden Gottes die Rede. Die kleine, aber inhaltsschwere

Korrektur, die Hölderlin am verwendeten Paulus-Wort vornimmt, scheint sich im Kontext nahe zu legen, weil sie betont, dass dieses Ziel des Friedens »durch uns Selbst« herzustellen sei. Die Vermutung liegt darum auf der Hand, Hölderlin habe an dieser Stelle den Menschen in die Rolle Gottes versetzt, also Gottes heilsgeschichtliches Wirken ganz in die Werke des Menschen hineinverlegt: Spielart einer Umwandlung von Theologie in Anthropologie.

Doch scheint, bevor dieser Schluss gezogen und wie selbstverständlich akzeptiert wird, einige Vorsicht geboten. Hölderlins Focus ist in der Tat der Mensch, und zwar der Mensch vor dem Abgrund der Sinnlosigkeit und des Nichts; der Mensch an der Schwelle zur Verzweiflung. Und in diesem Zusammenhang verweist er auf die im Menschen selbst angelegte Möglichkeit, auf die Energie seines Strebens, das nicht ins Leere gehe, sondern einem begründeten Ziel gelte: dem Frieden. Dass der Mensch mit all seinem Vermögen diesen Frieden, »wo aller Widerstreit aufhört«, jedoch nicht in Totalität herbeizuführen vermag, sondern »nur in unendlicher Annäherung«, betont Hölderlin ausdrücklich mit. Das signalisiert zumindest eine Reserve gegen die uneingeschränkte Identifikation von möglichem Menschenfrieden und verheißenem Gottesfrieden, der nach biblischem Verständnis durch Gott selbst am Ende der Zeiten wirklich werden soll.

Im Übrigen: es ist gewiss zutreffend, dass für Hölderlin die Vorstellung eines theistischen Gottes, der eigenmächtig und vom Menschen unabhängig in die Geschichte eingreift, um Heil und Frieden zu wirken, so nicht mehr in Betracht kam. Aber waren mit solcher Vorstellung von Gott auch gleich das Wesen und die Wahrheit Gottes bestritten oder geleugnet? Konnte es nicht umgekehrt sein, dass gerade aus einem Einstehen für die Wahrheit Gottes die Aufgabe erwuchs, von Gottesvorstellungen Abschied zu nehmen, die geeignet schienen, seine Wahrheit zu verdunkeln? Es ist jedenfalls nicht auszuschließen, dass Hölderlin auch im Zuge seiner philosophischen Klärungen um 1795 der Aussage zugestimmt hätte, dass im menschlichen Streben nach Frieden Gott selbst gegenwärtig sei.

Theologische Motive im philosophischen Programm

MYSTIK UND NEGATIVE THEOLOGIE – GEGEN INSTRUMENTALISIERUNGEN GOTTES – OETINGERS GEISTIGE PATENSCHAFT – LEBEN DER GOTTHEIT

In der philosophischen Skizze *Urtheil und Seyn* sowie in den Vorreden des *Hyperion* kommt das Wort Gott nicht vor. Das fällt umso mehr auf, als Hölderlin es in den verschiedenen Fassungen des *Hyperion* ebenso wie in Gedichten aus dieser Periode häufig verwendet. Offenbar erlaubt die Poesie, was die Wissenschaft verbietet: nämlich einen Sprachgebrauch, der das Bedeutungsschillernde im Bildhaften gegenüber der begrifflichen Exaktheit bevorzugt. In Hyperions Briefen muss an jeder einzelnen Stelle, die Gott oder das Göttliche erwähnt, überprüft werden, was eigentlich gemeint ist. Das scheint ein semantisches Problem anzuzeigen. Im Kern ist es aber ein theologisches.

Und zwar kommt hier ein theologischer Vorbehalt gegen das Interesse ins Spiel, Gottes Wesen in eindeutigen Bestimmungen festhalten zu wollen. Von Gott ist zu erzählen, Gott ist zu loben, umgekehrt mitunter auch anzuklagen, aber nicht zu definieren. Dieser Vorbehalt hat seinen Ursprung im biblischen Bilderverbot. Dessen Anliegen ist es, Gottes Nichtfestgelegtheit und in diesem Sinne seine Freiheit zu wahren. Denn Gott bedeutet immer mehr und anderes, als irgendeine ihm zugedachte Wesens- und Eigenschaftszuschreibung festhalten kann. Und wenn Mose in der Erzählung von seiner Berufung (Exodus 3) den Namen des Gottes zu erfahren wünscht, der sich ihm im brennenden Dornstrauch offenbarte, dann antwortet Gott in der Weise ausweichend, dass er ihm mit dem »Ich werde sein, der ich sein werde« eine Namensparaphrase anbietet, die gerade seine unabschließbare Seinsoffenheit unterstreicht. Das bewusste Verschweigen des Gottesnamens im Judentum folgt daraus und tradiert das wache Gespür für eine Gotteswirklichkeit, die zu erfahren, aber nicht zu erfassen ist.

In ähnlicher Intention, aber weitaus radikaler hat eine sogenannte »negative Theologie«, die sich vor allem im Lebensraum der Mystik entwickeln konnte, dafür Sorge getragen, dass alle Bestimmungen im Blick auf Gott zu vermeiden seien. Dies geschah keineswegs in der Absicht, Gott selbst zu negieren, sondern die Unangemessenheit eines deklaratorischen Redens von Gott auszuschließen. In äußerster Konsequenz dieses Ansatzes einer »negativen Theologie« konnten Mystiker sogar zu dem Paradox vorstoßen, Gott sei das lautere Nichts. Was sich aller begrifflichen Bestimmung und jeglicher menschlich-welthaften Eigenschaftszuschreibung entzieht, kann am Ende sprachlogisch nur noch als »Nichts« bezeichnet werden. Nichts freilich in dem Sinne, dass es jede mögliche Daseinsbestimmung transzendiert; nicht dagegen im nihilistischen Sinne eines völligen Nichtseins.

Wir können beobachten, dass Hölderlin solchen Wahrnehmungen durchaus nahe stand und dies auch in verschiedener Weise zu erkennen gegeben hat.

Da ist die Stelle in *Hyperions Jugend*, wo Diotima sagt: »Den Einen, dem wir huldigen, nennen wir nicht; ob er gleich uns nah ist, wie wir uns selbst sind, wir sprechen ihn nicht aus« (I, 546). – Diesen einen erfasst kein bestimmender Name, keine Eigenschaft; »kein Tempel ist ihm angemessen«, sondern nur der »Einklang unserer Geister«, der ihn »feiert«. Von hier führt eine Linie bis zum Beginn der *Patmos*-Hymne in deren erster Fassung:

Nah ist
Und schwer zu fassen der Gott.
I, 447

An beiden Stellen, die in Hölderlins Biographie und Poesie Jahre auseinander liegen, wird von Gott geredet in der zweifachen Hinsicht, dass er »nah« sei und zugleich unfassbar. Nicht zu fassen in Begriffen und nicht in begreifenden Vorstellungen. Das bedeutet keineswegs eine Negation Gottes, wohl aber ein Stück »negativer Theologie«, die Gottes Sein mystisch wahrnimmt. Die biblische Anspielung, die in der Diotima-Rede ebenso wie in der *Patmos*-Hymne erfolgt, nimmt auf, was Paulus in Athen von Gott sagte: »Er ist nicht fern von einem jeden unter uns. Denn in ihm leben, weben und sind wir« (Apgostelgeschichte 17,27f). Das ist eine Formulierung, die sich erkennbar griechischem Verstehen anzugleichen sucht und die, von orthodoxer Warte gern beanstandet, in ihrer Substanz doch fortgewirkt hat in christlich-mystischen Strömungen sowie in deren weiteren Verzweigungen.

Hölderlin hat daran einen Anschluss gefunden, weil die Grundanliegen einer »negativen Theologie« seinem Denken und Empfinden in doppelter Hinsicht entgegenkamen. Zum einen wehrten sie einer Fixierung und damit einer Instrumentalisierung Gottes, die er in der allgemeinen kirchlichen Praxis verheerend und abstoßend im Gange sah: »Denn ja! zu lang ist Göttliches dienstbar nun«, heißt es in der ersten Fassung des *Dichterberuf* (I, 270). Man hat sich Gott eben zur Bedienung menschlicher Interessen zurechtgemodelt, und der Priester Hermokrates wird im Trauerspiel *Empedokles* zu der bigotten Figur, die ihr vorgebliches Privileg auf Gotteserkenntnis nutzt, um sie interessegeleitet zu gebrauchen.

Zum anderen neigt mystisches Bewusstsein zu einem Wahrnehmen Gottes im Erfahrungsgrund der eigenen Seele sowie im verborgenen Grund der Natur und der in ihr wirksamen Kräfte; nicht aber in einem übermenschlich personalen Gegenüber, das die Aufgabe des Weltregiments zu erfüllen hat. Der theistisch gedachte Gott ist mystisch immer in Frage gestellt worden, und Hölderlin befindet sich in dieser Geistesgemeinschaft, wenn er den Hyperion auf seine Jugend zurückblicken und erklären lässt: »O du, zu dem ich rief, als wärst du über den Sternen, den ich Schöpfer des Himmels nannte und der Erde, freundlich Idol meiner Kindheit, du wirst nicht zürnen, dass ich deiner vergaß!« (I, 617).

Die Stelle erlaubt nicht, Hölderlin eine ausdrückliche Gottesbestreitung vorzuwerfen. Denn zunächst einmal redet nicht der Dichter selbst, sondern eine Romangestalt des Dichters. Und diese Romangestalt bezieht sich auf Gemütsäußerungen, die ihrer vergangenen Geschichte zugehören. Weiter wird der erste Artikel des Credo kritisch zitiert – vom Schöpfer des Himmels und der Erde – und das dadurch vermittelte Gottesbild wird als »Idol meiner Kindheit« bezeichnet, das in Vergessenheit geriet. Vergessen ist allerdings nicht dasselbe wie verleugnen oder bestreiten. Was in die Kindheit zurückreicht und inzwischen vergessen wurde, muss nicht das schlechthin Falsche sein, von dem es Abstand zu nehmen gilt. Es kann durchaus Gültiges enthalten, das früher nur in unangemessener Weise vorgestellt wurde.

Dass die Intention der Textstelle sich in diese Richtung bewegt, zeigen die folgenden Bemerkungen. Die erste lautet: »Warum ist die Welt nicht dürftig genug, um außer ihr noch Einen zu suchen?« Das heißt: auch mit der Glaubensvorstellung von Schöpfer und Schöpfung kann man sich sehr wohl beruhigt einrichten in der Welt und sich das Leiden ersparen an deren Dürftigkeit; an jener verzweiflungsvollen Armut der Welt und des Lebens, deren Kenntnis erst den Eros erzeugt, ein Verlangen und Streben also, das letzten Endes den »Einen« sucht. – Dazu die zweite Bemerkung im selben Zusammenhang: »O wenn sie eines Vaters Tochter ist, die herrliche Natur, ist das Herz der Tochter nicht sein Herz? Ihr Innerstes, ist's nicht Er?« Die Frage artikuliert das Plädoyer für eine Gotteswendung von außen nach innen. Der Schöpfergott hoch über der Welt und »über den Sternen« – er soll nicht weiter im Gegenüber angeschaut und als »Idol« erkannt, sondern im »Innersten« der Natur gesucht werden. Gott im Innersten und im »Herzen« zu suchen, sowohl im Innersten des Menschen als auch im Innersten der übrigen Natur, kennzeichnet aber den mystischen Weg. Es ist nach mystischem Verständnis kein Weg der Entfernung von Gott, sondern ein Weg in die Tiefe Gottes, die sich aller welthaften Beschreibung entzieht. Hölderlin ist auf seine Weise diesem Weg gefolgt.

Dafür spricht auch sein Einwand gegen ein monarchisches Prinzip in Gott, auf den wir bereits eingegangen sind. Es sei »die erste Bedingung alles Lebens und aller Organisation, dass keine Kraft monarchisch ist im Himmel und auf Erden«, schrieb er an S<small>INCLAIR</small> (II, 723). Die politische Option für demokratische Lebensverhältnisse basiert auf einer mystischen Intervention gegen den theistischen Herrschafts-Gott. Der Herr im Himmel soll zurücktreten hinter die im Innersten belebende und

Gemeinschaft zwischen Mensch und Mensch, auch zwischen Mensch und Natur bewirkende Demokratie seines Geistes. Der erste Artikel des Credo (vom Schöpfer) wird überlagert vom dritten (über den Geist). Der Geist schafft das Lebendige und Verbindende in der Natur, dasjenige, was Hölderlin »Organisation« nennt, die für ihn wie für HERDER einen organischen, nicht einen technisch-funktionalen Zusammenhang meint. Und er schafft auch das den Menschen innerlich in Bewegung bringende Streben, das aus den Zerrissenheiten des Lebens heraus nach lebendiger Einheit, aus Dürftigkeit nach der Fülle verlangt. Diese Verbindung von Mystik und Revolution, die Gottes Wesen in der Wirkung seines Geistes findet, hat ihre frömmigkeitsgeschichtliche Tradition, die bis in die reformatorische Linke (Thomas Müntzer) zurückreicht.

Die philosophischen Äußerungen Hölderlins, die den direkten Gottesbegriff meiden, sind nicht loszulösen aus diesem Zusammenhang. Gewiss verfolgen sie nicht das apologetische Interesse, Gottes Existenz als transzendenten Grund der Welt und der Geschichte zu beweisen. Sie haben ihren Ort innerhalb einer philosophischen Argumentation zur Erkenntnistheorie und zur Ontologie. Aber in der ganzen philosophischen Debatte, die im Aufweis eines Grundes jenseits von Dasein und Bewusstsein über SPINOZA wie über FICHTE hinauskommen möchte, melden sich doch unverkennbar theologische Motive. Sie sind Hölderlin mit ihren Schlüsselbegriffen des »Seins« und des ursprünglich »Einen« sogar durch die Theologie selbst zugegangen. Zwar nicht über die zeitgenössische Schultheologie, von der er sich abgewandt hatte; wohl aber über die Theologie des spekulativen Pietismus, in der sich biblische, kabbalistisch-mystische und theosophische Anteile vereinigten.

Auf das Ensoph der Kabbala waren wir bereits bei Hölderlins JACOBI-Notizen gestoßen. JACOBI hatte SPINOZA und LESSING vorgeworfen, dieses Ensoph, das verborgene Ur-Sein Gottes, ganz in die Immanenz der Weltwirklichkeit hinein verlegt zu haben, und Hölderlin hatte dieser Kritik zugestimmt. Er konnte das tun – entweder in direkter Aufnahme kabbalistischer Vorstellungen OETINGERS oder vermittelt durch HERDER, der

OETINGERS Denken in seinen Schriften verarbeitet hatte. OETINGER schreibt zum Beispiel in seinem Kommentar zur Bad Teinacher Lehrtafel, die das kabbalistische Weltkonzept ins Bild setzte: »GOtt ist die unergründliche Tieffe, der AEn Soph, der oben an der Tafel stehet, der in sich selbst wohnet, dieser will sich den Geschöpfen mittheilen.«[30]

Diese Erklärung enthält die wesentlichen Gesichtspunkte, die auch Hölderlin bei seiner philosophischen Erschließung des »Seyns schlechthin« und des ursprünglich »Einen« wichtig waren. Natürlich trifft zu, dass hier mit PLATONS Hilfe über SPINOZA auf der einen Seite und über FICHTE auf der anderen hinausgegangen wurde. SPINOZA hatte sozusagen das Sein in die Natur, FICHTE hatte es ins Ich verlagert. PLATON dagegen stand für die transzendente Einheit und die in sich selbst begründete Ursprünglichkeit des Seins. Aber PLATON hatte viele Erben. Und im Verlauf der Vererbungen seiner Seins-Idee stellten sich Varianten ein, wurde im Zuge des neuplatonischen Denkens, das namentlich über DIONYSIOS AREOPAGITA Eingang in die christliche Theologie und insbesondere in die christliche Mystik fand, das Schwergewicht auf die Frage nach der Selbstmitteilung des ewigen Seins in den endlichen Realitäten gelegt. Die jüdische Kabbala, die kräftig aus neuplatonischen Quellen schöpfte, ließ das Ensoph sich in zehn Sefiroth mitteilen, die ein System von göttlichen Kraftwirkungen im Weltganzen bildeten und die gegenständliche Vielfalt in einem inneren dynamischen Zusammenhang behielten.

Beides also, die »unergründliche Tieffe« des Ensoph wie der Prozess seiner irdischen Vermittlungen, war OETINGER wichtig. Das Eine verschwindet nicht in der Wirklichkeit des Vielgestaltigen, und das Viele ist nicht nur ein Konglomerat von Einzelstücken, die im Inneren nichts miteinander verbände. OETINGER lag an dieser Einheitsschau, weil er mit ihr die unglücklichen Spaltungen zu beseitigen hoffte, die sich in

---

30 Friedrich Christoph Oetinger, Die Lehrtafel der Prinzessin Antonia, in: Texte zur Geschichte des Pietismus, Abt. VII, Bd. 1, Teil 1, hg. von Reinhard Breymeyer und Friedrich Häussermann, 1977, S. 93.

Theologie und Philosophie Geltung verschafft hatten: die Spaltung zwischen Geist und Natur, Vernunft und Sinnlichkeit, Gott und Welt. Indem das Eine vom Ursprung sich entfaltet in die Wirklichkeit, gibt es seine Einheit nicht auf, sondern bewahrt sie, wie das Licht sich in den Brechungen eines Prismas erhält. Was von dem einen Ensoph herkommt, ist Leben, und was Leben hat, das offenbart damit seine Teilhabe am ursprünglich Einen. Darum wird »Leben« zum Leitbegriff im theologischen Denken OETINGERS[31], und zwar Leben als sich selbst differenzierende Ganzheit verstanden. Durch das Leben, das allem innewohnt, kommuniziert jedes Teil mit dem Ganzen und inkorporiert sich das Ganze in jedem seiner Teile. Dies benennt nun auch ein »Eines und Alles«, aber nicht im Sinne des spinozistischen Identitätskonzepts, sondern in einem Systemprogramm der lebendigen Beziehungen.

Insofern muss eine Welt der Einzeldinge, worin jedes für sich existiere, als eine Abstraktion erscheinen, die vom bloßen Verstandesgebrauch so konstruiert wird. Als konkret und wahr dagegen gilt die Welt der *Beziehungen*, in denen das Leben pulsiert und spielt. Nicht das Ding ist primär und eine mögliche Beziehung zwischen den Dingen ein sekundäres Konstrukt; sondern die Beziehungen sind primär und wirklich, und das isolierte Ding ist ihnen gegenüber nicht mehr als eine rationale Konstruktion.

Es ist nach OETINGER darum der *sensus communis*, der Gemeinsinn, der im Unterschied zum rationalen Denken in die Lage versetzt, den inneren Lebenszusammenhang in allem Wirklichen zu erkennen[32]. Das Leben selbst, das allem Dasein in seiner Vielgestaltigkeit einwohnt, ist ebenso aus der Einheit Gottes hervorgegangen wie der *sensus communis*, der sozusagen die Widerspiegelung dieser Einheit in den geistig-seelischen Beziehungskräften darstellt[33].

---

31 Sein Hauptwerk, das Hölderlin bekannt war, trägt den Titel: »Theologia ex idea vitae deducta«.
32 Vgl. dazu Hans-Georg Gadamer, Wahrheit und Methode, 1960, S. 24ff.
33 »Ausgangspunkt für den Sensus communis sind nicht Begriffe, sondern Gott, der das unauflösliche Leben ist«, Gerhard Schäfer, Die Bedeutung des Sensus

Was OETINGER den *sensus communis* nannte, den intuitiven Sinn für das Gemeinsame und Verbindende in allen Lebensbeziehungen, wird bei NOVALIS, auf einem Weg über FICHTE und HERDER, zur »Einbildungskraft«, die anders als der Verstand mit seiner Konzentration aufs Einzelne immer aufs Ganze geht und nach Lebenseinheit im Ganzen sucht. Bei Hölderlin führt dieselbe Vorstellung vom *sensus communis* hinüber in die Wahrnehmung und die Entfaltung des poetischen Vermögens. Dies zeigt er selbst an, wenn er zu Beginn eines poetologischen Entwurfs den Dichter anspricht, der »die *gemeinschaftliche Seele*, die allem gemein und jedem eigen ist, gefühlt und sich zugeeignet hat« (II, 77). – Wenn Poesie und Religion für Hölderlin nachher zu austauschbaren Begriffen werden können, handelt es sich darum nicht nur um eine Modeerscheinung der Zeit, welche Ästhetik in Religion und Religion in Ästhetik aufgehen ließ. Vielmehr liegt dem ein Ernstnehmen jenes Beziehungssystems zugrunde, das (ontologisch) Eines und Alles im lebendigen Zusammenhang erhält, (theologisch) von Gott seinen Ausgang nimmt und wiederum zu ihm hinführt und (erkenntnistheoretisch) sich im *sensus communis* des menschlichen Herzens abbildet: »cyclus vitae centrum suum in corde habet«, erklärt OETINGER[34]; der dynamische Lebenszusammenhang hat seine Mitte im Herzen.

Hölderlin hat, wie wir sahen, die spinozistische Formel vom »Hen kai Pan« in der *Vorrede zur Vorletzten Fassung des Hyperion* aufgenommen und dort im Sinne OETINGERS umgedeutet: Das »Hen kai Pan« wurde jetzt gleichbedeutend mit dem »Seyn, im einzigen Sinne des Worts« (I, 558). Es betraf das ursprüngliche Sein vor der Ur-Teilung und es wurde als »seelige Einigkeit« zugleich Zielvision für alles menschliche Streben. Dieselbe Zielvision, auf die sich das Verlangen richtet, kann anschließend im *Hyperion* bezeichnet werden mit den Worten: »Eines zu seyn mit Allem.« Dieses Bild der »ewigeinigen Welt« ist es, das

---

communis für das theologische System des ›Lutheraners‹ Friedrich Christoph Oetinger, in: Wolf-Dieter Hauschild u. a. (Hg.), Luthers Wirkung. Festschrift für Martin Brecht 1992, S. 234.
34 Zitiert nach Gadamer, a. a. O., S. 26.

Hyperion an einem Frühlingstage in sich aufsteigen sieht und das seine Einsamkeitsklage wohltuend unterbricht, »als löste der Schmerz der Einsamkeit sich auf in's Leben der Gottheit« (I, 614). Und dann folgt der Satz: »Eines zu seyn mit Allem, das ist Leben der Gottheit, das ist der Himmel der Menschen.« – OETINGER hätte es genauso ausdrücken können.

So sehr aber in Hölderlins Sinne das »Hen kai Pan« des Ursprungs verloren ist und das ersehnte Eine und Ganze noch nicht gewonnen wurde, so wesentlich wirkt doch die Gewissheit, dass es sich gleichwohl in Erscheinungen der Gegenwart bereits ankündige. Wäre dem nicht so, gäbe es auch keine »Ahndung« davon. Das Ein und Alles, in welchem die Vereinigung aller Gegensätze gleichsam als Antizipation des Ersehnten jetzt schon zum Vorschein kommt, ist benennbar. Es ist, so erklärt Hölderlin am Ende seiner Vorrede, »vorhanden – als Schönheit; es wartet, um mit Hyperion zu reden, ein neues Reich auf uns, wo die Schönheit Königin ist« (I, 558f). Das Schöne zeichnet sich keineswegs nur durch Gefälligkeit aus, sondern durch eine lebendige, anschaulich werdende und dem Seinsgrund des »Hen kai Pan« sich verdankende Vereinigung des Getrennten. Im *Hyperion* offenbart sich diese Schönheit in Menschengestalt. Es ist Diotima. Als Hyperion seinem Briefpartner Bellarmin von seiner ersten Begegnung mit Diotima erzählt, nennt er sie »das Einzige, das meine Seele suchte«. Und dann: »O ihr, die ihr das Höchste und Beste sucht, ... wisst ihr seinen Nahmen? den Nahmen deß, das Eins ist und Alles? – Sein Nahme ist Schönheit« (I,657).

Auf Höhenwegen

Das Schönste ist auch das Heiligste

Ästhetische Fluchtbewegung? – Deutschenschelte –
Schillers ästhetische Theorien – Die Frage nach dem Ursprung
des Schönen – Schönheit und Religion – Anleihe bei Platon

Eine Konzentration aufs Ästhetische muss von vornherein damit rechnen, Kritik auf sich zu ziehen. Als wäre sie zwangsläufig das Ergebnis einer Fluchtbewegung: aus dem realen Raum heraus, worin sich hart die Sachen stoßen, in einen imaginären Raum hinein, in dem sich alles zu schönen Harmonien fügt. Angetreten, den menschlichen Freiheitsrechten zum Durchbruch zu verhelfen, wäre man da vom politischen Kurs vollkommen abgewichen, um in den angenehmeren Zonen innerer Erfahrungen zu landen. Sei dies nun mehr aus Angst vor den unabsehbaren Entwicklungen der Revolution oder aus Verzweiflung über deren Scheitern. Der ästhetische Sinn würde dann im selben Maße aufgewertet, wie die politische Leidenschaft erloschen wäre. Lustprinzip contra Realitätsprinzip. Die Wirklichkeit müsste so noch einmal auseinanderfallen in eine Hälfte der Notwendigkeit und eine andere Hälfte der Freiheit. Und Freiheit bliebe reserviert für die Bewegungen des Geistes und für die Inszenierungen des schönen Scheins.

Wenn Hölderlin in seiner *Hyperion*-Periode alle Anstrengungen, der Freiheit Raum zu geben, im Bekenntnis zum Schönen enden lässt – auch formal mit dem Abschluss des ersten Bandes: »Es wird nur Eine Schönheit seyn« (I, 693), dann scheint er eben diesen Schritt zu tun: vom Widersprüchlichen zum Harmonischen, vom Politischen zum Ästhetischen, vom Verpflichtenden zum Schönen. Alle Poesie diente dann dem Zweck, die Welt zu ertragen, nicht sie zu verändern.

Ob es sich so verhält, bedarf einer genaueren Prüfung. Sie wird auch darum fällig, weil die Wendung ins Ästhetische dem Verdacht Nahrung gibt, eine neue Art von Religion erzeugen zu wollen. War die herkömmliche Religion in ihrer Gesamtanlage dogmatisch und die aufklärerische ethisch bestimmt, so mochte nun eine neue Religion ganz im Zeichen des Ästhetischen stehen. Gottes Gesetz, das zum Handeln aufforderte, trat dann zurück hinter Gottes Schönheit, die andächtig zu betrachten und hingebungsvoll zu genießen wäre. Die Grenze zwischen Göttlichem und Menschlichem musste dabei ins Fließen geraten, wenn das Schöne ebenso einem göttlichen Schöpfungshandeln wie einem menschlichen Kunstschaffen zuzuschreiben war. Auch Hölderlin spielt mit der Möglichkeit, dass der schöne Gott nur eine Projektion des schönen Menschen sei und nicht umgekehrt der schöne Mensch ein Ebenbild seines Schöpfers.

Um Hölderlins Wahrnehmung und Bewertung des Schönen einordnen zu können, empfiehlt es sich, mit dem letzten Brief im *Hyperion* zu beginnen. Es ist der Brief, in dem Hyperion schildert, wie er zu den Deutschen kam. Daran schließt sich jene schonungslose Scheltrede an, in der Hölderlin (im Gewande des Hyperion) am Wesen und an der Wirklichkeit der Deutschen kein gutes Haar lässt und sie als »dumpf« und »barbarisch« und »tiefunfähig jedes göttlichen Gefühls« beschimpft (I, 754). Das hört sich an wie die Stimme eines Propheten aus dem Alten Bund: »ach! tödten könnt ihr, aber nicht lebendig machen« (I, 756). Und dazwischen fallen gezielte Bemerkungen über das Schöne, über seine Bedeutung und über den Fluch seiner Missachtung. Dass Menschen wie die Deutschen, die Hyperion anprangert, »fühllos seyn (müssen) für alles schöne Leben«, ist eben der »Fluch der gottverlaßnen Unnatur auf solchem Volke« (I, 755). Umgekehrt jedoch: »wo ein Volk das Schöne liebt, wo es den Genius in seinen Künstlern ehrt, da weht, wie Lebensluft, ein allgemeiner Geist . . . « (I, 757).

Die Textstelle lässt erkennen, dass Hölderlins Eintreten für das Schöne durchaus nicht nur als ein Abwandern ins Innerliche betrachtet werden darf. Ihm ist vielmehr eine Leidenschaft eigen, die auf Erneuerung und Belebung der Menschen in ihren sozialen und politischen Kontexten dringt. Ein Vergessen und Verachten des Schönen bedeutet nicht weniger als den Verlust des Lebens selbst. Und davon sind nicht nur einzelne Menschen betroffen, sondern die Gesellschaft als ganze. Ihre Signatur ist die Barbarei, zusammengebraut aus »Eigendünkel« und

»Knechtsinn« (I, 757), und es braucht da augenscheinlich nicht bloß Reformen oder Revolutionen in den äußeren Lebensverhältnissen, sondern auch eine konsequente Anleitung zur inneren Bildung. Darum wird Aufmerksamkeit für das Schöne zum Kern eines allgemeinen Bildungsprogramms. Ästhetik ist nicht der gehobene Zeitvertreib einer geistigen Elite. Sie soll das wahre, lebendige Brot reichen fürs Leben überhaupt. Hölderlin trug sich deshalb mit der Absicht, dafür einen literarischen Beitrag zu leisten: in der Form *Neue(r) Briefe über die ästhetische Erziehung des Menschen*, die in NIETHAMMERS philosophischem Journal abgedruckt werden sollten. Doch es kam nicht dazu.

Die Titelanspielung der geplanten Briefe ist eindeutig. Sie sollten weiterführen, was SCHILLER in seiner ästhetischen Theorie grundgelegt hatte. Und das betraf für Hölderlin vor allem zwei Momente: die Aufdeckung des inneren Zusammenhangs zwischen Schönheit und Freiheit sowie die Einsicht in die Relevanz des Schönen für eine menschliche Entwicklung in den gesellschaftlichen Umbrüchen.

SCHILLER hatte es unternommen, über KANT hinauszugehen, indem er nach möglichen Erscheinungsformen der Freiheit fragte. War Freiheit sinnlich wahrnehmbar, in diesem ersten Sinne also auch ein ästhetisches Phänomen, oder blieb sie in jedem Fall die unanschauliche Bedingung fürs moralische Handeln? KANT hatte der Freiheit ihren Ort im Sollen angewiesen, SCHILLER suchte darüber hinaus nach Freiheit im Sein. Das eine war Freiheit als Selbstbestimmungsgrund des Menschen; das andere war Freiheit in wahrnehmbaren Gestalten, sei es in der Natur oder in der menschlichen Kunst.

Das Ergebnis, zu dem SCHILLER fand, lautet: Freiheit kommt zur Erscheinung im Schönen. Oder, wie er selbst in den sogenannten *Kallias-Briefen*[35] schrieb: Schönheit ist »Freiheit in der Erscheinung«. – Man mag sich den Gedankengang, der zu dieser Einsicht führt, an RILKES Gedicht *Der Panther* vergegenwärtigen. RILKE schildert einen Panther im Pariser Jardin des

---

35 Es handelt sich um Briefe, Anfang 1793 an Körner gerichtet, die ursprünglich für eine eigene Publikation gedacht waren.

Plantes. Einen Panther im Käfig. Er ist nicht frei, sondern gefangen. Und so nimmt man wohl seinen weichen »Gang geschmeidig starker Schritte« wahr, der »wie ein Tanz von Kraft um eine Mitte« ist, also seine Schönheit. Aber man bemerkt auch, dass sein Blick »so müd geworden« ist und dass in der Mitte nun eben keine lebendige Wachheit, sondern »betäubt ein großer Wille steht«. Die Schönheit des Panthers ist darum gebrochene Schönheit, weil ihm die Freiheit genommen wurde. Sie ist nicht völlig ausgelöscht, diese Schönheit, aber sie wird nur noch anschaulich im Stadium ihres Zerfalls. Der Panther darf nicht mehr sein, was er seiner Natur nach zu sein berufen ist. In den Käfig und damit in eine ihm ganz fremde Abhängigkeit gezwungen, verelendet das Tier. Seine Unfreiheit ist im Begriff, ihn unschön zu machen.

Als schön darf darum gelten, was in seiner Erscheinung keiner fremden Gewalteinwirkung unterliegt. Was insofern spielerisch aus sich selbst und in reiner Selbstentsprechung existiert. Das trifft auf den Menschen und ebenso auf Gegenstände seiner künstlerischen Gestaltung zu. Der geknechtete und in seinem Wesen verletzte und verbogene Mensch vermag so wenig schön zu sein wie der Panther in seinem Käfig. Aber auch der innerlich unfreie, seinem Triebleben rückhaltlos unterworfene Mensch kann nicht schön sein. Ob er dann zum Geck wird oder zum Schurken – sein Bild ergibt keinesfalls eine »Freiheit in der Erscheinung«, darum auch kein Beispiel von Schönheit.

Ebenso bei den Dingen, die der Künstler gestaltet. Schön ist, was sich als das gemeinte Wesen in authentischer Form zur Erscheinung bringt. Der Künstler darf dem Stoff, den er bearbeitet, keine Gewalt antun. Es ist nicht seine Aufgabe, das Material zu zwingen. Es ist vielmehr seine Aufgabe, wie im Spiel zur Erscheinung kommen zu lassen, was gleichsam im Stoff selbst nach Ausdruck verlangt. Gewiss ist Freiheit im Sinne willensgeleiteter Gestaltung nur dem Menschen möglich, nicht der Natur im Allgemeinen. Das Naturschöne ist nicht Ausdruck freier Selbstbestimmung, aber es zeigt sich in freiheitsähnlicher Analogie dazu.

Eine Gebirgslandschaft oder ein Tier können als schön empfunden werden, weil sie »Freiheit in der Erscheinung«

exemplarisch darstellen. Man kann diese Schönheit in der Natur trüben, indem man ihr Fesseln anlegt. Man kann ihr die Freiheit nehmen, wenn man sie als Ressource für menschliche Verwertungsabsichten missbraucht. Wo die Zwecke bestimmend werden, zahlt immer das Schöne den Preis. Die ökonomische Vernunft verdrängt und erstickt den ästhetischen Sinn, den sie ohnehin für einen ebenso hinderlichen wie überflüssigen Konkurrenten hält. Das Schöne erwartet, dass man es *sein* lässt. Die zweckorientierte Vernunft verlangt, dass man sie *machen* lässt. In ihrer Konsequenz macht sie aber alles ihren endlichen Zwecken dienstbar. Sie konstituiert damit die moderne Gesellschaft – und deren Widersprüchlichkeit: eine Gesellschaft, die im Interesse des Machens das Sein unter die Füße tritt und im Verfolgen von Lebenszwecken das Leben ruiniert. SCHILLER hat das in bemerkenswerter Klarheit erkannt, lange vor den großen Gesellschaftstheoretikern des 19. Jahrhunderts, und er hat es zum Gegenstand seiner ästhetischen Reflexionen erhoben. Hölderlin ist ihm darin gefolgt – und Schritte weiter gegangen.

In seinen Briefen *Über die ästhetische Erziehung des Menschen* betreibt SCHILLER eine ausführliche Argumentation zu dem Nachweis, dass die Kunst keineswegs einen beiläufigen Platz im Haus der Geschichte besetze. Das Gewicht des Ästhetischen wird verkannt, wenn ihm ein lediglich ornamentaler Charakter zugebilligt wird. Ebenso wenig mag SCHILLER sich mit der »schon zum Überdruß« gehörten Einschätzung begnügen, »dass das entwickelte Gefühl für Schönheit die Sitten verfeinere« (10. Brief). Dies greift entschieden zu kurz, weil das Schöne auf solche Weise zum brauchbaren Mittel für einen anderen Zweck, nämlich das Moralische, herabgewürdigt wird. In Wahrheit aber ist die Kraft des Schönen nicht von begrenzt funktionaler, sondern von synthetischer Art. Im Schönen ist wesentlich beisammen, was praktisch vielfältig auseinanderfällt. Die politische Welt erweist sich als eine antagonistische Welt. Der Mensch ist in sich zerrissen zwischen Trieb und Vernunft, Wollen und Sollen, Natur und Geist. Die Gesellschaft offenbart in ihrer Gesamtverfassung dasselbe Dilemma: ihr Mangel an Vereinigungsenergie lässt die neu dargereichte Gabe der Freiheit zum Trojanischen Pferd werden. Sie droht nämlich von einer Knechtung durch alte Staatssysteme nicht in den allgemeinen Frieden, sondern in ein allgemeines Chaos zu führen und in die Willkürveranstaltungen einer neuen Barbarei.

Es handelt sich also um eine gesellschaftspolitische Zeitkritik, die SCHILLER vornimmt, um dahinein den Stellenwert seiner ästhetischen Theorie zu verlegen. Was er über die Kunst und das Schöne zu entwickeln versucht, bedeutet ganz und gar keinen Abschied von der politischen Bühne. Es ist vielmehr der Ehrgeiz, auf ihr eine neue und grundlegend bessere Inszenierung vorzubereiten.

Darum nimmt er sich Zeit, in den ersten Briefen ausführlich den »Charakter des Zeitalters« zu analysieren. Das geschieht nicht als Konzession an eine breite Interessenlage, der zufolge alle Blicke »auf den politischen Schauplatz geheftet (sind), wo jetzt, wie man glaubt, das große Schicksal der Menschheit verhandelt wird«. Es geschieht vielmehr aus der Überzeugung heraus, dass man, um das »politische Problem in der Erfahrung zu lösen, durch das ästhetische den Weg nehmen muß, weil es die Schönheit ist, durch welche man zu der Freiheit wandert« (2. Brief).

Im revolutionären Geist war man angetreten, »den Staat der Not mit dem Staat der Freiheit zu vertauschen« (4. Brief). Aber das Experiment missglückte – und musste missglücken, weil die Chance der Freiheit auf ein insgesamt »unempfängliches Geschlecht« traf. Der Mensch, der zur Freiheit berufen schien, zeigte sich in allen Stücken als nicht zur Freiheit gereift. Im Gegenteil: »Hier Verwilderung, dort Erschlaffung: die zwei Äußersten des menschlichen Verfalls, und beide in *einem* Zeitraum vereinigt!« (5. Brief).

Man könnte das als moralisches Urteil bewerten und abtun. Doch SCHILLER zeigt sich bemüht, die menschliche Misere, die einstweilen zur Realisierung von Freiheit unfähig macht, auf gesellschaftliche und nicht auf moralische Ursachen zurückzuführen. Der Mensch findet gar nicht die Gelegenheit, als ganzer zu existieren. Er lebt in Trennungen und erscheint auch in sich selbst getrennt. Denn die moderne Welt ist eine arbeitsteilige Welt. »Der Nutzen ist das große Idol der Zeit, dem alle Kräfte fronen und alle Talente huldigen sollen« (2. Brief). Man könnte auch sagen: die ökonomische Vernunft wird als beherrschende Triebkraft der modernen Gesellschaft kenntlich, und das Verlangen nach Effektivitätssteigerung springt aus einem neuen System des Lebens heraus, das die Produktion ebenso ständig erhöht, wie es die Menschlichkeit des Menschen mindert. Die Kosten solchen Fortschritts gehen zu Lasten der Humanität. Der zur Freiheit befähigt sein sollte, lebt und erfährt sich nur als Fragment: »Ewig nur an ein einzelnes kleines Bruchstück des Ganzen gefesselt, bildet sich der Mensch selbst nur als Bruchstück aus; ewig nur das eintönige Geräusch des Rades, das er umtreibt, im Ohr, entwickelt er nie die Harmonie seines Wesens, und anstatt die Menschheit in seiner Natur auszuprägen, wird er bloß zu einem Abdruck seines Geschäfts, seiner Wissenschaft« (6. Brief).

SCHILLER denkt auch an dem Punkt gesellschaftstheoretisch und nicht moralisch, wo er die Entwicklung, die zu einer inneren Zerreißung und Fragmentierung des Menschen geführt hat, keinem zeitgenössischen Sittenverfall zuschreibt, sondern einer notwendigen Dynamik, weil »die Gattung auf keine andere Art hätte Fortschritte machen können«. Der Weg zum Besseren kann deshalb auch nicht nach rückwärts gehen, etwa zur Verfassung der altgriechischen Kultur und Politik und deren künstlicher Rekonstruktion, so sehr im antiken Hellas die Verbindung von Kunst und Politik gelungen war und die innere Einheit von Schönheit und Freiheit gelebt werden konnte (10. Brief).

Ursache der gegenwärtigen Zerreißungen mit ihren fatalen Folgen ist »der alles trennende Verstand« (6. Brief), der sich von der Natur abgesondert hat, um ihr Beherrscher zu werden. Signifikant wurde dieser Vorgang seit DESCARTES Trennung von *res cogitans* und *res extensa*, einer denkenden und einer ausgedehnten Substanz, und diese Trennung war bestimmend geworden im Selbstverständnis der Moderne. SCHILLER erkennt nun die anstehende Aufgabe darin, die in einen Gegensatz auseinandergefallenen Kräfte zusammenzuführen in die Einheit einer gemeinsamen Bewegung. Natur und Vernunft, Sinnlichkeit und Geist, Leben und Gestalt dürfen nicht getrennt bleiben, soll der Mensch jemals aus einem fragmentierten und innerlich kontroversen zu einem ganzen Menschen werden. Der sinnliche Naturtrieb will Leben, aber er vermag es aus sich selbst nicht zu gestalten; das ist Kennzeichen des »Wilden«. Der Formtrieb des Verstandes zielt umgekehrt auf Gestaltung, aber er unternimmt es für sich und nach seinen Gesetzen und durch unnachsichtige Unterdrückung der Natur; das ist Kennzeichen des »Barbarischen«. Dieser Widerstreit der Triebe, die jeweils getrennt für sich zerstörend wirken, ist im Sinne SCHILLERS jedoch prinzipiell überwindbar. Aus ihrem Antagonismus kann eine Dialektik werden. Sie wird es dann, wenn sich aus dem Gegensatz eine Synthese gewinnen lässt. Und diese Synthese kann nicht Leben contra Gestalt oder Gestalt contra Leben heißen, sondern nur »lebende Gestalt«. Ein Begriff, der nach SCHILLERS Schlussfolgerung wiedergibt,»was man in weitester Bedeutung *Schönheit* nennt« (15. Brief). Ästhetik besetzt derart nicht nur ein Sonderterrain für die Vertreter eines gehobenen Geschmacks. Sie soll vielmehr maßgebend für eine gesellschaftliche und humane Zukunft werden, in welcher die unseligen Trennungen aufgehoben sind, sowohl die in der Gesellschaft als auch die im einzelnen Menschen selbst.

Wie kann das geschehen? Sicherlich nicht mit direkten politischen Aktionen, deren Fehlschläge SCHILLER ja gerade benannt hatte, um über sie hinauszugelangen. Wenn Freiheit im Politischen möglich werden soll, muss sie zunächst im einzelnen Menschen möglich sein. Und im einzelnen Menschen wird sie möglich, wenn seine innere Trennung, die sich aus dem Widerstreit von Natur und Vernunft ergibt, beseitigt werden kann. Möglich wird das, so meint SCHILLER, in der inneren Vereinigung von Lebenstrieb und Gestaltungstrieb, von Naturkraft und Verstandeskraft im Menschen, und diese erfolgt in einem gemeinsamen Dritten, im »Spieltrieb«. Als Synthese seiner gegenläufigen und darum ihn innerlich zertrennenden Triebe bringt der Spieltrieb den Menschen zur lebendigen Ganzheit. In solcher Ganzheit wird er schön, eine »schöne Seele«. Spielend wird er empfänglich für das Schöne und spielend vermag er auch – frei von Aspekten des Nutzens und der Zwecke – Schönes zu gestalten. Denn, so resümiert SCHILLER im bekanntesten Satz seiner Ästhetik: »um es endlich auf einmal herauszusagen, der Mensch spielt nur, wo er in voller Bedeutung des Worts Mensch ist, und er ist nur da ganz Mensch, wo er spielt« (15. Brief). –

Hölderlin hat SCHILLERS Briefe zur Ästhetik studiert und hoch geschätzt. Im Februar 1796 teilt er NIETHAMMER seinen Plan mit, *Neue Briefe über die ästhetische Erziehung des Menschen* zu verfassen (II, 615). Dass er vorhat, an SCHILLERS Theorie anzuknüpfen, bezeugt schon der gewählte Titel. Es wird im selben Schreiben an NIETHAMMER unterstrichen durch die erklärte Absicht, einen Beitrag zu leisten zur Überwindung der verhängnisvollen Trennungen im Leben; also – mit Hölderlins eigenen Worten – »den Widerstreit verschwinden zu machen, den Widerstreit zwischen dem Subject und dem Object, zwischen unserem Selbst und der Welt, ja auch zwischen Vernunft und Offenbarung« (ebd). Das hatte, mit Ausnahme der letztgenannten Entgegensetzung, SCHILLER nicht anders gewollt, und Hölderlin teilt seine Überzeugung, wie dieser Widerstreit zu lösen sei: »wir bedürfen dafür ästhetischen Sinn.«

Trotzdem konnte Hölderlin ja nicht daran gelegen sein, SCHILLERS Position bloß noch einmal zu wiederholen. Seine ins Auge gefassten *Neuen Briefe* mussten, gerade SCHILLERS Briefen gegenüber, maßgeblich Neues zur Sprache bringen. Doch worin konnte es bestehen? Jedenfalls nicht in der zeitkritischen Gesellschaftsanalyse, wie wir sehen werden, und auch nicht in deren Begründung durch Verstandeseinseitigkeit. Hölderlin stimmte mit SCHILLER überein, dass Schönheit es sei, worin Freiheit sich vergegenwärtige. Aber er empfand bei SCHILLER einen Mangel in der Ursprungsbestimmung des Schönen. Woher kommt das Schöne? Kann es wirklich werden, wenn es niemals wirklich war? Und wenn es einmal wirklich war, etwa im antiken Griechenland, was war dann die Bedingung seines Erscheinens? SCHILLER hatte Schönheit als Synthese begriffen. Als Ausdruck des Spieltriebs, der seinerseits die Synthese aus Naturtrieb und Verstandeskraft darstellte. Aber vermag irgendwann und irgendwie eine Synthese herauszukommen, wenn nie eine entsprechende Einheit, und zwar als ursprüngliche Einheit, war? Es ist dieselbe Frage, die Hölderlin im Gespräch mit FICHTE umgetrieben hatte und die ihn die Einheit eines Ur-Seins, des »Seyns schlechthin« annehmen ließ.

Mit anderen Worten: Für SCHILLER bedeutete Schönheit jene gültige Synthese, die aus den Trennungen des Lebens und aus dem Widerstreit der Triebe gewonnen werden konnte. Für Hölderlin aber wurde entscheidend nachzuweisen, dass diese Synthese *im Ergebnis* nur erwartbar sein konnte, wenn ihr eine Einheit *im Ursprung* vorauslag, eine Einheit *vor* allen Trennungen, welche nachträglich erst wieder – und dann allerdings durch »ästhetischen Sinn« – zusammenzubringen wäre. Dieses Interesse, den Ursprung von Schönheit zu ermitteln, leitet Hölderlin jetzt in der Auseinandersetzung mit SCHILLER genauso, wie es ihn zuvor in der Diskussion mit FICHTE bei der Reflexion über den Ursprung von Freiheit geleitet hatte. Dass die Antwort darauf in die Dimension des Religiösen hineinreichen werde, die von SCHILLER unberührt blieb, deutet Hölderlin in seinem Brief an NIETHAMMER gleich doppelt an: einmal durch den Hinweis, dass es bei der gesuchten Einheit auch um die Beseitigung des Widerstreits »zwischen Vernunft und Offenbarung« gehe. Und dann durch die Andeutung, er werde in seinen Briefen zur Ästhetik »von der Philosophie auf Poesie und Religion kommen«.

Hier liegt in Hölderlins geistiger Entwicklung der Grundimpuls für die Entfaltung seiner poetischen Religion.

Die angedachten Briefe sind nicht zustande gekommen. Aber die Zeit, in der Hölderlin sie vorgesehen hatte, ist die Zeit seiner Arbeit am *Hyperion*, und darin lassen sich Belege genug für sein, über SCHILLERS Ästhetik hinausgehendes, Verständnis des Schönen ausmachen.

Einig geht er mit SCHILLER in der Analyse der menschlich-gesellschaftlichen Situation. Sie ist schlechterdings unschön, und Hölderlin demonstriert es drastisch an der Lebensart der Deutschen. Was man seine ›Scheltrede‹ im *Hyperion* zu nennen sich angewöhnt hat, ist freilich so wenig antipatriotisch gestimmt, wie sein späteres Vaterlands-Bekenntnis als nationalistisches Pathos missdeutet werden darf. Die Intention des Dichters ist in beiden Fällen eine humane und universale. Hier klagt er über den Zustand der Deutschen (und es ist genau genommen ja der Grieche Hyperion, der da redet), aber die Deutschen sind vor allem beispielhaft in ihrer Zerrissenheit: »Ich kann kein Volk mir denken, das zerrißner wäre, wie die Deutschen.« Damit wird SCHILLERS Beschreibung der modernen Gesellschaft aufgenommen und fortgesetzt. »Handwerker siehst du, aber keine Menschen«, klagt Hyperion, »Denker, aber keine Menschen, Priester, aber keine Menschen, Herrn und Knechte, Jungen und gesezte Leute, aber keine Menschen – ist das nicht, wie ein Schlachtfeld, wo Hände und Arme und alle Glieder zerstükelt untereinander liegen, indessen das vergoßne Lebensblut im Sande zerrinnt?« (I, 754f).

Der große gesellschaftliche Körper entbehrt seiner lebendigen, organischen Einheit, wie der einzelne Mensch seiner Lebensganzheit entbehrt. Das derart Zerrissene ist das praktisch Unmenschliche und das anschaulich Unschöne zugleich. Es folgt aus einer falschen Einseitigkeit in der Wahrnehmung und in der Gestaltung des Lebens, jener unheilvollen Trennung also, die den Verstand von der Natur schied und die im Verstand allein auf das Notwendige und das Nützliche setzte. Vornehmlich zweckorientiert, bleiben die Deutschen »gerne beim Nothwendigsten« (I, 755), und es gibt in dieser Tendenz »nichts Heiliges, was nicht entheiligt, nicht zum ärmlichen Behelf herabgewürdigt« würde (ebd). Es ist am Tage, »dass bei ihnen nichts gedeiht, weil sie die Wurzel des Gedeihns, die göttliche Natur nicht achten« und weil »Höhers sie nicht kennen, als ihr Machwerk, das sie sich gestoppelt« (I, 757). Was fehlt und was erforderlich wäre, die allgemeine Zerrissenheit zu heilen, wäre ein Sinn für die lebendigen Zusammenhänge, ein Sinn für das Schöne, der »ästhetische Sinn«.

In einem anderen Abschnitt des *Hyperion*, im letzten Brief des ersten Bandes, entwirft Hölderlin das exakte Gegenbild zur zerrissen-unschönen Welt der Deutschen. Das ist die Welt der Griechen. Anlässlich einer Schiffsreise, die Hyperion mit Diotima nach Athen unternimmt, widmet sich ihr Gespräch dem Phänomen des Schönen und rückt das Schöne in einen engen

Zusammenhang zum Religiösen. »Religion ist Liebe zur Schönheit«, heißt es da, und weiter, die Relevanz des Schönen für die Organisation des Lebens im Individuellen wie im Politischen hervorhebend: »ohne solche Liebe der Schönheit, ohne solche Religion ist jeder Staat ein dürr Gerippe ohne Leben und Geist« (I, 683). Es steckt also im »ästhetischen Sinn« nicht allein ein geistiges Veredelungsmotiv für den einzelnen Menschen, sondern umfassender ein gesellschaftspolitisches Gestaltungsinteresse: im Sinn für das Schöne schlägt sich der vitale Gesamtzusammenhang des Lebens nieder. Umgekehrt gibt ein Verlust dieses Sinns den Zerreißungen des Lebens und damit seiner inneren und äußeren Verödung Raum.

Für Hölderlin wird nun aber entscheidend, worin das Schöne seinen Ursprung hat. Worin liegt die Möglichkeit seines Erscheinens begründet? SCHILLER hatte diese Frage nur zum Teil beantwortet, indem er die Bedingungen für die Ausbildung des menschlichen Spieltriebs erörterte. Er war also im Grunde den Voraussetzungen für Kreativität nachgegangen; einer Kreativität, die Schönheit ebenso wahrzunehmen wie hervorzubringen imstande wäre. Auf diese Weise konnte jedoch das Schöne rein als Produkt eines menschlichen Vermögens erscheinen. Und es wäre als solches notwendig begrenzt und endlich. Sollte jedoch der Mensch, der gerade unter Anwendung seiner produktiven Kräfte aus der Einheit und damit aus der Schönheit des Gesamtlebens herausgefallen war, mit Hilfe eben dieser Kräfte auch zum Ganzen zurückfinden können? War der Mensch also sein eigener Zerstörer und sein eigener Retter in einem?

Hölderlin hat mit seiner Auffassung des Schönen dieser Aporie zu entkommen versucht. Er tut es, SCHILLERS ästhetischen Entwurf überholend, im Rückgriff auf eine Formel HERAKLITS. Den Hyperion lässt er sagen: »Das große Wort, das εν διαφερον εαυτω (das Eine in sich selber unterschiedne) des Heraklit[36], das konnte nur ein Grieche finden, denn es ist das Wesen der Schönheit« (I, 685).

---

36 Die philologische Frage nach der Exaktheit des griechischen Zitats und seiner Übersetzung kann hier unberücksichtigt bleiben. Hölderlin zitiert ein aktives Partizip, das er passiv wiedergibt, sicher nicht aus mangelhafter Kenntnis der griechischen Grammatik.

Etwas später erwähnt er noch einmal »das göttliche εν διαφερον εαυτω, das Ideal der Schönheit« (I, 687). – Hölderlin hat dieses vorsokratische Fragment zweifellos platonisch verstanden. Das Eine ist das Ursprüngliche, Ewige, dasjenige also, was Hölderlin im philosophischen Diskurs mit FICHTE das »Seyn schlechthin« genannt hatte. Es ist das, was aller Teilung vorausliegt und aus welchem Ur-Teilung überhaupt erst hervorgeht. Eine Identifikation dieses ursprünglich Einen mit der Schönheit hatte Hölderlin ausdrücklich selbst vorgenommen: »Wißt ihr seinen Nahmen? den Nahmen deß, das Eins ist und Alles? – Sein Nahme ist Schönheit« (I, 657). Eine Schönheit im Ursprung (platonisch: als Idee) muss demnach angenommen werden, wenn Schönheit irdisch zur Erscheinung kommen soll, und zwar als einheitliche, alle Formen und Facetten des Schönen innerlich ermöglichende und verbindende Kraft. Die »in sich selbst unterschiedne« Schönheit ist die selbstverursachte Beziehung des Ganzen zu seinen Teilen. Oder anders ausgedrückt: In der Vielfalt ihrer Erscheinungen wird die ewige Schönheit ihrer selbst ansichtig. Und umgekehrt bildet jede schöne Erscheinung ein Tor zur Erkenntnis der ungeteilt-ewigen Schönheit.

Offensichtlich geht Hölderlin mit platonischem Denken über die ästhetische Position SCHILLERS hinaus. PLATON hatte seine Philosophie des Schönen am deutlichsten im *Symposion* entwickelt (Symp. 210/211). Er hatte dort eine Hierarchie des Schönen aufgestellt, ausgehend von der Schönheit in den Leibern über eine Schönheit in den Seelen bis zur Schönheit in der Erkenntnis. Ziel allen menschlichen Lebens, das einen allmählichen Aufstieg über die Stufen des Schönen vollzieht, wird dann die Schau des Schönen selbst. Die Idee des Schönen ist die transzendente Voraussetzung für alle Gestalten und Erscheinungen des Schönen, die irdisch entstehen und auch wieder vergehen. Schönheit selbst wird so von PLATON bestimmbar als »an und für sich und in sich selbst überall dasselbe seiend, alles andere Schöne aber an jenem auf irgendeine Weise Anteil habend« (Symp. 211 b).

So deutlich Hölderlin sich hier in den Spuren PLATONS bewegt, so wenig wird damit schon ausreichend erkennbar, was den innersten Kern seines Schönheitskonzepts ausmacht. Denn der wird nur in religiösen Begriffen aussagbar: »Tausendmal hab' ich es ihr (der Diotima) und mir gesagt: das Schönste ist auch das Heiligste« (I, 660). Und: »Religion ist Liebe der Schönheit« (I, 683). Die Vermutung, Hölderlin mache hier und an ähnlichen Stellen von der religiösen Sprache einen uneigentlichen Gebrauch, weil es ihm um Religion nicht gegangen wäre, kehrt sich gegen sein eigenes erklärtes Interesse. Er will, wie er betonte, mit SCHILLER und über SCHILLER hinaus ästhetisch »von der Philosophie auf Poesie und Religion kommen«. Den ersten Schritt dazu vollzog er mit HERAKLIT und mit der transzendenten Grundlegung des Schönen bei PLATON. Den zweiten Schritt unternimmt er im Anschluss an den religiösen Begriff der »Offenbarung« und an die biblische Rede von der »Herrlichkeit Gottes«.

Um die Auflösung des Widerstreits gehe es, hatte Hölderlin an NIETHAMMER geschrieben, und zwar nicht zuletzt des Widerstreits zwischen »Vernunft und Offenbarung«. Was er in Angriff nehmen wollte, war nun freilich kein Versuch, diesen in der damaligen Theologie tatsächlich anhängigen Streit um Vernunftreligion und Offenbarungsreligion irgendwie vermittlungstheologisch beizulegen; sondern es war das Bestreben, diesen Widerstreit auf eine andere Ebene zu heben, nämlich auf die ästhetische, und ihn dort zu lösen. Dies bedeutete keinesfalls, dass die Religion ins Ästhetische aufgelöst werden sollte. Wohl aber, dass die Widersprüche der Religion, wie jener zwischen Offenbarung und Vernunft, sich im Horizont des Ästhetischen beheben lassen könnten.

Der Begriff der Offenbarung hat von Hause aus eine Nähe zum Begriff der Erscheinung. SCHILLER hatte von der Schönheit als »Freiheit in der Erscheinung« gesprochen. PLATON hatte allen schönen Erscheinungen in der Welt einen Anteil an der ewigen Idee des Schönen zugesprochen. Der Offenbarungsbegriff präzisiert nun das Verhältnis von Ursprung und Gegenwart, von Ewigem und Zeitlichem in der Weise, dass er eine Gotteswirklichkeit anzeigt, die sich selbst in der Welt und unter den Menschen zur Erscheinung bringt. Das kann in Phänomenen der Natur ebenso der Fall sein wie in Ereignissen der Geschichte.

Wo Offenbarung ist, da ist Gotteserfahrung möglich, und zwar vermittelt in Gegenständen und Erscheinungen der endlichen Welt. In jedem Teil zeigt sich dann die Wahrheit des ganzen Gottes, und der ganze Gott wird gegenwärtig im kleinsten endlichen Teil. Was in einer Ontologie des Schönen sich schlüssig ergab, nämlich dass die ewige Schönheit im einzelnen Schönen anschaulich und konkret wird, bestätigt sich in der christologischen Relation: Gottes ewiger Reichtum kann sich in der menschlichen Armut Christi offenbaren.

Auf diesen grundchristlichen Sachverhalt spielt Hölderlin mehrfach an. Etwa in *Hyperions Jugend*, übrigens dort auch im Hinblick auf die Wirklichkeit des Schönen, wo es heißt: »Im Kleinsten offenbart das Gröste sich« (I, 525). Weiter im vorangestellten Motto zum *Fragment des Hyperion* sowie zur endgültigen *Roman*fassung. Im *Fragment* zitiert Hölderlin aus einem Epitaph für Ignatius von Loyola: »non coerceri maximo, contineri tamen a minimo« (nicht eingeschränkt werden vom Größten, doch umschlossen werden vom Kleinsten). Eine Formel, die sich ursprünglich auf das Geheimnis Christi bezieht und auf Gottes Offenbarung in ihm. Im *Hyperion-Fragment* hatte Hölderlin dieses Zitat verkürzt wiedergegeben, um damit das Vermögen des *Menschen* zu kennzeichnen. Später hat er das im Motto zum Roman korrigiert, indem er jetzt das Zitat in seiner ursprünglichen Pointierung notiert: »non coerceri maximo, contineri minimo *divinum est*« (nicht eingeschränkt werden vom Größten, umschlossen werden vom Kleinsten, *ist göttlich*). Diese kleine Veränderung im Wortlaut des Mottos signalisiert eine Veränderung in Hölderlins Denken: Zuerst lag der Akzent auf dem *Vermögen des Menschen zum Unendlichen* hin. Dann wurde der Akzent auf *Gottes Vermögen zum Endlichen* hin verlagert. Dort ging es um die Wahrheit der Vernunft. Hier geht es um die Wahrheit von Offenbarung.

Wir hatten bereits davon gesprochen, dass und auf welche Weise im *Hyperion* die göttliche Schönheit sich in der Gestalt Diotimas offenbart. Sie ist das lebendig und gegenwärtig Erscheinende, »wo sich im Schönen / Das Göttliche verhüllt« (*Der Gott der Jugend*, I, 155).

Dass aber diese Diotima nicht allein für die irdische Erscheinung des Schönen im platonischen Verständnis steht, sondern außerdem für die Offenbarung von Gottes Schönheit im biblischen Sinn, zeigt schon ihr Name an.[37] Hölderlin hat ihn, den zunächst gewählten Namen Melite aufgebend, mit Bedacht eingeführt. Denn Diotima bedeutet so viel wie »Gottes Ehre« oder auch »Gottes Herrlichkeit«. In dieser Richtung deutet Diotima selbst ihren Namen am Ende ihres letzten Briefes: »Zu seyn, zu leben, das ist genug, das ist die *Ehre der Götter*« (I, 749). Das heißt: In ihrem Leben, ihrer Erscheinung wird göttliche Schönheit offenbar.

Göttliche Schönheit ist biblisch aber die Herrlichkeit Gottes, sein *kabod*, seine *doxa*. Sie ist nicht unmittelbar zugänglich und nicht direkt anschaubar. Aber sie vermittelt sich in Offenbarungen, zuletzt in der Gestalt Christi. Im Johannes-Evangelium, das Hölderlin wie keine biblische Schrift sonst geschätzt und in seinem Werk aufgenommen hat, wird geradezu eine doxologische Theologie vertreten, eine Theologie der Offenbarungs-Herrlichkeit. Christus ist die Inkarnation der Herrlichkeit Gottes, und sein Leben und Werk dienen letzten Endes keinem anderen Ziel als dem der Verherrlichung Gottes. Davon hat Hölderlin gewusst, und er hat es später auch ausdrücklich hervorgehoben. Etwa in der *Patmos*-Hymne, wo Christus als derjenige erscheint, »an dem am meisten / Die Schönheit hieng« (I, 451).

Schönheit und Herrlichkeit sind Wesensbestimmungen des Göttlichen. Indem sie offenbar werden, bilden sie nicht nur den ästhetischen Sinn, sondern zugleich den religiösen. Diotima ist die Erscheinung des Schönen in der Geschichte Hyperions. Christus wird zur Offenbarung der Herrlichkeit in der Geschichte der Menschheit. Das weist auf den Weg und auf die Brücke vom *Hyperion* zu den *späten Hymnen* Hölderlins.

---

37 Ulrich Gaier, Hölderlin. Eine Einführung, 1993, S. 157 hat das aufgenommen: »Mit Diotima tritt der Begriff der Herrlichkeit und damit die religiöse Begründung von Hölderlins Philosophie in den Blick.«

Griechenland und seine Götter

SCHÖNE LANDSCHAFTEN – NATUR UND GÖTTER –
BEGEISTERUNG FÜR GRIECHENLAND – DIFFERENZ ZUR KLASSIK –
RELIGION IN ZWEITER NAIVITÄT – DAS NUMINOSE IN DER NATUR –
VERHÄNGNIS DER NATURBEHERRSCHUNG – NATURENTFREMDUNG IM
PROTESTANTISMUS – GRIECHISCHE RELIGION DER FREIHEIT –
VERSTAND UND GÖTTERFERNE

Mit eigenen Augen gesehen und mit eigenen Füßen betreten hat er es nie. Griechenland wurde ihm zu einer Erfahrung, die nicht aus unmittelbarer Anschauung gewonnen war. Aber es war ihm nah, mit den Schönheiten seiner Landschaften, mit der Größe seiner Geschichte und Kunst und – nicht zuletzt – mit seiner Frömmigkeit. Der Mythos Griechenland, dem Hölderlin angehangen hat, war für ihn untrennbar verbunden mit dem griechischen Götter-Mythos. Und den hat er nicht nur ästhetisch wahrgenommen, sondern ausgesprochen und entschieden religiös. Je stärker er dies tat, desto mehr entwickelte er sich zu einem Einsamen, kaum Verstandenen in seiner Zeit.

Hölderlin hat wunderbare Skizzen griechischer Landschaften geliefert. Man gewinnt den Eindruck, er müsse sie selber durchwandert und an bestimmten Aussichtspunkten gestanden haben. Aber diese Sicherheit, ein fremdes Landschaftsbild einfühlsam nachzuzeichnen, und die Präzision, mit der Charakteristisches darin hervorgehoben wird, sind nicht einmal entscheidend. Entscheidend wird vielmehr seine Gesamtanschauung, unter deren Voraussetzung eine Landschaft überhaupt als schön empfunden werden kann. Denn schön ist, was als optisch erfahrbare Einheit von Verschiedenem, sogar von Gegensätzlichem in Freiheit zusammenstimmt. Es ist Ausdruck lebendig wirksamer, innerlich miteinander verbundener Kräfte. Berge und Täler; ein Fluss samt den Widerständen, die das Land ihm entgegenhält; das Sonnenlicht und der Schatten des Waldes; Erde und Himmel – lauter Kontraste, die sich zugleich in bestimmten Harmonien versöhnen, erzeugen den Eindruck einer schönen Landschaft. Das »Eine, in sich selbst unterschiedne«, das Hölderlin seiner Theorie des Schönen zugrunde gelegt hat, zeigt sich auch hier. Ob es eine Rheinlandschaft ist, die Hölderlin poetisch wiedergibt, oder Bordeaux mit der Mündung der Garonne oder eine Gegend in Ionien: immer stellt sich ein Bild der Einheit von Verschiedenem ein, und immer ist das angeschaute Gesamtgefüge kein Zufall, sondern ein Ergebnis von Vereinigungstendenzen.

Im *Hyperion* ist der Wanderer in Ionien unterwegs und berichtet: »Zur Linken stürzt' und jauchzte, wie ein Riese, der Strom in die Wälder hinab, vom Marmorfelsen, der über mir hieng, wo der Adler spielte mit seinen Jungen, wo die Schneegipfel hinauf in den blauen Aether glänzten; rechts wälzten Wetterwolken sich her über den Wäldern des Sipylus; ich fühlte nicht den Sturm, der sie trug; ich fühlte nur ein Lüftchen in den Loken, aber ihren Donner hört' ich, wie man die Stimme der Zukunft hört, und ihre Flammen sah ich, wie das ferne Licht der geahneten Gottheit. Ich wandte mich südwärts und gieng weiter. Da lag es offen vor mir, das ganze paradiesische Land, das der Cayster durchströmt, durch so manchen reizenden Umweg, als könnt' er nicht lange genug verweilen in all' dem Reichtum und der Lieblichkeit, die ihn umgiebt. Wie die Zephyre, irrte mein Geist von Schönheit zu Schönheit seelig umher, vom fremden friedlichen Dörfchen, das tief unten am Berge lag, bis hinein, wo die Gebirgskette des Messogis dämmert« (I, 626f).

Es ist ein großes Ensemble, das hier zusammenstimmt, bestehend aus Strom, Wäldern und Felsen, aus Schneebergen und blauem Aether, aus Wetterwolken und Sturm: das Gegensätzliche in seiner Vereinigung macht das Schöne aus. Und dann der Fluss, der Cayster, der das »paradiesische Land« durchströmt. Er ist nicht nur eine Ansammlung von Wasser, sondern ein lebendiges Wesen, ein Subjekt, wie in Gedichten Hölderlins der Rhein, der Main, die Donau ebenfalls zu Subjekten werden. Zu wirklichen Subjekten, nicht bloß zu poetischen Personifikationen. Hier, beim Cayster, mag sich noch im Übergang befinden, was in späteren Gedichten eindeutig wird: Flüsse sind

Lebewesen. Der Cayster macht seinen Umweg jetzt noch so, »als könnt' er« sich nicht losreißen vom Reiz der Täler, die er durchfließt. Im *Archipelagus* ist es dann derselbe Kayster, der – nun wirklich ein lebendes Wesen – aus der Ebene »Dir entgegenfrohlokt« (I, 297).

Im Sinne Hölderlins vermittelt eine Landschaft nicht nur ein Bild, eine Anschauung. Sie vermittelt eine Begegnung. Und zwar eine Begegnung mit Lebendigem. In dem, was dem Auge erscheint, ist Lebendiges im Gange, und es macht die Qualität einer solchen Begegnung aus, dass sie gleichsam den Schleier von den Augen wegnimmt. Der Betrachter wird Zeuge einer Offenbarung. Das heißt: Was sich vor seinem Blick auf natürliche Weise konstelliert zum Bilde einer schönen Landschaft, ist zugleich von numinosem Gehalt. Das geschaute Bild ist nicht allein das, was sich abbilden lässt. Es ist das, was Bedeutung enthält. Der Zugang zum Schönen einer Landschaft wird der Zugang zu einer Begegnung mit Göttlichem. So wird im *Archipelagus* Poseidon angesprochen und geehrt, der die Vielzahl der griechischen Inseln trägt, umfasst und vereint, und was sie alle am Leben hält, das fließt ihnen zu aus seiner göttlichen Kraft:

> *Immer, Gewaltiger! lebst du noch und ruhest im Schatten*
> *Deiner Berge, wie sonst; mit Jünglingsarmen umfängst du*
> *Noch dein liebliches Land und deine Töchter, o Vater!*
> *Deiner Inseln ist noch, der blühenden, keine verloren.*
> *Kreta steht und Salamis grünt, umdämmert von Lorbeern,*
> *Rings von Stralen umblüht, erhebt zur Stunde des Aufgangs*
> *Delos ihr begeistertes Haupt und Tenos und Chios*
> *Haben der purpurnen Früchte genug, von trunkenen Hügeln*
> *Quillt der Cypriertrank und von Kalauria fallen*
> *Silberne Bäche, wie einst, in die alten Wasser des Vaters ...*
>
> I, 295f

Es waren zweifellos Griechenland und die Eigenart griechischer Götter, die Hölderlins religiöses Naturerleben profiliert haben. Und es ist dann allerdings die Frage, wie er selbst nun diese

Welt der naturnahen Götter verstanden und in sein Denken und in seine Dichtung aufgenommen hat. Dass er sich ungebrochen einfach in die Homerische Zeit zurückversetzt und so den olympischen Göttern gehuldigt haben könnte, erscheint jedenfalls unwahrscheinlich. Ein Schritt von den Höhen der philosophischen Reflexion steil hinab in die Niederungen einer paganen Weltsicht kann kaum der Fortschritt gewesen sein, der auf der »exzentrischen Bahn« seines Lebens fällig war. Polytheismus konnte man ihm zwar bei seinen Anrufungen griechischer Götter bescheinigen, aber es war durchweg doch ein mit Kopfschütteln registrierter Polytheismus, dem er da angeblich anheim gefallen war. Bedeutete das Ganze nun eine peinliche geistige Verirrung? Ein Rückfall ins Naive? Ein offener Protest gegen das Christentum mit seinem unduldsamen Monotheismus? Oder nur eine Laune des Dichters, poetische Extravaganz?

Begeisterung fürs antike Griechenland war immerhin das gemeinsame Merkmal der deutschen Klassik. Hölderlin traf darauf im Tübinger Stift, wo nicht nur ein »philologisch vergrübelte(r) Gräzismus« gepflegt wurde, wie ROBERT MINDER[38] gemeint hat. Der Repetent CARL PHILIPP CONZ besaß einen ausgeprägten Sinn für die Schönheit griechischer Kunst, und er hat Hölderlin teilhaben lassen an seinen begeisterten Studien zur antiken Literatur. Natürlich war JOHANN JOACHIM WINCKELMANN der allseits beachtete und maßgebende Nestor in Angelegenheiten griechischer Geschichte und Kultur, und Hölderlin hat schon in seinem Specimen zum philosophischen Magister 1790 reichlich von seinen Forschungen profitiert. Vor allem zog er WINCKELMANNS *Geschichte der Kunst des Altertums* von 1764 für seine eigene Untersuchung *Geschichte der schönen Künste unter den Griechen* heran (II, 11ff). Hier wird der »freie, heitere Grieche« zum kulturgeschichtlichen Vorbild, wird Homers »Empfänglichkeit für das Schöne und Erhabene« gerühmt und auch bereits das später um seines Freiheitskampfes willen gefeierte Freundschaftspaar Harmodios und Aristogiton

---

38 Robert Minder, »Hölderlin unter den Deutschen« und andere Aufsätze zur deutschen Literatur, 1968, S. 31.

erwähnt. Vom »Genius des damaligen Griechenlands« ist die Rede, der sich nicht zuletzt in der Dichtung seinen unvergleichlichen Ausdruck verschaffte, im Trauerspiel wie in der Lyrik. Hölderlin hebt schon in dieser Magisterarbeit den besonderen Rang PINDARS hervor, den er nachher selbst übersetzen sollte und von dessen Poesie er sich stark beeinflussen ließ: »Ich möchte beinahe sagen, sein Hymnus sei das *Summum* der Dichtkunst« (II, 24). Die Anlehnung an WINCKELMANN ist bei alledem unverkennbar, und das geflügelte Wort, mit dem er das Schönheitsideal der Griechen zusammengefasst hatte, das Wort von der »edlen Einfalt, stillen Größe«, brachte den Kunstsinn der Epoche auf den Begriff. Es wurde ebenso in SCHILLERS ästhetischer Schrift über *Anmut und Würde* weitergeführt wie auch in Hölderlins Charakterisierung der schönen Melite, die ausdrücklich Grazie und Hoheit (I, 496) in sich vereint.

Hölderlins Differenz zur Vergegenwärtigung der griechischen Antike in der deutschen Klassik ergab sich nicht nur im Blick auf die Kunst, sondern vor allem im Blick auf den Mythos. Die Götter waren es, denen er eine Bedeutung zuschrieb, die man in seiner geistigen Umgebung so nicht zu teilen vermochte. Dabei ging es Hölderlin gar nicht um das ganze Pantheon der altgriechischen Religion, sondern um eine bestimmte Auswahl von Gottheiten, die ihm wichtig waren. Zeus zählt dazu, der »Donnerer«; dann Poseidon, der »Meergott«, Urania-Aphrodite, Urbild des Schönen; Dionysos, Gott der Lebenssteigerung und des Lebensuntergangs, Apollon, der sonnengleich Leuchtende, sowie der Aether, Gott der Vertiefung und der Innigkeit des Lebens.

Aber was war nun mit diesen antiken Göttergestalten? Waren sie selbständige Wesen oder Geschöpfe der menschlichen Einbildungskraft? Und wenn sie jemals lebten, konnten sie denn noch immer leben in der Gegenwart?

Für die Klassik waren die griechischen Götter zu Metaphern geworden. Ihnen kam keine eigene Existenz zu, sie waren wie Illustrationen zu geistigen Sachverhalten. Sie verkörperten Werte. Sie dienten der Veranschaulichung eines humanen Sinngehalts. Als solche waren die Götter nicht mehr die ursprünglichen Geschöpfe einer antiken Kultur, sondern längst verwandelt zu Projektionsträgern für die Selbstauslegungen des klassisch-romantischen Geistes. Man ehrte die alten Götter, soweit sie geeignet erschienen, in ihnen die eigenen Ideale zu ehren. Ehrfurcht dagegen und Andacht schien nicht das zu sein, was man ihnen gegenüber an den Tag zu legen hatte. Zumal sie alle einer weit entrückten Vergangenheit angehörten und einer Kultur, die seit langem untergegangen war.

Man kann sich dieses Verhältnis zur Götterwelt des alten Griechenland recht gut an SCHILLERS *Die Götter Griechenlands* verdeutlichen. Grundton des Gedichts ist die Klage. Die alten Götter sind nicht mehr:

Ausgestorben trauert das Gefilde,
Keine Gottheit zeigt sich meinem Blick –
Ach, von jenem lebenwarmen Bilde
Blieb der Schatten nur zurück.

Aber es sind im Grunde gar nicht die Götter selbst, deren Verschwinden beklagt wird. Es sind die Werte, die sie repräsentieren:

Ja, sie kehren heim, und alles Schöne,
Alles Hohe nahmen sie mit fort,
Alle Farben, alle Lebenstöne,
Und uns blieb nur das entseelte Wort.

SCHILLER vermeidet es nicht, darauf hinzuweisen, dass es das Christentum war, das den griechischen Götterhimmel leer geräumt habe:

Alle jene Blüten sind gefallen
Von des Nordes schauerlichem Wehn:
EINEN zu bereichern unter allen
Mußte diese Götterwelt vergehn.

Entscheidend ist ihm jedoch das kulturgeschichtliche Ergebnis, dass Welt und Welterfahrung infolge der Christianisierung einfach ärmer geworden sind und der ästhetische Sinn verkümmern musste. Geblieben ist das »Wort«, dem beherrschend gewordenen Christus-Logos entsprechend, aber dieses nun ganz »entseelt«. Die alten Götter sind dorthin heimgekehrt, woher sie einstmals kamen und wohin sie ihrer Essenz nach gehören: »zu dem Dichterlande«. Die Welt ist nüchtern geworden, seit sie, »entwachsen ihrem Gängelbande«, alle Götter verabschiedet hat. Aber sie war auch früher, in Gegenwart der Götter, nicht wirklich religiöser, sondern nur farbiger. SCHILLERS Gedicht widmet sich darum, genauer besehen, nicht wirklich einer Götterklage, sondern einer Kulturklage. Nicht dass die alten Götter nicht mehr leben, ist der Anlass, sondern dass der Geist nicht mehr lebendig ist, der sie hervorgebracht und sich in ihnen bildlich ausgedrückt hat.

In dieser Wahrnehmung erfährt die altgriechische Götterwelt eine letzte hohe Wertschätzung, aber auch ihren endgültigen Grabgesang. Danach und darüber hinaus konnte als Würdigung der antiken Götter eigentlich nichts mehr kommen. Jedenfalls nichts, das dem Anspruch hätte genügen können, auf der geistigen Höhe der Zeit zu sein.

Und doch kam Hölderlin. Er kam in der Mission, zu der er sich berufen wusste, das Göttliche zu preisen und für die Gaben des Himmels Dank zu bezeugen. Beides tat er in einem eigenwilligen Akt der Wiederholung einer griechischen Götterwelt. Das bedeutete keinen seltsamen Ausbruch von Naivität, der die Bedingungen aufgeklärten Denkens plötzlich ignoriert hätte. Eher war es der Durchbruch zu jener »zweiten Naivität« (PAUL RICOEUR), die die Stadien einer vernünftigen Welterklärung im philosophischen Bewusstsein durchlaufen hat und auf einer neuen Ebene der Betrachtung und der sprachlichen Explikation anzukommen verspricht.

Man kann dies an Hölderlins eigener Auffassung des Mythischen festmachen. Mythos meint nicht nur die vorphilosophische Erzählung von Göttergeschichten. Er wahrt vielmehr (in dieser Hinsicht SCHLEIERMACHERS Bestimmung von »Religion« verwandt) den »Unterschied religiöser Verhältnisse von intellectualen moralischen rechtlichen Verhältnissen« und damit den »innigen Zusammenhang« dessen, was in der reinen Verstandesarbeit und in der Struktur des menschlichen Bewusstseins immer in Teile und Bruchstücke auseinanderfällt (II, 56). In seinem *Religions-Traktat* von 1796, auf den wir noch näher eingehen werden, macht Hölderlin seine Absicht deutlich. Es geht ihm nicht um einen Schritt hinter die Aufklärung zurück, sondern um eine »höhere Aufklärung« (II, 55). Darin soll der Verstand sich nicht zur Herrschaft über die Natur erheben und auch nicht umgekehrt die Natur den Verstand unterdrücken. Im ersten Fall ergäbe sich ein reiner Kritizismus ohne Leben, im zweiten Fall reiner Vitalismus ohne Einsicht. Was stattdessen erreicht werden soll, ist die innere Verbindung zwischen »Ideen« und »Begriffen« auf der einen Seite und »Begebenheiten« auf der anderen, »beedes in Einem«. Mythos und Religion sind aber von Hause aus Träger dieser Einheit, darum gilt die Aufmerksamkeit des Dichters, der das Leben nicht in seinen Zerstückelungen, sondern in seiner Bedeutungsganzheit erfasst und vergegenwärtigt, dem »Gott der Mythe« (II, 56). Und alle Religion wird so »ihrem Wesen nach poetisch« (II, 57).

Man kann daraus schließen, dass Hölderlin seinen bewusstseinsphilosophischen Weg, der ihn mit FICHTE in Berührung brachte und FICHTE kritisch hinterfragen ließ, nicht einfach aufgegeben hat. Er hat ihn weiter verfolgt und ergänzt durch einen religionsphilosophischen Weg, der ihm die Wahrheit des Mythos erschloss. In diesen Zusammenhang ist Hölderlins Rezeption der griechischen Götterwelt sowie deren Transformation in seine poetische Religiosität einzuordnen.

Im Einzelnen lassen sich mehrere Gesichtspunkte nennen, die Hölderlin in diese Richtung drängten und ihn auf seinem Weg zum »Gott der Mythe« bestärkten.

Seine Wendung zu den Göttern Griechenlands war eine Wendung zu den numinosen Lebenskräften der Natur. Das war eine Entdeckung. Und es war eine Abwendung von der dominant vernunftzentrierten Weltsicht, die sich im kritischen System KANTS und in FICHTES Philosophie des Selbstbewusstseins etabliert hatte. Hölderlin markiert seinen Einwand dagegen während seiner Arbeit am *Hyperion*, im Prosaentwurf zu dessen metrischer Fassung. Der Entwurf beginnt mit dem Satz: »Unschuldiger Weise hatte mich die Schule des Schiksaals und der Weisen ungerecht und tyrannisch gegen die Natur gemacht« (I, 511). Inwiefern? Die Erklärung folgt sogleich: »Der reine freie Geist, glaubt ich, könne sich nie mit den Sinnen und ihrer Welt versöhnen, und es gebe keine Freuden, als die des Siegs« (ebd). Und: »Ich achtete der Hülfe nicht, womit die Natur dem großen Geschäfte der Bildung entgegenkömmt, denn ... ich wollte sie beherrschen« (ebd).

Wo menschliche Vernunft alle Bedingungen setzt, unter denen die Natur überhaupt in Erscheinung zu treten vermag, und wo die Spontaneität eines weltunabhängigen Ich erst der Natur ihre Kenntlichkeit verleiht, da muss sich die menschliche Existenz in der Naturbeherrschung erfüllen. Aus einem Teil der Natur wird der Mensch zu deren absolutem Gebieter. Er tut es unter dem Anspruch der ihm eigenen Freiheit, aber er gebraucht diese Freiheit absolutistisch, indem er sie zu Verfahren einer geistigen und dann auch praktischen Unterjochung nutzt. Das menschliche Freiheitsrecht gerät so zum dramatischen Unrecht gegenüber der Natur.

Die negativen Folgen schlagen freilich nicht allein auf die äußerliche Natur, sondern auch auf den Menschen selbst zurück. Denn sein Kampf, der im Namen der Freiheit seines Geistes geführt wird, gilt ja nicht nur der Natur um ihn her, sondern zugleich der Natur in ihm selbst. Er schneidet sich selbst von den Wurzeln ab, aus denen er lebt. Hölderlin sieht so, in Konsequenz der geistigen Verfassung seiner Zeit, die Menschen gegen die Natur kämpfen, »nicht um in ihr und so zwischen ihr und dem Göttlichen in uns Frieden und Einigkeit zu stiften, sondern um sie zu vernichten, dass wir gewaltsam jedes Bedürfniß zerstören, jede Empfänglichkeit verleugnen, und so das schöne Vereinigungsband, das uns mit andern Geistern zusammenhält, zerreißen, die Welt um uns zu einer Wüste machen« (I, 512).

Es sind zwei Visionen einer katastrophalen Entwicklung, die Hölderlin hier vor Augen stellt, und beide entspringen derselben Quelle. Die eine Vision zeichnet das Bild einer uneingeschränkt von Menschen beherrschten und ausgebeuteten Natur: die Welt um uns – zu einer Wüste geworden. Das ist eine frühe und hellsichtige Prognose jener allgemeinen ökologischen Krise, die sich zwangsläufig als Resultat einer ungehemmten menschlichen Naturbeherrschung herausbilden muss. – Doch mit dieser äußeren Naturzerstörung geht eine innere Zerstörung im Menschen selbst parallel. Er vernichtet nämlich in diesem Prozess bei sich und in sich selbst »jedes Bedürfniß« und »jede Empfänglichkeit«. Und derart zerfällt die Einheit seines Lebens. Nur noch tätiger Geist – nicht mehr empfängliche Sinnlichkeit: dies halbiert den Menschen in seinem Wesen, und indem es ihn halbiert, ruiniert es ihn. Gewiss droht – und drohte in der Vergangenheit – eine Halbierung des Menschlichen auch von der anderen Seite her: als seine völlige Abhängigkeit von der Natur und als Versklavung des Menschen unter seine eigenen Triebe. Hölderlin hat beide Irrwege gesehen und sie rückzuführen versucht in die Einheit des Lebens, worin Geist und Natur miteinander versöhnt werden.

Eine solche Versöhnung war allerdings nicht kraft eines besonderen menschlichen Willensaktes zu erwarten. Sie bedurfte einer neuen Wahrnehmung. Nicht nur einer Wahrnehmung des menschlichen Subjekts und seiner Freiheitsmöglichkeiten, des »Göttlichen in uns« (I, 512), wie Hölderlin sich ausdrücken kann. Sondern außerdem einer neuen Wahrnehmung – und dazu dienten seine ästhetischen Überlegungen – der Natur und der in ihr lebendigen Kräfte. Mit anderen Worten: eine Versöhnung der heillosen Trennungen war nur zu erwarten, wenn dem »Göttlichen« im menschlichen Geist ein »Göttliches« in der Natur entsprach; wenn also die Produktivität des menschlichen Geistes nicht absolut, sondern in Relation gesetzt erschien zu seiner »Empfänglichkeit« für die Gaben und die numinosen Selbstmitteilungen der Natur.

Die Frage liegt auf der Hand, ob Hölderlin im Zuge dieser Neuorientierung nun notgedrungen auf die naturnahe Götterwelt der Griechen zurückkommen musste. War das Christentum denn untauglich zu der Versöhnungsleistung, die Hölderlin erhoffte? Und war das, was biblisch über Schöpfer und Schöpfung ausgesagt war, am Ende nicht anschlussfähiger an die geistigen Herausforderungen der Moderne als der Rückgriff auf einen antiken Polytheismus?

Die Antwort muss in zwei Richtungen erfolgen. Einmal in Richtung einer theologischen Klärung, bei der sich erweisen muss, ob und inwiefern Hölderlins Anliegen im Rahmen einer neuen christlichen Schöpfungslehre entsprochen werden könnte. Zum andern in Richtung jener biographischen und geistesgeschichtlichen Situation, in der Hölderlin sich befand, als er sich gedrängt fühlte, die – letzten Endes religiös zu begründenden – Hoheitsrechte der Natur gegen einen falschen Absolutheitsanspruch des Geistes zu verteidigen.

Und in dieser Beziehung konnte er sich vom Christentum, von der Theologie und Kirche seiner Zeit, tatsächlich nur allein gelassen sehen. Der Protestantismus hatte mit seiner Konzentration auf das Wort immer den Geist hofiert und sich eine gelungene Entgöttlichung der Natur kräftig zugute gehalten. Die Natur sollte dem Menschen untertan sein, eine Verfügungsmasse für seine Leistungen. Der Leib war dasjenige Stück Natur, das auch dem Menschen anhing, und es gehörte zum Programm christlicher Lebensführung, diesen Leib mit seinen Trieben und Begierden zu beherrschen, mehr noch: ihn mit moralischer Energie zu unterdrücken. Was im Protestantismus an – übrigens durchaus unbiblischer – Leibfeindlichkeit generell kursierte, wurde im Pietismus, wie Hölderlin ihn erlebt hatte, noch einmal verstärkt. Eine Konnotation von Leib und Sünde war dort üblich, und das Sinnliche stand von vornherein im Verdacht, nichts anderes betreiben zu wollen, als den Menschen abtrünnig zu machen von seinem in der Reinheit des Wortes begründeten Glauben.

Hier bot sich, um das numinose Wesen der Natur gegen die Alleinherrschaft des Geistes in Anschlag zu bringen, für Hölderlin offensichtlich keine Möglichkeit anzuknüpfen. Im Gegenteil: die Hinwendung zur antiken Götterwelt der Griechen war auch eine immanente Kritik an der Christentumsgeschichte, an ihrer Einseitigkeit und an ihren Verwerfungen.

Warum aber nun und stattdessen die Götter Griechenlands? Drei Antworten: erstens erscheinen sie ihm souverän, wie hohe

Repräsentanten und Garanten der Freiheit. Zweitens vertreten sie das Ganze des Kosmos, das Ganze des Lebens, und zwar in einer das Unterschiedliche lebendig vereinigenden Dynamik, als das »Eine in sich selbst unterschiedne«. Und drittens gewähren und verwalten sie damit den ganzen Reichtum des Wirklichen.

»Ihr guten Götter! arm ist, wer euch nicht kennt«, ruft Hölderlin sie darum in seinem Gedicht *Die Götter* an (I, 252). Die Entfernung der Götter und eine Entfremdung von ihrem Wesen bedeuten nicht bloß einen Frömmigkeitsverlust, sondern eine akute Verarmung im Wirklichen sowie eine armselig gewordene menschliche Wahrnehmungsfähigkeit. Götterlose Zeit ist darum »dürftige Zeit«. In ihr droht alles eng und platt und banal zu werden.

Wie sehr es Hölderlin um eine grundlegende Wirklichkeitsbestimmung geht, wenn er sich auf den antiken Geist und seine Götter besinnt, und nicht etwa um die Neuauflage eines primitiven Paganismus, erhellt auch sein Urteil über die Religiosität der Ägypter. Dabei ist jetzt nicht entscheidend, ob dieses Urteil, das er im Anschluss an WINCKELMANN schon in seinem Tübinger Specimen vertreten hatte (»das schauerlicherhabne Religionssystem der Aegypter«, II, 12), als kulturgeschichtlich zutreffend oder verfehlt zu gelten hat, weil es im Rahmen einer kleinen Völkertypologie erscheint und ausschließlich dazu dient, den besonderen Charakter des griechischen Geistes hervorzuheben. Die Ägypter, so heißt es im *Hyperion*, waren nicht frei. Weder politisch frei in ihrem Staat noch geistig frei in ihrer Religion. Sie waren einer despotischen Herrschaft unterworfen und pflegten entsprechend in ihrer Frömmigkeit eine Devotion, die sich ans Kleinliche hingab und darum unfähig war zur Wahrnehmung des Ganzen. »Der Aegyptier trägt ohne Schmerz die Despotie der Willkühr« und hat »von Mutterleib an einen Huldigungs- und Vergötterungstrieb« (I, 684). Bevor er zu »gehen gelernt hat, muß er knieen, eh' er sprechen gelernt hat, muß er beten«. »Der Aegyptier ist hingegeben, eh' er ein Ganzes ist, und darum weiß er nichts vom Ganzen« (I, 686). Das bezeichnet eine Religionsform, die Menschen in Abhängigkeit hält und ihren Zugang zum Einen und Ganzen notorisch verhindert. Es ist der Typus einer heteronomen Weltsicht und einer Religiosität, die den Menschen zu kleinlichen Gehorsamspflichten zwingt und seinen Horizont aufs dürftigste einengt. Davon konnte und wollte sich Hölderlin, als er sich auf die griechischen Götter berief, nur entschieden abgrenzen.

Dem Wesen der griechischen Götter entsprach es nach seinem Verständnis eben nicht, den Reichtum des Wirklichen und Schönen zu mindern und zu verschleiern, sondern im Gegenteil ihn zu offenbaren. Griechische Religion ist seinsoffenbarende Religion und als solche die Religion der Freiheit. Ihre religiöse Grundhaltung besteht darum auch nicht in der knieenden Devotion, die Hölderlin bei den Ägyptern beobachtet und die den Blick nachdrücklich zu Boden zwingt. Sie besteht vielmehr im aufrechten Um- und Ausschauen, welches erlaubt – so in *Brod und Wein* –

> *zu schaun die Offenbaren, das Antliz*
> *Derer, welche schon längst Eines und Alles genannt*
> *Tief die verschwiegene Brust mit freier Genüge gefüllet,*
> *Und zuerst und allein alles Verlangen beglükt.*
>   I, 376

Die »Himmlischen« sind also keine rätselhaften Gestalten einer versponnenen alten Mythologie. Sie sind im Gegenteil die »Offenbaren«. Ihnen selbst kommt Offenbarungsqualität zu, denn sie machen sichtbar, was Wirklichkeit und Leben in ihrem Gesamtzusammenhang bedeuten. Sie sind »Eines und Alles«, jene im Wirklichen lebendig differenzierte Vielfalt des Göttlichen. In dem, was sie sind, und in dem, was sie tun, ermöglichen sie göttliche Realpräsenz in menschlicher Zeit und Geschichte. Das Leben der Götter ist in dieser Deutung der mythische Ausdruck für eine theonome Ontologie.

Freilich, eine Realpräsenz des Göttlichen wird nicht selbstverständlich erkannt und gewürdigt. Sie kann ignoriert und sie kann verraten werden. Und ein Verrat geschieht dort, wo die Götter genannt, aber trotzdem nicht ernst genommen werden. Wo man ihre Wirklichkeit zum bloßen Schein verdünnt hat und von ihren Namen und ihrem Wesen einen lediglich metaphorischen Gebrauch macht. Das war allgemeine Tendenz in der deutschen Klassik, gegen die Hölderlin sich kräftig zur Wehr setzt. Er tut es zum Beispiel in einer epigrammatischen Ode, überschrieben mit dem viel sagenden Titel *Die scheinheiligen Dichter* (I, 193):

> *Ihr kalten Heuchler, sprecht von den Göttern nicht!*
> *Ihr habt Verstand! ihr glaubt nicht an Helios,*
> *Noch an den Donnerer und Meergott;*
> *Todt ist die Erde, wer mag ihr danken?*

Wenn der Verstand sich zum obersten Richter über alle Wirklichkeitserfahrung aufwirft, muss der Glaube ans Göttliche fallen; und zusammen mit dem Glauben die elementar religiöse Regung des Dankens. Eine poetische Rede, die trotzdem von den Göttern handelt, wird dann innerlich unwahr. Sie spricht von Realitäten, verwendet sie aber tatsächlich nur als Attrappen. Poesie wird so zur Heuchelei. Sie verrät, indem sie Götter allein in einem allegorischen Sinne zu benennen weiß, die Wahrheit und Wirklichkeit des Göttlichen selbst. Hölderlin meint und sagt dasselbe in einer anderen epigrammatischen Ode, worin er sich *An die jungen Dichter* wendet mit der Empfehlung: »Seid nur fromm, wie der Grieche war!« (ebd).

Die scheinheiligen Dichter haben für sich zur Kenntnis genommen, dass die griechischen Götter einer längst vergangenen Kultur angehören. Darin haben sie recht. Die Götter können nicht ohne weiteres mehr gegenwärtig sein. Aber dieser breite kulturgeschichtliche Graben bildet nicht das einzige Hindernis, die Götter auch in der Gegenwart zu ehren. Hölderlin erkennt darüber hinaus ein weit tiefer reichendes Hindernis, das sich nur mythisch beschreiben lässt. Es betrifft die Situation der Götterferne. Offenbar gibt es Zeiten der Erdennähe und Zeiten des Rückzugs der Götter von der Erde. Nicht durch alle Perioden der Geschichte sind die »Himmlischen« in gleicher Weise präsent. Auf die Götterhelligkeit Griechenlands kann sich ein Götterdunkel danach einstellen. Dann ist eine Weltzeit angebrochen, in der die »Nacht« regiert. Hölderlin hat diese »Nacht« der Gottabwesenheit in seinen späteren Jahren wiederholt thematisiert und seine eigene geschichtliche Gegenwart traumatisch in einer solchen Weltnacht befangen gesehen. Im *Archipelagus* sind dann die Götter nicht vollkommen verschwunden, aber unendlich entfernt:

Aber droben das Licht, es spricht noch heute zu Menschen,
Schöner Deutungen voll und des großen Donnerers Stimme
Ruft es: denkt ihr mein? und die trauernde Wooge des Meergotts
Hallt es wieder: gedenkt ihr nimmer meiner, wie vormals?
I, 302

Wie die reale Götterpräsenz mit Freude einhergeht und mit Festlichkeit, so dominiert im Zustand der Götterferne die Trauer. Sogar Poseidons Wasser trauern. Und die hoch hinauf ins Licht entrückten Götter schicken nur mehr ihre Klagen zur Erde herab. Klagen, mit denen sie den Menschen deren Gottvergessenheit vortragen, ihren Mangel an Erinnerung, den Schwund des Gedenkens. Wo das Gedenken aufhört, zu dem das Danken als spontaner Ausdruck von Gottverbundenheit zählt, da hören die Götter auf, nahe zu sein. Und wo die Götter nicht länger nahe sind, bricht das Gedenken ab und der Dank. Die »Nacht« wird zur geschichtlichen Wirklichkeit in lebensbedrohlicher Verarmung.

Darum fährt Hölderlin im *Archipelagus* fort, nachdem die Klagen der Himmlischen verhallt sind (ebd):

Aber weh! es wandelt in Nacht, es wohnt, wie im Orkus,
Ohne Göttliches unser Geschlecht. Ans eigene Treiben
Sind sie geschmiedet allein und sich in der tosenden Werkstatt
Höret jeglicher nur und viel arbeiten die Wilden
Mit gewaltigem Arm, rastlos, doch immer und immer
Unfruchtbar, wie die Furien, bleibt die Mühe der Armen.

Was im *Hyperion* die Scheltrede an die Adresse der Deutschen gesellschaftskritisch ausgeführt hatte, wird jetzt noch einmal aufgenommen und um eine Erfahrungsdimension vertieft. Damals ging es um die Deutschen, die zu Opfern ökonomischer Fortschrittsprozesse geworden waren und die deshalb weder frei noch ganz, sondern lediglich in Bruchstücken zu leben und zu handeln vermochten. Ihres ästhetischen Sinnes, der ihnen die Einheit in der Vielfalt von Erscheinungen hätte vermitteln können, waren sie beraubt. – Jetzt geht es um die Signatur des Zeitalters, das von der Götterferne betroffen ist. Die »Nacht« ist voller Aktivität, aber eigentlich ohne Leben. Was Leben sein sollte, erscheint durch und durch mechanisiert. Es ist rastlos, aber auch fruchtlos. Zu einer einzigen »tosenden Werkstatt« geworden, hat es keinen Raum und keinen Sinn mehr übrig behalten für die Tempel, für heilige Stätten des Gedenkens und der Dankbarkeit. Die Mühe, welche Menschen umtreibt und ausfüllt, ist deshalb eine leer laufende, eine blinde Mühe. Es ist eben Mühe in der »Nacht«. Im Gedicht *Die Götter* heißt es entsprechend:

Ihr guten Götter! arm ist, wer euch nicht kennt …
Und Nacht ist ihm die Welt und keine
Freude gedeihet und kein Gesang ihm.
I, 252

Diesen Mythos von der Weltnacht, in welcher die Götter fern gerückt sind, hat Hölderlin entwickelt und eingefügt in sein Konzept des kulturgeschichtlichen Übergangs vom Osten zum Westen, von Griechenland nach Germanien. Darauf wird noch einzugehen sein. An dieser Stelle mag der Hinweis genügen, dass das Motiv der gottfernen Nachtzeit jedenfalls auch im von Hölderlin geschätzten Johannes-Evangelium seinen Platz hat. Erzählt wird dort, wie Judas, als Verräter des Gottessohnes entlarvt, die Mahlgemeinschaft verlässt und allein hinausgeht: »Es war aber Nacht« (Johannes 13,30). Und dann, von der szenischen Einbindung gelöst und ins Grundsätzliche gewendet, sagt Jesus: »Wir müssen die Werke dessen, der mich gesandt hat, wirken, solange es Tag ist; es kommt die Nacht, da niemand wirken kann. Solange ich in der Welt bin, bin ich das Licht der Welt« (Johannes 9,4f).

Empedokles – Projekt einer Tragödie

Das Lebensthema: Vereinigung des Getrennten – Bei Sinclair in Homburg – Gescheiterer *Iduna*-Plan und Ernüchterung über Geistesgenossen – Die Revolution im Widerspruch – Studien zum *Empedokles* – Der Repräsentant des geeinten Lebens – Des Herzens tiefere Meinung – Religion in der Irreligiosität – Drei Entwürfe zur Tragödie

Die Zeit seines ersten Homburger Aufenthalts, September 1798 bis Mai 1800, wurde die Zeit intensiver Arbeiten am *Empedokles*. Hölderlin verband Ziele damit, die hochgesteckt waren und die obendrein für seinen literarischen Werdegang einen ultimativen Charakter gewannen. Es sollte sein »lezter Versuch seyn«, schrieb er Ende November 1798 an die Mutter, sich selbst »einen Werth zu geben« (II, 714). Werde er scheitern, so wolle er sich mit dem »anspruchslosesten Amte« bescheiden, das sich finden lasse.

Eine Gratwanderung also. Die Alternative zwischen einem möglichen Aufstieg in die höheren Sphären der literarischen Welt und einem tiefen Absturz in die Niederungen der Bedeutungslosigkeit spiegelt sich auch in seiner Stimmungslage. Neben die Begeisterung für den Stoff, der »mich hinreißt« (II, 661), gesellen sich Anflüge von Selbstzweifel und von Niedergeschlagenheit, die ihm in Abständen immer wieder zu schaffen gemacht haben. Der Mutter liefert er im Juni 1799 eine Diagnose seiner Traurigkeit, die nicht eine beiläufig auftretende Erscheinung, sondern ein Grundzug seines »Gemüths« sei: jener »Hang zur Trauer« (II, 775), den er biographisch zurückführt auf die Erfahrung vom Tod des zweiten Vaters und auf den dabei empfundenen »unbegreiflichen Schmerz als Waise«. Aber Trauer, so sehr sie zeitweise dominant zu werden vermag, bestimme doch nicht seine seelische Grundverfassung. »Ich habe aber auch in der Tiefe meines Wesens eine Heiterkeit, einen Glauben, der noch oft in voller, wahrer Freude hervorgeht« (ebd), fügt er hinzu, gewiss nicht allein zur Beschwichtigung mütterlicher Besorgtheiten. Er beschreibt damit plausibel eine innere Widersprüchlichkeit seines Wesens, die ihm bekannt war und die er positiv zu bewerten suchte. Man müsse eben, so drückt er sich aus, »um zu leben und thätig zu seyn, beedes in seiner Brust vereinigen …, die Trauer und die Hoffnung, Heiterkeit und Laid«, und dies sei doch »auch der Sinn des Christen« (ebd).

Da ist sie wieder, diese große Aufgabe der Vereinigung des Getrennten und Gegensätzlichen, jetzt gespiegelt in den Gemütskonstellationen der eigenen Person. Solche Gegensätze sind die Elemente, aus denen die Wirklichkeit gemacht ist. Sie sind es intern in den Spannungsverhältnissen menschlicher Existenz und extern in den Dissonanzen der Welt und ihrer Geschichte. Das Problem und seine Lösung ist für Hölderlin zur Lebensaufgabe geworden, im Hinblick auf seine ganz praktische Lebensführung ebenso wie im Zusammenhang seiner philosophischen Arbeiten und seines poetischen Programms. Im *Hyperion* und in zeitgleichen Gedichten hatte er sich der Aufgabe einer Vereinigung des Getrennten gestellt, in seinen philosophischen und ästhetischen Abhandlungen nicht weniger. Mit dem *Empedokles* sollte dieses Grundthema seines Lebens und Denkens noch einmal neu und ganz anders aufgenommen und durchgespielt werden. Und immer war als Voraussetzung klar, dass der beobachtete lebendige Widerstreit, sei es in innersubjektiver oder in politischer oder kosmischer Dimension, als unverzichtbarer Motor des Lebens zu gelten habe, nicht etwa als dessen fatale Blockierung. Zwar liegt alles daran, den Streit der gegensätzlichen Kräfte beizulegen und so Versöhnung und Frieden zu erreichen. Aber die Teleologie dieses Strebens, das die Qualität des Lebens überhaupt ausmacht, verdankt sich den Energien des Widersprüchlichen selbst sowie dem menschlichen Kampf, sie zusammenzubringen. Ohne diesen Kampf müssten einander nur noch ausschließende Gegensatzkräfte ins Chaotische und in die Zerstörung führen.

Was Hölderlin während seiner Homburger Zeit der Mutter über seine zwiespältige Seelenlage anvertraut, kann er seiner Susette gegenüber noch drastischer formulieren, ebenfalls im

Juni 1799. Es handelt sich dabei um einen Briefentwurf, dessen Text wahrscheinlich nie in die Hände der Geliebten gelangt ist. Wenn doch, wurde er wie alle übrigen Briefe, die Hölderlin von Homburg aus an Susette Gontard gerichtet hat, aus Sorge vor Entdeckung ihrer heimlich weiterlaufenden Verbindung aus der Welt geschafft. In seinem Briefentwurf vom Sommer 1799 zeigt sich Hölderlin jedenfalls in derselben inneren Spannung, die er auch seiner Mutter offenbarte. Sie wird jetzt von ihm nur dahingehend präzisiert, dass es sich um die subjektiv erlebte Spannung zwischen hohem Ideal und erbärmlicher Wirklichkeit handelt. Hölderlin nimmt – bezeichnend für ihn seit seinen Jugendjahren – Maß an der Bedeutung großer Männer »in großen Zeiten, wie sie, ein heilig Feuer, um sich griffen, und alles Todte, Hölzerne, das Stroh der Welt in Flamme verwandelten, die mit ihnen aufflog zum Himmel« (II, 779). Und im Vergleich dazu nimmt er sich selbst wahr: »ein glimmend Lämpchen« und – schlimmer als das – ein »lebendig Todter« (ebd).

So nah liegen Begeisterung und Resignation, Sehnsucht und Selbstzweifel beieinander in ihm, und es ist auch psychologisch gesehen kein Zufall, dass er sich gerade die Gestalt des Empedokles auswählt, der nun seinerseits wie ein »heilig Feuer« war und wirkte, der das Stroh der Welt entflammte, bis er selbst mit der Glut aus dem Ätna aufflog zum Himmel. Der Empedokles wurde zu seinem dramatischen Projekt. Er war zugleich für Hölderlin jene antike, mythisch stilisierte Figur, die in ihren Dissonanzen geeignet erschien, auch seinen ganz persönlichen Daseinstrübungen Ausdruck zu verleihen.

Und diese waren natürlich durch die akuten Folgen seines Frankfurter Abenteuers bestimmt. In Homburg hatte er Asyl gefunden nach seiner Flucht aus den Kalamitäten im Hause Gontard, wo er die Hausherrin in ihrer Art geliebt wie den Hausherrn in seiner Art zu verachten gelernt hatte. Der Abschied war abrupt erfolgt, aber nach dem Stand der Beziehungen unvermeidlich gewesen. Geklärt war damit allerdings gar nichts. SINCLAIR hatte sich als rettender Engel erboten, dem innerlich und äußerlich bedrängten Freund eine Bleibe in

Homburg zu ermöglichen, und Hölderlin nahm die Einladung mit Dank entgegen. Der Freund vermittelte ihm »Logis und Kost außer seinem Hauße« (II, 705), eine angenehme Wohnung, die Hölderlin zu schätzen wusste. Die paar kleinen Zimmer, die ihm nun zur Verfügung stehen, beschreibt er seiner Schwester liebevoll, auch »einen Garten am Hauße, wo der Hausherr mir die Laube vergönnt, schöne Spaziergänge in der Nähe« (II, 798).

So lässt sich's leben. Die äußeren Bedingungen sind zunächst gar nicht übel, wenn es bloß die inneren auch nicht wären. Aber da lagert das Unerledigte, das so oder so nicht zu Ende gebracht wurde, und es drückt und macht Mühe. Der *Hyperion* wartet darauf, abgeschlossen zu werden, doch es wird noch Zeit brauchen bis dahin. Die Beziehung zu Susette ist in einen anstrengenden Zwischenzustand hineingeraten, der nichts ausschließt, aber auch nichts verbürgt. Man macht sich weiter Hoffnungen und weiß, dass sie nur enttäuscht werden können. Und man vermeidet die Endgültigkeit der Trennung, weil man fürchtet, verzweifeln zu müssen darüber. Die punktuelle, flüchtige Begegnung wird zum Maß ihrer Kontakte und die Heimlichkeit zu deren Stil. Jeden ersten Donnerstag im Monat kommt es zu Treffen an verschwiegenen Orten, und über heimliche Kanäle spielt man einander die Briefe zu. Es ist ihre einzige Chance und es ist unwürdig für beide. Eine gelebte Liebe, die, Hölderlins eigener Anschauung im *Hyperion* zufolge, das machtvoll Verbindende im Getrennten darstellen sollte, und die sich nun im unüberwindbar Getrennten zu verzehren droht.

Gleichwohl bietet Homburg die Gelegenheit, literarisch produktiv zu sein. Die Verpflichtungen, die mit der Anstellung als Hofmeister gegeben waren, sind dahin. Gesicherte Erwerbsmöglichkeiten freilich genauso. Hölderlin lebt vom Ersparten. Das ist auch ein Interim und keine Lösung. Nach einer Weile sinnt er auf Abhilfe und entwickelt den Plan einer poetischen Monatsschrift, für die er verantwortlich zeichnen will. Es ist ein Unternehmen, seinen Lebensunterhalt zu verdienen, dazu ein ehrgeiziges Vorhaben mit hohen geistigen Ansprüchen. Dem Freund NEUFFER skizziert er das Konzept der geplanten Zeitschrift und bittet ihn, STEINKOPF in Stuttgart als

Verleger zu erwärmen (II, 764). Natürlich möchte er selbst publizieren in dem neuen Organ, erste Stücke vom *Empedokles* sollen erscheinen darin, ferner Gedichte und Aufsätze. Der Kunst im weiten Sinne soll das Ganze gewidmet sein, mit Beiträgen über HOMER, SAPPHO, SOPHOKLES, HORAZ und andere Größen, mit Abhandlungen über ästhetische Themen und mit Rezensionen.

Das Programm kann sich sehen lassen, aber STEINKOPF zögert. Er weiß, was Hölderlin im Grunde auch weiß, dass auf dem literarischen Felde schon manche hoffnungsvolle Zeitschrift gepflanzt wurde, ohne es recht bis zur Blüte zu bringen. Sogar der große SCHILLER hatte seine ernüchternden Erfahrungen gemacht mit den sehr bescheidenen Erfolgen seiner *Thalia* und nachher mit dem weitaus ambitionierteren Projekt der *Horen*, die ebenfalls im Begriff standen, wieder eingestellt zu werden. Verständlich also, dass STEINKOPF gewisse Sicherheiten für Hölderlins Idee anmahnte. Sicherheiten, das hieß: prominente Autoren, deren Namen der Reihe nach aufzuzählen und Hölderlin zwecks Kontaktierung ans Herz zu legen der Verleger sich keineswegs scheute.

Gewiss war Hölderlin selbst während seiner Homburger Zeit kein unbeschriebenes Blatt mehr im literarischen Park, aber ob sein Renommee bereits hinreichen würde, auf dem ästhetischen Markt sein Publikum zu gewinnen, schien denn doch zweifelhaft. Hölderlin stimmte dem in der Sache zu, selbst wenn es ihn verdross, und unterzog sich der wenig erbaulichen Mühe, auf dem literarischen Terrain, das zugleich ein Parkett der Eitelkeiten war, nach Autoren für seine *Iduna* Ausschau zu halten[39]. SCHELLING versuchte er mit ins Boot zu bekommen, mit einem sehr ausführlichen und ins Grundsätzliche seiner philosophischen und poetischen Visionen gehenden Werbebrief, der auf den freundschaftlichen Appell hinauslief: »Du möchtest durch Deine Theilnahme und Gesellschaft in dieser Sache meinen Muth mir erhalten« (II, 794). – Auch an GOETHE wandte er sich mit der

---

39 Den Titel, der auf den Namen einer altnordischen Göttin ewiger Jugend zurückgeht, hat Hölderlin seinem Verleger Steinkopf vorgeschlagen, II, 778.

Bitte um Mitwirkung, sehr devot im Ton und seine »Unbescheidenheit« bei dieser Anfrage bekennend, aber auch unter der Zusicherung: »Ich werde alles thun, um durch möglichste Reife meiner eigenen Beiträge und durch die gütige Theilnahme verdienstvoller Schriftsteller, mit der ich mir schmeichle, dem Journale den Werth zu geben, dessen es bedarf« (II, 796).

Mehr Aussicht auf eine Zusage als bei GOETHE versprach Hölderlin sich gewiss von seiner Offerte an SCHILLER. Hier meinte er wohl, auf einen Bonus zählen zu können, den er bei seinem väterlichen Freund aus der gemeinsamen schwäbischen Heimat besaß. Bezeichnend erscheint darum die Geste, mit der er seinen Bittbrief beginnt: »Die Großmuth, womit Sie mir immer begegneten, Verehrungswürdigster! und die tiefe Ergebenheit gegen Sie, die in mir nur immer reifer wird, können mir allein so viel Zuversicht geben, dass ich Sie mit einer unbescheidnen Bitte beschwere...« (II, 784). Um »einige wenige Beiträge« ersucht er den verehrten SCHILLER, dies auch auf die Gefahr hin, dass der Angeschriebene zu dem Entschluss kommen könnte, das »Vorhaben nicht so eklatant zu begünstigen« (II, 785).

SCHILLERS Antwort war für Hölderlin niederschmetternd und für den Journalplan tödlich. Denn der Meister beschränkte sich nicht darauf, das »Vorhaben nicht so eklatant zu begünstigen«. Er widerriet ihm vollkommen. Indem er auf seine eigenen leidvollen Erfahrungen mit literarischen Periodica verwies, enttäuschte er Hölderlin nicht bloß im Blick auf die erbetene Mitarbeit als Autor für die *Iduna*. Er versetzte dem gesamten Projekt vielmehr den Todesstoß, weil er sich überzeugt gab, eine solche Sache sei ohne Privatvermögen und mit »einem unbedeutenden Anfänger von Verleger« schlechterdings »nicht zu wagen« (II, 805).

Hölderlin bliebt nichts, als seinen schönen Plan zu begraben. SCHILLER hatte sich eindeutig und leider negativ geäußert, aber er hatte immerhin reagiert. Andere, unter ihnen GOETHE, würdigten den Werbenden überhaupt keiner Antwort. Das war überaus ernüchternd, und Hölderlin bewegt es zu der Klage: »Schämen sich denn die Menschen meiner so ganz?« (II, 825).

Doch das ausbleibende Echo enttäuscht ihn nicht allein, es verstimmt ihn auch. Er beobachtet und verurteilt das Kartell jener »Berühmten«, die sich einen Namen gemacht haben und alles daran setzen, neue Namen neben sich zu bekriegen und nach Möglichkeit zu tilgen. Denn jeder Name könnte ihnen, den glücklich Etablierten, »einen Abbruch« tun und dazu beitragen, dass sie »nicht mehr so einzig und allein die Gözen« sind (ebd).

Was die »Gözen« angeht, die selbsternannten ebenso wie die vom Publikum gemachten, so sollte dies ein Thema werden im *Empedokles*, und zwar in mehrfacher Hinsicht. Es hatte seine literarisch-poetische, seine religiöse und nicht zuletzt seine politische Seite. In Homburg kam Hölderlin wieder hautnah in Berührung mit Revolutionsbegeisterten, einem ganzen Sympathisantenkreis um SINCLAIR herum. Das befremdete ihn nicht, es befeuerte ihn eher. Er durfte mitreisen zum Kongress in Rastatt, der nach dem Friedensschluss von Campo Formio im Oktober 1797 einen deutsch-französischen Friedensvertrag aushandeln sollte, machte dort neue Bekanntschaften mit republikanisch Gesinnten und modellierte denn auch seine Tragödie anfangs zu einem Revolutionsgedicht in antiker Kulisse. Aber die Erfahrungen von Rastatt waren ambivalenter, als es Hölderlin lieb sein konnte. Die neuen französischen Herren und die alten Herrschaften des Reichs entdeckten und pflegten ihre gemeinsamen Interessen zur Sicherung der politischen Ordnung. Der revolutionäre Geist sollte in Deutschland nicht dasselbe Spiel aufführen, das ihm in Frankreich gelungen war. Man trat ihm entgegen, um ihn zu bändigen.

Eine eigentümliche Dialektik der Geschichte offenbarte sich da, und Hölderlin hat sie zunehmend deutlich erkannt. Ein im Namen der Freiheit angestifteter Kampf gegen alle Herrschaft kann umschlagen in eine Herrschaft, die sich im Namen der Freiheit etabliert, die allgemeine Freiheit jedoch zu fürchten und gewaltsam zu unterbinden antritt. Die Extreme berühren sich. Die Unruhe der revolutionären Masse spült eine Figur mit ausgeprägt politischen Instinkten nach oben, um in seiner Person die eigenen Errungenschaften zu feiern. Man hat den König geköpft und bietet einem Napoleon die Krone. Weniger einer List der Vernunft als der Lust des Schicksals scheint es vorbehalten zu sein, die großen Aufbrüche von Freiheit in noch größere selbst verursachte Abhängigkeiten einmünden zu lassen. Was Hölderlin darum zuerst als Revolutionsstück konzipierte, verwandelt sich unter der Hand zu einem Stück über die Gefahren der Revolution. Der *Empedokles* spiegelt insofern beides: eine zustimmende Begeisterung für die Ereignisse in Frankreich und die erschrockene Distanzierung davon. Als Napoleon am 9. November 1799 (dem 18. Brumaire) das amtierende Directorium absetzt und als erster von drei Konsuln die politische Macht übernimmt, notiert Hölderlin in einem Brief an seine Mutter, er erfahre eben, dass »Buonaparte eine Art von Dictator geworden« sei (II, 843). Kurz darauf lässt er das Projekt des *Empedokles* unvollendet liegen, um es nicht wieder aufzugreifen.

Der historische EMPEDOKLES war Philosoph und Naturheiler, Dichter und Rhetor in Sizilien, geboren um 490 v. Chr. in Agrigent unterhalb des Ätna, gestorben um 430 in der Verbannung. Was Hölderlin bei dieser geschichtlichen Gestalt so außerordentlich anzog, war eine Kombination aus historischer und legendarischer Überlieferung. Die Legende weiß vom spektakulären Freitod des Empedokles, der sich in den Feuerkrater des Ätna stürzt. Die Geistesgeschichte erinnert an seine Naturverbundenheit und seine Theorie von den natürlichen Elementen Feuer, Wasser, Luft und Erde, die sich in einem ewigen Prozess miteinander verbinden und trennen und als göttliche Mächte auf einen einheitlichen Seinsgrund zurückgehen. Verbürgt ist, dass Empedokles in die politischen Verhältnisse seiner Heimatstadt eingriff, Freiheitsrechte einforderte, vom Volk geradezu vergöttert, aber nachher auch im Stich gelassen wurde, und dass er, zusammen mit seiner Naturphilosophie, von Vorstellungen aus der Orphik geprägt eine mystische Religiosität der Seelenwanderung vertrat, wonach die Seelen durch Prozeduren von Buß- und Sühneübungen einen stufenweise erfolgenden Aufstieg zur Vollkommenheit nehmen.

Hölderlin waren die Grundzüge der Philosophie und der Biographie des EMPEDOKLES bekannt und er hat für sein dramatisches Projekt einen freien Gebrauch davon gemacht. Gestützt hat er sich in erster Linie auf die legendarischen Zeugnisse aus dem Werk *Leben und Meinungen berühmter Philosophen* des DIOGENES LAERTIUS (3. Jh. n. Chr.), das ihm wohl in einer griechisch-lateinischen Ausgabe vorlag (II, 722). Darin finden sich wichtige Versatzstücke und Motive, die Hölderlin in seiner Tragödie verarbeitet hat, so die Heilung der Panthea durch Empedokles; die göttliche Verehrung, die ihm das Volk von Agrigent entgegenbrachte; seine Ablehnung der ihm angetragenen Königswürde; der Gesinnungswandel im Volk, der seine Verbannung auslöste; die Figur des Freundes Pausanias und der tödliche Sturz in den Ätna.

Dass Hölderlin sein Tragödien-Projekt nicht zu Ende gebracht hat, liegt sicher an einer Reihe von persönlichen und zeitgeschichtlichen Umständen. Ein maßgeblicher Grund war aber wohl, dass er im Lauf seiner Arbeit an diesem Stoff immer neue Perspektivverschiebungen vorgenommen und Varianten einzubauen versucht hat. Heraus kam dabei eine allmähliche Überfrachtung des Ganzen, die vieles in Andeutungen passieren ließ, was der stringenten Behandlung wert gewesen wäre, insgesamt aber nicht zu bewältigen war. Da ist die antike Welt des Stadtstaates Agrigent mit seinen religionspolitischen Konflikten. Da ist die zeitgenössische Szenerie der Französischen Revolution und daneben die Situation des »Vaterlandes«, also Deutschlands, an der Schwelle zur möglichen revolutionären Veränderung. Da ist die Figur des Empedokles, die zwischen den Farbgebungen als Heilsbringer, als Usurpator, als Genie und Verführer schillert und nicht das Eine und nicht das Andere ganz zu sein vermag. Da ist das Mysterium des Todes, der das Moment von Sühneleistung wie das Moment von Selbstverherrlichung an sich hat und der als »Opfer« aufgefasst wird, in der mehrschichtigen Bedeutung des Begriffs. In der religiösen Dimension fallen die zahlreichen Anspielungen auf Christus und seine Geschichte auf, und es bedarf schon einer gründlicheren Untersuchung, um festzustellen, ob Empedokles mehr als Parodie oder mehr als Prototyp der Christus-Gestalt gesehen werden muss. Überdies verfolgt Hölderlin die Absicht, in der Tragödie auf poetischem

Wege Grundfragen seiner Philosophie voranzutreiben, namentlich die Frage nach einer möglichen Harmonie des Dissonanten, sowohl in der Geschichte als auch in den subjektiven Bewusstseinszuständen.

Empedokles stellte zweifellos seit Beginn seiner Arbeit an diesem Tragödienstoff die Symbolfigur für eine spannungsvolle Lebenseinheit aus vitalen Gegensätzen dar. Er lebt in einem inneren Bündnis mit der Natur. Schon der *Frankfurter Plan*, eine Skizze des Tragödienablaufs, die Hölderlin im Sommer 1797 entwarf, bestimmt Empedokles zum »Todtfeind aller einseitigen Existenz«, der den »großen Akkord mit allem Lebendigen« sucht (I, 763). Er ist der Mensch, der sich erfüllen lässt von den Kräften der Natur, und die Natur gewinnt in seiner menschlichen Person einen selbstbewussten und wirkkräftigen Ausdruck. Das geschieht unwillkürlich und in der Ursprünglichkeit eines naturnahen Lebensverhältnisses, das SCHILLER »naiv« nennen würde. Die Kräfte aus den Elementen, die ihrerseits numinos aufzufassen sind als Götterkräfte, wachsen dem »Vertrauten der Natur« (I, 770) selbsttätig zu, und sein Leben und Wirken besteht darin, sie zu repräsentieren. Insofern ist er ihr Offenbarer. Panthea, die seine Heilungskräfte an sich selbst erfahren durfte und ihn deswegen liebt, fasst es in die Worte:

Man sagt, die Pflanzen merkten auf
ihn, wo er wandre, und die Wasser unter der Erde
strebten heraufda wo sein Stab den Boden berühre!
und wenn er bei Gewittern in den Himmel blike
theile die Wolke sich und hervorschimmre der
heitre Tag. I, 769

Die Einheit, die Empedokles als einzelner Mensch mit der großen, unsterblichen und göttlichen Natur lebt, erweist sich allerdings als notorisch bedroht. Sie ist zum einen bedroht, weil sie in einer bestimmten menschlichen Existenz nur endlich und darum begrenzt zur Erscheinung kommen kann. Und sie ist zum anderen bedroht, weil sie als lebendige Spannungseinheit aus gegensätzlichen Kräften keine endgültige, sondern immer nur eine punktuelle Harmonie ergeben kann. Die entstandene Spannungseinheit aus Mensch und Natur ist als solche labil, weil andauernd Schwankungen ausgesetzt und zu unregelmäßigen Ausschlägen neigend, die jetzt die Seite der Natur, dann die Seite des Menschlichen überwiegen lassen. Es ist eines, erfüllt zu sein von den Kräften der Natur und dies im Dank bescheiden anzunehmen. Und es ist ein anderes, die Gaben der Natur in Dienst zu nehmen und dies zum Zweck einer menschlichen Beherrschung der Natur zu verwenden. Zwischen beiden Möglichkeiten liegt ein Abgrund, aber es bedeutet nur einen Schritt, ihn zu übersteigen. Hölderlin hat das reflektiert und in seiner Tragödie umzusetzen versucht. Das Tragische im *Empedokles* ist die Versuchung, der er erliegt: die Versuchung, jene Lebenseinheit zu missbrauchen, zu der er berufen war. Aus einem Menschen, der erfüllt sein durfte von der Natur, wird der Mensch, der zu herrschen wünscht über sie. Vom Schicksal erwählt, das Göttliche zu offenbaren, tritt er bald an, sich selber Göttlichkeit zuzumessen. Der möglich gewordene schöne Gottesdienst des Empedokles verkehrt sich dann in eine hässliche Apotheose des Menschen. Und das Hoffnungsbild von der Person gewordenen Einheit des Gegensätzlichen enthüllt sich als täuschendes und enttäuschendes »Trugbild« (I, 869, 895).

Inwiefern Hölderlin sein Lebensthema einer freien Versöhnung des Gegensätzlichen zur lebendigen Einheit im *Empedokles* fortschreibt, wird offensichtlich, wenn man die Gestalten der Diotima und des Empedokles miteinander vergleicht. Diotima ist die personifizierte Schönheit. Sie repräsentiert die Einheit der Gegensätze im Medium des Ästhetischen. In ihrer Wirklichkeit bringt sich das »Eine in sich selbst unterschiedne« harmonisch zur Erscheinung. Sie befriedigt darum den Anspruch des »ästhetischen Sinns« auf Schönheit als zusammenstimmende Einheit. – Empedokles ist ebenfalls Repräsentant einer möglichen Einheit des Gegensätzlichen, aber nicht im Medium des Ästhetischen, sondern im Medium der Geschichte. Er sollte den Ansprüchen eines politisch-moralischen und eines religiösen Sinnes genügen. Doch er vergeht sich an seiner eigenen Bestimmung, weil er sich mitten in den Widersprüchen der Geschichte bewegt und nicht unanfechtbar darüber. Diotima ist makellos, wie Schönheit eben nur als makellose vollkommen sein kann. Empedokles ist nicht makellos, er wird schuldig an der Berufung, der er zum Teil gefolgt ist und zum Teil widersprochen hat. In Diotima wird die Gegensatzspannung als Schönheit anschaulich. In Empedokles wird die Gegensatzspannung wirksam. Und sie kann wirksam werden in der Weise, dass die Spannung einseitig aufgelöst wird. Dann verwandelt sich heilend-versöhnende in zerstörende Kraft.

Man könnte folgern, Hölderlin habe im Übergang von der Diotima-Phase zur Empedokles-Phase einen Schritt von der Idealität zur Realität getan. Dafür sprechen briefliche Notizen aus der Zeit seiner Arbeit am Tragödien-Projekt. Im November 1798 schreibt er an NEUFFER, es mangele ihm in seiner Poesie »weniger an Licht, wie an Schatten, und alles aus Einem Grunde; ich scheue das Gemeine und Gewöhnliche zu sehr«; »ich fürchte, das warme Leben in mir zu erkälten an der eiskalten Geschichte des Tags« (II, 711). Das benennt eine persönliche Eigenart, die er sich jetzt durchaus als Beschränkung anrechnet. Der Faktor des »Gemeinen« ist Bestandteil des Realitätsprinzips, das man nicht einfach ideal überspringen darf, um Wahrheit anzusagen, gerade im poetischen Verfahren nicht. Tut man es doch, wird das Reine unnatürlich und der ästhetische Sinn realitätsvergessen. Daraus zieht Hölderlin eine poetologische Konsequenz: »Das Reine kan sich nur darstellen im Unreinen und versuchst Du, das Edle zu geben ohne Gemeines, so wird es als das Allerunnatürlichste, Ungereimteste dastehn, und zwar darum, weil das Edle selber, so wie es zur Äußerung kömmt, die Farbe des Schiksaals trägt, unter dem es entstand« (II, 712). Das ist eine Maxime, die auf den *Hyperion* bezogen für Hölderlin so noch nicht gegolten hat; um so mehr aber jetzt im Blick auf den *Empedokles*.

Hinzuzunehmen ist eine zweite Briefnotiz vom Dezember 1798, wo er die Mutter über sein derzeitiges »eigenstes Geschäfft« in Kenntnis setzt. Er habe angefangen, so schreibt er, »meines Herzens tiefere Meinung, die ich noch lange vieleicht nicht völlig sagen kann, unter denen, die mich hören, *vor-*

zubereiten« (II, 719). Es ist also einiges im Fluss bei ihm und nichts, was das Konzept des *Empedokles* angeht, sei es auf dem Papier oder im Kopf und im Herzen des Autors fertig. Aber dass es um seines »Herzens tiefere Meinung« gehe, wird klar. Der *Empedokles* soll weniger zu einem literarischen Konstrukt als zu einer poetischen Konfession geraten, und dies, wie Hölderlin fortfährt, unter Umständen, da die Menschen »zu träg und eigenliebig sind, um die Gedankenlosigkeit und Irreligion, worinn sie steken, wie eine verpestete Stadt zu verlassen, und auf die Berge zu flüchten, wo reinere Luft ist und Sonn und Sterne näher sind, ... wo man zum Gefühle der Gottheit sich erhoben hat, und aus diesem alles betrachtet, was da war und ist und seyn wird« (II, 720).

Ins Auge fällt die als notwendig beschriebene Bewegung heraus aus der verpesteten Stadt, hinauf auf die Berge. Eine religiöse Bewegung aus herrschender Irreligiosität heraus, wie sie Empedokles aus Agrigent auf die Höhe des Ätna unternommen hat. Zu seinem Schüler Pausanias sagt er: »o Sohn, zum Gipfel / Des alten heilgen Aetna wollen wir,/ Denn gegenwärtger sind die Götter auf den Höhn« (I, 811).

Es ist die Bewegung, welche die Menschen gerade nicht vollziehen, die träge in ihrer Stadt und im Umkreis des »Gemeinen« verharren. Sie werden deshalb auch nicht fähig, sich »zum Gefühle der Gottheit« zu erheben, also das zu empfinden, was SCHLEIERMACHER wenig später das »Gefühl schlechthinniger Abhängigkeit« nennen sollte, den Grund von Religion und religiöser Erfahrung überhaupt. Diese »Stadt« aber, die beschränkte und in solcher Beschränkung sich dumpf bescheidende Menschenwelt, diese an »Gemeinem« viel mehr als an »Edlem« reiche Gegenwart ist es, die Hölderlin nun nicht klagend hinter sich lässt, sondern die er in ihrer sperrigen Wirklichkeit ernst nimmt und in sein Tragödienkonzept einbezieht. –

Er hat für sein Trauerspiel drei Entwürfe gefertigt. Keiner von ihnen wurde abgeschlossen.[40] Der erste Entwurf ist der

---

40 Die Textedition ist angesichts des diffusen, zerstückelten und verwirrend über-

ausführlichste, ursprünglich – jedenfalls dem *Frankfurter Plan* zufolge – auf fünf Akte angelegt, von denen zwei zu Ende gebracht wurden. Der Sache nach bietet dieser erste Entwurf die größte Geschlossenheit, und man fragt sich, was eigentlich an tragischer Entwicklung und Lösung noch hätte kommen sollen in drei weiteren Akten. – Der zweite Entwurf führt erstmals den präzisen Titel *Der Tod des Empedokles* und liegt mit seiner Intention nahe beim ersten. – Zwischen zweitem und drittem Entwurf erfolgt dann jedoch eine deutliche Zäsur. Hölderlin hat seine Arbeit am Drama offenbar unterbrochen, weil er Zeit benötigte für neue philosophische und poetologische Überlegungen zur Sache. Publiziert hat er die betreffenden Abhandlungen nie, wie er auch von seinen Tragödien-Fragmenten selbst nichts herausgegeben hat. Aber die Texte sind erhalten. Der eine Aufsatz *Grund zum Empedokles* (innerhalb eines größeren Theorieprogramms über *Die tragische Ode*) entstand vor Beginn des dritten Entwurfs, der andere *Das untergehende Vaterland*[41] eher danach. Beide sind zum Verständnis der Tragödie eminent wichtig. Aber beide sind auch geprägt von einer äußerst schwierigen Diktion, einer eigenwilligen Begrifflichkeit und einem hohen Abstraktionsniveau, die den Leser an ausgiebige Interpretationsaufgaben setzen. Wir werden diese theoretischen Abhandlungen später beachten, soweit sie Aufschlüsse liefern für unsere Frage nach Hölderlins Weg zur poetischen Religion.

Inhaltlich schildert der erste Dramenentwurf die verzweifelte Lage, in die Empedokles teils aufgrund eigener Schuld, teils durch den priesterlichen Widersacher Hermokrates und durch eine launische Dynamik im Volk von Agrigent hineingeraten ist. Sein Vorzug ist bereits zu seiner Schmach geworden. Zwar kann er sich immer noch in Gesten frommer Hingabe an die Natur wenden, mit der er sich »innig« verbunden und eins wusste:

---

arbeiteten Manuskriptmaterials äußerst kompliziert und reich an kontroversen – auch die Interpretation betreffenden – Lösungsvorschlägen, auf die hier nicht näher eingegangen werden kann.

41 Die Titelformulierung ergibt sich durch einfaches Zitat des Traktatanfangs. Die StA entscheidet sich stattdessen für einen inhaltlich bestimmten Titel und überschreibt den Text mit »Das Werden im Vergehen«.

*O innige Natur! ich habe dich
Vor Augen, kennest du den Freund noch
Den Hochgeliebten, kennest du mich nimmer?
Den Priester, der lebendigen Gesang,
Wie frohvergoßnes Opferblut, dir brachte?*
I, 778

Doch im selben Monolog kommt auch schon der Bruch zum Ausdruck, den Empedokles selbst herbeigeführt hat, und sein Loben verwandelt sich in Klage:

*In mir, ihr Quellen des Lebens, strömtet ihr einst
Aus Tiefen der Welt zusammen, und es kamen
Die Durstenden zu mir, – vertroknet bin
Ich nun, und nimmer freun die Sterblichen
Sich meiner ...*
I, 779

Und mit Tantalus sich vergleichend, bekennt Empedokles seinen Frevel: »Das Heiligtum hast du geschändet, hast / Mit frechem Stolz den schönen Bund entzwei / Elender!« (ebd) – und die Himmlischen »wie blöde Knechte« in Dienst genommen.

Hermokrates, bestallter Priester der organisierten Religion, hat sein Urteil über den Gotteslästerer, diesen »Übermüthigen«, gefällt und er versteht sein Urteil und die Verfluchung des Schuldigen als direkten »Spruch der Götter« (I, 777). Denn welchen die Götter so sehr liebten, gerade der hat sich vergessen, indem er »des Unterschieds zu sehr vergaß« (I, 776) und in hybrider Grenzverletzung sich selbst »zum Gott gemacht« hat (I, 777).

In der heftigen Auseinandersetzung zwischen Empedokles und Pausanias auf der einen Seite und Hermokrates auf der anderen stehen sich zwei Grundkonzepte von Religion und Religiosität gegenüber: hier die verwaltete und staatlichen Interessen wohl angepasste Religion und dort die freie, einem unmittelbaren Erleben zugewandte und für das umfassende Gefühl allseitiger Verbundenheit offene Religiosität. Für Hermokrates ist Empedokles der Frevler, aber noch empfindlicher trifft ihn im Grunde der Störer. Und ein Störer ist er nicht erst seit jenem

Augenblick, wo er einen unzulässigen Selbsteinsatz ins Göttliche betrieb. Störer war er schon vorher, als die Macht des Göttlichen aufwendig und auffällig in seiner Person zu erscheinen begann. Hermokrates selbst repräsentiert das domestiziert Religiöse, Empedokles dagegen die ekstatisch-mystische Religion. Schon damit erweist er sich in den Augen des Amtspriesters als Verächter der religiösen Disziplin und als Empörer gegen die gesellschaftliche Ordnung. Das Volk habe er verführt, heißt es dann. Er sei aufgetreten wie ein religiöser Scharlatan und mitreißender Volkstribun, der die Sinne des Volks schamlos und leider erfolgreich verwirrte – »Und sie, die alten Götter Agrigents / Und ihre Priester niemals achtete« (I, 788).

Eine revolutionäre Figur also, aufbegehrend gegen die Götter, im selben Zuge die eigene Person in deren Position hinauflügend, dazu die Masse aufwiegelnd, dass sie ihm mit seinen neuen Wahrheiten Folge leiste und auszuwandern bereit sei aus den geistigen und gesellschaftlichen Gehäusen, in denen sie bislang ihren Platz gefunden hatte. – Hermokrates hat den Fluch verhängt über Empedokles, zu dem dieser ihm einen unfreiwilligen, aber begründeten Anlass geliefert hatte, und er hat es geschafft, das Volk auf seine Richterseite hinüberzuziehen: »Hinaus, damit sein Fluch uns nicht beflecke« (I, 789), ruft denn auch ein Bürger aus der aufgebrachten Menge, und Empedokles fügt sich in sein Schicksal.

Der zweite Akt versetzt in eine Gegend am Ätna, wohin Empedokles sich nun mit seinem Schüler Pausanias zurückgezogen hat, um für seinen Frevel Sühne zu leisten. Aber jetzt ereignet sich eine unverhoffte Wende. Agrigenter steigen, mit Hermokrates an der Spitze, zu seinem Lager am Ätna auf, um den Verbannten in ihre Stadt zurückzuholen. Die aufgebrachten Bürger klagen jetzt den Priester – den »bösen Geist« – an, der sie bewogen habe, den »hochgeliebten Mann« im Affekt zu verwerfen und seinen Tod zu wünschen. Inzwischen jedoch hätten sie sich besonnen und seien sich bewusst geworden, wie sehr sie ihn brauchten: »O lieb' uns wieder!« – Im Überschwang tragen sie Empedokles (»Göttlicher!«) die Königswürde an, die er aber entschieden zurückweist: »Diß ist die Zeit der Könige nicht mehr.« Und, als sei die Bemerkung in ihrer zeitgeschichtlichen Anwendbarkeit noch nicht deutlich genug, setzt er hinzu: »Schämet euch / Daß ihr noch einen König wollt« (I, 818f). Statt die Krone zu nehmen, die symbolisch für die alte Ordnung steht, trägt Empedokles dem Volk sein Vermächtnis vor, das die neue Wirklichkeit betrifft:

> *So wagts! was ihr geerbt, was ihr erworben,*
> *Was euch der Väter Mund erzählt, gelehrt,*
> *Gesez und Bräuch, der alten Götter Nahmen,*
> *Vergeßt es kühn, und hebt, wie Neugeborne,*
> *Die Augen auf zur göttlichen Natur!*
> I, 821

Anschließend weiht sich Empedokles dem Tod. Es ist sein Entschluss zu einer Form der Auflösung, welche die von ihm selbst im Stolz verletzte Gegensatz-Einheit erneut in ihre Rechte setzt:

> *Es offenbart die göttliche Natur*
> *Sich göttlich oft durch Menschen.*
> *Doch hat der Sterbliche, dem sie das Herz*
> *Mit ihrer Wonne füllte, sie verkündet,*
> *O laßt sie dann zerbrechen das Gefäß,*
> *Damit es nicht zu andrem Brauche dien',*
> *Und Göttliches zum Menschenwerke werde.*
> I, 827

Die Auflösung, die er mit dem Freitod im glühenden Krater des Ätna zu vollziehen gedenkt, begreift Empedokles als Tod seiner individuellen Existenz und als Eintauchen in die größere Fülle des Lebens zugleich:

> *Was! am Tod entzündet mir*
> *Das Leben sich zulezt und reichest du*
> *Den Schrekensbecher, mir, den gährenden*
> *Natur! damit dein Sänger noch aus ihm*
> *Die lezte der Begeisterungen trinke!*
> I, 833

Im zweiten Entwurf wird nicht noch einmal ein Gesamtplan für die Tragödie erkennbar, sondern eher ein Auszug mit neuen Akzentuierungen. Sie betreffen in erster Linie die Gestalt des Empedokles, sein Selbstverständnis und seine Außenwirkung. Dem Priester Hermokrates wird ein Gesprächspartner Mekades beigesellt, so dass die Möglichkeit eröffnet wird, den Priester ausführlich über seinen religiösen Kontrahenten räsonieren zu lassen[42]. Empedokles gilt jetzt in den Augen des Priesters als verführter Verführer; einer, der sich dem Volke angedient und ihm die Geheimnisse der göttlichen Natur rückhaltlos und unbesorgt um die Konsequenzen offenbart hat: »Die Seele warf er vor das Volk, verrieth / Der Götter Gunst gutmüthig den Gemeinen« (I, 843).

Er versetzt die Masse in Trunkenheit und labt sich selbst an ihrem Rausch wie an einem beseligenden Gift, dem er verfällt. Sie beten ihn alle an, erhöhen den Vermittler des Göttlichen zum sichtbar gewordenen Gott und werden, sobald sein Stern sinkt und die göttliche Gegenwart in seiner Person schwindet und sein Inneres verödet, ihn nur um so hemmungsloser fallen lassen: Sie »werden unbarmherzig Ihms danken, dass der Angebetete / Doch auch ein Schwacher ist« (I, 849).

Scharf versteht es Hermokrates, den priesterlichen Vorbehalt gegen das prophetische Mittlertum des Empedokles zu markieren. Denn er habe es unternommen, das Mysterium gemein zu machen. Er habe die geltende Ordnung aufgebrochen, nach welcher das Volk gut beraten schien, die religiösen Kräfte über sich zu ahnen und zu scheuen, statt sich ihrer direkt zu bemächtigen. Hermokrates selbst mit seiner Zunft war offizieller Hüter des Mysteriums, und es gab die längst bewährten Mittel und Wege, dem Göttlichen besondere Räume zu reservieren, heilige Räume mit rituellen Praktiken zu ausgewählten Zeiten. Sie verhinderten, dass das Mysterium öffentlich und allgemein werden konnte. Unter ihrer priesterlichen Kontrolle war das

---

42 Schon Wilhelm Michel, Das Leben Friedrich Hölderlins, 1940, Neuausg. 1963, S. 303, erkannte im zweiten Entwurf den typischen Konfliktfall zwischen einer priesterlichen und einer prophetischen Grundeinstellung.

verborgen Übermächtige heilsam, nicht jedoch als freies Instrument in den Händen des Volks. Dort müsste es mit seiner Macht verderblich wirken, müsste die Ordnung in Chaos verkehren und die Zufriedenheit der Menschen in eine offene Rebellion. Entsprechend richtet sich der Fluch des Priesters gegen jenen, »Der Göttliches verräth, und allverkehrend / Verborgenherrschendes / In Menschenhände liefert!« (I, 846f).

Empedokles war sich seiner Mission bewusst gewesen, ein Mittler zu sein zwischen Göttlichem und Menschlichem, er sah sich sogar selbst in der Rolle, den stummen Naturmächten Stimme zu verleihen und das Fremde ins lebendige Bewusstsein zu heben. Aber der »Allmittheilende« ist ein »Eigenmächtiger« geworden (I, 847), wie Hermokrates urteilt, und Empedokles bestätigt es, inzwischen einsam geworden, auf seine Weise: »… des Himmels Söhnen ist / Wenn überglüklich sie geworden sind / Ein eigner Fluch beschieden.«

Der dritte Entwurf verlegt die Szene auf den Ätna. Empedokles, verbannt durch seinen königlichen Bruder Strato, hat sich dorthin zurückgezogen und nimmt Abschied von Pausanias, dem er seinen Tod als Befreiung anzeigt: »Das Schwere fällt, und fällt, und helle blüht / Das Leben das ätherische, darüber« (I, 894).

Auf ihn trifft eine neu ins Drama eingeführte Person, der blinde Seher Manes aus Ägypten (legendarische Überlieferung ließ Empedokles in die Schule ägyptischer Priester gehen), der ihm gleichsam den Spiegel vorhält und ihn mit der Frage nach der eigentlichen Bestimmung seines Lebens konfrontiert. Dieser Manes verrät eine auffallende Ähnlichkeit mit der biblischen Gestalt des Täufers Johannes. Er legt Zeugnis ab für den »Einen« und »Einzigen«, ein »größrer« sei dies als er selbst (vgl Johannes 1,30) – und zwar »der neue Retter« (I, 897): »Und milde wird in ihm der Streit der Welt. / Die Menschen und die Götter söhnt er aus. / Und nahe wieder leben sie, wie vormals« (ebd).

Wie der gefangen gesetzte Täufer aus dem Kerker Jesus suchen und ihn fragen lässt, ob er der verheißene Retter sei oder ob auf einen anderen gewartet werden solle (Matthäus 11,3), so wendet Manes sich, nachdem er die Würde und die Wirkung des kommenden Retters beschrieben hat, an Empedokles: »Bist du der Mann? derselbe? bist du dieß?« (ebd).

Und Empedokles antwortet, indem er seine Geschichte skizziert und seinen Auftrag. In seiner Jugend lebte er in engster Verbindung mit den göttlichen Kräften: »Da ward in mir Gesang und helle ward / Mein dämmernd Herz im dichtenden Gebet'« (I, 898).

Dann aber wurde er hineingerissen in die zeitgeschichtlichen Unruhen, wo des »armen Volkes Stimme« zu ihm drang und »Aufruhr« die Szene beherrschte und »... sich die Brüder flohn... der Vater nicht / Den Sohn erkannt, und Menschenwort nicht mehr / Verständlich war, und menschliches Gesez« (I, 898).

In diesem Augenblick wird ihm bewusst, dass die »wilde Menschenwelle«, die ihm ebenso ungestüm wie ziellos entgegenschlug, nichts anderes war als das Wüten eines Volkes, das seine vereinigende Mitte verloren hat:

Es war der scheidende Gott meines Volks!
Den hört ich, und zum schweigenden Gestirn
Sah ich hinauf, wo er herabgekommen.
Und ihn zu sühnen, gieng ich hin.
I, 899

Aus dem Mittler im zweiten Entwurf wird so, zumindest im Selbstbewusstsein des Protagonisten, der Erlöser im dritten. Sein Freitod im Ätna soll nicht nur erlösend wirken für ihn selbst, sondern für das ganze Volk. Die Realvereinigung des Getrennten, Verschmelzung von Mensch und göttlicher Natur, betrifft zwar Empedokles in seiner geschichtlichen Individualität. Sie soll darüber hinaus aber und in ihrer entscheidenden Bedeutung das Volk in seiner Gottverlorenheit betreffen. Was hier verhängnisvoll auseinandergefallen war und sich in aufrührerischer Unruhe und in Eruptionen der Verstörung Ausdruck verschaffte (wo Brüder sich fliehen und der Vater den Sohn nicht mehr erkennt), kann anscheinend zu einer neuen Versöhnung gebracht werden, wenn der Eine, der sich als berufener Retter begreift, sein Werk vollendet. Er tut es, sofern er die Möglichkeit, die in seiner Person schon eine lebendige Realität geworden war, die Möglichkeit nämlich seiner Wesenseinheit mit dem Göttlichen, nicht rein für sich behält, sondern allgemein werden lässt. Wenn sein eigenes Verhältnis zum göttlichen Ganzen also die Grundlage zu werden vermag für ein neues gottverbundenes Verhältnis des Volkes überhaupt. Und dies soll sich ereignen können im Sühneakt seines Opfers. Was in ihm zuerst und einmalig erschienen war, soll im Akt der Selbsthingabe zum allgemeinen Gut werden.

Es ist angesichts des fragmentarischen Entwurfs nicht ohne weiteres zu entscheiden, wie Hölderlin diese Selbsteinschätzung des Empedokles verstanden wissen möchte. Soll er nun wirklich als Erlöser gelten dürfen mit der Macht, das Volk aus seinen Turbulenzen zur Ruhe und aus den Zertrennungen zur Versöhnung zu bringen? Oder maßt er sich diese Rolle lediglich an, wie er sich im ersten Entwurf bereits die Gottesrolle angemaßt hatte? Manes jedenfalls reagiert mit einer Bemerkung, die keinen Zweifel offen lässt an seinem Urteil: »Dir hat der Schmerz den Geist entzündet, Armer!« (I, 900).

Zwischen Macht und Herrschaft

GOTT ALS BEZIEHUNG – NATUR UND KUNST – DIE NATUR ALS MACHT,
KUNST ALS HERRSCHAFT – MYTHISCHE POLARITÄT VON SATURN
UND JUPITER – DER ÄUßERE UND DER INNERE STAATSSTREICH –
NATURMACHT UND REVOLUTION – DER ANLASS ZUR RESTAURATIVEN
HERRSCHAFT – VOM WIDERSPRUCH IM *EMPEDOKLES* – PARODIE AUF
DEN HERRSCHAFTSWILLEN – TOD ALS SELBSTHINGABE UND OPFER –
EMPEDOKLES MUSS STERBEN, WIE JESUS STERBEN MUSS –
DER ABSCHIED JESU NACH JOHANNES – ZEITKRITIK –
HOFFNUNG AUF DIE VOLLENDETE BEZIEHUNG

Gott ist Beziehung. In der *Empedokles*-Tragödie und in den Abhandlungen, die ihr sachlich zuzuordnen sind, verdichtet sich eine Tendenz, die Hölderlin auch zuvor schon verfolgt hat. Es ist die Tendenz zu einer religiösen Daseinsdeutung und zur Wahrnehmung des Göttlichen als Beziehungswirklichkeit.

Das mag auf den ersten Blick reichlich abstrakt erscheinen. Und Hölderlin hat sich denn auch gehütet, eine Art theologischer Definition anzubieten, aus der hervorgehen müsste, dass Gott seinem Wesen nach Beziehung sei.[43] Definitionen sind von Hause aus eingrenzende Bestimmungen (weshalb seit Augustin der Grundsatz galt: *deus definiri nequit*, Gott ist nicht definierbar) und sie können allenfalls behelfsmäßig dazu dienen, ein Göttliches zu benennen, das sich auf jeden Fall weniger in Zuständen als in Bewegungen, weniger in manifester Wirklichkeit als in offenen Möglichkeiten mitteilt.

Gott ist Beziehung. Das besagt zunächst, dass Hölderlin eine herkömmlich theistische Gottesvorstellung nicht mehr vertreten mochte. Aber diesen Schritt hatten andere zuvor getan in seiner geistigen Nachbarschaft, und JACOBI war mit seinem Plädoyer

---

43 In der Prozessphilosophie A. N. Whiteheads und der ihm folgenden amerikanischen Prozesstheologie wird die Charakterisierung Gottes als »Beziehung« vollzogen, gerade in der Zurückweisung theistischer und pantheistischer Positionen. – In der neueren deutschen Theologie zeigt sich vor allem Jürgen Moltmanns Trinitätslehre von dem Interesse geleitet, Gott in Beziehung und als Beziehung zu denken.

für die personale Gottheit beinah wie ein einsamer Rufer in der Wüste. Dass Gott keine eigene suprareale Existenz im Himmel führe, war common sense in der geistigen Landschaft von Aufklärung und Idealismus: »den extramundanen Gott kenne ich nicht«, schrieb wie selbstverständlich sogar der Generalsuperintendent HERDER aus Weimar an JACOBI im Dezember 1784. Und auch Hölderlin hatte ja erklärt, dass keine Monarchie sein dürfe – weder auf Erden noch im Himmel (II, 723). Was aber aus solcher Bestreitung theistischer Gottesbilder anschließend zu folgern wäre, lag keineswegs mehr auf einer gemeinsamen Linie. Auch dann nicht, wenn das Etikett des Pantheismus, der als ohnehin kaum verbrämte Variante des Atheismus verdächtig war, freizügig und lebhaft vielen an die Brust geheftet wurde, die das nicht unbedingt als gerechtfertigt ansehen mochten. LESSING war durch seinen Tod davor bewahrt worden, auf den Spinozismus-Vorwurf JACOBIS eingehen zu müssen, aber FICHTE bekam in Jena den Widerstand der traditionellen Theismus-Fraktion zu spüren und sollte mit einer geknickten Karriere büßen, was ihm an theologischer Korrektheit in der akademischen Lehre abging.

Gott ist Beziehung. Diese Kurzformel, mit der wir Hölderlins besonderen geistigen Weg und die Summe seiner religiösen Welterklärung anzuzeigen versuchen, ist im Einzelnen natürlich genauer zu erklären und zu verifizieren. Sie soll vorerst nicht mehr leisten als eine Abgrenzung nach verschiedenen Seiten hin. Da ist, wie erwähnt, die Abgrenzung gegen den Theismus. Da ist weiter, was Hölderlin von seinen philosophischen und literarischen Zeitgenossen unterscheidet, eine Abgrenzung gegen den Pantheismus ebenso wie gegen den Idealismus. Zweifellos hat Hölderlin die »Natur« verehrt und in unterschiedlichen Zusammenhängen ihr immer wieder göttliche Qualität zugeschrieben. Aber er hat in Auseinandersetzung mit idealistischen Naturauffassungen, namentlich bei FICHTE und bei SCHILLER, gerade in der Empedokles-Phase eine eigene Theorie der Natur entwickelt, in welcher keineswegs Natur und Gott als zwei Begriffe für dieselbe Wirklichkeit stehen. Und zweifellos hat Hölderlin auch der Subjektivität des Menschen und seinem vernunftbegründeten Selbstbewusstsein als dem Spielraum der Freiheit eine quasi-religiöse Bedeutung zugebilligt. Aber er hat nicht, wie die *Empedokles*-Tragödie nun aufschlussreich dartut, das tätige Ich zur lebendigen Gottheit erhoben und irgendeinen irdischen Zustand, sei es in der Person eines einzelnen Menschen oder in der Situation einer Geschichtszeit, zum schlechterdings himmlischen Zustand verklärt. Empedokles ist nicht Gott, auch wenn er sich frevelhaft als solchen ausgibt. Und die alte Staatsordnung ist nicht das Reich Gottes, so wenig es die Revolution zu sein vermag, die kräftig dabei ist, ihre eigenen Ziele zu verraten. Gott ist für Hölderlin nicht und niemals in Einem, das sich von Anderem unterscheide. Er ist nicht in einer Welt der gegensätzlichen Kräfte und der real erfahrbaren und schmerzlich bewussten Widersprüche auf die eine oder die andere Seite zu verrechnen. Er ist nicht Partei. Und er befindet sich darum auch nicht dort, wo mit allen Mitteln um Sieg oder Niederlage gerungen wird und wo eine Kraft die andere zu unterdrücken sucht. Er ist vielmehr dort, wo Getrenntes zusammenfindet, wo Gegensätze sich zu vereinigen imstande sind. Gott ist darum nicht im endlosen Krieg, der um seiner selbst willen, als Vater aller Dinge sozusagen, im Gange zu sein scheint; sondern er ist nur insoweit darin gegenwärtig, als sich der Kampf der Gegensätze um einer Lösung willen abspielt, die nicht anders als im Frieden praktisch zu werden vermag.

Gott ist Beziehung. Das hatte Hölderlin philosophisch bewegt und er hatte es auszudrücken versucht in seinem Traktat *Urtheil und Seyn*, als ihm daran gelegen war, eine Ursprungseinheit vor allen Teilungen in einer bewusst gewordenen Wirklichkeit zu erschließen. Und zwar eine Ursprungseinheit, aus der die innere Tendenz zu einer künftigen Beziehungseinheit hervorgehen sollte, einer Vereinigung des Getrennten in allen Hinsichten: Welt des Friedens, Reich Gottes.

Dasselbe Grundmotiv lässt ihn im *Hyperion* und in zeitgleichen Gedichten auf poetische Weise die Liebe besingen. Denn Liebe ist die lebendige Gegenwart der sich selbst offenbarenden Gottheit. Sie ist es in ihrem Vermögen der Vereinigung des Getrennten, ihrem Wesen gemäß, »schönausgleichend« zu sein, wie die *Frie-*

densfeier sagt (I, 364). Liebe aber ist Beziehung. Sie ist Beziehung, wie die »Harmonie« es auch ist, die in Hölderlins Sinn und Sprachgebrauch ja keinen Unterschied zur Liebe markiert, sondern nur einen ihrer Aspekte unterstreicht. Entsprechend kann es im *Hyperion* heißen: »Von Kinderharmonie sind einst die Völker ausgegangen, die Harmonie der Geister wird der Anfang einer neuen Weltgeschichte seyn« (I, 668).

Gott ist Beziehung. Der aufgewiesene Zusammenhang, in welchem diese These ihre Berechtigung findet, macht zugleich deutlich, dass es sich nicht einfach um eine Abstraktionsformel handelt. Sie holt Wirklichkeit ein, wie Hölderlin sie wahrgenommen hat und wie er sie in einem religiös-poetischen Sinnzusammenhang zu deuten unternommen hat. Einen Theismus mit seinen monarchischen Implikationen, die Hölderlin zuallererst verdächtig waren, hat er damit erkennbar hinter sich gelassen. Aber nicht ein Bedenken und Begründen des Göttlichen überhaupt. In der Empedokles-Phase arbeitet er präziser heraus, was zuvor längst angedacht, bei seinem theologischen Lehrer OETINGER vorgebildet und in ihm zur Reife gelangt war: die Wahrnehmung Gottes als Beziehung. Sie bildet, so sehr Hölderlin selbst sie als neu empfunden haben mag, religiös und theologiegeschichtlich durchaus keine Novelle, denn sie bildet schon die Grundlage einer christlichen Trinitätslehre.

Die Rede vom Monotheismus, zumal von einem monarchisch gedachten, ist darum problematisch, weil sie nur ein von allen geschichtlichen Besonderheiten abstrahiertes Glaubenskonstrukt darstellt. Sie suggeriert eine Einheitlichkeit, die tatsächlich zwischen den Religionen so nicht existiert. Und sie reduziert den monotheistisch bestimmten Gott auf eine Chiffre, die im Grunde nicht mehr und nichts anderes als sein weltüberlegenes Dasein aussagt. Dass Gott selbst in Beziehungen lebe und dass er seinem Wesen nach als Gott-in-Beziehung gedacht werden müsse, ist eine Einsicht, die sich der biblischen Geschichte und dem theologischen Ansatz einer christlichen Trinitätslehre verdankt.

Beziehung, in welcher Gott sich vergegenwärtigt, lässt den Blick auf die mannigfaltigen Trennungen gerichtet sein, die faktisch das Leben zerreißen, es aber auch in unaufhörlicher Bewegung halten. Im *Empedokles* unternimmt Hölderlin den Versuch, der fundamentalen Gegensatzspannung auf die Spur zu kommen, von der das individuelle ebenso wie das politische Leben bestimmt wird. Und er erfasst diese Grundspannung in der Polarität von »Natur und Kunst«.

Soweit bedient er sich einer üblich gewordenen Terminologie. Das Verhältnis von Natur und Kunst umschreibt ein Kardinalthema der Epoche. GOETHE hatte sich seiner angenommen, SCHILLER zuletzt noch in seiner Abhandlung über *Naive und sentimentale Dichtkunst*. Hölderlin spielt, wie zu erwarten, das Thema auf seine eigentümliche Weise durch. Er tut es in theoretischer Hinsicht mit seinem Traktat *Grund zum Empedokles*, der mit dem Satz beginnt: »Natur und Kunst sind sich im reinen Leben nur harmonisch entgegengesezt.« Der Satz ist syntaktisch einer der schlichtesten im genannten Aufsatz, aber was er aussagt, wirft bereits eine Reihe von Fragen auf. Was meint Hölderlin eigentlich, wenn er von »Natur« redet und was kennzeichnet für sein Verständnis die »Kunst«? Ist »reines Leben« das gegenwärtig wirkliche oder doch mögliche oder das als ursprünglich vorauszusetzende und utopisch wieder zu erwartende Leben? Betrifft »harmonisch entgegengesezt« mehr einen Zustand oder mehr eine Dynamik und soll in dieser Formel festgehalten werden, dass Harmonie nicht einfach durch Verwischung oder Liquidierung der Dissonanzen erreichbar sein kann?

Die beiden Abhandlungen *Grund zum Empedokles* und *Das untergehende Vaterland* begleiten Hölderlins Arbeit am Tragödienstoff und liefern gleichsam einen eigenen Kommentar des Dichters dazu. Man könnte auch sagen: einen theoretischen Rechenschaftsbericht, den er in erster Linie sich selbst und seinem Dramenprojekt gegenüber leistet. Allgemeine Verständlichkeit dürfte dabei sein vorrangiges Interesse kaum gewesen sein. Hölderlin operiert mit Begriffen, die er zum einen Teil selber entwickelt und zum anderen Teil inhaltlich neu gefüllt hat. Da ist vom »Aorgischen« die Rede, das einem »Organischen« entgegensteht. Da spielt ein »Übermaas der Innigkeit«

eine Rolle, sie soll in eine »reine allgemeine Innigkeit« übergehen. Da wird vom »Schiksaal« gesprochen und vom »Kunstgeist des Volks« und von der »idealischen Auflösung«, die »vom Unendlichgegenwärtigen zum Endlichvergangenen geht«. Immer aber dreht sich's um den *Empedokles* als Anlass aller Überlegungen und in der Sache um eine Näherbestimmung des Grundgegensatzes, dessen mögliche Aufhebung in eine neue künftige Lebenseinheit zur Debatte steht.

Wenn wir Hölderlins Intention folgen, aber zu deren Klärung vorläufig nicht seine eigene Begrifflichkeit verwenden, dann gelangen wir zu dem Schluss, dass die fundamentale Polarität, welcher er nachdenkt, im lebendigen Spannungsverhältnis von *Macht* und *Herrschaft* zu suchen ist. Das berührt sich mit dem von Hölderlin selbst aufgenommenen klassischen Gegensatzpaar »Natur und Kunst«, weist aber deutlicher die Richtung, in der beides verstanden sein will. Denn »Natur« ist Macht im Sinne Hölderlins, und »Kunst« ist das Herrschaftsvermögen des Menschen.

Die Begriffe werden also substanziell neu gefüllt. Natur meint mehr als Materie in ihren vielfältigen Erscheinungsformen. Mehr als das objektiv Entgegenstehende, das vom Menschen bearbeitet und in Gebrauch genommen werden soll. Das idealistische Prinzip war, einer an sich unübersichtlichen Natur den menschlichen Stempel aufzudrücken. Erst menschlicher Verstand verlieh ihr Gesetzmäßigkeit und Struktur. Menschliche Poesie erweckte sie zum Leben. Für FICHTE bedeutete Natur nicht mehr als den allseitigen Gegenstand für die menschlichen Betätigungskräfte.

Im Vergleich dazu lässt Hölderlin sich von einer ganz anderen Wahrnehmung leiten. Natur bedeutet Macht für ihn, andringende, gegebenenfalls auch überwältigende Macht. In der Natur walten die »freien / Unsterblichen Mächte der Welt«, wie Mekades im zweiten Dramenentwurf die Ansicht des Empedokles referiert. Ein Symbol für solche Naturmächtigkeit können schon die »Eichbäume« sein, die »Herrlichen«, die Hölderlin bewundert und besingt. Sie erscheinen ihm »wie ein Volk von Titanen / In der zahmeren Welt«:

Keiner von euch ist noch in die Schule der Menschen gegangen,
Und ihr drängt euch, fröhlich und frei, aus der kräftigen Wurzel,
Unter einander herauf und ergreift, wie der Adler die Beute,
Mit gewaltigem Arme den Raum, und gegen die Wolken
Ist euch heiter und groß die sonnige Krone gerichtet.
I, 180f

Einen religiösen Ausdruck gewinnt die Natur mit ihrer Macht im Horizont griechischer Mythologie. Zerstörende Macht erscheint in der Gestalt des Zeus ebenso wie anziehende Macht in Aphrodites Schönheit und hinreißend-berauschende Macht im Weingott Dionysos. Empedokles wird von Hölderlin als die tragische Figur gezeichnet, die die Kräfte der Natur in sich beherbergt und an ihnen vergehen muss. In der Ode *Empedokles* ist er derjenige, der das »Leben« sucht und der endlich von »der Erde Macht« hinweggenommen wird (I, 251).

Die theoretische Schrift *Grund des Empedokles* beschreibt die Naturmacht als »aorgisch«. Das ist eine Wortschöpfung, die wohl auf Hölderlin selbst zurückgeht und in etwa eine Sinnverbindung zwischen »numinos« und »amorph« herbeiführen möchte. Die Macht der Natur ist im ursprünglichen Wortsinn »unbeherrscht«. Sie unterliegt keiner Herrschaft und enthält in sich keine Teleologie. Sie hat selber keine Gestalt und ist nicht aus auf Gestaltung. Sie ist ebenso machtvoll wie ziellos. Sie lässt keinen Willen erkennen. Ohne Grenzen ist ihre Wirkung und ohne Bewusstsein, aber voll Leben, die reine Vitalität. Diese Naturmacht gibt es vor dem Menschen und außer dem Menschen, aber auch im Menschen selbst. Seine Triebe, die Leidenschaften, das ganze affektive Leben, das man später dem Reich des Unterbewussten zurechnen wird, bilden die Domäne des Naturmächtigen im Menschen. Es besitzt auch dort den Charakter des Unbeherrschten ebenso wie des Numinosen. Vom »Aorgischen« kann der Mensch in die Bewegungen des Lebens versetzt, aber auch gefährlich überflutet werden.

Solcher »Natur«, die als unbeherrschte, amorph-numinose Macht wirksam wird, stellt Hölderlin die »Kunst« gegenüber. Damit ist nicht allein Kunst im Sinne des ästhetisch zu wertenden Kunstwerks gemeint. Hölderlin gebraucht den Begriff in einem sehr viel weiteren Sinne, aber offenbar in Anlehnung ans griechische Verständnis der *techne*[44]. Kunst bezeichnet die Gestaltungsfähigkeit des Menschen. Das produktive Ensemble aus Denkvermögen, Planungswillen, Zielgerichtetheit und praktischer Fertigkeit. Kunst ist insofern alles, was der Mensch herstellt, ganz unabhängig von Qualitätsmerkmalen oder ästhetischen Kriterien. Der Mensch ist zur Kunst imstande, weil und sofern ihm Bewusstsein und organisierendes Handeln zukommen. Deshalb ordnet Hölderlin der menschlichen Kunst das »Organische« (in der Bedeutung von »organisierend« und »gestaltend«) zu, wie er umgekehrt der Natur das »Aorgische« zuweist. Kunst ist auf Natur bezogen und kann ohne sie nicht sein, denn Natur ist der Hort des Lebens, und Kunst vermag Leben zu formen, nicht aber Leben zu erzeugen.

In einem gehaltvollen und für unsere Fragestellung aufschlussreichen Brief an den Bruder, datiert vom 4. Juni 1799, erklärt Hölderlin: »Das Leben zu fördern, den ewigen Vollendungsgang der Natur zu beschleunigen, ... das ist überall der eigentümlichste unterscheidendste Trieb des Menschen, und alle seine Künste und Geschäffte, und Fehler und Leiden gehen aus jenem hervor« (II, 769). – Es ist demnach die Bestimmung des Menschen, der amorphen Natur Gestalt zu geben, ihre Macht zu respektieren, aber auch zu formen, sie zu veredeln und zu »idealisieren«. Dann wird seine »Kunst« nicht weniger als die »Blüthe« der Natur werden (I, 868).

Doch der Mensch erfüllt nicht ohne weiteres, wozu er bestimmt ist. Er kann seine *conditio humana* vergessen, die darin besteht, dass er nur in lebendiger Einheit mit der Natur Mensch zu sein vermag. Dann radikalisiert sich in seiner Kunst, was von vornherein in ihr angelegt war: das Beherrschende. Menschliche Kunst verliert dann ihre Schleier und wird als nackte Herrschaft kenntlich. Eine Herrschaft, die nicht antritt, die Natur zu

---

44 Den Chor aus der *Antigone* des Sophokles übersetzt Hölderlin: »Vieles gewaltge giebts, Doch nichts / Ist gewaltiger als der Mensch ... / *Beherrscht* mit seiner *Kunst* des Landes / Bergebewandelndes Wild. / Dem Naken des Rosses wirft er das Joch / Um die Mähne und dem wilden / Ungezähmten Stiere« (II, 186).

»idealisieren«, sondern sie zu unterjochen. Ihr wird so alle Natur zum Feind, der unbedingt besiegt werden muss.

Im erwähnten Brief an den Bruder ist es »besonders die Religion«, die Hölderlin in Anspruch nehmen möchte für die gültigen Lebensrechte der Natur, damit der Mensch »sich nicht als Meister und Herr derselben dünke und sich in aller seiner Kunst und Thätigkeit bescheiden und fromm vor dem Geiste der Natur beuge, den er in sich trägt, den er um sich hat, und der ihm Stoff und Kräfte giebt; denn die Kunst und Thätigkeit der Menschen, so viel sie schon gethan hat und thun kann, kann doch Lebendiges nicht hervorbringen, den Urstoff, den sie umwandelt, bearbeitet, nicht selbst erschaffen, sie kann die schaffende Kraft entwikeln, aber die Kraft selbst ist ewig und nicht der Menschenhände Werk« (II, 770).

Man ahnt, dass der Religion die Aufgabe zufallen dürfte, zwischen den Gegensätzen Natur und Kunst, Macht und Herrschaft heilsam zu vermitteln. Aber wie kann das geschehen? Auf jeden Fall unter der einen Bedingung, dass der Mensch sich in seinem Herrschaftsvermögen nicht verselbständigt gegenüber der Natur. Und unter der anderen Bedingung, dass die Macht der Natur den Menschen nicht einfach zudeckt und restlos überwindet.

Bevor wir uns zur näheren Beleuchtung des Gegensatzpaares Macht und Herrschaft der Tragödien-Gestalt des Empedokles zuwenden sowie seinen Gegnern Hermokrates und Stratos und dem wankelmütigen Volk von Agrigent, ist der Blick auf eine Ode Hölderlins angebracht, die er im selben Zeitraum unter dem beziehungsreichen Titel *Natur und Kunst oder Saturn und Jupiter* geschrieben hat (I, 285). Das Gedicht spielt auf der mythischen Bedeutungsebene durch, was Hölderlin bei der Gegenüberstellung von Naturmacht und Menschenherrschaft auch im *Empedokles* und in den zugehörigen Aufsätzen wichtig war. Dabei beruft er sich auf die mythischen Erzählungen der antiken »Sänger«, die nun ihrerseits schon das Ergebnis einer Mythenvermischung darstellen. Denn der römische Saturn ist nicht in jeder Hinsicht mit dem griechischen Kronos identisch, der selbst wiederum mit dem Zeitgott Chronos zur Deckung gebracht worden war. Es gibt die eine – griechische – Linie, wonach Kronos alle seine Kinder verschlingt, weil ihm von Gaia geweissagt wurde, einer seiner Söhne werde ihm die Macht nehmen. Der Usurpator ist dann tatsächlich Zeus, der durch eine List seiner Mutter Rhea vor der verzehrenden Wildheit seines Vaters Kronos bewahrt, in einer Grotte auf der Insel Kreta aufgezogen wird[45] und Kronos schließlich besiegt. Die andere – römische – Linie des Mythos, die Kronos mit Saturn identifiziert, verbindet mit dieser Göttergestalt weniger ursprüngliche Wildheit als ursprüngliche Segensmacht. Die Zeit des Saturn war die Goldene Zeit. Zeit einer Naturmächtigkeit, die nicht zerstörend, sondern belebend wirkte. Die Saturnalien feierten darum das Fest einer innigen Verbindung von Mensch und Natur, ein Fest des unbesorgten Lebens, mit allen Anzeichen einer begeistert-rauschhaften Hingabe.

Hölderlin knüpft mit seinem Gedicht namentlich an diese zweite Mythenvariante an und stellt Saturn und Jupiter idealtypisch für die Polarität von Natur und Kunst einander gegenüber. Angeredet wird Jupiter, und zwar zunächst im Ton der Anklage. Er hat den »alten Vater«, den »Gott der goldenen Zeit« bekämpft und in den Abgrund gestürzt. Danach hat er sein »Gesez« aufgerichtet, er »waltet« jetzt und erfreut sich seiner »Herrscherkünste«, nachdem Saturn abgesetzt wurde, der »mühelos« war und »kein Gebot aussprach« und auch von keinem »mit Nahmen« genannt wurde. Aus Saturns »Frieden« aber ist »jegliche Macht erwachsen« (III, 159)[46].

Leicht erkennbar ist die Opposition zwischen Jupiter und Saturn, auf die es uns bei der Betrachtung der Ode jetzt allein ankommt. Saturn steht für die Naturmacht wie Jupiter für Herrschaft steht. Zur Herrschaft gehört das Regiment, das niemanden neben sich duldet, und sei es auch der eigene Vater. Die »Herrscherkünste« gehören dazu (welche im Begriff schon

---

45 Man bestimmt dazu heute als Ort eine Tropfsteinhöhle des Dikti oberhalb der Lassithi-Ebene bzw. eine Höhle im Ida-Gebirge.
46 Die Münchener Hölderlin-Ausgabe ediert die Ode als sechsstrophiges Gedicht, verweist also die in anderen Ausgaben als 5. Strophe zusätzlich aufgenommenen Verse »Denn wie ein Gewölke ...« in den Anhang.

den Aspekt der »Kunst« mit »Herrschaft« komponieren) und das »Gesez«, das Ordnung schafft und »gestaltet«. Zur Naturmacht Saturn gehört umgekehrt das »Lebendige«, welchem »Dank« gebührt und dem die Sänger vornehmlich ihre Aufmerksamkeit schenken. Dass diese Macht »kein Gebot« kennt, ist Indiz ihrer ebenso absichtslosen wie bedürfnisbefriedigenden Präsenz. Sie ermöglicht die vorbewussten Lebensverhältnisse im Goldenen Zeitalter, die einen menschlichen Verstandesgebrauch und produktive Geschicklichkeit weder kennen noch benötigen. Zu diesem Bild stimmt, dass niemand diese nur segensreich wirkende Naturmacht »mit Nahmen nannte«, denn Namen signalisieren Differenz. Wo Namen ins Spiel kommen, wurde Trennung erfahren. Die Zeit Saturns aber ist – als Goldene Zeit – gleichsam Zeit ohne Zeitgefühl, ohne Zeiterfahrung im Getrenntsein. Alles schwingt in einer zeitenthobenen Einheit des Lebendigen harmonisch ineinander. Zum »Gott der Zeit« wird erst Jupiter, der handelt und urteilt und herrscht.

Macht und Herrschaft stehen in Opposition zueinander, aber sie sind auch aufeinander verwiesen. In seiner Ode deutet Hölderlin es an mit Hinweisen darauf, dass Jupiter in seiner Funktion nicht nur gelitten, sondern auch als »weiser Meister« geachtet werden soll, freilich unter dem einen Vorbehalt: er »diene dem Älteren«, also dem Saturn. Im *Empedokles* wird die Frage nach einer möglichen Vereinigung der gegensätzlichen Energien von Naturmacht und Menschenherrschaft dann zum Kernmotiv der dramatischen Gestaltung.

Empedokles erscheint als »Sohn seines Himmels und seiner Periode, seines Vaterlandes« (I, 870). Er hat Anteil an beidem: an der Sphäre des Saturn und an der Sphäre des Jupiter. Als »Sohn der gewaltigen Entgegensezungen von Natur und Kunst« (ebd) vereinigt er in seiner Person die Seite der Naturmacht und die Seite der Menschenherrschaft. Insofern wird er zur Symbolgestalt des ganzen Menschen, der die fragmentierten und im Effekt dann auch destruktiven Einseitigkeiten meidet und die Dynamik widerstreitender Kräfte in sich zum Ausgleich gebracht hat. Er lebt und handelt weder rein verstandesbezogen noch rein triebgesteuert. Indem er der Natur in sich Raum gibt und durch

Vernunft der Naturmacht eine lebensförderliche Form verleiht, wird er zum Heiler, zum Versöhner, zu einer Art von Messias im Volk. Die Macht, von der er erfüllt ist und die er ausstrahlt, wird vom Volk empfunden und verehrt – und ihm dann auch wiederum als Herrschaft angetragen. Das ist die eine Variante, die Hölderlin in seiner Tragödie durchspielt: Empedokles wird vom Volk zum Idol gemacht, weil er der Verführung ausgesetzt ist, seine Macht in Herrschaft zu verkehren. In der anderen Variante, die Hölderlin ebenfalls verfolgt, ist Empedokles im Begriff, sich aus eigenem Antrieb selbst zu idolisieren. Er erklärt sich, seinem Herrschaftsverlangen nachgebend, zum Gott, der angebetet sein will und dem gedient werden soll. In beiden Fällen ereignet sich dabei, mythologisch gedacht, der »Staatsstreich« Jupiters gegen Saturn. Dies bloß einmal als von außen provozierte Herrschaftsübernahme, sofern das Volk es ist, das Empedokles dazu drängt. Und beim anderen Mal als innerlich sich vollziehender Putsch, indem Empedokles selbst das in ihm Ereignis gewordene »harmonisch entgegengesezte« Einvernehmen von Naturmacht und Menschenherrschaft preiszugeben droht im Interesse des einseitig in den Vordergrund rückenden Herrschaftswillens, der sich die Natur gefügig macht.

Eben dies aber, der Verrat an der Macht um der Herrschaft willen, entspricht gerade nicht der Bestimmung oder der Berufung des Empedokles. Es markiert seine Krisis, seine Gefährdung. Er erweist sich darin als »Sohn seiner Periode«, als »Sohn seiner Zeit«. Das ist die Zeit der revolutionären Erhebung, nur von Paris nach Agrigent transskribiert, es gärt im Volk, und es ist nichts anderes als Naturmacht, die in solchem Gären und Aufbegehren zur Wirklichkeit drängt. Empedokles selbst unterstützt und befeuert dieses Geschehen:

Ihr dürstet längst nach Ungewöhnlichem,
Und wie aus krankem Körper sehnt der Geist
Von Agrigent sich aus dem alten Gleise.
So wagts! ...
Die Augen auf zur göttlichen Natur.
I, 821

Und: »Euch ist nicht / Zu helfen, wenn ihr selber euch nicht helft« (I, 819).

Doch zeigt sich – und das bekundet Hölderlin bereits im ersten, noch durchweg revolutionsbejahenden Tragödienentwurf, dass der revolutionäre Aufbruch als Hingabe an die Macht der Natur seine eigenen Gefahren enthält. Zwar sprengt er die Fesseln und holt heraus aus einer Lethargie, die sich mit dumpfer Pflichterfüllung begnügt und menschliche Produktivität auf ein zweckverengtes »Machwerk« (I, 757) zurückgeschnitten hat. Dieser Aufbruch öffnet in der Tat das große Tor zur Freiheit. Aber durch dieses Tor strömt denn auch herein, was in der Naturmacht an Unbändigem und an elementarer Vitalität im Schwange ist[47]. Und rasch enthüllt der revolutionäre Elan seinen anarchischen Charakter. Unbeherrscht und nicht beherrschbar kommen dort ekstatische Kräfte zum Zuge, denen zuzutrauen ist, dass sie alles Gefestigte verflüssigen und alle Ordnung auflösen: »Ein Irrgestirn ist unser Volk / Geworden«, erklärt Mekades darum (I, 842), und Kritias, als Vertreter der alten politischen Verfassung im ersten Dramenentwurf, sieht es so:

Das Volk ist trunken, wie er selber ist.
Sie hören kein Gesez, und keine Noth
Und keinen Richter; die Gebräuche sind
Von unverständlichem Gebrause, gleich
Den friedlichen Gestaden, überschwemmt.

I, 775

Dieser Naturmacht, die sich im Volk revolutionär zu regen beginnt und in Empedokles wirkkräftig erscheint, wird ein heftiger Widerstand entgegengesetzt. Es ist ein Widerstand, der im Interesse der alten Ordnung geleistet wird und zugunsten installierter Herrschaft. Dafür stehen die Gestalten des Kritias,

---

47 Entsprechend heißt es in ›Die Völker schweigen‹: »und es kam / Der unerbittliche, der furchtbare Sohn / Der Natur, der alte Geist der Unruhe / Der regte sich, wie Feuer, das im Herzen der Erde gährt ...« (I, 171). Und in ›Wie wenn am Feiertage‹: »Die Natur ist jetzt mit Waffenklang erwacht« (I, 262).

später des Stratos auf der staatlichen Seite und des Hermokrates auf Seiten der institutionalisierten Religion. Sie alle fürchten die Macht der Natur, die sich im Volksaufruhr und in der Person des Empedokles zeigt und die nun ihre etablierte Herrschaft gefährdet. Darum bekämpfen sie den Empedokles mit Fluch und Verbannung und zwingen das Volk unter ihren Willen zurück. Eine priesterliche Strategie hatte schon immer »manche liebe Lust / Den Sterblichen hinweg geängstiget« (I, 816), sie verfährt nach diesem Rezept aufs Neue und mit entschiedenerem Druck. Hermokrates setzt auf Herrschaft gegen die natürliche Macht, weil er die Katastrophe fürchtet, die aus einem Verlust seiner Herrschaft *durch* Religion wie auch seiner Herrschaft *über* die Religion erwachsen müsse. Und der Staatsmann Stratos zeigt sich ebenfalls nicht geneigt, »die Extreme zu vereinigen«. Er beschränkt sich auf das, was Herrschaft ausmacht und was Herrschaft immer zu praktizieren pflegt, nämlich »zu bändigen« (I, 877). Das Gebändigte ist aber nicht das befreite, sondern wieder bloß das domestizierte Lebendige, das dem naturmächtigen Impuls nachgegeben hatte und deswegen nur neu und schärfer an die Kandare genommen worden war. Die naturbändigende Antwort auf die revolutionäre Verunsicherung heißt geschichtlich die »Restauration«. Stratos ist Prophet und Agent einer sich ankündigenden Restauration: »Seine Tugend ist der Verstand, seine Göttin die Nothwendigkeit« (ebd). Er schlägt sich ganz auf die Seite der »Kunst« im Gegenüber zur »Natur« und festigt eine repressive Herrschaft zum Zweck der Bändigung aller Lebensmacht.

Der Reiz, aber zugleich die Schwierigkeit der Empedokles-Tragödie besteht nicht zuletzt darin, dass die äußeren Konfliktverhältnisse, die sich in der Welt des politischen und religiösen Lebens abzeichnen, sich auch noch einmal innen, in der Person des Empedokles selbst, dramatisch spiegeln. Nicht umsonst heißt er ja der »Sohn seines Himmels *und* seiner Periode«. Er hat Teil an den Chancen und an den Widersprüchen seiner geschichtlichen Gegenwart. Und indem er daran Teil hat, liegen für ihn selbst und in seiner Person zwei Möglichkeiten offen. Die eine Möglichkeit tritt an ihn heran als Versuchung: er könnte aus seinem Zugang zur Macht eine Position der Herrschaft erbauen. Die zweite Möglichkeit heißt Versöhnung: er könnte, was als Einheit des Gegensätzlichen in ihm zunächst individuell angelegt war, in die Qualität einer allgemeinen Möglichkeit überführen. Diese freilich erforderte sein Opfer. Vor dieser Wahl zu stehen, das macht die Tragik des Empedokles aus. Soll er nun die Selbst*herrschaft* wählen oder die Selbst*hingabe*? Wählt er die Selbstherrschaft, bleibt er am Leben, tötet aber das mögliche Gesamtleben aus versöhnten Widersprüchen im Volk. Wählt er stattdessen die Selbsthingabe, tötet er sein eigenes Leben, aber dies mit der Aussicht auf ein neues versöhntes Leben im Volk. Im ersten Fall bringt er es zum Diktator. Im zweiten Fall bringt er sich selbst zum Opfer.

Die Möglichkeit der Herrschaft hat Empedokles geschmeckt und sie hat ihn gereizt, aber er schreckt letzten Endes doch davor zurück, denn er kennt die Folgen. Im zweiten Dramenentwurf lässt Hölderlin seinen Empedokles davon reden, und er tut es in einer vielsagend bitteren Selbstparodie:

> *Recht! alles weiß ich, alles kann ich meistern.*
> *Wie meiner Hände Werk, erkenn ich es*
> *Durchaus, und lenke, wie ich will*
> *Ein Herr der Geister, das Lebendige.*
> *Mein ist die Welt, und unterthan*
> *Sind alle Kräfte mir, zur Magd ist mir*
> *Die herrnbedürftige Natur geworden.*
> *Und hat sie Ehre noch, so ists von mir.*
> *Was wäre denn der Himmel und das Meer*
> *Und Inseln und Gestirn, und was vor Augen*
> *Den Menschen liegt, was wär*
> *Diß todte Saitenspiel, gäb' ich ihm Ton*
> *Und Sprach' und Seele nicht? was sind*
> *Die Götter und ihr Geist, wenn ich sie nicht*
> *Verkündige – nun! sage, wer bin ich?*
>
> I, 856f

Man kann diese Herrschafts-Parodie in gleicher Weise politisch und religiös und philosophisch lesen. Und alle Lesarten dürften der Intention Hölderlins entsprechen. Politisch ist an den Aufschwung zur Alleinherrschaft zu denken, den ein fähiger Kopf und Stratege der Massenführung in turbulenten Zeiten nehmen kann. Das betrifft die aktuelle Geschichte der Revolution und die Rolle Napoleons in ihr. – Religiös kann das Volk von einem falschen Propheten, einem Pseudo-Messias, verführt und abhängig gemacht werden. – Und philosophisch kann ein Idealismus die Herrschaft des denkenden und tätigen Ich über alle Wirklichkeit proklamieren. Idealistisch ist es eben das Ich, das angeblich einem »todten Saitenspiel« den Ton verleiht, das alles »weiß« und alles »meistert«. Und es ist der politische Messias, der wie eine geschichtliche Inkarnation des idealistischen Ich selbstherrlich erklärt: »Mein ist die Welt, und unterthan / Sind alle Kräfte mir.«

Die Reflexion solcher Herrschaft, die sich einseitig gegen die natürliche Macht und deren numinose Beschaffenheit absetzt, um ihrer Herr zu werden, ergibt Hölderlins schärfste Kritik am Weg der Revolution und am deutschen Idealismus zugleich. Sie unterstreicht, dass »Kunst« im Sinne bewussten Gestaltens dem Menschen als Aufgabe zugewiesen ist. Aber Kunst soll Natur und alle lebensvolle Naturmächtigkeit nur erheben, nicht unterdrücken. Idealistische Philosophie hat die Grenze überschritten, wenn sie das menschliche Subjekt zum A und O aller Wirklichkeit und ihrer Entwicklung erklärt. Sie unterschlägt damit, was dem Menschen in seinem Verhältnis zur Naturmacht zuallererst zukommt: eine Grundhaltung des Dankes nämlich und der Demut. Jupiter, so forderte Hölderlin in seiner Ode, sei seinem Vater Saturn, dem Naturmächtigen, »Dank« schuldig. Und in seinem Brief an den Bruder, den wir zitiert haben, verlangt er, dass der Mensch sich »nicht als Meister und Herr« über die Natur erhebe, sondern sich »bescheiden und fromm vor dem Geiste der Natur beuge« (II, 770). Was so die zeitgenössische Philosophie versäumt, letzten Endes von ihr vielleicht sogar versäumt werden muss, wird neben ihr zum vorzüglichen Amt des Dichters. Dem Dichter nämlich ist aufgegeben, den geschuldeten Dank abzustatten. Und er vermag es deshalb, weil »der Dichter auf ein *Ganzes* blikt« (I, 871).

Die zweite Möglichkeit des Empedokles außer der versucherischen ersten, die Herrschaft zu wählen, besteht im Entschluss zu seiner Selbsthingabe. Er erkennt und wählt schließlich diese zweite Möglichkeit, zum Opfer zu werden. Nicht ein Opfer, das von anderen eingefordert würde, sei es vom Priester oder von einer aufgebrachten Menge. Denn in diesem Falle wäre das Opfer reines Schicksal. Es wäre das, wogegen Empedokles sich nicht verwahren könnte. Aber das Opfer, das er bringen »muß«, ist sowohl schicksalhaft als auch von ihm selbst gewählt. Es erwächst aus seinem innersten Bestreben und ist, wie bereits der *Frankfurter Plan* vermerkte, »eine Nothwendigkeit, die aus seinem innersten Wesen« folgt (I, 766). Delia sieht das freilich distanziert und kritisch: »Zu gern nur, Empedokles, / Zu gerne opferst du dich« (I, 862).

In der Tragödie erklärt Empedokles wiederholt, dass er sich zum Opfer bringen »muß«, den Leidensankündigungen Jesu in den Evangelien ähnlich, die ja auch den Akzent darauf legen, dass der Menschensohn leiden und sterben »muß«. Es ist das Unvermeidliche einer Selbsthingabe, die gleichwohl in persönlicher Entscheidung vorgenommen wird. In den Evangelien hat das »Muß« des Todes Jesu heilsgeschichtliche Bedeutung. Im Fall des Empedokles verhält es sich nach Hölderlins Darstellung nicht grundlegend anders. Auch sein Tod soll zugunsten der Menschen erfolgen. Und wenn es beim Tod Jesu um einen Akt von Versöhnung geht, durch welchen die Menschen mit Gott wieder in eine lebendige Beziehung treten können, so reicht der Opfertod des Empedokles auch in diese Bedeutungsdimension hinein: er stirbt, um eine neue Vereinigung des Getrennten zu ermöglichen. Nun freilich eine Vereinigung von Mensch und Natur, von Verstand und Empfinden, Geist und Körper, Sittlichkeit und Sinnlichkeit, Menschenkraft und Naturmacht. Und wirklich eine Vereinigung im Sinne des »harmonisch entgegengesezten«, worin die polaren Energien beieinanderbleiben und als solche nicht etwa ausgetilgt werden.

Wie dies geschehen kann und inwiefern dazu der Tod des Empedokles erfolgen »muß«, skizziert Hölderlin in seinem *Grund zum Empedokles*. Das ergibt dort keine religiöse Erörterung, sondern eher eine ontologische. Vereinfacht und verkürzt besagt der hochtheoretische und schwierige Text: In der Person des Empedokles ist eine Vereinigung des Getrennten wirklich und anschaulich geworden. Seine Individualität war diese Einheit, und die Einheit – sagen wir nun: von Naturmacht und Menschenherrschaft – nahm in ihm eine singuläre Form an. Das Zusammenkommen der einander sonst widerstreitenden Kräfte in ihm war »innig«, und dies in einem zweifachen Sinne. Es war ein intensives, aber auch ein einmaliges Ineinanderwirken der Gegensätze. Das heißt: die in der einen Person des Empedokles wirklich gewordene Möglichkeit von Versöhnung besteht insofern nur »scheinbar«, als sie mit eben dieser einen Person steht und fällt. Wenn dieses geschichtliche Individuum erlischt, dann erlischt auch die in ihm erschienene Vereinigungsmöglichkeit. Damit dies aber nicht geschehe, »muß« Empedokles sich im bewussten und gezielten Opfertod hingeben. Denn im Opfer löst er seine Individualität selber auf und lässt die Vereinigungsmöglichkeit, die seine Personalität ausmachte, nun für alle offen und damit allgemein werden. Er löst sich im Freitod und in der Hingabe an die Natur in der Weise auf, dass – mit Hölderlin zu reden – »die Kraft des innigen Übermaßes sich wirklich verliert, und eine reifere wahrhafte, reine allgemeine Innigkeit übrigbleibt« (I, 872). Die Natur kann so und jetzt zu sich selbst kommen, und zwar nicht nur in einem besonderen Menschen, nämlich dem Empedokles, sondern dank seiner Vermittlung in den Menschen ganz allgemein und überhaupt. Und umgekehrt gelangt das Menschliche zur Vereinigung mit der Natur nicht ausschließlich in der Person des Empedokles, sondern potentiell in allen Menschen.

Das Ganze erinnert an die johanneische Abschiedsszene Jesu von seinen Jüngern. In Johannes 16 wird davon erzählt, wie Jesus seinen Tod versteht: er geht hin zu dem, der ihn gesandt hat. In seinem Leben hat sich der Vater-Gott verherrlicht, und mit seinem Tod wird Jesus wiederum den Vater verherrlichen. Die Einheit mit dem Vater in seinem irdischen Leben war Verherrlichung Gottes in ihm. Und umgekehrt wird der »Hingang« zum Vater, der durch seinen Tod erfolgt, beider

Einheit in Ewigkeit vollenden. Das kann Hölderlin im Blick auf seinen Empedokles und dessen Tod verblüffend ähnlich sagen, und bestimmt nicht aus schierem Zufall. Denn Empedokles »giebt, was er besaß, dem Element, / Das ihn verherrlichte, geläutert wieder« (I, 897).

Doch die Jünger, denen Jesus seinen Hingang zum Vater ankündigt, verstehen ihn nicht. Sie möchten den Einen, in welchem Gott ihnen nahe kam, bei sich und für sich behalten. Sie möchten die Möglichkeit einer Einheit mit Gott, die in ihm präsent geworden war, nicht aufgeben, auch wenn diese vorläufig lediglich seine und noch nicht ihre eigene Möglichkeit geworden war. Und dann erläutert Jesus ihnen, dass und warum er von ihnen scheiden und in den Tod gehen muss: »Aber ich sage euch die Wahrheit: Es ist gut für euch, dass ich fortgehe. Denn wenn ich nicht fortgehe, wird der Paraklet (der Tröster, der Geist) nicht zu euch kommen; wenn ich aber gehe, werde ich ihn zu euch senden« (Johannes 16,7). – Der johanneische Christus geht in den Tod, damit die Einheit mit Gott, die in ihm individuell war, wirklich allgemein werden kann. Die Kraft dieser allgemein werdenden Einheit ist der Geist, den er zu senden verspricht. – Hölderlins Deutung des Empedokles-Todes ist kaum denkbar ohne Referenz zu diesen zentralen Gehalten johanneischer Theologie.

Der Dichter nimmt mit seinem *Empedokles* und dem darin entwickelten Konzept des Opfertodes eine deutlich zeitkritische Position ein. Er setzt sich auseinander mit dem Weg der Philosophie, mit den Erschütterungen in den politischen Verhältnissen und mit der Rolle der Religion. Versöhnung im Streit ist das Hoffnungsziel, und es erscheint geboten, die Möglichkeitsbedingungen zu erörtern, die dieses Ziel erreichbar machen können. Sie liegen nicht ohne weiteres auf der Hand. Was auf der Hand liegt, ist vielmehr ein Zuwachs jener Kräfte, die nicht auf Versöhnung und Einheit, sondern auf die Behauptung oder Durchsetzung ihrer spezifischen Interessen gerichtet sind. Dadurch geht aber der Freiheitswille im Volk in anarchische Willkür über oder – schlimmer – in die Tyrannei eines Einzelnen. Dann triumphiert die selbstbewusste Subjektivität, die keine göttliche Macht sich gegenüber anerkennt und für die deshalb Dank und Demut nichts weiter als Fremdbestimmungen sind. Dann erkennen die Herrschenden ihre Aufgabe allein darin, gegebene Ordnungen zu festigen und alles Aufbegehrende zu »bändigen«. Und dann sinkt das Volk zurück in einen Zustand, aus dem es kaum erwacht war: den Zustand von Zerrissenheit und Barbarei. »Die Barbaren um uns her zerreißen unsere besten Kräfte«, notiert Hölderlin im Brief an den Bruder, und: »Dem Egoismus, dem Despotismus, der Menschenfeindschaft bin ich feind« (II, 768).

Alle diese Phänomene kranken daran, dass sie das Trennende befördern und einen Sinn für das Einende vermissen lassen. Der Sinn für das Einende und Versöhnende ist aber letzten Endes der religiöse Sinn. Darum ist es vor allem die Sache der Religion, die entgegenstehenden Kräfte aus Natur und Kunst ins rechte Verhältnis zueinanderzubringen (II, 770). Darum erscheint Empedokles durch die Vereinigung der Gegensätze in seiner Person als »religiöser Reformator« (I, 876). Und darum gilt die gegenwärtige Welt als bestimmt von »Gedankenlosigkeit und Irreligion« und insgesamt unwillig, sich zum »Gefühle der Gottheit« zu erheben (II, 720).

Exakt dieses »Gefühl der Gottheit« wäre es jedoch, das in die widersprüchlichen Bestrebungen der Epoche den Geist und die Kraft zur Vereinigung einzubringen vermöchte. Denn Gott ist Beziehung, und es ist göttliche Kraft, welche Beziehung im Getrennten herbeizuführen vermag. Deshalb ist Gott nicht nur in der Naturmacht und nicht nur im Menschen, sondern »das Göttliche ist in der Mitte von beiden« (I, 868). Es ist dort in der »Mitte« nicht etwa im Sinne eines eigenständig Dazwischenliegenden. Es füllt vielmehr die Mitte aus als das wirklich Vermittelnde, als Kraft der Versöhnung, die real werdende Beziehung selbst. Wenn das Göttliche in seiner Versöhnung des Getrennten als Mitte beide Seiten zusammenhält, dann ist »die Vollendung da« (ebd). Dann ist Reich Gottes. Dann wird die Zeit endlich neu und die Welt jung und das Dasein ungeteilt und ganz:

... wenn euch das Leben
Der Welt ergreift, ihr Friedensgeist, und euchs
Wie heilger Wiegensang die Seele stillet,
... dann reicht die Händ'
euch wieder, gebt das Wort und theilt das Gut ...
Und euern Bund bevest'ge das Gesez.
I, 821

»Dann glänzt ein neuer Tag herauf« und »staunend« wird man sagen »wie nach hoffnungsloser Zeit«: »... sie sinds! / Die langentbehrten, die lebendigen, / Die guten Götter« (I, 823).

Eine Versöhnung, die im *Empedokles* vorweg erschienen war, muss auf ihre »Vollendung« also noch warten. Noch bleibt sie eine Hoffnung. Doch es handelt sich um eine wohl begründete Hoffnung. Einmal begründet darum, weil sie in der Gestalt des Empedokles bereits zum Vor-Schein gekommen war. Entscheidend jedoch darum, weil Gott als Beziehung in Zukunft vollenden wird, was er im Ursprung war: die Einheit des Lebens. Im Ursprung war er die Lebenseinheit *vor* aller Trennung und damit auch vor aller sich entfaltenden Freiheit. In der Vollendung wird er die Lebenseinheit *nach* aller Trennung sein. Das »harmonisch entgegengesezte« nennt die Hölderlin'sche Formel für die Erwartung eines eschatologischen Friedens, dessen Mitte und Garant Gott selbst sein wird. Denn dort wird Gott sein »alles in allem«, wie Paulus in 1. Korinther 15,28 sagt.

Empedokles und Christus im Vergleich

TYPOLOGISCHES VERHÄLTNIS – ANSPIELUNGEN AUF
CHRISTUS IM *EMPEDOKLES* – DER EUCHARISTISCHE CHRISTUS –
KREUZIGUNG UND ABENDMAHL – VERSUCHUNG DES MÄCHTIGEN

Offensichtlich sind im *Empedokles* zahlreiche Anspielungen auf die Person und Geschichte Christi enthalten. Dabei ist auszuschließen, dass sie dem Dichter beiläufig und mehr oder weniger unbewusst in die Feder geflossen sein könnten. Sie haben ihr konzeptionelles und inhaltliches Gewicht.

Die von Hölderlin subtil entwickelte Bedeutungsrelation zwischen Empedokles und Christus folgt einem typologischen Verfahren, das aus der biblischen Exegese bekannt ist. Es ermittelt Sachbezüge und Sinnverbindungen zwischen Gestalten des Alten Testaments und der Person Christi. Was an Eigenschaften und Erfahrungen bei einer alttestamentlichen Figur festgestellt wird, kann als Voranzeige auf die Wirklichkeit Christi gedeutet werden. Der Typus im Alten Bund präfiguriert das heilsgeschichtliche Original im Neuen. Christus erscheint dann als Erfüllung aller typologischen Vorausdarstellungen und Vor-Bilder, die es für ihn bereits im Alten Bund gegeben hat. Nach Römer 5,14 wird so bereits Adam zum »Typos«, der auf den kommenden zweiten Adam, den Christus, hinweist.

Nun hat Hölderlin seine typologische Beziehung zwischen Empedokles und Christus gewiss nicht im theologisch üblichen Sinne verfolgt, und eine ausdrückliche Erwähnung des Namens Christi sucht man im *Empedokles* auch begreiflicherweise vergebens. Die klassisch-theologische Typologie diente stets einer Bedeutungsverstärkung für die Christusgestalt, und das war nun Hölderlins Anliegen nicht, jedenfalls nicht während der Empedokles-Phase[48]. Genau genommen ging es ihm weder um die geschichtliche Gestalt des Empedokles noch um die beson-

---

48 In den späteren, Herakles und Dionysos in Relation zu Christus setzenden Typologien der Hymnen verschiebt sich das leitende Interesse darauf, die mythischen Rettergestalten in ihrem Wesen einander anzunähern.

dere Person des Jesus von Nazareth. Es ging ihm um das, was in einem Empedokles – so wie er ihn sah – zur Erscheinung kam. Und von dort aus ergaben sich Analogien zur Geschichte des Christus und zu dem, was in ihm und durch ihn offenbar wurde. Darum wird beim Empedokles in erster Linie sein Tod bedeutsam, weil er den gewollten Auflösungsmoment seiner individuellen Existenz und den Augenblick der Verallgemeinerung seiner Essenz darstellt. Und ebenso läuft das Leben des Christus auf die Stunde seines Abschieds hinaus, den er nehmen »muß«, auch wenn das für die Jünger schwer verständlich wird. Was als Gemeinschaft mit dem Göttlichen in beiden individuell möglich war, soll eben allgemein möglich werden. Hölderlins Intention zielt auf genau diese Möglichkeit, und Empedokles wie Christus bilden anschauliche Figurationen dieser Möglichkeit des Lebens, wenn er beide eng miteinander verwandt erscheinen lässt.

Es verhält sich also nicht so, dass Empedokles als – womöglich heilsgeschichtlicher – Prototyp des kommenden Christus vorgestellt würde oder Christus umgekehrt als der wahre »Retter«, der im Sinne der Manes-Szene erst zu erwarten wäre, um die Macht des Empedokles dann zu bestätigen und zu überbieten. Vielmehr zeigt sich, dass die Typologie zwischen Empedokles und Christus wechselseitig ausfällt. Erinnerungen an die Christus-Gestalt reichern mit Bedeutung an, was im Empedokles lebendig war; und Beobachtungen am Empedokles lassen offenbar werden, was es mit dem Christus eigentlich auf sich hat. In jedem Fall soll aber nicht die Christus-Erinnerung die Person des Empedokles erhöhen und umgekehrt der Empedokles-Stoff nicht zur Vergöttlichung der Christus-Person beitragen. Denn daraus folgte nichts anderes als eine Idolisierung von Menschen, wie Hölderlin sie nun gerade in seiner Tragödie massiv kritisiert hat. Es geht ihm entscheidend um die Möglichkeit eines geeinten und ganzen Lebens, und Empedokles wie Christus werden wichtig als potenzielle Träger dieses Lebens, nicht als singuläre Objekte menschlicher Anbetung.

Überblickt man die Christus-Anspielungen in Hölderlins Drama, dann fällt auf, dass sie gar nicht so beliebig gestreut auftreten, wie man dies zunächst vermuten möchte. Gewiss, da ist Panthea, die erklärt, stundenlang zu des Empedokles Füßen sitzen zu mögen (I, 771), wie die aufmerksam lauschende Maria zu Füßen Jesu saß (Lukas 10,39). Da bringen die Bürger von Agrigent ihre Kleinen zu Empedokles und heben sie zu ihm empor (I, 790), wie man Kinder zu Jesus brachte, damit er sie segne (Markus 10,13). Da sagt Empedokles, dass er nicht habe, »wo er seinen Schlummer find'« (I, 799), wie Jesus erklärt, dass der Menschensohn nicht habe, »wo er sein Haupt hinlegen« könne (Matthäus 8,20). Da fragt Empedokles seinen Schüler Pausanias, für wen er ihn erkenne (I, 830), wie Jesus den Petrus fragt, für wen er ihn eigentlich halte (Matthäus 16,15). Da tröstet Empedokles das verängstigte Volk mit den Worten: »fürchtet nichts!« (I, 820), wie Christus die Seinen beruhigt: »Fürchtet euch nicht!« (Lukas 12,7 u. ö.). Da wird Empedokles angeklagt, dass er ein heimlicher »Verführer« des Volkes sei (I, 788), der sich »zum Gott gemacht« habe (I, 777), wie Christus als Volksverführer angeklagt (Lukas 23,2) und der Gotteslästerung beschuldigt wird (Markus 14,64). Das Volk ist wankelmütig in Agrigent wie in Jerusalem, bejubelt und verflucht denselben Menschen in kurzer Folge: jetzt »Hosianna!« und dann »Kreuzige!« Überdies stehen in den Gestalten des Hermokrates und des Kritias dem Empedokles namhafte Vertreter von Religion und Staat gegenüber wie dem Christus die Jerusalemer Priesterschaft und die politischen Instanzen des Herodes und des Pilatus. Und schließlich macht die Konzentration des Ganzen auf das Finale von Tod und Opfer die Parallele zwischen Empedokles und Christus vollends zwingend.

Der Christus, der da in den Blick gerät, ist erkennbar der Christus in seiner Passion. Aber nun doch nicht der crucifixus, der Gekreuzigte, selbst wenn das Motiv des Opfers in diese Richtung zu weisen scheint. Hölderlins spezifische Wahrnehmung Christi betrifft eben nicht die Wahrnehmung des gekreuzigten, sondern des *eucharistischen Christus*. Das ist bereits im *Empedokles* angelegt und wird nachher in den *Hymnen* ausgeprägt hervortreten.

Dabei scheint es sich nur um Nuancen zu handeln. Gewiss geht der eucharistische Christus auf seinen Tod am Kreuz zu und hatte der gekreuzigte Christus zuletzt, als Ausdruck seines Vermächtnisses, das Mahl mit seinen Jüngern gefeiert. Beide Momente bilden einen Zusammenhang in der Abfolge seiner heilsbedeutsamen Lebensgeschichte. Und doch haben sich an diesen Nuancen theologiegeschichtlich jeweils recht unterschiedliche Vorstellungen über Person und Heilswirkung des Christus festgemacht. Eine Theologie des Sühnopfers Christi war ganz auf das Ereignis seiner Kreuzigung bezogen und stellte den Versuch dar, den Sinn dieses Kreuzestodes im Zusammenhang einer großen Schuld- und Erlösungsgeschichte zwischen Gott und den Menschen zu ermitteln. Die Satisfaktionslehre des ANSELM VON CANTERBURY hat diesen von Hause aus kultischen Ansatz später in einer juridischen Argumentation auf die Spitze getrieben. Demnach musste Christus, der Gottessohn, zur Ehrenrettung Gottes sterben, der durch den schuldhaften Widerstand der Menschen in seinen göttlichen Hoheitsrechten verletzt war. Das Maß der Schuld vermochte nicht durchs Opfer irgendeines Menschen aufgewogen zu werden, der selbst ja auch immer in den menschheitlichen Schuldzusammenhang verstrickt blieb. Also konnte allein der menschgewordene Gottessohn selbst, der ganz ohne Schuld war, das vor Gott gültige Opfer bringen und damit Erlösung für alle erwirken.

Hölderlin hat an diese Theorien bewusst nicht angeknüpft. Er hat sie zweifellos gekannt, bildeten sie doch den Kernbestand der Schultheologie, aber er hat sie gemieden. Er war offenbar der Überzeugung, dass solche Theorien eher verdunkelten als erhellten, was das Wesen Gottes im Grunde ausmache. Oder sollte Gott wirklich ein theistisch gedachter Herr im Himmel sein, der zu seiner ewigen Genugtuung ein Menschenopfer verlangte, und zwar dasjenige seines eigenen Sohnes? War Christus der objektiv notwendige Einsatz in einem Spiel, das allein dem Zweck einer Beilegung des göttlichen Zorns zu dienen hatte? Wurde er damit nicht instrumentalisiert und zugleich auf nahezu magische Weise in seiner Heilsbedeutung monopolisiert? Was Versöhnung sein könne, lag wahrhaftig auch Hölderlin am Herzen. Aber er sah sich außerstande nachzuvollziehen, wie eine große Versöhnung, die ihm vorschwebte, durch einen zur Hälfte kultischen und zur Hälfte juridischen Prozess herbeigeführt werden sollte.

Es ist nicht einmal auszuschließen, dass es gerade diese Art von Kreuzestheologie war, die ihm das theologische Studium vergellt und seine innere Beziehung zur Christus-Person über Jahre hin getrübt hatte. Jetzt rückt bei der Beschäftigung mit dem *Empedokles* eine andere Seite der Christus-Wirklichkeit ins Blickfeld: nicht die Seite des gekreuzigten, sondern die des eucharistischen Christus. Hölderlin war an diesem Christus des Abendmahls und am Christus im Abendmahl gelegen.

Zwei Stellen im *Empedokles* sind es, die direkt auf dieses Zentrum hinweisen. Zum einen beginnt der zweite Akt im ersten Entwurf mit der Szene, wie Empedokles und Pausanias am Ätna eintreffen und nahe bei einer Bauernhütte rasten. Pausanias bittet den Bauern um Unterkunft und, als dieser sich verweigert, noch einmal ausdrücklich und betont: »So reich' / Uns Brod und Wein« (I, 807). Später, und das geht dann bereits aufs Ende der Tragödie hin, ersucht Empedokles seinen Schüler:

... gehe nun hinein,
Bereit das Mahl, dass ich des Halmes Frucht
Noch einmal koste, und der Rebe Kraft,
Und dankesfroh mein Abschied sei; und wir
Den Musen auch, den holden, die mich liebten,
Den Lobgesang noch singen – thu es, Sohn!

I, 832

Der Rekurs auf die Elemente des Abendmahls, die Gaben von Brot und Wein, erfolgt an beiden Stellen pointiert. Andere Details aus der Überlieferung vom letzten Abendmahl Christi werden aber zusätzlich aufgenommen. Sie haben in der Geschichte des Empedokles selbst keinen Anhalt, werden also in seine Geschichte absichtlich interpoliert. Zu diesen Details zählt der Auftrag zur Mahlbereitung an den Jünger (Markus 14,13f), die Umschreibung des Weins durch die Wendung »der Rebe Kraft«, die der Umschreibung »Gewächs des Weinstocks« (Markus 14,25) entspricht. Und dann vor allem das Gewicht des

Dankes, der im Augenblick des Abschieds nicht fehlen dürfe: dass »dankesfroh unser Abschied sei«. Daraus spricht die eucharistische Grundhaltung, wie sie von Jesus überliefert wird bei seiner letzten Mahlfeier (Markus 14,22f). Sie ist so wesentlich, dass sie als *pars pro toto* sogar den Gesamtvorgang der Abendmahlsfeier als »Eucharistie (d. h. »Danksagung«) begreifen ließ. – Schließlich darf, um die Analogie abzurunden, auch der »Lobgesang« nicht fehlen. Er soll im *Empedokles* zwar den Musen zu Ehren angestimmt werden, weist aber zweifellos auf jenen »Lobgesang« hin, der nach biblischem Zeugnis das Abschiedsmahl Jesu beendete (Markus 14,26).

Hölderlin hat im Erstentwurf seines Dramas lediglich die Vorbereitung zur Mahlfeier in Szene gesetzt, nicht deren anschließenden Vollzug. Das Manuskript bricht vorher ab. Vielleicht hätte ja das dargestellte Abschiedsmahl überhaupt den Höhe- und Schlusspunkt der Tragödie bilden sollen[49]. Aber ebenso ist denkbar, dass Hölderlin darauf verzichtete, weil für ihn in der Sache alles Nötige gesagt war.

Eucharistie und eucharistischer Christus wurden für Hölderlin zunehmend wichtig. Aber es war kein dogmatisches Interesse im engeren Sinne, das ihn dazu bestimmte. Ihm lag nicht daran, das christologische Bekenntnis der Kirche zu stützen, das ohnehin auf das Geschehen am Kreuz focussiert war. Was Hölderlin wollte, betraf keine dogmatische Theologie, sondern eine poetische Religion. Und der Christus kann – namentlich neben Dionysos – zu einem Element seiner poetischen Religion werden, wenn er als eucharistischer Christus erkannt wird.

Eucharistische Existenz ist dankende Existenz. Sie behält nicht für sich – »wie einen Raub«, so erklärt Paulus (Philipper 2,6), was ihr gegeben war. Ihr Dank erfüllt sich vielmehr in ihrer Bereitschaft zur Hingabe. Das »Opfer«, von dem im *Empedokles* so nachdrücklich die Rede ist, enthält theologiegeschichtlich eine Sinnverbindung zum Tod Jesu am Kreuz. Es enthält daneben und auf eigene Weise jedoch auch eine Sinnverbindung zum Abendmahl. Denn im Abendmahl teilt der eucharistische

---

49 Dies wird von U. Gaier, a. a. O., S. 307 erwogen.

Christus mit Brot und Wein sich selber aus: leibhaftig und ganz, wie die Paradosis der Mahlfeier unterstreicht.

Der Christus, der sich selbst in dem Sinne hingibt, dass er Anteil an seinem Wesen gibt, verallgemeinert sozusagen, was in seiner Person und in seiner Geschichte angelegt war. Er schafft damit Versöhnung, und zwar Versöhnung der in sich selbst zerrissenen Menschen und Versöhnung der Menschen mit der »Natur«, der Macht des Göttlichen, wie Hölderlin sich ausdrücken würde, sowie Versöhnung der zerstrittenen Menschen und Völker untereinander. Und indem der eucharistische Christus solche Versöhnung schafft, ermöglicht er Gemeinschaft. Die Zukunft der Menschheit, so denkt Hölderlin, wird eine Menschheit in vollkommener Gemeinschaft sein – oder es wird keine Zukunft geben. Und der Charakter dieser Gemeinschaft muss eucharistisch sein. Darum wartet am Ende, wie die Hymnen bezeugen, das »Fest«, das in seiner Substanz ein eucharistisches Fest ist, sowie der »Gesang«, der als Ausdruck des Dankens und Lobens ein eucharistischer Gesang sein wird.

Erinnert sei noch einmal an die Zitatstellen, die wir angeführt haben und die im *Empedokles* auf die Christus-Wirklichkeit hindeuten. Sie lassen sich mehrheitlich ohne weiteres dem Vorstellungskomplex vom eucharistischen Christus zuordnen. Die Panthea, die andauernd zu Füßen des Meisters sitzen und ihm zuhören möchte, bekommt ja auf diese Weise schon Anteil an der Gabe des eucharistischen Christus. Ebenso die Kinder, die zu ihm hingetragen werden. Auch das Bild von den Dürstenden und der Gabe des Lebenswassers gehört in diesen Kontext. Empedokles sagt im Augenblick seiner Enttäuschung:

In mir, ihr Quellen des Lebens, strömtet ihr einst
Aus Tiefen der Welt zusammen, und es kamen
Die Dürstenden zu mir. I,779

Entsprechend äußert sich der Christus nach Johannes: »Wenn jemand dürstet, komme er zu mir und trinke« (Johannes 7,37). Der eucharistische Christus ist der gotterfüllte Christus, der sich hingibt, um die Welt mit Gott zu erfüllen.

Die Gestalt und Geschichte des Empedokles darf deshalb auch nicht als parodistische Abschattung der Christus-Person gewertet werden. Sie weist Züge der Christus-Wirklichkeit auf, dient aber nicht zu deren Missbilligung. Zwar wird Empedokles nicht nur als Verführer denunziert, er zeigt auch selbst die Neigung zu verführen. Er zeigt die Neigung, nicht nur Göttliches in sich zu tragen, sondern sich selbst in den Rang eines Gottes emporzuwünschen. Er ist mächtig, kann aber der Versuchung erliegen, seine Macht ganz für sich und zum eigenen Vorteil zu gebrauchen statt sie mitzuteilen, sie hingebend auszuteilen für alle. Aus dem vermeintlichen Messias droht so ein eigensüchtiger Scharlatan zu werden.

Hölderlin hat mit diesen Zügen seines Empedokles die Verführbarkeit des Mächtigen angezeigt. Wer – und sei es in der Optik eines Hermokrates – durch innige Vertrautheit mit dem Göttlichen »zu mächtig« (I, 842) geworden ist, steht in der Gefahr, sich selbst zu vergessen und seine Mission zu verraten. Empedokles war dieser Gefahr ausgesetzt und erwies sich ihr gegenüber nicht vollkommen gefeit. Aber das bedeutet nun keine Karikatur im Blick auf die Christus-Person. Schließlich wird deren Versuchung ja ausführlich in den Evangelien selbst erzählt. Es ist – wie bei Empedokles – die Versuchung des aus Gott Mächtigen zu einem herrschaftlichen statt zu einem eucharistischen Machtgebrauch. In den Evangelien wird kein Zweifel daran gelassen, dass diese Versuchung satanischen Ursprungs sei. Sie erreicht als solche auch den Christus, aber sie überwältigt ihn nicht. Er geht vielmehr aus dieser Versuchung gestärkt hervor. Indem er die angebotene Herrschaftsmacht von sich weist, öffnet er sich ganz der eucharistischen Macht, die er an andere und für andere »hinzugeben« vermag. Die biblische Geschichte von der Versuchung Jesu hält das am Ende wunderbar fest mit dem mythischen Doppelvermerk nach der einen wie nach der anderen Seite hin: »Da verlässt ihn der Teufel; und siehe, Engel traten herzu und dienten ihm« (Matthäus 4,11).

Der Macht aus Gott, die der eucharistische Christus in sich trägt und die er austeilt, kommt es wesensmäßig zu, dass sie nicht großspurig auftritt, sondern bescheiden. Der eucharistische

Christus ist darum zugleich der dankbar-demütige, wie Hölderlin ihn gesehen und gewürdigt hat. »O Lieber!«, so kann er im November 1798 an den Bruder schreiben, »wann wird man unter uns erkennen, dass die höchste Kraft in ihrer Äußerung zugleich auch die bescheidenste ist, und dass das Göttliche, wenn es hervorgeht, niemals ohne eine gewisse Trauer und Demuth seyn kann?« (II, 715).

Heimweg

Poetische Religion

Echo des Himmels – Der Religions-Traktat –
Die mehr als notwendigen Beziehungen – Das Mythische –
Poesie ist kein Spiel – Ein heiterer Gottesdienst –
Amt des Dichters – Nacht und Nichts – Nähe zum Propheten –
Dank und Erinnerung – Vaterländische Gesänge

Der Prinzessin Auguste von Hessen-Homburg sandte Hölderlin zum Geburtstag am 28. November 1799 zwei Oden und empfing von ihr bald darauf ein Dankschreiben, in dem es hieß: »Ihre Laufbahn ist begonnen, so schön und sicher begonnen, dass sie keiner Ermunterung bedarf« (II, 847). Zu vermuten ist, dass Hölderlin seine Anfang 1800 entstandene Ode *Ermunterung* in Anspielung auf diese Briefstelle überschrieben hat. Die Ode beginnt mit der Strophe:

> *Echo des Himmels! heiliges Herz! warum,*
> *Warum verstummst du unter den Sterblichen?*
> *Und schlummerst, von den Götterlosen*
> *Täglich hinab in die Nacht verwiesen?*
>
> I, 277

Deutlich sind »Echo des Himmels« und »heiliges Herz« alliterierend verbunden. Wenn der Himmel nicht schweigt, sondern sich mitteilt, dann bildet das menschliche Herz den Ort und die Instanz, es zu vernehmen. Echo bedeutet Resonanz. Ein Echo entsteht nur in der Wiedergabe und im Widerhall einer Stimme oder eines Klangs, die anderswo ihre Quelle haben. Es vermag selbst keinen Ton zu erzeugen, wohl aber Töne zu reproduzieren und ihnen dabei durchaus eigene Tönungen zu verleihen. Wenn Hölderlin dem menschlichen Herzen die Möglichkeit zuschreibt, Echo des Himmels zu sein, vertritt er nicht die Auffassung, dass diese Möglichkeit permanent ergriffen würde. Sie kann auch unglücklich vertan werden. Dann hört aber das Herz auf, ein »heiliges« Herz zu sein. Es

»verstummt« und »schlummert«, hat die ihm prinzipiell mögliche Beziehung zum Himmel verloren. Und dies ist der Fall, wie Hölderlin erläutert, wenn das Herz unter den Einfluss von »Götterlosen« geraten ist, die es »in die Nacht« verweisen, es also nachdrücklich vom Himmel des Lichts verbannen.

»Götterlose« sind Menschen ohne Religion, genauer: Menschen ohne religiöses Empfinden. Denkbar erscheint darum, dass auch ein Hermokrates in diesem Sinne unter die Kategorie der »Götterlosen« fällt, weil er Religion wie ein Geschäft betreibt. Andere sind noch viel vordergründiger als »Götterlose« zu klassifizieren. Es sind alle, die sich der »Nacht« verschrieben haben, ohne darum zu wissen und ohne zu durchschauen, dass die Projekte von theoretischer und praktischer Aufklärung, die sie emsig verfolgen, weit von jener Klarheit entfernt sind, die allein der »Himmel« zu schaffen imstande ist. Sie entäußern sich an ihr Tagwerk, sei es denkend, sei es handelnd und lassen nachlässig in sich verkümmern, was ein »Echo des Himmels« auffassen und bewegen könnte: ihr »heiliges Herz«.

Die von Hölderlin gewählte Metaphorik lässt zwei Deutungen für das Echo des Himmels zu. Gemeint sein könnte die Religion. Gemeint sein könnte aber ebenso die Poesie. Bei den Götterlosen ist unschwer zu assoziieren, dass an Menschen ohne Religion gedacht wird; an solche, die den »Himmel« gestrichen haben aus ihrer Weltbetrachtung und Weltbehandlung. Doch die Götterlosen könnten auch Menschen ohne Poesie sein, prosaische Kreaturen, die sich ans Handgreifliche und Notwendige halten und sich, wie es an anderer Stelle heißt, generell darauf beschränken, der »Nothdurft« (II, 51) nachzukommen.

Nimmt man aus derselben Ode, deren erste Strophe wir betrachtet haben, die vierte Strophe hinzu, so löst sich die scheinbare Deutungsunsicherheit auf:

O Hoffnung! bald, bald singen die Haine nicht
Der Götter Lob allein, denn es kommt die Zeit,
Daß aus der Menschen Munde sich die
Seele, die göttliche, neuverkündet.

Was von der Zukunft erwartet wird, ist ein allgemeines Singen. Solcher »Gesang« aber, der im Verständnis und Sprachgebrauch Hölderlins immer der originäre Ausdruck von Poesie ist, dient seiner Intention nach dazu, der »Götter Lob« zu verkünden. Jetzt, in geschichtlich-gesellschaftlicher Nachtzeit, bleibt dieses Götterlob den »Hainen« vorbehalten, wie auch Psalmen davon wissen, dass die Bäume zusammen mit anderen Geschöpfen der Erde das Gotteslob anstimmen (z. B. Psalm 148). Bald aber, wenn die Nacht vorüber ist und das Licht aufs Neue erkannt wird, sollen auch die Menschen den Gesang wieder lernen. Sie werden aufgeschlossen sein für den »Himmel«, und ihr »Herz« wird tätig als dessen »Echo«. Religiöse Empfänglichkeit und poetischer Ausdruck spielen derart ineinander und bilden zwei Seiten desselben Vorgangs. Poesie ist in dieser Perspektive nicht von Religion zu lösen und Religion nicht von Poesie. Poetische Religion meint deshalb keine Sonderform religiöser Erfahrung und Gestaltung, sondern das Wesen der Religion überhaupt. Entsprechend kann Hölderlin seinen Traktat über Religion abschließen mit dem Satz: »So wäre alle Religion ihrem Wesen nach poetisch« (II, 57).

Diesen Traktat hat Hölderlin Anfang 1796 in Frankfurt geschrieben und nicht vollendet. Der Schluss fehlt, und Lücken im Text lassen das Ganze nur als eine Summe von Bruchstücken erscheinen. Eine Interpretation wird dadurch, wie in anderen theoretischen Schriften Hölderlins auch, beträchtlich erschwert. Trotzdem lohnt es, den Text heranzuziehen, weil Hölderlin an dieser Stelle wie nirgends sonst Aufschluss gibt über sein Verständnis des Zusammenhangs zwischen Poesie und Religion[50].

Versucht man, die Quintessenz seiner Überlegungen zusammenzufassen, so kann man sagen: Religion ist das innere Leben der Poesie; Poesie ist der berufene Träger von Religion. Oder: In der Religion findet Poesie ihren Grund; in der Poesie kommt Religion zu sich selbst.

---

50 Der Traktat ist in der Münchener Ausgabe mit »Fragment philosophischer Briefe« überschrieben, II, 51–57.

Näherhin betrachtet unternimmt Hölderlin den Theorieversuch, die Eigenständigkeit und die Unverzichtbarkeit von Religion im Kontext aller menschlich-gesellschaftlichen Verhältnisse zu ergründen. Er tut dies drei Jahre bevor SCHLEIERMACHER seine *Reden über die Religion* veröffentlichte, die Hölderlin dann nachweislich gelesen und sogar besessen hat. Er kann also von der zeitlichen Differenz her durch SCHLEIERMACHER nicht beeinflusst worden sein, dürfte sich aber in manchem, was SCHLEIERMACHER seinerseits vortrug, bestätigt gefunden haben. Fast hat es den Anschein, als habe sich nach dem Erscheinen der *Reden* für Hölderlin die Aufgabe erledigt, das Verhältnis von Poesie und Religion weiter theoretisch zu verfolgen. Anschließend lag ihm nur noch daran, es in der Rolle des Dichters praktisch zu vollziehen.

Das »Herz«, das in der Ode *Ermunterung* als Ort für ein »Echo des Himmels« angerufen wurde, bildet nun auch im *Religions-Traktat* den Ausgangspunkt der Erörterungen. Hölderlin möchte sich von vornherein nur mit dem Fall befassen, dass »von einer Gottheit ... von Herzen und nicht aus einem dienstbaren Gedächtniß oder aus Profession« gesprochen wird. Damit werden Erscheinungsformen von Religion aus der Betrachtung ausgeschieden, die sich nach Hölderlins Urteil als defizitär oder als korrumpiert erweisen. Bei unseren Beobachtungen zu seiner Religionskritik um der Religion willen sind wir darauf eingegangen. *Defizitär* wird Religion, wenn sie sich ganz einem »dienstbaren Gedächtniß« verpflichtet zeigt. Die Formulierung trifft eine bewusste und prägnante Unterscheidung zu dem, was Hölderlin an anderer Stelle mit dankbarer Erinnerung oder mit »Andenken« bezeichnet. Ohne solches Andenken würde Religion innerlich leer, aber mit einem »dienstbaren Gedächtniß« stirbt sie innerlich und äußerlich ab. Im dankbaren Erinnern wird Vergangenes in seiner lebendigen Bedeutsamkeit subjektiv vergegenwärtigt. Beim »dienstbaren Gedächtniß« dagegen wird Vergangenes als normative Tradition objektiv festgeschrieben. In diesem letzteren Fall schlägt sich ein Traditionsbewusstsein nieder, das Gültigkeiten an Sätze und Satzwahrheiten hängt, nicht an Erfahrungen und Empfindungen. Religion kann unter dieser Voraussetzung aber nur einen defizitären Charakter gewinnen. – *Korrumpiert* erscheint sie darüber hinaus, wenn sie allein in die Hände derer gelegt wurde, die sie »aus Profession« betreiben. Deren Exponent war der Priester Hermokrates im *Empedokles*. Professionalisierte Religion ist für Hölderlin eine verzweckte, geknebelte und verdrehte Religion. Sie darf nicht sein, was sie sein soll, und sie wird gehandhabt, statt von sich aus frei sich bewegen und Menschen anrühren zu können. Aus der Lebensenergie, die in ihr wirksam ist, hat man ein totes Werkzeug gemacht.

Religion ist jedoch ihrem Wesen nach anders und sie bedeutet mehr, betont Hölderlin. Ihre Domäne ist ausdrücklich das »Herz«, nicht der Verstand und auch nicht die Tat. Nur: was bezeugt dieses Herz eigentlich und welcher Art sind die Erfahrungen, die ihm zukommen?

Wir haben oben festgestellt, dass Gott von Hölderlin im Wesentlichen als Beziehung begriffen wird, als Grund für Beziehungsmöglichkeit und als offenbare Beziehungsrealität[51]. Diese Linie bekräftigt der *Religions-Traktat,* denn er macht deutlich, dass Religion sich nicht auszeichne durch ein eigenes Verhältnis zu einer besonderen Wirklichkeit, einem religiös oder metaphysisch vorgestellten Jenseits etwa, das als selbständige Welt supranatural für sich und in sich existierte. Vielmehr hat auch Religion es mit der einen Wirklichkeit zu tun, die sinnlich erfahrbar und menschlichem Empfinden, Denken und Handeln zugänglich ist. Es geht der Religion also nicht darum, die vor Augen liegende Wirklichkeit gegen eine unsichtbare höhere auszuspielen und zum Ausstieg aus dieser Welt und zum Einstieg in eine imaginäre Himmelswelt zu verlocken. Die Wirklichkeit ist unverrückbar eine, auch in den Zerreißungen und Trennungen, unter denen sie zu leiden hat, und es kennzeichnet gerade Hölderlins Anliegen, dass diese eine, aber in sich widerspruchsvolle Wirklichkeit endlich zu einer lebendigen Einheit finde.

---

51 Mit Recht hat Manfred Frank betont, bei Hölderlin werde nicht Subjektivität, sondern »Identität zum Angelpunkt der Philosophie«, als »echte Beziehung Unterschiedener«, M. Frank, Hölderlin über den Mythos, in: HJb 1990/91, S. 9.

Exakt in diesem Zusammenhang wird bedeutsam, was Hölderlin als Religion erkennt, die »doch das erste und lezte Bedürfniß der Menschen ist« (II, 735). Sie betrifft keine andere Wirklichkeit, sondern die vorhandene in anderer Weise und provoziert so einen Streit um diese Wirklichkeit. Der Streit erfolgt im Blick auf unterschiedliche Wirklichkeitsdeutungen. Und da beansprucht Religion ihr eigenes Deutungsrecht gegenüber einer philosophischen oder auch politischen und ökonomischen Weltsicht. Es ist die *Art der Beziehung* zum Wirklichen, die in diesem Streit zur Debatte steht, und der Religion obliegt es, einer heillosen Beschränktheit menschlicher Weltbeziehungen zu wehren.

Beschränkt sind nun im Urteil Hölderlins alle Beziehungen zur Wirklichkeit, die sich ausschließlich von der »Nothdurft« leiten lassen. Das betrifft die Angelegenheiten, die ein Überleben in der Welt gewährleisten sollen. Das Notwendige des »Tagwerks«. Die Sorge ums Auskommen, Forschung, Wirtschaft, das Organisieren und Regulieren im Staatswesen, Sicherung von Grenzen, Sicherung von Einkünften und anderes mehr. Es sind die »nothdürftigen Beziehungen«, in denen der Mensch sein Leben führt, gewöhnlich ohne »der nothwendigen Beschränktheit dieser Lebensweise« (II, 52) selbst gewahr zu werden. Er ist ja im Normalfall in einen »Maschinengang« des Lebens verwickelt und davon so beherrscht, dass ihm die Erfahrung abgeht von einer »über die Nothdurft erhabnen Beziehung« (II, 51). Eben diese manifestiert sich aber in der Religion.

Hölderlin verwendet im erwähnten Kontext die Formel von der »mehr als nothdürftigen Beziehung« (II, 52) und den »mehr als nothwendigen Beziehungen des Lebens« (II, 54). Es ist dieselbe logisch schwierige Formel, die EBERHARD JÜNGEL in seinem Hauptwerk[52] eingeführt hat zur Erläuterung dessen, was mit der Wirklichkeit Gottes gemeint sei. Auf die religionskritische Frage: »Ist Gott notwendig?« setzt er dort die theologische Antwort: »Gott ist mehr als notwendig« (S. 30). Und er begründet seine These mit dem Hinweis darauf, dass die Formel

---

52 Eberhard Jüngel, Gott als Geheimnis der Welt, 1977.

»selbstverständlich nicht eine quantitative Steigerung von Notwendigkeit« anzeige. Daraus folgt: »Notwendigkeit ist also für Gott nicht eine zu hoch greifende, sondern eine unzureichende Kategorie. Der Satz ›Gott ist notwendig‹ ist ein schäbiger Satz. Er ist Gottes nicht würdig« (S. 31). – Dasselbe zu unterstreichen, ist Hölderlins Absicht, wenn er auf die »mehr als nothwendigen Beziehungen« zielt, die in der Beschränktheit »nothdürftiger« Anstrengungen des Menschen nicht enthalten sind.

Welcher Art sollen nun aber diese »mehr als nothwendigen Beziehungen des Lebens« sein, aus denen sich »eine mehr als nothdürftige, (nämlich) eine unendlichere Befriedigung« (II, 53) ergibt? Klar ist, dass es sich um Beziehungen des »Herzens« handelt. Sie sind deshalb auch nur zu »fühlen« (II, 52) und zu »empfinden« (II, 53), nicht einfach zu konstatieren oder mechanisch herzustellen. Als empfundene, wohl auch empfindliche (Hölderlin kann sie sogar die »zarten Verhältnisse« nennen, II, 55), weisen sie in einen »höheren Zusammenhang« ein, dem alles Leben zugehört. Dieser höhere Zusammenhang meint natürlich keine eigene Wirklichkeit, sondern die eine Wirklichkeit in ihrer eigentlichen Bedeutung. Den Menschen erschließt sich diese Bedeutung nicht in der Distanz zu ihrer Welt. Sie erschließt sich, sofern sie »in einer mannigfaltigeren und innigeren Beziehung mit ihrer Welt sich befinden« (II,53). Wenn sie also, mit anderen Worten, nicht nur einen beschränkt operativen, sondern einen religiös integrativen Sinn zu entwickeln imstande sind. Und das wäre der Sinn des »Herzens«. Er gewahrt keineswegs nur das Eigene. Er erfährt vielmehr den Zusammenhang des Ganzen. Dieser »höhere Zusammenhang« erscheint seinerseits religiös begründet, weil das Göttliche als Ermöglichungsgrund für die »mehr als nothwendigen Beziehungen« zu gelten hat. Denn diese sind menschlich nicht herstellbar. Sie sind jedoch, bei entsprechend aufgeschlossenem Herzen, sehr wohl erfahrbar. Beziehungen, in denen Göttliches zum Vorschein kommt. Sie ereignen sich jeweils *in* dieser Welt, sind aber nicht *von* dieser Welt. Insofern handelt es sich um Beziehungen mit Offenbarungsqualität. Durch sie werden Erfahrungen möglich, die im Grunde unaussprechlich sind, weil sie einen »höheren Zusammenhang« des Lebens offenbaren. Sie versetzen Menschen in die Lage, dass sie in diesem Zusammenhang »sich selbst und ihre Welt, und alles, was sie haben und seien, vereiniget fühlen« (II, 53)[53].

Was Hölderlin hier den »höheren Zusammenhang« nennt, wird etwas später bei SCHLEIERMACHER das »Universum« heißen. Und was Hölderlin als Vereinigungsgefühl anspricht, ist bei SCHLEIERMACHER der »Sinn und Geschmack fürs Unendliche«. Religion, so befindet SCHLEIERMACHER (und Hölderlin könnte es genauso sagen), vollzieht sich als »Beziehung auf ein unendliches Ganzes«[54]. Kein Ganzes von Tatsachen oder von Erscheinungen geschichtlicher oder natürlicher Art, sondern ein Ganzes von Bedeutungen. Religion ist daheim in der Dimension von Bedeutungen, auch wenn es solche Bedeutungen und erst recht ein Ganzes von Bedeutungen nicht geben kann ohne die Realitäten der erfahrbaren Welt und ihrer Geschichte.

Auffällig übereinstimmen Hölderlin und SCHLEIERMACHER nicht zuletzt darin, dass sie die innere Tendenz der Religion auf Gemeinschaftsbildung hervorheben. SCHLEIERMACHER entfaltet das unter Anwendung seiner Theorie der Geselligkeit. Hölderlin zeigt es in seinem *Religions-Traktat* schon früher an unter dem Begriff der »Sphäre«. Denn Sphäre bedeutet für ihn das lebendige Beziehungsgeflecht, in dem jeder Mensch sich bewegt. Dazu gehören seine menschlichen Beziehungen, seine natürlichen und technischen Beziehungen, aber ebenfalls die religiösen, die »mehr als nothwendigen Beziehungen«, worin er sein Leben führt. Demnach, so folgert Hölderlin, hat jeder Mensch »seinen eigenen Gott, in so ferne jeder seine eigene Sphäre hat, in der er wirkt und die er erfährt« (II, 51). Diese eigene Sphäre ist es, die den Menschen zur Person macht. Er ist keine Monade, sondern als Person ein Wesen, das existiert, indem es in Beziehungen existiert. Auch der Einsame existiert in Beziehungen, selbst

---

53 Vgl. die Sentenz aus dem ›Hyperion‹: »Eines zu seyn mit Allem, das ist Leben der Gottheit, das ist der Himmel des Menschen« I, 614.
54 Friedrich Schleiermacher, Über die Religion. Reden an die Gebildeten unter ihren Verächtern, 6. Aufl. 1967, S. 54.

wenn er darunter leidet, dass diese Beziehungen aktuell nicht gelebt werden können, wie bei Menon, der um Diotima klagt: »so einsam fehlt jegliches Göttliche mir« (I, 293). Und auch der Eremit schöpft noch aus seinen Beziehungen zu Vergangenem, das ihm bedeutsam geworden war, und lebt andenkend die religiöse Beziehung zum Göttlichen seiner Sphäre.

Trotzdem muss die eigene als individuell begrenzte Sphäre für sich unvollkommen bleiben. Dem Charakter von Beziehungen entspricht es, nicht die Isolation, sondern die Vereinigung zu suchen, und dies um so mehr, je stärker es sich um Beziehungen mit Bedeutung handelt. Darum drängt es Menschen über ihre eigene Sphäre hinaus zur »gemeinschaftlichen Sphäre«, in welcher dann auch eine »gemeinschaftliche Gottheit« (II, 52) erfahrbar wird. Und das endet nicht bei der Bildung überschaubarer und vertrauter Gemeinschaften, sondern strebt darauf hin, alle Menschen zu erreichen und zu umfassen, bis am Ende »alle eine gemeinschaftliche Gottheit« haben. Die Beziehungskraft des Göttlichen wird so zu ihrem Ziel kommen – in einem allgemeinen Frieden, der nicht zu Lasten der Freiheit geht: im Einen und Allen der Zukunft und im Reich Gottes.

Hölderlin übersieht nun keineswegs, dass Religion zwar im subjektiven Empfinden wurzelt, sich im reinen Empfinden aber nicht erschöpfen kann. Das Empfinden verlangt nach Ausdruck, sonst wird es nicht anschaulich und erst recht nicht kommunizierbar. Was religiös empfunden wurde, bedarf also der »Vorstellung« (II, 56), man muss sich dieses oder jenes »Bild« (II, 53) von den religiösen Beziehungen zu machen versuchen. Und darin verbirgt sich der Fallstrick für alle Religion, denn das Arsenal möglicher Vorstellungen kann die Religion verstümmeln, die in ihnen zum Ausdruck gebracht werden soll. Es können Vorstellungen aus Bereichen herangezogen werden, die »von intellectualen moralischen rechtlichen Verhältnissen« oder auch von »physischen mechanischen historischen Verhältnissen« (II, 56) herrühren und als solche ganz ungeeignet sind, die »mehr als nothwendigen Beziehungen« in der Religion angemessen zu vermitteln. Aus diesen Schwierigkeiten resultieren die sattsam bekannten Pervertierungen von Religion, wenn aus ihr ein verbindliches Moralsystem, eine Rechtsordnung, ein philosophisches Gedankengebäude oder ein historisches Museum zur Traditionsbewahrung gemacht wird, alles in allem ein zweckbestimmtes Werkzeug im Reich der Notwendigkeiten. Darum, so schlussfolgert Hölderlin, darf die religiöse Erfahrung, die ihrer selbst treu bleiben soll, »in ihrer *Vorstellung* weder intellectuell noch historisch« ausfallen (ebd), sondern ausschließlich »mythisch«.

Doch was ist mit dem Mythischen gemeint? Bis ins 18. Jahrhundert hinein wurden Mythen als erfundene Göttergeschichten verstanden. Das ging auf jene spätantike Beurteilung zurück, die VARRO im ersten vorchristlichen Jahrhundert durch seine Dreiteilung der Theologie systematisiert hatte. Danach gilt als erste Form der Theologie die »mythische«, als zweite die »physische« (philosophische) und als dritte die »politische«. Mythische Theologie war nach dieser Ordnung eine Sache der Dichter, die erfundene Geschichten von menschengestaltigen und moralisch mehr oder weniger anstößigen Göttern verbreiten. Über AUGUSTIN, der im sechsten Buch vom *Gottesstaat* VARROS drei Genera der Theologie referiert und namentlich die mythische Theologie der Göttergeschichten einer vernichtenden Kritik unterzieht, ist die negative Bewertung der Mythen in der Kirche grundgelegt worden. Sie hat, unter Zurücknahme der moralischen Verwerfungskomponente, bis in die Aufklärung fortgewirkt. Mythen galten jetzt, mit der rationalistischen Brille gelesen, als reine Ausgeburten der Unvernunft, sie standen in keinem Verhältnis zur Wahrheit und wurden in der Substanz ersatzlos durch Vernunfterkenntnis ersetzt. Aufklärung bedeutete insofern auch eine Auswanderung aus alten mythischen Abhängigkeiten. Erst mit einer neuen Mythen-Hermeneutik, die durch CHR. G. HEYNE und seinen Schüler J. G. EICHHORN auf den Weg gebracht und von HERDER in poetologischer Hinsicht vorangetrieben wurde (»Vom neuern Gebrauch der Mythologie«, 1767), vollzog sich eine Wende. Sie bewirkte, dass Mythen nun als frühe poetische Einkleidungen von unvergänglichen Wahrheiten gewertet werden konnten.

Für Hölderlin, der die neuen Mythen-Theorien kannte, ist nun ganz und gar nicht kennzeichnend, dass er selbst ein mythisches Weltbild vertreten hätte. Sein biographischer Weg und der Gang seiner geistigen Entwicklung schließen dergleichen aus. Darüber hinaus ist seinen eigenen Äußerungen zu entnehmen, dass er den Begriff des Mythischen in einem spezifischen Sinne eingeführt hat, denn was er im *Religions-Traktat* »mythisch« nennt, bezieht sich allein auf die »Vorstellungen«, in denen religiöse Erfahrungen wiedergegeben werden. Diesen Vorstellungen ist abzuverlangen, dass sie nicht »blos Ideen oder Begriffe« und auch nicht »bloße Begebenheiten, Thatsachen enthalten« (II, 56). Bloße Ideen nämlich führen zur Philosophie und bloße Tatsachen zur Geschichte. Gesucht wird aber ein Verbindendes, in das Anteile vom Philosophischen ebenso wie Anteile vom Historischen eingehen, und dies – wohlgemerkt – im Medium der Vorstellungen, nicht im Bereich unmittelbar religiöser Erfahrungen selbst. Es geht an dieser Stelle also nicht um die Frage des Zustandekommens und der Beschaffenheit religiöser Erfahrungen, sondern um den angemessenen Ausdruck, den sie im Katalog menschlicher Vorstellungsarten finden können. Und da plädiert Hölderlin für die Zuständigkeit des Mythischen.

Das Historische reicht als Vorstellungsart für die religiösen Beziehungen darum nicht hin, weil es nur mit Tatsachen zu tun hat. Das Philosophische hat es dagegen mit Notwendigkeiten[55], und erst das Mythische hat es mit Bedeutungen zu tun. Dabei ist dem Missverständnis entgegenzutreten, als könnte es sich um Bedeutungen handeln, die ihres mythischen Gewandes auch entkleidet werden dürften, um so als reine Bedeutungen dazustehen. Reine Bedeutungen gibt es nicht. Von den Bildern und den Vorstellungen abgetrennt, in welche sie eingegangen sind und die Wiederholbarkeit gewährleisten, fallen diese Bedeutungen formlos in sich zusammen. Sie lösen sich auf.

---

55 Entsprechend heißt es in einem Brief vom Januar 1799 an den Bruder Karl: »die philosophisch politische Bildung (hat) schon in sich selbst die Inkonvenienz, dass sie zwar die Menschen zu den wesentlichen, unumgänglich nothwendigen Verhältnissen, zu Pflicht und Recht, zusammenknüpft, aber wie viel ist dann zur Menschenharmonie noch übrig?« (II, 729).

Geht es im Sinne Hölderlins um die »mehr als nothwendigen Beziehungen des Lebens«, die in der Erfahrung gründen, »dass ein Geist, ein Gott, ist in der Welt« (II, 51), dann hilft das Mythische, diesen Beziehungen überhaupt Ausdruck zu verleihen, denn der Mythos setzt ins Bild, was im Grunde unvorstellbar, und er bringt zur Sprache, was eigentlich unaussprechlich ist. Er beweist damit eine hohe Affinität zur Poesie. Jedenfalls dann, wenn Poesie in ihrem Kern darum besorgt ist, den »höheren Zusammenhang« des Lebens zu entdecken und ihn den Menschen deutend zu vergegenwärtigen: »So wäre alle Religion ihrem Wesen nach poetisch.«

Hölderlin hat seit seinen Jugendjahren die Poesie geliebt und gesucht und zunehmend in ihr gelebt. Sie war nicht nur Ausdrucksmittel für seine subjektiven Empfindungen und seine kreative Geistestätigkeit. Sie bildete die Atmosphäre, in der er zu atmen und zu leben vermochte. Sie gewährte und sie schuf zugleich die Zusammenhänge, aus denen sich Bedeutungen ergeben, auch und gerade jene »höheren Zusammenhänge«, die die höheren Bedeutungen enthalten und die im Religiösen ihren Grund finden. Dass Poesie als Spiel, selbst als ästhetisches Spiel, hinreichend begriffen sei, hat Hölderlin mit Entschiedenheit bestritten. Er wünsche sich, so schreibt er seinem Bruder Anfang 1799, »dass der gränzenlose Misverstand einmal aufhörte, womit die Kunst, und besonders die Poesie, bei denen, die sie treiben und denen, die sie genießen wollen, herabgewürdigt wird« (II, 727).

Beide also, die Rezipienten wie die Produzenten von Poesie, erkennt er in derselben peinlichen Verlegenheit, gar nicht ernsthaft zu ermessen, was es mit der Poesie essenziell auf sich hat. Sie nehmen und betreiben sie als »Spiel, weil sie in der bescheidenen Gestalt des Spiels erscheint« (ebd) und trauen ihrer Wirkung deshalb auch nichts weiter zu als »Zerstreuung, beinahe das gerade Gegentheil von dem, was sie wirkt, wo sie in ihrer wahren Natur vorhanden ist« (ebd). Hölderlins kritische Attacke richtet sich zweifellos nicht allein gegen populäre Moden des Poesiekonsums, sondern entscheidender gegen den zeitgenössischen Poesiebetrieb in mancherlei Musenalmanachen,

Damenjournalen und Anthologien. Es war zu einer gesellschaftlichen Stilfrage geworden, Poetisches zu ästimieren und sich in Kreisen zu bewegen, in denen Dichtung vorgetragen und besprochen oder gar ein anwesender Dichter gefeiert werden konnte. Poesie als »Zerstreuung«, als bevorzugter Unterhaltungsgegenstand in den kultivierten Milieus also, bedeutete für Hölderlin eine schlimme Verfälschung ihrer eigentlichen Würde. Ähnlich wie das Wesen der Religion in den etablierten Religionsverwaltungen, so drohte das Wesen der Poesie im herrschenden Kulturbetrieb zu verkommen.

Welche Wirkungen stattdessen von der wahren, ihrer Bestimmung bewussten Poesie zu erwarten sind, nennt Hölderlin gleich im Anschluss: Dann »sammelt sich der Mensch bei ihr, und sie giebt ihm Ruhe, nicht die leere, sondern die lebendige Ruhe, wo alle Kräfte regsam sind, und nur wegen ihrer innigen Harmonie nicht als thätig erkannt werden. Sie nähert sich Menschen und bringt sie zusammen ...« (ebd), und zwar »zu einem lebendigen tausendfach gegliederten Ganzen« (II, 728). In der recht verstandenen und recht gepflegten Poesie ist demnach dasselbe Potential enthalten, das die Religion auch kennzeichnet: eben jenen Zustand herbeizuführen, welcher – anders als bei schierer Untätigkeit – die kraftvolle Ruhe innerer Sammlung darstellt, die Ruhe des mystisch-poetischen Vereinigungserlebnisses mit dem Ganzen der Wirklichkeit. Diese poetische Bewegung in die Ruhe hinein verschwistert zugleich mit anderen Menschen, die an denselben Erfahrungen Teil haben, und bringt zu einer Gemeinschaft zusammen, die nicht nur auf »Zerstreuung« und Unterhaltung ausgerichtet ist.

Ganz im nämlichen Verständnis, jetzt aber expressis verbis die religiöse Dimension mitansprechend, kann Hölderlin die Dichtkunst in ihrem Wesen benennen und sagen, sie sei »ein heiterer Gottesdienst«[56]. Die Notiz fällt in die Zeit nach Ende der Liebesbeziehung zu Susette Gontard, und man darf davon ausgehen, dass Heiterkeit im üblichen Sinne nicht als Grund-

---

56 Die Bemerkung erscheint im Brief an einen Unbekannten, geschrieben um die Jahreswende 1799/1800, II, 851.

stimmung seines damaligen Zustands in Betracht kommt, wie sie auch sonst keineswegs zu seinen hervorstechenden Eigenschaften gerechnet werden kann. Mit dem Stichwort des »heiteren Gottesdienstes« muss also auf eine andere Ebene des Erfahrens und des Gestaltens hinübergewechselt werden. Das Moment von »Zerstreuung« und Unterhaltung kann da nicht ausschlaggebend sein, gar noch in Richtung einer problematischen Gottesdienst-Kultur, die zwecks Publikumsgefälligkeit meint, aufs Leichte und Vergnügte setzen zu sollen. In Hölderlins Sprachgebrauch steht das »Heitere« nicht gegen das Ernsthafte, sondern gegen das Dunkle und gegen Kräfte, die ins Dunkle ziehen und in die Nacht. Heiter ist der Tag, ist das Licht der Sonne, das mythisch in der Gestalt Apollons begegnet. Und »heiter« ist die adventliche Erscheinungsweise Gottes, seine Klarheit oder seine Herrlichkeit, die nach der Weihnachtsgeschichte die Hirten auf dem Feld umleuchtete (Lukas 2,9) und die Jesus auf dem Berg der Verklärung umgab (Lukas 9,32). Eine Heiterkeit oder eine Klarheit also, die nicht aufklärerisch aus allem Geheimnis heraus, sondern tiefer ins Geheimnis hineinführt: offenbarende Klarheit.

Wenn Hölderlin es der Dichtung zuweist, ein »heiterer Gottesdienst« zu sein, setzt er damit auch den Dichter selbst in eine Art prophetischer Funktion ein. Es ist nicht die Aufgabe des Dichters zu erklären und zu beschreiben, was vorhanden ist: »Lehrt und beschreibet nichts!«, rät Hölderlin darum den jungen Dichtern (I, 193). Und ein satirisches Epigramm von 1796, das er *Die beschreibende Poesie* nennt, lautet: »Wißt! Apoll ist der Gott der Zeitungsschreiber geworden / Und sein Mann ist, wer ihm treulich das Factum erzählt« (I, 185).

Aufgabe des Dichters ist es stattdessen anzusagen, was werden soll; und zwar, was werden soll und werden kann auf dem verheißungsvollen Hintergrund von Gotteserfahrungen, die der Vergangenheit angehören. Sie *erinnernd* an den Tag des Bewusstseins zu heben und im *Gesang* den *Dank* anzustimmen für Gaben des Himmels, die längst erfolgt, aber im Schutt der Geschichte versunken und vergessen sind, das gehört ebenfalls zum spezifischen Amt des Dichters.

Schon früh hatte Hölderlin Ähnliches beim verehrten KLOPSTOCK gefunden und tief auf sich wirken lassen. KLOPSTOCK wusste sich ja auch in der Pflicht eines Dichteramtes, das den Hymnus zu erneuern und zu pflegen habe, eine sakralpoetische Preisung des Göttlichen in der Nachfolge des antiken *vates*, welcher Priester, Sänger und Seher in Personalunion war. Jetzt wird der Dichter bei Hölderlin zu demjenigen, der im »heiteren Gottesdienst« zusammenführt, was seiner Bestimmung nach zusammengehört in harmonischer Einheit: die Götter und die Menschen. Hölderlin trifft, indem er dies betont, noch einmal eine abgrenzende Unterscheidung. Wahre Dichtung, so erklärt er, will »niemals die Menschen zu Göttern oder die Götter zu Menschen machen, niemals unlautere Idololatrie (sic) begehen, sondern nur die Götter und die Menschen gegenseitig näher bringen« (II, 851). Er sieht, dass Poesie ebenso wie Religion dazu missbraucht werden kann, Zustände zu verklären und Personen zu verherrlichen. Aber dann werden immer beschränkte Interessen maßgebend, die sich in Ideologien manifestieren und dem strikt zuwiderlaufen, was als eigentliche Intention von Poesie und Religion zu gelten hat: die freie Vereinigung des Getrennten und ein allgemeiner Zusammenklang des Lebens.

Dabei lebt der Dichter beständig über dem Abgrund. Über einem Abgrund der Zeit, wovon die *Patmos*-Hymne singt, wenn »... furchtlos gehen / Die Söhne der Alpen über den Abgrund weg / Auf leichtgebauteten Brüken« (I, 447).

Aber auch über einem Abgrund des Seins. Denn das Göttliche ist nicht allseits und fortwährend gegenwärtig, es kann sich menschlicher Erfahrung entziehen, und dann wird es Nacht auf der Erde. Mit der Klarheit göttlicher Präsenz fällt dann auch die Möglichkeit des »heiteren Gottesdienstes« und mit ihr die Gelegenheit zur Poesie überhaupt: »wozu Dichter in dürftiger Zeit?« lautet dann die bewegte und viel zitierte Klage aus *Brod und Wein* (I, 378). Es ist die Klage des Dichters in einer Erfahrungsgegenwart der anscheinend Unzeitgemäßen und Verspäteten: »Aber Freund! wir kommen zu spät. Zwar leben die Götter / Aber über dem Haupt droben in anderer Welt« (ebd).

Wo die Götter ihre Nähe zu den Menschen aufgekündigt und sich – mythisch vorgestellt – in unzugängliche Fernen des Himmels zurückgezogen haben, herrschen irdisch nichts sonst als »die Noth und die Nacht«. Die Not lässt auf das Notwendige sinnen und auf nichts darüber hinaus. Die Nacht hat alle Klarheit des Himmels ausgelöscht, sie ist die Nacht der Gottabwesenheit. Eine abgründige Nacht in der Wahrnehmung des Dichters. Sie ist es auch dann, wenn Hölderlin in der Hymne als Erklärung für die erlittene Götterferne der Gegenwart eine Art Vorsehung ins Spiel bringt (das »Irrsal«), die letzten Endes doch zu Gunsten des Menschen walte – als »Schonung« nämlich, welche die unvorbereiteten und unreifen Menschen vor dem Überwältigenden bewahre: »So sehr schonen die Himmlischen uns. / Denn nicht immer vermag ein schwaches Gefäß sie zu fassen, / Nur zu Zeiten erträgt göttliche Fülle der Mensch« (ebd).

In Anspielung auf das Paulus-Wort vom göttlichen Schatz in irdenen Gefäßen (2. Korinther 4,7) vertritt Hölderlin die – sozusagen geschichtstheologische – Auffassung, dass göttliche Offenbarungszeiten (poetisch-religiös angezeigt durch die Lichtmetapher) mit göttlichen Verborgenheitszeiten (angezeigt durch die Nachtmetapher) abwechseln. Auch die Nachtzeit der Götterferne ist aber nicht einfach Zeit eines Götterfluchs oder der Verdammnis. Sie kann eine Zeit der »Schonung« sein. Eine Übergangszeit, die menschlicher Empfangsbeschränktheit in bestimmten Geschichtsperioden Rechnung trägt. Wo das Feuer zur einen Zeit wärmt und erleuchtet, könnte es zu einer anderen heillos verbrennen und vernichten.

Gleichwohl – die Nacht ist gefährlich. Sie vermag nicht allein die Heiterkeit des Himmels zu tilgen, sie kann dem Leben selbst allen Grund des Lebenswerten entziehen. Dann breitet sich, wie es im *Hyperion* heißt, eine »unendliche Leere« aus (I, 650). Dann scheint alles Sein in den Abgrund des Nichts zu stürzen: »Wenn ich hinsehe in's Leben, was ist das lezte von allem? Nichts« (ebd). »Einer nur hat seine Feste unter euch; das ist der Tod. – Noth und Angst und Nacht sind eure Herren« (ebd). »O ihr

Armen, ... die ihr auch so durch und durch ergriffen seid vom Nichts, das über euch waltet, so gründlich einseht, dass wir geboren werden für Nichts, dass wir lieben ein Nichts, glauben an's Nichts, uns abarbeiten für Nichts, um mälig überzugehen in's Nichts ...« (I, 649f). – Das ist der Abgrund, in den der Dichter schaut und in den selbst hineinzustürzen er befürchten muss. Er wird deswegen nicht zu einem Poeten des Nichts. Poesie des Nichts wäre ein Selbstwiderspruch im Sinne Hölderlins, und so kräftig er geradezu existenzialistische Töne anschlagen kann, die der Möglichkeit und dem Schrecken des Nichts gelten, so sehr bedeutet doch sein gesamtes poetisches Wirken einen vehementen Widerstand dagegen. Auf diese Weise handelt es sich aber auch um eine Poesie, die in den Abgrund des Nichts hineingeschaut und den Schmerz des Todes, konkret in der Erfahrung und Verarbeitung des Diotima-Verlustes, erlitten hat. Von Diotima lässt Hölderlin im Übrigen einen Brief an Hyperion gehen, und zwar nach dessen katastrophalen Kriegserlebnissen, worin es heißt: »Wer so, wie du, das fade Nichts gefühlt, erheitert (!) in höchstem Geiste sich nur, wer so den Tod erfuhr, wie du, erhohlt allein sich unter den Göttern« (I, 731).

Die Götterferne hat ihre Zeit, und die Gottesoffenbarung hat ihre Zeit, und in beiden Fällen ist es der Dichter, der zuerst berufen scheint, das Ungeheure zu erfahren und wie ein »Echo des Himmels« zu spiegeln: die überwältigende Leere ebenso wie die überwältigende Fülle. Sobald der Göttertag anbricht, den Hölderlin zunächst auch mit den Fanfaren der Französischen Revolution heraufkommen fühlte, wird zuerst das »Feuer angezündet in Seelen der Dichter« (I, 262). Die Hymne *Wie wenn am Feiertage* schildert die Existenz des Dichters am Wendepunkt zur neuen Zeit. Es ist eine durch und durch prophetische Existenz, die von der Gewalt göttlicher Offenbarung getroffen wird und dieses Widerfahrnis auszuhalten hat, um es in die poetische Form zu gießen, die es mitteilbar macht. So wird der Dichter – unter Schmerzen – zum Hermeneuten himmlischer Offenbarung[57] und zum Künder und Spender göttlicher Gaben:

---

57 Zum Werk des Dichters zählt Hölderlin ausdrücklich das *Deuten*, so im

Doch uns gebührt es, unter Gottes Gewittern,
Ihr Dichter! mit entblößtem Haupte zu stehen,
Des Vaters Stral, ihn selbst, mit eigner Hand
Zu fassen und dem Volk' ins Lied
Gehüllt die himmlische Gaabe zu reichen.

I, 263

Poetische und prophetische Existenz berühren sich hier so eng, dass man an Jeremia denken möchte, der freilich noch drastischer die Schmerz bereitende Wucht des Offenbarungsempfangs zur Sprache bringt, aber ebenfalls das Bild verwendet, welches die Gotteserfahrung wie »ein brennendes Feuer im Herzen« erscheinen lässt (Jeremia 20,9). Der Umstand allerdings, dass Hölderlin den Anbruch des Göttertages – zumindest eine Zeit lang – im revolutionären Aufbruch Frankreichs prophetisch meinte erkennen zu sollen, weist nun auch auf eine innere Gefahr des poetisch-prophetischen Selbstverständnisses hin. Denn die Prophetie könnte sich als verfehlt erweisen und der Prophet ein falscher Prophet sein. Es ist eine Problematik, die schon Israel leidenschaftlich beschäftigte, seitdem und solange es Propheten hervorgebracht hat. Prinzipiell ist sie nicht lösbar, es sei denn um den Preis, prophetischen Geist allemal zurückzuweisen und ihn schlechthin unter Betrugsverdacht zu stellen.

Der Dichter richtet seinen Blick ebensowenig wie der Prophet in die Zukunft allein. Er richtet ihn, erinnernd und deutend, auch nach rückwärts in die Vergangenheit. Und er tut das in mehrfacher Hinsicht. Mehr in theologischer Perspektive angesichts der Frage nach einer möglichen Gewissheit von Bleibendem im allgemeinen Fluss des Vergehens. Mehr in geschichtsphilosophischer Perspektive einer Einsicht in Struktur und Programm kulturgeschichtlicher Abläufe. Und mehr in

---

Schlussvers von *Patmos*, aber auch schon in *Unter den Alpen gesungen*: »und frei will ich, so / Lang ich darf, euch all, ihr Sprachen des Himmels! / Deuten und singen« (I, 305). – Und im *Dichterberuf* heißt es: »Denn nicht was sonst, des Menschen Geschik besorgt / ... es ist ein anders / Zu Sorg und Dienst den Dichtenden anvertraut, / Der Höchste, der ists dem wir geeignet sind / Daß näher immerneu besungen / Ihn die befreundete Brust vernehme« (I, 269).

poetisch-religiöser Perspektive einer stellvertretenden Abstattung des geschuldeten *Dankes* an die »Himmlischen« und den »seeligen Gott«, der »Leben zu geben geneigt« ist (I, 320).

Dank bezeichnet für Hölderlin die Grundhaltung und die Grundäußerung des Dichters. Er stellt nicht allein eine aktuelle Reaktion auf bestimmte positive Lebenserfahrungen dar, sondern ist Ausdruck einer umfassenden Lebenszugewandtheit. Durchlittene Not und schmerzhaftes Leid können darum den Habitus des Dankenden allenfalls unterbrechen, nicht aber zerbrechen. *Menons Klage um Diotima* endet entsprechend mit der Bereitschaft zum Dank: »So will ich, ihr Himmlischen! denn auch danken, und endlich / Athmet aus leichter Brust wieder des Sängers Gebet« (I, 294).

Ähnlich unterstreicht der *Lebenslauf* (in der zweiten Fassung), dass die Wege des Lebens nicht eben und gerade zu verlaufen pflegen, weil die Himmlischen es anders gefügt und neben den aufrechten Gang das niederbeugende Leid gesetzt haben. Aber das ist kein Anlass zu Resignation und Fatalismus. Es ist vielmehr eine Herausforderung, deren Bestehen in die Schule des Dankens führt:

Alles prüfe der Mensch, sagen die Himmlischen,
Daß er, kräftig genährt, danken für Alles lern',
Und verstehe die Freiheit,
Aufzubrechen, wohin er will.
I, 325

Der Dank will also gelernt sein. Er ist keine spontane Antwort auf Erlebtes, sondern gereifte Einsicht; darum auch nicht nur eine momentane, mehr oder minder flüchtig erzeugte und rasch erschöpfte Geste. Er bezeichnet eine Haltung. In der *Friedensfeier* heißt es: »... aber Dank, / Nie folgt der gleich hernach dem gottgegebenen Geschenke: / Tiefprüfend ist es zu fassen« (I, 363).

Weil Dank aus dem Nährboden gesättigter Erfahrungen aufwächst und erblüht, gehört er mit wesentlichen Erinnerungen zusammen und mit dem Akt des *Andenkens*[58]. Im Andenken sind Erinnerungen aufgehoben, allerdings solche Erinnerungen, deren Bedeutung für die Erlebnisgegenwart zu nennen und festzuhalten wichtig ist. Auch der *Religions-Traktat* kommt darauf zu sprechen. Bei der Frage, auf welche Weise denn der Mensch »sich über die Noth« erheben könne, um der »mehr als nothwendigen Beziehungen des Lebens« inne zu werden, antwortet Hölderlin: indem »er sich seines Geschiks *erinnern*« und »für sein Leben *dankbar seyn* kann und mag« (II, 53).

Der Dank ist demnach eine Form der Wertung; und zwar einer komplexen Lebensbewertung, die nicht aus den analytischen Verfahren des Verstandesvermögens gewonnen wird, sondern aus der synthetischen Sichtweise des »Herzens«. Ihm offenbaren sich auch die verborgeneren Beziehungen des Lebens und ihm fügen sich Einzelheiten, auch solche aus der Vergangenheit, zu einem Gesamtbild des zur Einheit gerundeten Lebens zusammen. Erinnerung ist die Weise der Heimholung von anscheinend Verlorenem, tatsächlich aber Unverlierbarem in eine umfassende Lebensgegenwart. Und *Andenken* ist Erinnerung in der Reverenz vor der Lebenszugewandtheit Gottes. Erinnerung für sich könnte ja auch, sei es individuell oder kollektiv, recht großspurig und laut daherkommen. Einem Andenken jedoch ist es eigen, in all seiner Intensität gleichwohl demütig und still zu sein.

Dafür Sorge zu tragen, ist Aufgabe des Dichters. Er ist Anwalt des Andenkens und Zeuge des Danks, und selbst wenn er, wie in *Heimkunft*, die Frage aufwerfen kann: »wie bring ich den Dank?« (I, 322), vermag er im gleichen Zusammenhang doch einen exemplarischen Dank-Hymnus anzustimmen, der zudem nicht ins Anonyme geht, sondern sich direkt an die Adresse des »seeligen Gottes« wendet:

---

58 Dieter Henrich hat dem gleichnamigen Gedicht von Hölderlin eine ausführliche Untersuchung gewidmet und auf den sowohl sprachlichen wie inhaltlichen Zusammenhang von Dank, Andenken und Andacht hingewiesen, D. Henrich, Der Gang des Andenkens. Beobachtungen und Gedanken zu Hölderlins Gedicht, 1986, S. 131ff.

> *Stille wohnt er allein und helle erscheinet sein Antliz,*
> *Der Ätherische scheint Leben zu geben geneigt,*
> *Freude zu schaffen, mit uns, wie oft, wenn, kundig des Maases,*
> *Kundig der Athmenden auch zögernd und schonend der Gott*
> *Wohlgediegenes Glük den Städten und Häußern und milde*
> *Reegen, zu öffnen das Land, brütende Wolken, und euch,*
> *Trauteste Lüfte dann, euch, sanfte Frühlinge, sendet*
> *Und mit langsamer Hand Traurige wieder erfreut,*
> *Wenn er die Zeiten erneut, der Schöpferische, die stillen*
> *Herzen der alternden Menschen erfrischt und ergreifft,*
> *Und hinab in die Tiefe wirkt, und öffnet und aufhellt,*
> *Wie ers liebet, und jetzt wieder ein Leben beginnt,*
> *Anmuth blühet, wie einst, und gegenwärtiger Geist komt,*
> *Und ein freudiger Muth wieder die Fittige schwellt.*
>
> I, 320

Die Nähe dieser Verse zum Geist und auch zur Sprache der biblischen Dank-Psalmen ist offensichtlich. Dank ist die fundamentale religiöse Lebensäußerung. »Wer Dank opfert, der preiset mich«, weiß Psalm 50,23, und darum kleidet sich der Dank angemessen in das sprachliche Gewand des Gotteslobs. Der »Dank« und der »Gesang«, diese beiden Leitbegriffe Hölderlins, beziehen sich miteinander auf denselben poetisch-religiösen Erfahrungszusammenhang. Die späten Hymnen des Dichters sind, anders als seine Oden, dezidiert poetisch-religiöse Ausdrucksgestalten, die im Dank gründen und das Andenken pflegen[59]. Denn der Hymnus singt: Gott sei Dank! Und er gehört ins Zentrum der gottesdienstlichen Feier. Mit dem Hymnus gewinnt diese Feier die erwünschte Dignität, ein »heiterer Gottesdienst« zu werden. So vergegenwärtigt er das Gültige. Und das Gültige ist das, was seinem Wesen nach dem Vergehen entnommen ist. Es ist das, was zu bleiben vermag.

---

[59] Ich halte deshalb trotz kritischer Intervention namentlich von U. Gaier gegen eine Verwendung dieser Gattungsbezeichnung auf die späten Gedichte Hölderlins am Begriff *Hymnen* fest. Der Vorschlag, besser die von Hölderlin selbst gebrauchte Bezeichnung *Gesänge* zu wählen, leistet nicht mehr als die Eintragung eines deutschen Äquivalents für ein ursprüngliches Fremdwort.

Deshalb schließt Hölderlins *Andenken* mit dem berühmten Vers: »Was bleibet aber, stiften die Dichter« (I, 475).

Auf den ersten Blick scheint sich demgegenüber in eine andere Richtung zu bewegen, was Hölderlin selbst, ebenfalls in den späteren Jahren seiner Dichtung, die »vaterländischen Gesänge« (II, 927) genannt hat. Daran haben sich eine Reihe teils versehentlicher, teils gezielter Missverständnisse angeknüpft. Der Rekurs aufs »Vaterland« und dessen hymnische Ehrung konnte nationalistisch vereinnahmt, sogar nationalsozialistisch ausgeschlachtet werden, als hätte der Dichter auf einmal alle universalen Themen und Perspektiven preisgegeben und beschränkten Geistes auf die chauvinistische Karte gesetzt. Gewiss hat Hölderlin für sein Denken und auch für sein Dichten die Wirklichkeit entdeckt, die er unter dem Signum »Deutschland« oder »Germanien« und ebenso unter den Begriffen »Heimat« und »Abendland« oder »Hesperien« ansprechen konnte. Aber dies erfolgte nie in einem direkt politisch-ideologischen Interesse, sondern stets in einer poetisch-kulturgeschichtlichen Deutungsabsicht. Dass ihm nicht daran lag, die politische Größe eines Deutschen Reiches über alles zu erheben, geht schon aus seinem Mahnwort im Odenfragment *Das Nächste Beste* hervor: »Daß aber uns das Vaterland nicht werde / Zum kleinen Raum« (I, 424). Kleinräumigkeit im Vaterlandsverständnis brächte Kleingeistigkeit in der Dichtung mit sich, und diesem Verdacht möchte Hölderlin sich nicht ausgesetzt sehen. Patriotische Dichter gab es genug zu seiner Zeit, und allein Hölderlins frankophile Grundeinstellung war Anlass genug, nicht zu ihnen zu zählen[60].

Im Übrigen konnte er sich noch im Januar 1799 in satirischer Manier über ein Deutschtum verbreiten, das sich nun gerade durch geistige Enge und Provinzialität auszeichnete und das er wahrhaftig nicht feierlich zu verklären gesonnen war. Da führen die »Apostel der Beschränktheit« das große Wort und fördern

---

[60] Nachweislich hatte bereits in den frühen Tübinger Hymnen die Chiffre »Vaterland« keinen nationalen Sinn, sondern eine revolutionäre Stoßrichtung: sie stand damals für den entschlossenen Kampf gegen aristokratische und klerikale Kräfte, die als eigentlich Vaterlandslose galten, vgl. Hölderlin-Handbuch S. 305.

»das affectirte Geschrei vom herzlosen Kosmopolitismus« (II, 726), während sich das Niveau der Deutschen »auf eine ziemlich bornierte Häuslichkeit« reduziert (II, 727). Sie fühlen sich überall »an ihre Erdscholle gefesselt«, keiner denkt und strebt eigentlich über seine Häuslichkeit hinaus, und man lebt derart »ohne Allgemeinsinn und offnen Blik in die Welt« (ebd). Dies ist natürlich nicht alles, was Hölderlin über Deutschland sagen und von den Deutschen erwarten möchte, aber wer so redet, dürfte immerhin den chauvinistischen Versuchungen nicht leicht erliegen.

Was nun jedoch seine vaterländische Thematik betrifft, so ist festzuhalten, auf welche Weise sie überhaupt in den Kontext seiner kulturphilosophischen Geschichtsschau hineingehört. Auskunft darüber liefern vor allem Briefe an seine Freunde BÖHLENDORFF und EBEL sowie Partien aus den *späten Hymnen*.

Ohne Zweifel besaß auch für Hölderlin der Begriff des Vaterlandes seinen politischen Sinnhorizont. Das ist grundsätzlich nicht anders als beim Begriff der Revolution. Nur – Hölderlin hat von beidem in der Weise gesprochen, dass auf die aktuelle Geschichtsszene Bezug genommen wurde, um sie doch wesentlich zu transzendieren; und zwar zu transzendieren in die Dimension einer poetischen Wirklichkeitsansage hinein. Der Vorgang erhellt aus einem Brief Hölderlins an EBEL vom 10. Januar 1797. Da nimmt er zunächst Stellung zu den Zeitereignissen, wo alles in »Gährung und Auflösung« begriffen sei: »eine ungeheure Mannigfaltigkeit von Widersprüchen und Kontrasten« (II, 643). Aber die revolutionären Prozesse werden für ihn kein Anlass zu pessimistischen Prognosen. Im Gegenteil: das entstandene Chaos birgt den Keim zu neuen Entwicklungen in sich. Es könnte nicht weniger als »ein Vorbote außerordentlicher Dinge« sein (ebd). Freilich – welcher Dinge? Hölderlin antwortet mit dem viel zitierten, aber nicht immer zutreffend eingeordneten Satz: »Ich glaube an eine künftige Revolution der Gesinnungen und Vorstellungsarten, die alles bisherige schaamroth machen wird« (ebd).

Im Plädoyer für eine »Revolution der Gesinnungen« scheint sich der Dichter von allen politischen Kampfplätzen vornehm zu verabschieden, um sich bloß noch in der geistigen Welt zu bewegen. Aber so einfach liegen die Dinge nicht. Nach seinem eigenen Urteil meint jedenfalls eine »Revolution der Gesinnungen« nicht eine ermäßigte, weil irgendwie vergeistigte Form von Revolution, sondern deren geschichtliche Radikalisierung. Dem, was der Veränderung bedarf, ist an die Wurzel zu gehen. Und die Wurzel bilden nicht die politischen Strukturen – sie sind lediglich Epiphänomene, sondern die geistigen Verfassungen der Menschen und Völker. Bei ihnen ist anzusetzen, wenn überhaupt eine Anstrengung unternommen werden soll, die den Namen Revolution verdient. Die Entscheidung über Sieg oder Niederlage bei dieser Anstrengung fällt dann nicht auf dem Gebiet eines militärischen Kräftemessens. Sie muss fallen auf dem Gebiet der *Bildung*. Und zwar einer Bildung, die zur rechten Zeit in rechter Weise einem Volksganzen zugute kommen soll.

Dies ist der Punkt, an welchem Hölderlin um 1797 die Vaterlandsthematik aufgreift. Es ist nicht der Aspekt nationaler Autonomie, der ihn dabei beschäftigt und auf zukunftsweisende Ergebnisse der Revolution hoffen lässt. Es ist vielmehr die Idee einer vaterländischen Bildung. Jetzt erscheint die Zeit reif dazu. Deutschland befindet sich im Augenblick seines geschichtlichen Erwachens, und zwar eines Erwachens zur Ausgestaltung seiner geistigen Identität. Bisher hatte es sich »still« und »bescheiden« gehalten, aber genau darin zeigt sich seine Anlage für Künftiges, sein »bildsamer Stoff« (ebd). »Gutmütigkeit und Fleiß, Kindheit des Herzens und Männlichkeit des Geistes sind die Elemente, woraus ein vortreffliches Volk sich bildet« (ebd). Das klingt nach deutschem Biedersinn, unterstreicht an dieser Stelle aber zunächst einmal, wie wenig Hölderlin einen selbstgefälligen politischen Patriotismus oder gar Nationalismus zu vertreten gestimmt war. Was ihm vorschwebte, war wirklich ein geschichtsverändernder Prozess von Allgemeinbildung. Und wenn er seine diesbezüglichen Bemerkungen im Brief an EBEL einmünden lässt in die Parole: »man solle von nun an dem Vaterlande leben«, dann ist dies kein Aufruf zum vaterländischen Krieg, sondern zur vaterländischen Poesie. Einer Poesie, welcher Hölderlin nun allerdings die bildende Kraft zutraute, ein Volk zu einen, genauer: es in der Freiheit des gemeinsamen Geistes zu einen. Das mag illusorisch erscheinen, belegt aber, dass Hölderlin seine Erwartungen an die revolutionäre Bewegung seiner Zeit nicht etwa aus Enttäuschung zu minimieren gedachte. Er war daran gegangen, sie bewusst zu transformieren und damit inhaltlich zu erweitern. Sie entwichen ihm damit nicht ins Luftige einer unbestimmten Geistigkeit. Sie blieben vielmehr realitätsbezogen auf das hin, was er für heutige Ohren so missverständlich das Vaterland genannt hat.

Der Geist, der erwachen und Gestalt annehmen soll im deutschen Volk, ist der Geist, der auch schon im antiken Griechenland lebendig war. Derselbe Geist oder »Genius«, wie Hölderlin sagen kann, dieser Geist jedoch nicht in derselben einstmaligen Form. Formen sind kopierbar, und es stellt das Kernproblem geistiger Abhängigkeit dar, dass die Formen, gerade auch die poetischen, lediglich kopiert werden können. Das bemängelt Hölderlin im Brief an BÖHLENDORFF im Dezember 1801. Er erkennt die Gefahr durchaus auch im Blick auf seine eigene Dichtung, »sich die Kunstregeln einzig und allein von griechischer Vortreflichkeit zu abstrahiren« (II, 912). Das heißt: man kann das Fremde – in diesem Fall das Griechische – in dem Maße schätzen und pflegen, dass es einem den Zugang zum Eigenen verstellt. Dann bewegt man sich in einer anderen Sphäre und bildet für sich selbst eine geborgte poetische Identität aus, in Ermangelung der eigenen. Natürlich liegt es Hölderlin fern, eine intime Kenntnis griechischer Kultur und Poesie für entbehrlich zu halten. Darauf weist er im Brief an BÖHLENDORFF ausdrücklich hin. Doch die Unentbehrlichkeit der Griechen findet ihre Grenze bei den Formen, die der Geist in der antiken Dichtung angenommen hat. Es kommt darauf an, diese Formen zu erkennen und sie unterscheiden zu lernen von denjenigen Formen, in welchen abendländischer Geist anschaulich werden will. Hölderlin gesteht zu, dass »der *freie* Gebrauch des *Eigenen* das schwerste« sei (II, 913), die Form eines »vaterländischen Gesangs« also.

Jedem Volk sind bestimmte Formen von Geistestätigkeit angeboren, sozusagen »nationell«, andere dagegen müssen sich erst »bilden«. Den Griechen war das »Feuer vom Himmel« wie angeboren, das »heilige Pathos«, das sie deswegen auch nicht intensiv weiter zu bilden und zu entwickeln brauchten. Was ihnen eher abging, war der Gegenpol zur Begeisterungsfähigkeit und Leidenschaft, nämlich die »Klarheit der Darstellung«, und darum konzentrierten ihre Meister genau darauf ihre poetische Kraft, die eine »Junonische Nüchternheit« seit HOMER hervorbrachte (II, 912). Mit »Hesperien«, dem Abendland, verhält es sich umgekehrt. Hier herrscht eine natürliche Nüchternheit und Klarheit vor, die darum keiner besonderen Bildungsanstrengung bedarf. Als Mangel erscheint dagegen das heilige Pathos, die hohe Begeisterung, und eben diese zu bilden, ist die vordringliche kulturelle und poetische Aufgabe.

Der griechisch-germanische Kulturvergleich ist Hölderlins theoretische Fundierung für seine späte Poesie. In der Form verlässt er damit die Vorbilder griechischer Metrik und übt sich in eigenwillig freien Rhythmen[61]. In der Stimmung überwiegt das »heilige Pathos« gegenüber nüchterner Darstellung. Und in der Sache wird das »nationell« Eigene gesucht, allerdings nicht auf Wegen zu nebulosen Ursprüngen eines germanischen Geistes, sondern in der Versöhnung von Poesie und Religion, von griechischer Antike und Christentum. Daraus ergibt sich, was Hölderlin mit dem Ausdruck »vaterländische Gesänge« belegt hat.

Diese poetische Identitätsbildung hat Hölderlin nicht zuletzt kulturgeschichtlich reflektiert und untermauert. Denn das eigene Vaterland bildet sich jetzt und in dem Maße, wie es die Wanderung des Geistes, der in Griechenland seine antike Form gefunden hatte, nach »Hesperien« hinüber anerkennt und widerspiegelt. Die Hymne *Am Quell der Donau* besingt diesen kulturgeschichtlichen Weg von Osten nach Westen, den der Verlauf der Donau als »Wiederklang der Liebe« (I, 350) in umgekehrter Richtung zurückverfolgt. Denn es kam das »Wort

---

[61] Dem widerspricht durchaus nicht, dass Hölderlin seine Übertragung von Pindars Olympischen und Pythischen Epinikien (Siegesliedern) insbesondere dazu nutzte, sich von deren lyrischem Stil anregen und auf den Weg einer eigenen poetischen Sprache und Metrik führen zu lassen.

aus Osten zu uns« (I, 351), die Gaben der »theuern Lehr'« und auch der »holden Gesänge« (I, 352), alles in allem: die »menschenbildende Stimme«, die als »Erwekerin« wirksam wurde (I, 351) im nächtlich schlafenden, gottfernen Hesperien. – »Doch einige wachten« (I, 352). Das sind die, welche die kulturgeschichtliche Kontinuität zwischen Orient und Okzident, zwischen Hellas und Hesperien nicht abreißen ließen, auch wenn Germanien im Übrigen, wie der *Archipelagus* darstellt, in völliger »Nacht« wandelte: »es wohnt, wie im Orkus, / Ohne Göttliches unser Geschlecht« (I, 302). Darauf folgt, anderen Ausführungen Hölderlins über eine »nothdürftig«-zweckgesteuerte Lebensführung ähnlich, die Skizze jener Volkskultur, der das »Göttliche« abhanden gekommen ist:

Ans eigene Treiben
Sind sie geschmiedet allein und sich in der tosenden Werkstatt
Höret jeglicher nur und viel arbeiten die Wilden
Mit gewaltigem Arm, rastlos, doch immer und immer
Unfruchtbar, wie die Furien, bleibt die Mühe der Armen.

I, 302

Wo jeder nur sich selbst zu hören vermag in der lauten und rastlosen Geschäftigkeit seiner Daseinsbewältigung, kann die »menschenbildende Stimme« natürlich nicht durchdringen und vernommen werden. Und mit dieser Stimme, die das »Wort aus Osten« herbeiträgt, auch keine Offenbarung. Der Himmel bleibt dann stumm und ohne Echo, und die Erinnerungen an Tage der Göttergegenwart verblassen, weil sie Tage des fernen und vergangenen Griechenland betreffen. Doch selbst wenn das Göttliche sich der Erfahrungswirklichkeit Hesperiens entzogen hat, ist es doch nicht verloren. Es lebt und es kann und wird wieder »erscheinen«, und »der Liebe seegnender Othem« wird wieder wehen »in neuer Zeit und über freierer Stirne« (I, 303), bis am »Festtag« nun auch in Germanien »die Seele des Volks sich / Stillvereint im freieren Lied, zur Ehre des Gottes« (ebd).

Unter den wenigen, die wachen in gottferner Geschichtsnacht, befindet sich der Dichter. Er versieht das Amt der

Erinnerung und der Hoffnung zugleich. Denn er bewahrt in seinen Gesängen, was Göttergegenwart im alten Griechenland bedeutete, und bereitet auf die Zukunft vor, zu der Deutschland in poetischer Bildung heranreifen soll. Die Poesie erfährt darin ihre eschatologische Gestimmtheit und ihren religiösen Sinn. Mit »Vaterland« werden im selben Zusammenhang der geographische Raum und die geschichtliche Zeit angesprochen, worin Poesie und Religion sich durchdringen und miteinander die Kraft zur Bildung des Volks ausmachen.

Dazu stimmt, dass Hölderlins Vaterlandsverständnis mit seiner Wahrnehmung des Heimatlichen eng verbunden ist.[62] Im Begriff der Heimat drückt sich eine innere Beziehung aus. Und zwar eine Beziehung, die um so deutlicher empfunden wird, je weiter man sich von seinem Ursprung getrennt und in eine Fremde versetzt sieht. Hölderlin hat seine Heimat (und das betraf im engeren Sinne den Nürtinger Raum, im weiteren Sinne ganz Schwaben) besonders nachdrücklich bedacht und besungen, wenn er sich auswärts aufhielt. Darum wird *Heimkunft* sein Thema, kann er dem »schönen Thale des Nekars« (I, 321) nachsinnen sowie *Heidelberg*, »der Vaterlandsstädte / Ländlichschönste(n) (I, 252), aber auch dem Lauf des Rheins nachträumen und sich das Panorama der Alb vor Augen stellen: »Freilich wohl! das Geburtsland ists, der Boden der Heimath, / Was du suchest, es ist nahe, begegnet dir schon« (I, 321).

An BÖHLENDORFF schreibt er im November 1802 (das war nach seinem Aufenthalt in Bordeaux): »Die heimathliche Natur ergreift mich um so mächtiger, je mehr ich sie studire« (II, 921), und es ist genau die Art dieses Studiums, die verhinderte, dass aus Hölderlin ein Heimatdichter provinzieller Prägung werden konnte. Denn was er hier das Studium seiner heimatlichen Natur nennt, kann er etwas später als »Studium des Vaterlandes« bezeichnen, das »unendlich« sei (II, 929). Heimat bedeutet für Hölderlin gleichsam den emotionalen und natürlichen

---

62 Wolfgang Binder hat bemerkt, »dass die Heimat zu den zwei oder drei unbestreitbaren Wirklichkeiten gehört, auf denen Hölderlins Weltbild und Lebensgefühl ruhen«, Hölderlin-Aufsätze, a. a. O., S. 77.

Innenraum des Vaterlandes – und Vaterland den bildungsfähigen und geschichtlichen Außenraum von Heimat. Beides aber betrifft ein Feld lebendiger Beziehungen. Und es handelt sich nicht um Beziehungen, die sich so oder so politisch organisieren ließen. Sie sind eine Angelegenheit des »Herzens« und darum bildbar nur unter den Einflüssen einer Poesie, die zugleich Religion, und einer Religion, die zugleich Poesie zu sein vermag.

Christus in den religionspoetischen Hymnen

Geistige Heimkehr – Persönliche Christusliebe – Christopoesie statt Christologie – Hermeneutische Hymnik – *Friedensfeier* – Christus als Träger der Friedensverheißung – Der Fürst des Festes – Parusie des Christus und seine Eucharistie – Frieden im Himmel und auf Erden – *Der Einzige* – Irritation des Dichters – Ambivalenz der Liebe – Christus im Verhältnis zu Herakles und Dionysos – Aufdeckung von Konvergenz, nicht von Identität – *Patmos* – Naher Gott, schwer zu fassen – Mystische Seelenreise – Das Anliegen des Landgrafen – Poetisches Deuten – Trennungsabschied und Geistgemeinschaft

Es ist wie eine Heimkehr. Der Lebensbogen, den er durchlaufen hat, führt Hölderlin nicht nur in biographischer Hinsicht nach Nürtingen zurück. In diesen Jahren zwischen 1801 und 1803 kehrt er auch geistig heim in Horizonte, in denen er einmal angefangen hatte und aus denen er mit Entschiedenheit ausgewandert war: die Welt des schwäbischen Pietismus. Natürlich geschah das nicht so, dass er sich regressiv in die Lebensweise und Glaubenspraxis des Pietismus zurückversetzt hätte. Aber er hat sich Teile davon anverwandelt. Er ist, dem bekannten Selbstzeugnis Schleiermachers in der Sache entsprechend, in Maßen durchaus zu einem »Pietisten höherer Ordnung« geworden. Höherer Ordnung, das heißt: in einer freien poetischen Adaption pietistischer Elemente, die er deutend in einen größeren Zusammenhang von Weltgeschehen und Gottesgeschichte, von Vergangenheit und Zukunft, von Kultur und Religion einbezog.

Hauptdokumente dieser Heimkehr, die von den Wegen in die griechische Antike und von den Wanderungen durch die philosophischen Lehrhäuser viele Erträge mitbrachte, sind die Hymnen, die seit 1801 entstanden sind: *Friedensfeier* (samt dem Erstentwurf *Versöhnender der du nimmer geglaubt*), *Der Einzige* und *Patmos*. Jede dieser Hymnen ist von Hölderlin mehrfach bearbeitet worden. Jede hat unterschiedliche und zum Teil kontroverse Interpretationen ausgelöst. Und jede widmet sich der Gestalt Christi in einer Weise, wie das in vorangegangenen Dichtungen Hölderlins nicht der Fall war.

Ich nenne diese Gruppe später Gedichte »religionspoetische Hymnen«, weil sie als poetische Gestaltungen dessen gelten dürfen, was Hölderlin als Religion vertreten und in seinem Amt des Dichters vermitteln wollte. Die Fülle der biblischen Zitate und Zitatassoziationen sowie die – namentlich in der *Patmos*-Hymne – gehäuft auftretenden Anspielungen auf pietistisches Gedankengut[63] sind mehr als ein literarischer Bezug auf vertraute religiöse Chiffren, welche generell dann doch mit neuen Bedeutungen gefüllt würden. Die Annahme, Hölderlin habe die biblischen und pietistischen Vorstellungen, die er herbeizieht, bloß metaphorisch aufgenommen und von dem religiösen und theologischen Material einen rein philosophischen Gebrauch gemacht, vermag ich nicht zu teilen. Es hieße, den Hölderlin der Hymnen durch HEGELS Brille zu lesen und ihm ein primär geschichtsphilosophisches Interesse zu bescheinigen, wo er selbst die Erfüllung von Religion im Poetischen und Poesie als authentischen Träger und Zeugen von Religion vorzustellen suchte.

Ohne Frage enthalten die Hymnen die Konturen einer universalgeschichtlichen Gesamtschau. Und ebenso ist schwer zu bestreiten, dass sich idealistisches Denken in ihnen wiederfindet, insbesondere in den Motiven der Freiheit, der Versöhnung und der Lebensgemeinschaft im Geist. Aber die maßgebliche Intention des Dichters ist in den Hymnen nicht spekulativ-philosophisch, sondern poetisch-religiös. Das zeigt sich deutlich an der Art, wie er die Christusgestalt einführt. Sie erscheint jedenfalls nicht nur als Mittlergestalt in einem geschichtsphilosophischen Systementwurf, sondern erst einmal als verehrte und

---

[63] Jochen Schmidt, Hölderlins geschichtsphilosophische Hymnen *Friedensfeier – Der Einzige – Patmos*, 1990, gilt das Verdienst, in großer Zahl biblische und pietistische Motive in den Hymnentexten nachgewiesen zu haben. Allerdings ordnet er sie insgesamt einem geschichtsphilosophischen Konzept unter, das für Hölderlins Hymnendichtung leitend gewesen sei, selbst wenn er im Vorwort seine eigene Lesart der Gedichte wieder relativiert und anmerkt, sie ließen sich »doch nicht auf Geschichtsphilosophie reduzieren«, a. a. O., S. X.

geliebte Person. In *Der Einzige* betrachtet Hölderlin das Pantheon der »alten Götter« und stellt fest: »Noch Einen such ich, den / Ich liebe unter euch« (I, 388, 31f).[64] Und weiter heißt es: »Denn zu sehr, / O Christus! häng ich an dir« (I, 389, 49f); und schließlich: »Es hänget aber an Einem / Die Liebe« (I, 389, 66f).

Dieses »Hängen« an Christus bedeutet mehr als ein sympathetisches Nähegefühl, es ist Ausdruck einer wesentlichen Lebenszugehörigkeit. Im Hintergrund wirkt PAUL GERHARDTS Osterlied *Auf, auf mein Herz mit Freuden* nach, das in der sechsten Strophe singt: »Ich hang und bleib auch hangen an Christus als ein Glied ...« Das Dichter-Ich bezeugt also seine intensive Christusverbundenheit, die seinen Gesang »vom eigenen Herzen« (I, 389, 78) ausgehen lässt, und dies in einem Maße, dass er sich nachgerade zu einer Selbstzurücknahme veranlasst sieht. Weil der Gesang »zu sehr« dem eigenen Herzen gefolgt sei, welches an Christus hängt, unterwirft sich der Dichter einer poetischen Disziplin. Er korrigiert dabei nicht, was ihn mit Christus verbindet, wohl aber, was ihm von dieser Verbindung mitzuteilen angemessen erscheint.

Persönliche Christusliebe bildete das Herzstück pietistischer Frömmigkeit, wie Hölderlin sie in seiner Jugend erfahren hatte. Aber solche Christusliebe konnte sich auch überschwänglich und bis an die Grenze der Peinlichkeit äußern. Das hatte ihn früher abgestoßen. Und es hat den Anschein, als falle er sich bei der Hymne, die seine eigene Christusliebe zu bezeugen und zu besingen anhebt, gleichsam erschrocken selbst ins Wort mit der Mahnung: beachte das »Maas« (I, 390, 74)! Das heißt: vermeide das Übermaß offen bekundeter Christusliebe aus deiner pietistischen Vergangenheit!

Unterstrichen wird die Intention, welche die späten Dichtungen Hölderlins als religionspoetische Hymnen erscheinen lassen, durch briefliche Notizen. Im Januar 1799 hatte er aus Homburg an die Mutter geschrieben und sich beklagt über die »Schriftgelehrten und Pharisäer unserer Zeit, die aus der heiligen lieben

---

[64] In diesem Kapitel werden, zur leichteren Verifizierung der Zitate, neben den Seitenzahlen auch die Verszahlen angegeben.

Bibel ein kaltes, geist- und herztödtendes Geschwäz machen« und »Christum ärger tödten, als die Juden«, weil sie »ihn, den Lebendigen, zum leeren Gözenbilde machen« (II, 734). Der geradezu empörte Einsatz für die Wahrheit des *lebendigen* Christus aus diesem Brief kehrt in der *Patmos*-Hymne bekenntnishaft wieder: »Denn noch lebt Christus« (I, 452, 205). Es ist der Christus, dessen Parusie erwartet wird und der bei seinem zweiten Advent am Ende der Tage vollenden wird, wofür er bereits in seiner Geschichte stand: allgemeine Versöhnung und unzerstörbaren Frieden. Was in dieser Hinsicht die »Schriftgelehrten« mit ihrem »herztödtenden Geschwäz« versäumen und verderben, erscheint nun neu in die Verantwortung des Dichters gelegt.

In ähnlicher Weise, jetzt nur positiv gewendet, schreibt Hölderlin im Januar 1798 an den Schwager Breunlin, dessen Kind die Taufe empfangen hatte, indem er die Hoffnung ausspricht, das Kind möge »zum Gefühle der lebendigen Gottheit, in der wir leben und sind, zu dem ächten Christusgefühle, dass wir und der Vater Eins sind«, heranreifen (II, 678). Die biblischen Anspielungen auf Apostelgeschichte 17,28 und Johannes 10,30; 17,22 sind offensichtlich. Es handelt sich um Textstellen, die Hölderlin schon vor Abfassung seiner späten Hymnen wichtig waren, weil sie die lebendige Gottes- und Christusbeziehung betonen.

Von daher liegt es im Blick auf die Hymnen nahe, gängiger Interpretation entgegen die Prioritäten umzukehren: alle idealistisch-spekulativen Anteile stehen im Dienst eines religionspoetischen Aussagewillens. Die biblischen Zitate und pietistischen Verweise sind nicht nur illustrierende Signale in einer eigentlich gemeinten geschichtsphilosophischen Konzeption. Der Hymnus selbst stellt ja die poetische Form mit der größten Nähe zu religiösen Gehalten und zum Vorgang des Lobens und Dankens dar, die einer Gottheit gebühren.[65]

---

[65] Hans-Georg Gadamer, Hölderlin und George, in: HJb 1967/68, S. 79: »Der Hymnus dient ausschließlich dem Preis von Göttern und Heroen ... Ein Hymnus ist nicht ein Lobgedicht ... Loben setzt Gleichheit mit dem Gelobten in einem letzten Sinne voraus. Nicht jedem ist es gestattet, jeden zu loben ... Dagegen setzt

Hölderlin nennt ihn »Gesang«. Es ist der Gesang, der schon im *Empedokles* zu den Aufgaben des »Priesters« zählt, welcher »lebendigen Gesang, / Wie frohvergoßnes Opferblut« darbringt (I, 778, 278). Und es ist der Gesang, der in die Wirklichkeit einer kommenden Heilszeit einstimmt (»bald sind wir aber Gesang«, I, 364, 93) und der selbst als sprachliche Vorwegnahme dieser eschatologischen Zeit zu werten ist.[66] Warum sollte, was der Absicht eines geschichtsphilosophischen Entwurfs genügen möchte, von Hölderlin ausgerechnet in die poetische Gestalt von Hymnen gefasst worden sein?

Ehe wir einer genaueren Betrachtung unterziehen, wie und warum Hölderlin in den Hymnen von Christus redet, ist eine Vorbemerkung angezeigt, denn Hölderlin versteht sich in seiner Weise als Dichter, nicht als Theologen. Seine Christus betreffenden Aussagen darum mit der Elle einer christlichen Dogmatik messen zu wollen, würde seinem Anliegen nicht gerecht werden. Hölderlin möchte besingen, nicht erklären. Er möchte auch in der Wahrnehmung der Christusgestalt seiner poetischen Imagination Raum geben. Das geschieht durchaus im Zusammenhang hermeneutischer Grundentscheidungen. Denn ob diejenigen, die es gewohnt sind, die Wahrheit Christi in Sätzen von systematischer Ordnung und konfessioneller Verbindlichkeit auszulegen, den lebendigen Christus wirklich vorzustellen vermögen, ist ihm ja höchst zweifelhaft geworden. Eine Christo*logie* lässt er deshalb bewusst beiseite, um eine Christo*poesie* zu entwickeln, die nichts deklariert, aber um so deutlicher in eine Bewegung des Geistes bringt. Das erklärt, warum die Gegenstände der klassischen Christologie nur auswahlweise und mit

die Preisung und ebenso der Hymnus, der ihre Kunstform ist, die Anerkennung von etwas schlechthin Höherem voraus, das einen selbst übersteigt und dessen Gegenwart einen erfüllt.«

66 Dass dem Dichter nach Hölderlins Selbstverständnis ein prophetisches Amt zukomme, haben wir gezeigt. Dieses Prophetische gewinnt in seinen späten Hymnen den Charakter einer poetischen Repräsentation zukünftiger Vollendungszustände, wie sie vor allem Novalis in der Funktion des »transzendentalen Arztes« theoretisch begründet und in seinen Schriften *Glauben und Liebe* sowie *Die Christenheit oder Europa* ausgeführt hat, vgl. Reiner Strunk, Politische Ekklesiologie im Zeitalter der Revolution, 1971, S. 22ff.

Vorliebe assoziativ erwähnt werden. Der Hörer und Leser der Hymnen gewinnt so kein systematisches Bild von der Wirklichkeit Christi – und soll es nicht gewinnen, denn im systematischen Bild würde die latente Gefahr des Götzenbildes enthalten sein, wogegen der Dichter sich vehement zur Wehr setzt: »Ein Bild zu bilden, und ähnlich / Zu schaun, wie er gewesen, den Christ« (I, 451, 165), dies verbietet er sich, gerade weil er eine Versuchung dazu empfindet. Christo*poesie* bildet keine Lehre aus, die der Hörer vernehmen und in ihrer Gültigkeit nur bestätigen oder ablehnen könnte. Sie nimmt eher mit auf einen Weg der Wahrnehmung und der Einsicht, die ohne innere, wiederum die Einbildungskraft des Hörer-Subjekts stimulierende Beteiligung nicht gelingen kann. Im Hymnus ist Christus ja nicht nur der Gegenstand, von dem gehandelt wird. Er ist auch Adressat, an welchen der Gesang sich wendet. Insofern erfolgt die angemessene Rezeption des Hymnus durchs Einstimmen in seinen Gesang. Einstweilen ist es der Dichter, der stellvertretend den Hymnus anstimmt und seine Wahrheit präsentiert. Das Ziel besteht jedoch darin, dass chorisch eingestimmt wird und am Ende alle zu einem »Gesang« werden (I, 364, 93); dass also die Gesamtheit des Lebendigen nicht nur zum Gesang fähig werde, sondern darin ihre alles verbindende Existenzweise finde.

Auf der anderen Seite sind Hölderlins hymnische Christus-Bezeugungen keineswegs das Ergebnis einer frei schwebenden poetischen Phantasie. Auch an diesem Punkte erweist sich vielmehr, wie er die Bahnen des subjektiven Idealismus durchlaufen und hinter sich gelassen hat. Denn der Hymnus ist zwar authentischer Ausdruck des poetischen Subjekts, bezieht sich aber auf Wirklichkeit, die dem denkenden, empfindenden und gestaltenden Subjekt vorgegeben erscheint: die Wirklichkeit Gottes und ihre Wirkungen in der Geschichte; die griechische Götterwelt; die Person Christi, von der in der Bibel erzählt wird. Dieser unbedingte Respekt vor dem Nichtsubjektiven, welches der Dichter kreativ aufnehmen, aber nicht originär hervorbringen kann, reicht bei Hölderlin so weit, dass er den Text der Bibel selbst als Vorgabe begreift, an welche seine poetische Gestaltungskraft sich verwiesen sieht. Damit endet die *Patmos*-

Hymne. Sie resumiert gleichsam in einer abschliessenden hermeneutischen Notiz, was das poetische Verfahren zuvor bestimmt hatte: die hymnische Dichtung als Form einer poetischen Vergegenwärtigung biblischer Wahrheit. Der himmlische Vater liebe, so heißt es in Hölderlins Worten:

Am meisten, dass gepfleget werde
Der veste Buchstab, und bestehendes gut
Gedeutet. Dem folgt deutscher Gesang.
I, 453, 224f

Was Hölderlin hier die Pflege des festen Buchstabens nennt, entspricht dem reformatorischen Schriftprinzip, freilich auch einem pietistischen Bibelstudium, wie es namentlich J. A. BENGEL gelehrt und praktiziert hat. Diese Schlussbemerkung in der *Patmos*-Hymne nun allerdings bloß als stilvolle Verbeugung aufzufassen, die der Hymnen-Dichter seinem pietistisch gestimmten Auftraggeber, dem Landgrafen von Homburg, gegenüber erwiesen habe, um dessen Wunsch nach einer kräftigen Zurückweisung aufgeklärter Bibelkritik nachzukommen, verbietet sich aus mehreren Gründen. Abgesehen davon, dass Hölderlin nach seiner Natur und seinem ganzen Werdegang nicht der Mann war, anderen beflissen nach dem Munde zu reden, bilden die Schlussverse der Hymne mehr als einen rhetorischen Schnörkel. Sie fassen zusammen, was den Gang der Hymne insgesamt bestimmte, nämlich einen fortlaufenden Rekurs auf biblische Motive und Textstellen, die nun freilich nicht allein zitiert, sondern »gut gedeutet« werden.

Gute Deutung ergibt sich im Sinne Hölderlins noch nicht aus der philologisch-historischen Arbeit eines Exegeten. Sie bedarf der poetischen Wahrnehmung und der poetischen Übertragung. Anders ausgedrückt: sie bedarf des Geistes, nicht ausschließlich des Verstandes. Der Geist, welcher – gut johanneisch gedacht – aus der Wahrheit Gottes kommt und in die Wahrheit führt, soll nicht reduziert werden auf das rationale Vermögen des Menschen. Geschieht dies trotzdem, wird unvermeidlich aus dem »festen Buchstaben«, den es zu »pflegen« gilt, ein toter Buchstabe, der nichts bedeutet und nichts bewirkt. Dann bricht aber die Brücke zwischen den Worten der Bibel und dem gegenwärtigen Menschen, und beide Seiten stehen in unendlicher Getrenntheit da. Worum es Hölderlin stattdessen immerzu ging, eben darum geht es auch jetzt in den Hymnen und sogar in den hermeneutischen Schlussversen von *Patmos*: eine Vereinigung des Getrennten ereignet sich nicht zuletzt in der Kunst des Deutens, wie die Hymnen sie vorlegen. Das Wort der Bibel und das hörende und verstehende Subjekt bleiben nicht sprachlos und unüberbrückbar getrennt voneinander. Sie versöhnen sich im Prozess einer Deutung, die den vorgegebenen »Buchstaben« nicht ignoriert oder verachtet und die zugleich das poetische Wahrnehmungsvermögen des Subjekts aktiviert. Das gedeutete Wort gibt es nicht ohne das Wort, das den Geist bereits verborgen in sich trägt. Und das gedeutete Wort gibt es ebenso wenig ohne den Geist im poetischen Subjekt, der sich im Geist des biblischen Wortes wiedererkennt. Dies ist Hölderlins Hermeneutik: Versöhnung des Getrennten im Vorgang des Verstehens, der im Hymnus das erinnernde Andenken und den dankenden Lobpreis zusammenführt.

Und so ist auch die *Friedensfeier* formal wie inhaltlich auf das Versöhnungsthema angelegt. Es enthält mehrere Dimensionen: die Dimension des Politischen, die aktuell (äußerer Anlass zur Abfassung der Hymne war der Friedensschluss von Lunéville 1801) im Vordergrund stand. Dazu die Dimension des Religiösen mit der Frage nach einem möglichen Ausgleich zwischen den geschichtlich herausgebildeten, getrennten Religionsgestalten, für Hölderlin exemplarisch in der antiken Götterwelt einerseits und im Christentum andererseits erscheinend. Und schließlich die Dimension der Menschheitsgeschichte überhaupt, mit ihren widersprüchlichen Tendenzen und scheinbar unwiederbringlichen Verlusten. Versöhnung ist das, was sich erkennbar zu ereignen beginnt und was sich aus einer reichen Verheißungstradition zu speisen vermag. Und Versöhnung ist das, was seiner Vollendung erst entgegengeht, was also in die eschatologische Zeit hinüberreicht, in die der Dichter freilich schon antizipierend hineinleuchtet.

Der Hymnus *Friedenfeier* bildet ein hochkomplexes poetisches Sinngefüge, das sich schwerlich erschöpfend interpretieren lässt. Und dies nicht allein deshalb, weil die Bedeutungsverweise und Zitatanspielungen überaus zahlreich sind, sondern vor allem, weil Eindeutigkeit gar nicht beabsichtigt wird. Eindeutigkeit wäre Festlegung, die Hölderlin im Hymnus nun gerade nicht anstrebt. Jeder Interpretationsversuch hat darin seine Grenze zu erkennen. Wenn er als eindeutig zu erklären wünscht, was Hölderlin in der Bedeutungsschwebe hält, verkürzt er das Hymnische aufs Beschriebene, das sich als solches handhaben und brauchen lässt. Signifikant wird das in der *Friedensfeier* bereits durch den Ausfall des Christusnamens. Dabei besteht kein Zweifel, dass Hölderlin in dieser Hymne zentral auf die Person und die Bedeutung Christi eingehen wollte. Aber er unterlässt es, den Namen zu erwähnen und verlegt sich stattdessen auf Umschreibungen wie der »Jüngling« oder der »Sohn« oder auch (wie ich meine) der »Fürst des Festes« und der »Friede«. Solche Umschreibungen haben nicht nur den Charakter einer poetischen Bildersprache an sich. Sie öffnen einen poetischen Bedeutungsspielraum. Es ist der Spielraum, den Hölderlin sucht und braucht, wenn er sich anschickt, in seinem Sinne »mythisch« zu reden, also einen religiösen Sinngehalt zu vermitteln, ohne sich den allgemeinen historischen und »intellectualen« Gesetzen sowie den besonderen Bedingungen einer kirchlichen Bekenntnissprache zu unterwerfen.

Dieses Anliegen hat er in einem eigenen Vorwort zur *Friedensfeier* selbst hervorgehoben. Darin bittet er, »dieses Blatt nur gutmüthig zu lesen«. Gutmütig, das heißt hier: wohlwollend, vorbehaltlos. Hölderlin sieht sich offenbar veranlasst zu dieser Bitte, weil er mit Lesern rechnet, die »eine solche Sprache zu wenig konventionell finden«. Das kann sich nicht auf die poetische Sprache des Hymnus generell beziehen (wieso sollte er deswegen eine Art Entschuldigung für angebracht halten?), sondern nur auf die sprachliche Mitteilung religiöser, und zwar spezifisch christlich-biblischer Gegenstände. Folgerichtig beteuert er denn auch, im Stil LUTHERS beim Wormser Reichstag dazu zu stehen: »ich kann nicht anders« (I, 361). Schon diese Eingangsnotiz spricht im Übrigen dafür, die ganze Hymne eher religionspoetisch als geschichtsphilosophisch zu verstehen.

Die Hymne wurde, PINDARS Vorbildern folgend, in vier Strophentriaden unterteilt. Die erste Trias (Strophe 1–3) widmet sich der Vorbereitung des Festes, die zweite (Strophe 4–6) gilt dem zum Fest geladenen Christus, die dritte (Strophe 7–9) zeichnet das Hoffnungsbild einer versöhnten Wirklichkeit, das in die vierte Trias, den Abgesang, überleitet.

Das Fest, das sich ankündigt und zu dem geladen wird, ist die *Friedensfeier*, aber nun nicht als eine Art diplomatischen Banketts (nach dem Modell *Der Kongress tanzt*) aus Anlass einer geglückten Friedensregelung. Diese Friedensfeier ist vielmehr von »mythischer« Qualität. Sie beendet zwar einen machtpolitischen Konflikt mit militärischen Auseinandersetzungen. Sie beendet weit darüber hinaus jedoch das Kontroverse überhaupt; das Gegensätzliche im Himmel und auf Erden sozusagen und letzten Endes auch zwischen dem Himmel und der Erde. Friede ist nicht nur ein Wort, erst recht nicht nur ein Vertragstext. Er beschreibt die Ankunft einer neuen Wirklichkeit, und zwar die Ankunft jener Wirklichkeit, auf die alle Geschichte in ihren Spannungen und Verwicklungen hinausläuft: eine Zeit des nicht mehr störbaren und zerstörbaren Friedens. »Reich Gottes« hatten das die Stiftler Hölderlin und HEGEL früher genannt und als gemeinsamen Inbegriff ihres Wollens und ihrer Hoffnung einander zugesprochen.

Wie das Hoffnungsbild vom Reich Gottes, so ist die eschatologische Friedenserwartung (trotz und neben und vor VERGILS vierter Ekloge) ein Grunddatum biblischer Überlieferung, und sie geht schon alttestamentlich mit der Vorstellung eines endzeitlichen, die Völker vereinenden Festes (Jesaja 24,6f) zusammen. In der pietistischen Reich-Gottes-Theologie wird das aufgenommen und verstärkt, nicht nur in der apokalyptischen Variante, die aufs bevorstehende Endgericht und eine endgültige Scheidung zwischen den Erwählten und den Verdammten blickt, sondern auch und erst recht in den chiliastischen Erwartungen, die auf ein göttliches Friedensreich allgemeiner Versöhnung ausgerichtet sind und die namentlich in OETINGER einen starken Fürsprecher hatten.

Hölderlin waren diese religiösen Hoffnungsbilder vertraut und er hat sie in seinem Werk sporadisch zum Zug kommen lassen. In den späten Hymnen jedoch gewinnen sie ein geradezu leitmotivisches Gewicht, selbst wenn Hölderlin ihren Gehalt nicht in einem orthodox-pietistischen Rahmen, sondern in seiner poetischen Transformation wiedergibt.

In der zweiten Trias geht es um Christus, der zum Fest geladen werden soll. Abgesehen vom knappen Hinweis, dass ihn, der noch »Jüngling« war, »ein tödlich Verhängniß« umschattete (I, 363,48f), beschränkt Hölderlin sich zur Kennzeichnung des geschichtlichen Lebens Jesu auf die Szene seiner Begegnung mit der Samariterin am Brunnen nach Johannes 4 und spricht von dem, der dort »unter syrischer Palme, / Wo nahe lag die Stadt, am Brunnen gerne war« (I, 363, 41f). Es ist nicht der historische Jesus, sondern der verkündigte, »mythische« Christus, dem Hölderlins Aufmerksamkeit gilt, so sehr ihm mit wiederholten Signalen, die sich auf Evangelienberichte beziehen, daran gelegen ist, die Christusgestalt im Horizont der Geschichte zu verorten und nicht ins Reich des Idealen, aber so auch des Abstrakten, zu versetzen. Die Erinnerung an die johanneische Brunnenszene dient keinem idealistischen Interesse, das sich durch Johannes 4,24 bestätigt sehen möchte: »Gott ist Geist, und die ihn anbeten, müssen ihn im Geist und in der Wahrheit anbeten.« So hatte namentlich der junge HEGEL den Text in Johannes 4 aufgenommen als Begründung für eine universale Geist-Religion, die alle positiven, also geschichtlich bedingten Religionsgestalten, hinter sich lasse[67]. Hölderlins Textanspielung erfolgt im Unterschied dazu, wie der vorangehende Vers deutlich macht, zur Charakterisierung des Christus, der »freundlichernst den Menschen zugethan« war (I, 362, 41). Die Adjektivverbindung »freundlichernst« markiert eine nähere Bestimmung der Grundhaltung, die für Hölderlin bei der Christusperson entscheidend war. Das Freundliche steht für die Art seiner Zuwendung zu Menschen (als Mann und Jude wendet er sich in Johannes 4 einer Frau aus Samarien zu), das

---

67 Belege bei Jochen Schmidt, a. a. O., S. 199ff.

Ernste für deren Nachdruck und Zielgerichtetheit. Der freundlichernste Christus ist nicht nur der konziliante. Er ist der Christus, der die Versöhnung will und der Frieden als aufgehobene Gegensätzlichkeit ermöglicht.

Demgemäß hebt der Erstentwurf zur *Friedensfeier* sofort an mit der auffälligen Anrede »Versöhnender« (I, 356, 1) und greift dieselbe Titulatur noch einmal auf, nachdem Hinweise auf die gemeinte Christusperson erfolgt sind (I, 357, 65). Mit einem gewissen Recht hat man zwar gemeint, im »Versöhnenden« des Erstentwurfs den erscheinenden »Frieden« selbst erkennen zu sollen, wird doch wenige Verse nach der Eingangsanrede der »Friede« direkt angesprochen (I, 356, 8). Aber selbst wenn das eingeräumt werden muss, besteht kein Anlass, die angerufene Christusperson (»Versöhnender«) und den Frieden als zwei voneinander unterscheidbare Größen zu begreifen. Auch der Friede erscheint ja in personaler Gestalt und er wird überdies mit einer Eigenschaft versehen, die nun völlig einem pietistischen Vokabular entstammt: er ist »seeliger Friede«. Nimmt man hinzu, dass neutestamentlich neben der Konnotation zwischen Christus und Versöhnung auch die Konnotation zwischen Christus und Frieden bekannt ist (»Denn er – Christus – ist unser Friede«, Epheser 2,14), dann steht einer Identifikation zwischen dem versöhnenden Christus und dem Frieden im Hymnenentwurf nichts Gravierendes entgegen. Freilich, die Christusperson kommt ganz unter dem Aspekt von Friedenshoffnung und Friedensmöglichkeit in den Blick, er ist die geschichtliche und »mythische« Repräsentationsfigur für das erhoffte Ende aller lebensfeindlichen Auseinandersetzung.

Seiner »freundlichernsten« Art und Weise, den Menschen zugetan zu sein, korrespondiert in der zweiten Hymnentrias eine andere doppeladjektivische Zuschreibung: der Sohn ist ein »Ruhigmächtiger« (I, 363, 73). Die Qualität des Mächtigen steht hier, wie bereits in der Tragödie *Empedokles*, konträr zu Formen von Herrschaft. Darum ist die Zeit des anhebenden Friedens, in die der Christus hineingehört, eine Zeit, da »*Herrschaft* nirgend ist zu sehn bei Geistern und Menschen« (I, 362, 28). Vorbei erscheint dann die wechselhafte, in ihren Grundzügen jedoch immer gleiche

Zeitenfolge der Geschichte, welche – wie in *Der Frieden* – zur Klage Anlass gibt: »Zu lang, zu lang schon treten die Sterblichen / Sich gern aufs Haupt, und zanken um Herrschaft sich« (I, 233). Versöhnungszeit soll, in Anlehnung an 1. Korinther 15,24, herrschaftsfreie Zeit sein und als solche ein »Fest«. Und der »Versöhnende«, der die Rivalität von Herrschaften untereinander sowie den Gegensatz von Herrschaft und Knechtschaft überholt, ist ein »Ruhigmächtiger«. Einer, der seine Macht eben eucharistisch gebraucht, wie wir gesehen haben, und nicht zum Zweck herrschaftlicher Selbstdurchsetzung. Daran hängt das Versprechen des Friedens, dessen Realisierung zum Festanlass wird: es soll kein Frieden werden, dessen Verfassung sich als brüchig und kurzlebig herausstellt. Es soll stattdessen ein Frieden kommen, der sich in der Gestalt des versöhnenden Christus als »mächtig« und damit als unbedingt zukunftsfähig erweist.

Mit der Macht, die er ruhig und herrschaftsfrei zur Gestaltung des Friedens gebraucht, stimmt die »Milde« des Christus zusammen. Das ist eine Wahrnehmung der Christusperson, die im Pietismus bis zur Süßlichkeit verharmlost werden konnte. Hölderlin setzt sie in ihre ursprünglichen Rechte ein, wenn er singt, dass »mild dein Stral zu Menschen kam, o Jüngling!« (I, 363, 48). Anders als der Blitzstrahl des Zeus, der zerschmettert und zerstört, ist der »Stral« des Christus »mild«. Damit klingt an, was nach Matthäus 21,5, unter Verwendung eines Schriftzitats aus Sacharja 9,9, über den erwarteten Messias ausgesagt wird, nämlich seine Sanftmut. Der Sacharja-Kontext offenbart die Friedensintention dieses sanften Messias, denn er wird das Kriegsgerät zerbrechen und »Frieden gebieten«. Mit exakt derselben Akzentuierung hatte Hölderlin schon früher die Gestalt des erwarteten Messias gezeichnet, nämlich im *Empedokles*, wo der ägyptische Seher Manes im Stil des Täufers auf den Größeren verweist, der kommen solle:

Und milde wird in ihm der Streit der Welt.
Die Menschen und die Götter söhnt er aus.
Und nahe wieder leben sie, wie vormals ...
I, 897

Der »milde Stral« Christi bezeichnet also nicht allein seine milde Gestimmtheit oder seine sanfte Wesensart. Er ist Ausdruck seiner Verfahrensweise, dem Getrennten, Konkurrierenden und Kriegerischen in der Geschichte entgegenzutreten. Er bezeichnet gleichsam seine Methode des Friedenschaffens. Denn »Milde« ist die besondere Fähigkeit eines zugleich »heiligkühnen«, also um seiner Mission willen das Risiko nicht scheuenden »Jünglings«, dessen »Stral zu Menschen« dezidiert durch »Wildniß« geht. Darum endet sein Weg auch jäh mit dem gewaltsamen Tod. Angesichts der brutalen und gewalttätigen Widerstände der »Wildniß«, denen er sich aussetzt, scheint er mit seiner Milde und darum mit seinem Amt des Friedenstiftens keine reale Chance zu haben. Und sein schnelles Ende scheint der sichtbare Beleg für sein Scheitern zu sein. Hölderlin sieht das wohl und stellt sich diesem nahe liegenden Eindruck. Aber er tut es auf höchst bezeichnende Weise. Er führt nämlich kein Programm theologischer Argumentationen an, das bereit stünde, dem gewaltsamen Tod Jesu einen Sinn oder eine Notwendigkeit abzugewinnen. In dieser Richtung unternimmt er nicht einmal eine Andeutung. Er sagt lediglich: »So ist schnell / Vergänglich alles Himmlische; aber umsonst nicht« (I, 363, 50f). In diesem »aber umsonst nicht« ist beides enthalten: der Widerspruch gegen die Annahme, der Tod des milden Friedenstifters sei sinnlos gewesen, und die Offenheit einer Bedeutung, die diesem Tod zugemessen werden kann.

Offenheit ist überhaupt die poetische Maßgabe zur Bedeutungsversammlung. Eine einzelne Bedeutung, die den Anspruch erhöbe, alles zu enthalten, käme dem Einfrieren des Lebendigen in einem Götzenbilde gleich. Es müsste Trennungen herbeiführen, statt sie zu überwinden. Denn der totalitäre (oder, wie Hölderlin sagen würde: »monarchische«) Bedeutungsanspruch wirkt sich seiner Natur nach unversöhnlich und unfrei aus. Der Frieden enthält darum auch eine kreative und innovative Zusammenführung von Bedeutungen. Hölderlins Interesse daran lässt ihn gern zu Formulierungen greifen, die man als synkretistisch empfinden und beurteilen könnte. Seine Vision betrifft aber nicht die künftige Bildung einer formalen Union aus verschiedenen Religionen, sondern eine lebendige und friedliche Kohärenz ihrer differenten Bedeutungen.

In bedeutungsversammelnder Offenheit redet die Hymne vom Fest und, mit einer eigenen Betonung, vom »Fürsten des Festes«. Dies geschieht an zwei Stellen. In der zweiten Strophe der ersten Trias, wo das Dichter-Ich dem zum Fest herannahenden Fürsten ahnend entgegensieht. Und in der dritten Strophe der dritten Trias, wo der »Jüngling«, also Christus, zum Fürsten des Festes gerufen oder berufen wird. Die Entschlüsselung dieser Symbolgestalt vom »Fürsten des Festes« hat bei den Interpreten zu vielfältigen und durchaus phantasievollen Ergebnissen geführt. Man hat historische Personen ins Spiel gebracht, vornehmlich Napoleon, der in Frankreich seit 1801 tatsächlich als »Prince de la Paix« geehrt wurde. Und man hat mythische Gestalten benannt, Zeus etwa, der in der Hymne mehrfach assoziiert erscheint, so als »Donnerer«, der das »tausendjährige Wetter«, d. h. den Gang der Geschichte, steuert (I, 362, 32); als »Herr der Zeit« (I, 364, 79) mithin, der bei Hölderlin auch der »Vater« heißen kann. Ebenso hat man in dieses Symbol des Fest-Fürsten einen der Heroen eingesetzt, Herakles sowohl wie Dionysos, die in Hölderlins poetischer Religion durchaus ihr Gewicht haben. Aber in der *Friedensfeier* findet sich kein erkennbarer Anklang an ihren Mythos.

Der Expertenstreit um die Identität des »Fürsten«[68] sollte sich im Übrigen beilegen lassen, wenn respektiert wird, dass Hölderlin mit seiner Umschreibung »Fürst des Festes« bewusst eine Symbolgestalt einführt, deren Identifikation zur historischen oder religionsgeschichtlichen Eindeutigkeit sich gerade verbietet. Es handelt sich um eine Gestalt, die als Bedeutungsträger vorgestellt wird und darum vielfältige Reminiszenzen aus verschiedenen geschichtlichen, mythischen und biblisch-christlichen Kontexten bei sich versammelt. Die symbolische Offenheit dieses »Fürsten« erlaubt es, eine Fülle von Bedeutungsanteilen in seiner Gestalt zu

---

68 Vgl. bereits Peter Szondi, Hölderlin-Studien, 2. Aufl. 1970, S. 86f: »Die Folgerung, die aus der Vielzahl der Antworten gezogen werden sollte, wäre eher die, dass die Frage ›Wer ist der Fürst des Festes?‹ von Anfang an falsch gestellt war.«

vereinigen, die Hölderlin für die Friedenserwartung einer allgemein versöhnten Verschiedenheit am Herzen lagen.

Wenn ich anschließend die biblisch fundierten Nuancen im Bild vom »Fürsten« hervorhebe, soll damit nicht behauptet werden, dies seien überhaupt die einzigen, aber es sind wesentliche. Und sie tragen erheblich bei zum Verständnis der Gesamtintention, die Hölderlin mit seiner Hymne verfolgt hat.

In der Eingangstrias ist der »Fürst des Festes« noch nicht präsent. Wir sehen uns in die »Abendstunde« (I, 362, 11) versetzt, wo die Vorbereitungen fürs Festmahl getroffen sind, der »Fürst des Festes« aber noch auf sich warten lässt. Die »Abendstunde« markiert natürlich nicht bloß die späte Tageszeit, sondern weiter die Geschichtszeit, die sich in ihrem Auf und Ab, ihren Kämpfen und ihren Leiden dem Ende zuneigt: der »Abend der Zeit« (I, 364, 111) ist zugleich der Anbruch des Festes, das die Gegenwart des unveräußerlichen Friedens zu feiern berufen ist. Dieser Augenblick hat die Bedeutung der adventlichen Stunde. Darum wird das erwartete Kommen des Fest-Fürsten mit Stilmitteln einer adventlichen Epiphanie geschildert: im Augenblick, wo der Gott »erscheint«, ist »andere Klarheit« (I, 362, 23f). Göttliche Epiphanie bringt nicht allein Erkenntnisklarheit, sozusagen eine aufgeklärte Vernunfteinsicht mit sich, sondern die Besonderheit einer verklärenden Klarheit, die sich aus der offenbar gewordenen göttlichen *doxa* ergibt, wie Hölderlin in seinem Werk wiederholt angemerkt hat. Der »Fürst des Festes« ist jedenfalls auch die adventliche Erscheinung des auf Erden offenbar werdenden Gottes, und es ist schon auffällig, wie Hölderlin seinen Hymnus an dieser Stelle mit Anspielungen auf den Christus-Hymnus in Philipper 2 versieht.[69] Denn der Fürst, der kein »Sterbliches« ist, erscheint als derjenige, der »Freundesgestalt annimmt«, wie der himmlische Christus »Knechtsgestalt annimmt« (Philipper 2,7), und »das Hohe« sogar beugt vor ihm fast »die Knie«, wie sich vor dem Christus »jedes Knie beugen soll im Himmel und auf Erden« (Philipper 2,10).

---

69 Darauf hat zuerst und m. E. mit Recht Heinrich Buhr hingewiesen; H. Buhr, Hölderlin und Jesus von Nazareth, 1955; Neuausgabe 1977, S. 77.

Dass der Fürst, der zum Fest kommt und dadurch die Zeit des Friedens überhaupt erst eröffnet, zudem mit dem verheißenen Friede-Fürsten aus Jesaja 9 in einem sehr engen Bedeutungszusammenhang stehen dürfte, liegt auf der Hand. Diese biblische Textstelle hat ja wie keine andere die Verheißung eines Christus-Advents begründet und wach gehalten. Zwei Elemente in dieser prophetischen Verheißung sind es, die Hölderlin in seiner Symbolik vom Fest-Fürsten offensichtlich aufnimmt: der jesajanische Friede-Fürst ist ebenfalls Träger verschiedener Namen (Wunderrat, starker Gott, Ewigvater, Friedefürst)[70], also eine Gestalt in bedeutungsversammelnder Offenheit. Und der Advent dieses Friedefürsten erfolgt in geschichtlicher Abend- bzw. Nachtzeit, nämlich unter einem »Volk, das im Finstern wandelt« und das »im Lande des Dunkels wohnt« (Jesaja 9,1). Der Friede korrespondiert mit dem »Licht« wie die Ankunft des Fest-Fürsten mit aufscheinender »Klarheit«.

Nun lässt sich bei der poetisch imaginierten Ankunft des Fürsten zum Fest aber nicht nur die gedankliche Verbindung zum zweiten Advent und zur Parusie des Christus aufweisen, sondern – damit zweifellos zusammenhängend – auch die Verbindung zur Christus-Präsenz in der eucharistischen Feier. Schon im Erstentwurf zur *Friedensfeier* musste die zweifache gezielte Herbeirufung Christi »Sei gegenwärtig« (I, 357, 46.63) ins Auge fallen, die ein liturgisches Zitat darstellt und in den Zusammenhang der Eucharistiefeier gehört. Zugrunde liegt der »Maranatha«-Ruf aus der christlichen Urgemeinde (»unser Herr, komm«, 1. Korinther 16,22), der als Ausdruck eschatologischer Erwartung von neuer Christus-Gegenwart auch in die liturgische Praxis des Abendmahls hinüber und bis ins christliche Tischgebet »Komm, Herr Jesu« nachgewirkt hat. Die Friedensfeier, die Hölderlin in seinem Hymnus vorstellt, hat

---

70 Sowohl im Blick auf Gott selbst als auch im Blick auf seinen Messias ist Namens-Pluralität durchaus biblisch, und zwar im theologischen Interesse einer Nicht-Fixierbarkeit des Göttlichen. Eine auf Gott bezogene Namenshäufung muss also nicht dem stoischen Pantheismus entlehnt sein, wie Schmidt, a. a. O., S. 42, vermutet.

nicht zuletzt einen Bedeutungsanhalt an der eucharistischen Feier.

Sie hat diesen Anteil einmal im Blick auf das Gegenwärtigwerden des Christus in der Mahlfeier, darüber hinaus aber in einer weiteren Hinsicht. Denn die im Hymnus ausgemalte Szenerie entwirft ja eingangs einen Festsaal, in den zur »Abendstunde« Gäste geladen sind. Die Art dieser Einladung, die zur Sache des Dichter-Ich wird (I, 362, 40), erinnert an das biblische Gleichnis von der Einladung zum Großen Gastmahl (Lukas 14,15ff), das dort ausdrücklich als »Mahl im Reich Gottes« bezeichnet und mit dem Einladungsruf »Kommt, denn es ist alles bereit« eröffnet wird. Jenen Aspekt des Gleichnisses, wonach es Gäste gibt, die der Einladung nicht Folge leisten und sich deshalb der eschatologischen Gastgemeinschaft unwürdig erweisen, hat Hölderlin in seiner Hymne unberücksichtigt gelassen; sicherlich deshalb, weil diesem Stück das endzeitliche Gerichtsmotiv innewohnt, das der Dichter in seiner Vision von der künftigen Allversöhnung vermeiden wollte. Aber die Einladung zum Friedens-Fest ergeht und muss ergehen, damit sich freundschaftlich zusammenfindet, was bislang auseinanderstrebte und was nun der Versöhnung nahe ist.

Das Fest selbst ist der poetisch repräsentierte, mythische »Festtag, / Der Allversammelnde« (I, 364, 102f), der nicht in erster Linie Menschen zur Teilnahme einlädt, sondern primär die »Himmlischen«. Der Tag ist da und in seiner Friedensbestimmung erfüllt, wenn »All ihr Unsterblichen, uns / Von eurem Himmel zu sagen. (!) / Da seid in unserem Hauße« (I, 365, 115f).

Es ist augenscheinlich »unser«, also der Menschen »Haus«, worin die Feier des endzeitlichen Friedens stattfinden soll, aber die volle Würde der Gemeinschaft, die nun möglich wird, hängt doch daran, dass die Gemeinschaft der Himmlischen selbst wirklich und endlich zustande komme. Denn so erst kann gesagt werden, dass »der Liebe Gesez, / Das schönausgleichende gilt von hier an bis zum Himmel« (I, 364, 89f). Dann werden Himmlische nicht mehr, wie in der antiken Mythologie geradezu notorisch, eifersüchtig getrennt und miteinander verfeindet sein, sondern sie sollen »bei Gesang gastfreundlich untereinander / In Chören gegenwärtig sein« (I, 364, 105f), und die Menschen, deren Leben und Geschichte zuvor ein »Gespräch« war, Diskussion und Diskurs in den Widersprüchen des Lebens, werden in den Festgesang der Himmlischen voll einbezogen: »bald sind wir aber Gesang« (I, 364, 93).

Dass die Chance wirklicher Versöhnung mehr verlangt als die Kompromissbereitschaft menschlicher Vertragspartner und dass Frieden nicht als Ergebnis politischer Bemühungen allein gewonnen wird, unterstreicht Hölderlin in seinem Hymnus. Die Götter selbst und mit ihnen dasjenige, was Menschen in ihrer Geschichte als Höchstes verehrt und mit strenger Hingabe verfolgt hatten, müssen in einen geistigen Prozess zur Friedensgemeinschaft eintreten, damit die große Schicksalsgeschichte der geistigen, politischen und religiösen Trennungen sich nicht verhängnisvoll fortsetzt. In dieser Perspektive geht es darum auch nicht allein um den biblischen Gott oder den verkündigten Christus. Es geht wirklich um die Pluralität der Gottheiten in den Religionen, bei Hölderlin namentlich um die naturnahen Götter der Griechen, die um einer allseitigen Versöhnung willen christlich nicht einfach negiert oder dämonisiert werden dürfen. Im Grunde genommen trifft der Dichter damit hymnisch ein Interesse, das modern und operational in die Formel gefasst werden kann: »Kein Friede unter den Nationen ohne einen Frieden unter den Religionen, kurz: kein Weltfriede ohne Religionsfriede!«[71]

Die Hymne *Der Einzige* setzt geradezu einen Kontrapunkt zur *Friedensfeier*. Auch hier steht die Christusgestalt im Zentrum, jetzt sogar unmissverständlich mit Namen angerufen. Daneben werden Herakles und Dionysos, die Heroen aus der griechischen Mythologie, aufgeführt. Und dann heißt es, dass sie eines »Geschlechts« seien, einer des anderen »Bruder« (I, 389, 51), wobei Recht und Grenzen ihrer Vergleichbarkeit durchgespielt werden. Gewöhnlich hat man den Finger darauf gelegt, dass in Hölderlins Deutung Christus unter die Kategorie der griechi-

---

71 Hans Küng, Projekt Weltethos, 1990, S. 102.

schen Halbgötter zu rechnen sei, als deren »letzter« er die Welt des antiken Mythos zum Abschluss gebracht habe. Ein Heros und ein Mittler zwischen Himmel und Erde, zwischen Göttlichem und Menschlichem – wie andere auch. Aber das erklärt wenig, und es bedeutete, für sich genommen, nicht viel mehr als die poetische Wiedergabe eines religionsgeschichtlichen Relativismus. So handelte es sich allerdings um ein eher skeptisches Thema, nicht um ein hymnisches. Und bereits der Hymnentitel *Der Einzige* bliebe unverständlich, weil er sich ganz konträr zum Hymneninhalt verhielte.

Der Schlüssel zum Verständnis dieser Hymne liegt aber nicht im Vergleichen der mythischen Personen, die in der Tat von Hölderlin miteinander betrachtet werden. Er liegt zunächst einmal in der Existenz des Dichters selbst; und zwar in seiner aufs äußerste gespannten Existenz, die bis zum Punkt des schmerzlich irritierenden Selbstwiderspruchs erlebt und wiedergegeben wird. Es ist der Widerspruch zwischen Empfinden und Vernunft, zwischen Partikularität und Universalität, zwischen dem Einen und dem Ganzen. Genau genommen handelt es sich um nichts Geringeres als um einen persönlich erlebten und erlittenen Selbstwiderspruch der *Liebe*.

Auffällig wirkt schon die ungewöhnliche Häufung von Ich-Aussagen im Hymnus. Alle Strophen entwickeln sich aus einer klaren Ich-Perspektive, nur die letzte verwandelt – bezeichnenderweise – die Rede vom Ich in die Rede vom »Dichter«. Worin könnte, wenn Christus in seinem Verhältnis zu den antiken Heroen die inhaltliche Mitte darstellt, dieser Gesamtduktus rühren, der sich in einer langen Abfolge von Ich-Aussagen bewegt? Und wie dürften sich lyrisches und biographisches Ich in dieser Hymne zueinander verhalten? Gewiss ist bei der Interpretation von der Setzung eines lyrischen Ich auszugehen. Aber in der Regel hat Hölderlin dort, wo er ein lyrisches Ich reden lässt, Biographisches eingetragen.

Das Gedicht beginnt mit einer Frage. Das ist selten bei Hölderlin, im *Archipelagus* kommt es vor (»Kehren die Kraniche wieder zu dir ... ?«) und im *Abschied* (»Trennen wollten wir uns? wähnten es gut und klug?«). Hymnisch wäre als Gedichteröffnung die Anrufung, nicht die Frage. Aber *Der Einzige* beginnt mit der Frage: »Was ist es ...?« Erkennbar wird damit keine Frage aufgeworfen, die eine rasche Antwort erwarten ließe. Denn es ist die Frage einer persönlichen Irritation. Und die in dieser Frage bereits auftaktartig sich meldende Verstörung durchzieht weiter den ganzen Hymnus. Sie ist eine Irritation des poetischen Subjekts selber.

Worin besteht sie? Vordergründig, und dies beschreibt die erste Strophe, wurde sie an der innigen Verbundenheit des Dichters mit Griechenland offenbar, mit dessen »alten seeligen Küsten«, mit Apollon, mit Zeus. Die nächste Strophe führt das fort, indem sie herausragende Stätten griechischer Kultur und Landschaft in Erinnerung ruft: Elis und Olympia, den Parnaß, den Isthmus, Smyrna und Ephesus. Aber was sollte irritierend sein bei diesen Vorlieben?

Der Dichter liefert Hinweise darauf in der ersten Strophe des Hymnus. Wie kann es sein, dass er Griechenland mehr liebt als sein eigenes Vaterland? Die Frage darf nicht in patriotischer Zuspitzung missverstanden werden, denn anschließend ist vom Vaterland überhaupt nicht mehr die Rede. Was stattdessen bereits die Spannung in der Eingangsstrophe erzeugt und sich sogleich als Spannung im poetischen Ich zu erkennen gibt, ist der Widerspruch zwischen Empfinden und Sollen. Dem Vaterland von Herzen zugetan zu sein, wäre ein Gebot der sittlichen Vernunft. Aber das Vernünftige muss nicht ohne weiteres auch das innig Empfundene sein.

Umgekehrt setzt derselbe Erfahrungsvorgang die irritierende Einsicht frei, dass Liebe – und zwar die des Dichters zu Griechenland – durchaus fesseln (I, 387, 3) und in »himmlische Gefangenschaft« verkaufen kann (I, 387, 5f). Das heißt: ausgerechnet die Liebe erweist sich nicht allein als Macht zur Vereinigung des Getrennten. Sie löst ihrerseits Trennungen und Beschränkungen aus. Später heißt es in der Hymne: »Es hänget aber an Einem / Die Liebe« (I, 389, 66). Das ist im Hymnenkontext nicht unbedingt christozentrisch zu lesen. Es ist vielmehr ein Satz von genereller Bedeutung, der die Erfahrungswahrheit formuliert, dass es der Liebe eigentümlich ist, sich auf ein

Einzelnes zu beziehen. Die angeblich weltumspannende und Millionen einschließende Liebe, von der SCHILLER sang, ist dagegen Ausdruck eines idealistischen Traums, nicht einer realen Erfahrung. Liebe kann fesseln und gefangen nehmen, und indem sie dies tut, trifft sie Bevorzugung und Zurücksetzung im selben Augenblick. Die liebende Bevorzugung Griechenlands bedeutet zugleich eine Zurücksetzung des Vaterlandes. Was je zu einer universalen Versöhnung zusammenstimmen sollte und was das große Thema der *Friedensfeier* war, droht bereits zu scheitern an den inneren Bedingungen der Liebe. Das verursacht die Irritation des poetischen Subjekts, und es ist keine, die sich nur bei der persönlichen Beziehungsdifferenz zu Griechenland auf der einen Seite und dem Vaterland auf der anderen herausstellte. Entscheidend wird das Dilemma nämlich in der »mythischen« Dimension, wo Herakles und Dionysos sich auf der einen Seite befinden und Christus auf der anderen. Kann dort zueinander gebracht werden, was im Empfinden des Dichter-Ich unterschiedlich gewichtet wird?

Das ganze Ausmaß der die Hymne leitenden Irritation erschließt sich dem Betrachter erst dann, wenn er die Intention und die Konklusion der *Friedensfeier* vergleichend im Auge behält. Dort lief alles auf einen Prozess der Versöhnung hinaus, der im Fest seine gegenwärtige Manifestation und in der Parusie des Christus seine vollendete Gestalt gewinnen sollte. Das gemeinsame Festmahl, dem der »Fürst des Festes« vorsitzen sollte, war die poetisch geschaute allseitige Konvivenz: Götter miteinander, Menschen miteinander und Götter mit Menschen zusammen feiern das Fest des Friedens. Es ist das Bild von nicht mehr geteilten, umfassenden Beziehungen, vom Ende aller Konfrontation und von der möglichen universalen Harmonie.

Und dagegen meldet sich jetzt die Kontrasterfahrung, dass die Liebe an Einem und am Einzelnen hänge, dass sie nur partiell verbinde und keineswegs summarisch, erst recht nicht universal. »Was ist es ...?« fragt der Dichter unter dem Druck dieser Einsicht. Hatte er nicht früher die Liebe gepriesen, und dies keineswegs bloß im Blick auf die verwandelnde Energie des Affekts, sondern im Blick auf ihre Vereinigungsmacht? Die

Liebe zwischen Hyperion und Diotima schien alle Welt in sich zu versammeln; war sie da nicht die Kraft des Göttlichen selbst, welcher allein die Potenz zur Verbindung alles Getrennten zuzubilligen war? Noch die *Friedensfeier* hatte die Liebe als »schönausgleichend« beschrieben und vom »Liebeszeichen« des festlichen Bundes gesprochen (I, 364, 101), und nun steht plötzlich Gegenteiliges auf, eben die Entdeckung der Liebe, die Partikulares sucht und ans Einzelne bindet und darum anscheinend gerade nicht verbindet mit dem Ganzen. Vernunft dringt auf Synthese, und der Geist will das universal Harmonische, doch das subjektive Liebesempfinden versetzt in die Gefangenschaft einer bevorzugenden endlichen Relation.

Dieses spannungsvolle Dilemma, in welchem das poetische Subjekt sich vorfindet, wird nun eklatant im Fall seiner Christus-Beziehung. Und um diese geht es dem Hymnus ja in seinem Kern. Die Empfindung, die den Dichter leitet, ist eindeutig. Seinem »eigenen Herzen« folgend (I, 389, 68), »hängt« das poetische Ich an Christus. Der Dichter war sich dessen freilich nicht immer bewusst. Er hatte sich lange in den Gefilden und auch in den himmlischen Regionen Griechenlands umgetan und viel »Schönes gesehn« (I, 388, 25). Darüber war ihm die Person und Geschichte Christi verborgen geblieben – nahe liegender Effekt jener nun erkannten Liebesdynamik, die gewöhnlich das Eine bevorzugt, um ein Anderes zurückzusetzen. Die antiken Götter, so heißt es im Hymnus, hatten vor »mir, Dem fremden Gaste«, die Gegenwart des Christus verborgen. Das besagt zweierlei. Einmal, dass der Dichter bei seiner Bevorzugung Griechenlands dort offenbar nur ein »fremder Gast« war und keineswegs daheim. Zum anderen, dass der Anschein entsteht, es sei einer Manipulation eifersüchtiger Götter (und von ihrer scheinbaren Eifersucht ist anschließend direkt die Rede: »Als eifertet, ihr Himmlischen, selbst ... «, I, 388, 45) zuzuschreiben, dass dem Dichter die Christusgestalt so lange verborgen blieb. In dieses Textstück sind sicher biographische Reminiszenzen eingeflossen, die Hölderlins langjährige Distanz gegenüber der Christusperson zugunsten der antiken Mythenwelt betreffen. Was faktisch jedoch das Ergebnis seiner persönlichen Entscheidung war, eben seine zurückliegende Christus-Distanz, schlägt sich im Bewusstsein des poetischen Ich nieder als Eifersuchtshandeln der antiken Götter: sie sollen es gewesen sein, die den Christus seiner Wahrnehmung entzogen. Nur so ergibt es einen Sinn, dass er nachgerade vorwurfsvoll fragt, warum Christus »ferne geblieben« sei (I, 388, 38f) – deutliche Objektivierung des Umstands, dass er selber, der Dichter, dem Christus ferngerückt war und dass er nun die »Alten«, die »Götter« befragt, warum dieser Christus denn ausgeblieben sei (I, 388, 42f). Genau dieser Eindruck ist aber selbst bereits Teil der Irritation, die das Dichter-Ich ergriffen hat. Auf der Objektivationsebene stellt sich als realer Eifersuchtsakt der Götter dar, was tatsächlich auf der subjektiven Empfindungsebene des Dichters durch die bevorzugende und zurücksetzende Liebe ausgelöst wurde: das vermeintliche Gegeneinander von Göttern.

In der dritten Hymnenfassung kommt Hölderlin ausdrücklich auf dieses Phänomen zurück, indem er – Herakles, Dionysos und Christus zusammen betrachtend – vom »Streit« redet (I, 469, 89) und von einer eher scheinbaren Differenz zwischen den dreien: »Oft aber *scheint* / Ein Großer nicht zusammenzutaugen / Zu Großen« (I, 469, 81f). Der Ursprungsort eines Widerstreits unter den Göttern liegt also im liebenden Bewusstsein oder im bevorzugenden Empfinden des Dichter-Ich selbst, nicht in dem geistigen Raum, den das Leben der Götter erfüllt.

Die Irritation des Dichters gelangt allerdings erst zu ihrem Höhepunkt, wo die Empfindungen und Wahrnehmungen sich herumkehren. Denn waren es ehemals die antiken Götter, denen zuliebe der Christus zurückgesetzt wurde, so ist es jetzt gerade umgekehrt die Liebe zu dem »Einen« (I, 388, 31), die den Rang der alten Götter zu mindern beginnt. Der Umschlag wird angezeigt mit einem markanten »dennoch« (I, 388, 28), das die Suche nach Christus und das Gewahrwerden der empfundenen Liebe zu ihm einleitet. Jetzt ereignet sich erneut, aber nunmehr bezogen auf die Christusperson, dass gesagt werden kann: »Es hänget aber an Einem / Die Liebe« (I, 389, 66f). Darin wirkt sich dieselbe Bevorzugungstendenz aus, die zuvor Griechenland und seinen Göttern gegolten hatte. Gefühl und Empfinden tragen in sich die unvermeidbare Neigung zur exklusiven Wahl. Und damit scheint sich zu bestätigen, was sich im christlichen Bekenntnis einmal objektiviert hatte: was das Herz empfindet, das an Christus hängt, wird zum Gegenstand einer dogmatischen Wahrheitsbehauptung. Aus dem »Einen« des Herzens wird der »Einzige« der Kirchenlehre. Das bevorzugende Verfahren der Liebe treibt einen religiösen Exklusivanspruch hervor: einzig Christus – und keine Götter aus der antiken Welt! Der Dichter entdeckt sich gleichsam auf der verborgenen Spur christlicher Dogmenbildung. Der Hymnen-Titel, der deshalb im Sinne Hölderlins nur in Anführungszeichen zu lesen ist, benennt das fatale Ergebnis solcher Entwicklung: der »Einzige« wird zum Kürzel für einen christlichen Absolutismus, der Hölderlin wohl vertraut war und der ihn in seiner Intoleranz wie in seiner Beschränktheit abgestoßen hatte. Jetzt sieht er sich verstört vor der Frage, ob dahin zwangsläufig zurückführen müsse, was in seinem »eigenen Herzen« an inniger Beziehung zu diesem Christus lebendig ist.

Kann es einen Ausweg geben aus dem schmerzlich bewusst gewordenen Gesetz der Liebe, »Daß, dien' ich einem, mir / Das andere fehlet« (I, 388, 46f)? An der Antwort auf diese Frage hängt nicht allein die Beilegung der irritierenden Spannung, welche der Dichter in sich erlebt, sondern auch das Recht jener großen Vision von der Versöhnung aller Gegensätze und Trennungen, die in der *Friedensfeier* thematisiert wurde. Schlecht wäre jedenfalls eine Alternative, die besagte: entweder inniges Empfinden in der partikularen Beziehung oder eine vernünftige Universalität ohne innere Beteiligung und Liebe. Denn im ersten Fall müsste der verheißene Frieden seine Weite verlieren und im zweiten Fall seine Seele.

Eine Lösung strebt der Dichter nun in zwei Schritten an. Der erste Schritt zielt auf ihn selbst und auf seine innere, durch die empfundene Christus-Liebe ausgelöste Spannung. Sie führt zu der Selbstermahnung, sich zu mäßigen. »Zu sehr« hänge er an Christus und müsse sich dies als »eigene Schuld« zurechnen (I, 389, 48f). Der zweite Schritt betrifft das zu bewertende Verhältnis der göttlichen Heroen zueinander. Wenn ihre Verschiedenheit oder gar Unvereinbarkeit im Wesentlichen auf die internen Abläufe eines liebenden Subjekts zurückzuführen sind, dann brauchen sie nicht absolut gültig zu sein. Man kann in diesem Fall, die Regeln des subjektiven Empfindens durchschauend, Herakles und Dionysos und Christus in eine Linie rücken und ihre Gemeinsamkeiten aufspüren.

Hölderlin tut das in der ersten und in der dritten Fassung der Hymne. In der ersten Fassung nennt er Christus den »Bruder« des Herakles und »Bruder auch des Eviers« (I, 389, 51.53), das ist Dionysos. Und als holte nach dieser gewagten Heroenverschwisterung das zum »Maas« gedämpfte Liebesempfinden den Dichter sogleich wieder ein, revoziert er halbwegs und gesteht seine Scham: »Es hindert aber eine Schaam / Mich dir zu vergleichen / Die weltlichen Männer« (I, 389, 60f). Die weltlichen Männer sind Dionysos und Herakles und mit wem sie verglichen wurden, ist Christus. Die innere, durch die besondere Beziehung zu Christus hervorgerufene Hemmung, den Vergleich unbesehen durchzuführen, bewirkt im Gang der Hymne allerdings nicht, dass der Ansatz zur gewünschten Spannungslösung ergebnislos abgebrochen würde. Sie verdeutlicht jedoch, dass der Dichter eine Verwandtschaft zwischen Christus, Dionysos und Herakles keineswegs leichtfertig oder sogar aus unbeteiligter und gleichgültiger Distanz heraus behauptet.

In der dritten Fassung wird die Nähe der drei Gestalten zueinander nochmals unterstrichen. Sie sind ein »Kleeblatt« (I, 469, 76). Und sie sind einer wie der andere »Söhne Gottes« (I, 469, 90). Dies kennzeichnet eine Wertung des Dichters, die – bei all seiner bezeugten persönlichen Christus-Verbundenheit – nun pietistisch schlechterdings nicht mehr geteilt werden könnte. Sie müsste von dorther als synkretistische Häresie verworfen werden. Hölderlin dürfte das bei seiner Hymnenabfassung keinswegs entgangen sein. Aber es ließ sich nach seiner Sicht der Dinge auch nicht vermeiden. Denn sein »Suchen« nach Christus (I, 388, 31) war ja kein Suchen nach etwas Exklusivem, sondern nach dem allgemein Gültigen. Dass seine innere Verbindung zu Christus der Auftakt zu einer religiösen Beschränktheit sein sollte, war für ihn nicht hinnehmbar. Es hätte ja dem alten Missverständnis aufs Neue

Nahrung gegeben, dass Religion immer nur ins Beschränkte statt ins Allgemeine führe. Ein Vergleich zwischen Christus und den antiken Heroen kommt darum für den Dichter in Betracht, weil und sofern alle drei als Mittler zu einer universalen Versöhnung erkannt werden können.[72]

Folgt man im Einzelnen der Durchführung des Vergleichs, den der Dichter zwischen Christus, Dionysos und Herakles vornimmt, dann fällt die Dominanz von Eigenschaften auf, die von Hause aus dem Christus zugehören. Der von Hölderlin im Hymnus präsentierte Dionysos erscheint also wie ein christologischer Dionysos und Herakles wie ein christologischer Herakles. Die Vielfalt ihrer heroischen Taten wird zusammengezogen auf den besonderen Sachverhalt, dass sie der »Noth« begegnen und eben darum als »Söhne Gottes« zu gelten haben (I, 469, 90). Ihre Gemeinsamkeit beruht maßgeblich auf ihrer Retterfunktion und auf ihrem Einsatz fürs Hilfsbedürftige, Arme und Isolierte in der Welt[73]. Innerhalb dieser Gemeinsamkeit bleibt Verschiedenartigkeit unter ihnen durchaus erhalten. So wird Herkules mit »Fürsten« assoziiert, Dionysos mit »Gemeingeist« und Christus – der »Bettler« – mit dem »Ende« (I, 469, 93f). Wobei das »Ende« im Sinne Hölderlins jene Bedeutungsnuance bewahrt, die das Wort *telos* auch noch im paulinischen Griechisch enthält: das Zielbestimmte nämlich, worauf ein Geschehen zuläuft. Christus wird deswegen nicht nur als Ende einer Epoche, und zwar der antiken, vorgestellt, sondern ebenso als das Ziel, auf welches die Geschichte insgesamt zusteuert. Der Christus, der in seinen Erdentagen versöhnend wirkte, wird zum Ziel kommen in der Zeit

---

[72] Religionstheoretisch denkt und argumentiert der junge Schleiermacher nicht anders: »Jede Form, die es (sc. das Universum) hervorbringt, jedes Wesen, dem es nach der Fülle des Lebens ein abgesondertes Dasein gibt, ... ist ein Handeln desselben auf uns, und so alles Einzelne als einen Teil des Ganzen, alles Beschränkte als eine Darstellung des Unendlichen hinnehmen, das ist Religion«, a. a. O., S. 53.

[73] Das hat schon Romano Guardini gesehen: »Was sie einander ähnlich macht, ist das Stehen in der Not des Daseins ... Die anderen Götter kümmern sich nicht um die Not der Menschen; sie sind olympisch heiter und lassen das Erdenleid drunten. Diese drei aber sind auf den Schmerz der Menschen bezogen, tragen selbst Gefahr, Mühsal und Entbehrung – wie Jäger, Ackersmann und Bettler«, a. a. O., S. 528.

seiner Parusie am Ende der Tage, wenn Versöhnung zur allgemeinen Signatur des Lebens geworden ist.

Herakles gewinnt in Hölderlins Darstellung, jenseits seiner kraftstrotzenden Heldentaten, eine christologische Note, indem ihm der Titel eines »Lastträgers« beigelegt wird; so in der vierten Fassung von *Patmos*, wo Christus der »Lastträger« heißt, »gleich dem Herkules« (I, 465, 54). Aufs Ganze gesehen tritt jedoch die Analogie zwischen Herakles und Christus weit zurück hinter die für Hölderlin ungleich bedeutsamere Analogie zwischen Dionysos und Christus.

Dionysos ist nach Auskunft der Hymne vor allem derjenige, der den »Weinberg stiftet« (I, 389, 58). In der Elegie *Brod und Wein* wird er direkt als »Weingott« apostrophiert (I, 380, 141). Die Elegie *Stutgard* entwirft ein ganzes Landschafts- und Stadtbild von dionysischem Charakter, wo »mit heiligem Laub umkränzt erhebet die Stadt ... ihr priesterlich Haupt« (I, 386, 75f) und wo die Wanderer, die sie erreichen, »sind wohlgeleitet und haben / Kränze genug und Gesang, haben den heiligen Stab / Vollgeschmükt mit Trauben und Laub bei sich« (I, 384, 13ff). Das Dionysische ist das natürlich Lebensvolle und Daseinsfeiernde, es ist freudige Vitalität und ekstatisches Transzendieren und festliche Vereinigung. Auf den ersten Blick scheint dies nichts zu verbinden mit dem Christlichen, erst recht nicht mit einem pietistisch gefärbten Christentum, das sich asketischen Werten weit eher benachbart zeigt. Aber Hölderlin liegt daran, das Dionysische mit dem Christlichen zu versöhnen, im Dionysos Anteile des Christus und im Christus Momente des Dionysos nachzuweisen.[74] Es

---

[74] Dieselbe Intention lässt noch Nikos Kazantzakis im *Alexis Sorbas* erkennen, wenn er beim Besuch eines abgelegenen Klosters auf Kreta erzählt: »Ich hatte eine Ikone des heiligen Bacchus in der Kirche gesehen, und sie hatte mein Herz vor Glück überströmen lassen. Alles, was mich innerlich bewegte, die Verbundenheit des antiken Griechenland mit dem modernen und seine innere Einheit, offenbarte sich mir von neuem. Gesegnet sei diese zierliche Ikone des christlichen Jünglings mit den vollen Locken, die ihm wie schwarze Trauben über die Stirn hängen! Der antike Gott und der christliche Heilige vereinigten sich in mir, sie trugen dasselbe Gesicht. Unter dem Weinlaub wie unter der Kutte pochte derselbe Körper, von Sonne durchglüht – Hellas« (Kap. XVIII).

ist eine Heimholung des Natürlichen ins Christliche und des Christlichen zur Natur.

Darum heißt Dionysos in der Elegie *Stutgard* der »gemeinsame Gott« (I, 385, 31), wie er in *Der Einzige* die Beifügung »Gemeingeist« erhält (I, 469, 93), jene Bestimmung also, die vor allem ins Umfeld des johanneischen Christus gehört sowie des Geistes, der von ihm gesandt wird. Derselbe Vorgang einer christologischen Annäherung der Dionysos-Gestalt spielt sich im Blick auf seine Versöhnungswirkung ab. »Versöhnender« schlechthin ist für Hölderlin, wie wir gesehen haben, der Christus. Aber von Dionysos wird gleichfalls gesagt, dass der »gemeinsame Gott« zum Gastmahl lädt und sein Chor »zwinget die wilden Seelen der streitenden Männer zusammen« (I, 311, 35f). Ebenso ist es in *Der Einzige* Dionysos, der nicht allein den Weinberg stiftete, sondern – als Befriedung des Ungezähmten – an den »Wagen spannte / Die Tyger« und den »Grimm bezähmte der Völker« (I, 389, 54f.59).

Herausragend in der Christus-Dionysos-Analogie bleibt jedoch die von Hölderlin induzierte Verwandtschaft zwischen dionysischem Fest und christlicher Eucharistie. Schon die Wortwahl, dass Dionysos den Weinberg »gestiftet« und nicht bloß angelegt oder begründet habe, zielt auf die Motivverknüpfung zur Stiftung des Abendmahls. Der Wein ist Attribut des Dionysos wie Element im Abendmahl, und der Weinstock symbolisiert den Christus (Johannes 15), wie er unmittelbar zum Lebensfeld des Dionysos zählt. In der achten Strophe von *Brod und Wein* huldigen am Ende die Sänger dem »Weingott«, aber in den Versen davor wird der Christus erinnert, und zwar am Abend seiner Einsetzung der Eucharistie. Er ist es, der da »zu lezt« erschien, »ein stiller Genius, himmlisch tröstend« (I, 380, 129f), und es ist bezeichnend, dass Christus, anders als der ausgelassen und festtrunken lärmende Dionysos, »still« auftritt und nicht mit der Maßgabe zu berauschen, sondern »himmlisch tröstend« zu wirken. Die *differentia specifica*, welche biblische Erinnerungen einholt und damit Christus und Dionysos nicht einfach identisch werden lässt, verhindert gleichwohl nicht deren deutliche Entsprechungen. Christus verkündigte, so hält die achte Strophe von *Brod und Wein* weiter fest, »des Tags Ende«. Das verweist auf Hölderlins Positionierung des Christus an den Ausgang der Antike, mit welchem der Tag sich neigt und die Nacht beginnt, jene lange Geschichtsnacht, die bis in die Gegenwart reicht und erst abgegolten sein wird am Festtag der Wiederkunft Christi. Das angekündigte Ende des Tags, das mit dem Weggang Jesu aus dieser Welt (»und schwand«) zusammenfällt, verdankt sich aber zugleich dem Christus-Wort aus Johannes 9,4: »Wir müssen die Werke dessen, der mich gesandt hat, wirken, solange es Tag ist; es kommt die Nacht, da niemand wirken kann.«

Der Erdenabschied Christi, dem nach Hölderlin eine Nachtzeit des Lebens in der Entfernung von den Göttern nachfolgt[75], lässt diese Zeit trotzdem nicht unbegabt zurück. Denn Christus hinterließ »zum Zeichen, dass einst er da gewesen und wieder / Käme« die »Gaaben« von Brot und Wein. Es sollen Gaben der »Freude« sein, und es sind Gaben, die Erde und Himmel in sich tragen. Denn Brot ist einerseits »der Erde Frucht«, andererseits »vom Lichte geseegnet« (I, 380, 137), und der Wein kommt – typischer Perspektivwechsel in der analogischen Betrachtung – »vom donnernden Gott«, also von Zeus. – Die Hymne *Patmos* versetzt ähnlich in die Szenerie des Abschieds Jesu, wo er mit den Jüngern zusammensaß »beim Geheimnisse des Weinstoks« (I, 449, 81) zur »Stunde des Gastmahls«, als er seinem nahe bevorstehenden Tod »ruhigahnend« entgegensah und, wie die Abschiedsreden im Johannes-Evangelium schildern, die »lezte Liebe« aussprach. Aber die Stimmung erscheint durchaus nicht geprägt von Trauer (die folgt erst danach), und Christus tritt nicht verzagt auf wie in Gethsemane, sondern er erfüllt sein Amt, die Mahlgemeinschaft »zu erheitern«, so dass er, dem Dionysos bei dessen Festmahlen ähnlich, alle Merkmale des »Freudigsten« (I, 449, 90) an sich trägt.

Die biblische Erzählung, die neben der Abendmahlsüberlieferung am klarsten eine Bedeutungsbrücke zwischen Christus

---

75 Auf die großen geschichtlichen Epochen bezogen betrifft dies das Mittelalter, das Hölderlin erkennbar mit dem Bild vom »dunklen Mittelalter« und nicht mit dessen romantischer Bewertung als Goldene Zeit in Verbindung bringt.

und Dionysos schlägt, ist die Geschichte vom Weinwunder in Kana (Johannes 2). Dort erscheint Christus beim Fest, einem Hochzeitsfest, und er wird zum heimlichen Fürsten des Festes, indem er Wein schafft, wo nur Wasser übrig war. Der Wein stiftet Freude und in der Freude Gemeinschaft, ganz nach dionysischem Gesetz, und es ist die Pointe dieser Erzählung, dass sie keinerlei Spiritualisierung vorsieht. Im Gegenteil: die abschließende Bemerkung in Johannes 2,11 lässt das Weinwunder als »Zeichen« erkennen, mit dem Christus anfing, seine Herrlichkeit, seine *doxa*, zu offenbaren. Somit kommt Christus in dieser Episode buchstäblich als »Weingott« in den Blick. – Dionysos kann in Hölderlins Hymnen christologische Züge annehmen wie umgekehrt Christus auch dionysische. Und Letzteres wird sogar neutestamentlich gedeckt. Hölderlin war das nicht unbekannt. Er hat es berücksichtigt und für seine Christus-Dionysos-Analogie genutzt. In der dritten und vierten Fassung der *Patmos*-Hymne notiert er stichwortartig Ortschaften in Israel, die für die Geschichte des Christus von besonderer Bedeutung waren. Und da wird gleichrangig neben Nazareth und Capernaum der Ort »Cana« erwähnt (I, 461, 40; 464, 40).

Der Vergleich zwischen Christus und den Heroen der griechischen Mythologie verfolgt nicht den Zweck, deren Identität auszumachen. Die Unterschiede bleiben, und Hölderlin macht keinen Hehl aus seiner besonderen Beziehung zur Christusgestalt. Diese Beziehung erwächst nicht aus spekulativem Interesse, sondern aus der inneren Regung seines »eigenen Herzens«. Die poetische Betrachtungsweise, in welcher er Christus und Dionysos in ein Verhältnis zueinander bringt, sucht nach Bedeutungskongruenzen, nicht nach Identität. Wo Identität sein sollte, müsste sich eine Gestalt mit der anderen wesentlich decken, müsste also entweder Christus in seiner Eigenheit oder Dionysos in seiner Selbständigkeit fallen. Was Hölderlin dagegen vorschwebt, ist ein Zusammenstimmen, nicht ein Übereinstimmen. Übereinstimmung ergibt denselben Ton, aber ein Zusammenstimmen ergibt eine Symphonie. Das Zusammenstimmen zwischen Christus und Dionysos, das der Dichter religionspoetisch komponiert, wird so zur hymnischen

Antizipation jener eschatologischen Harmonie, die er erhofft und auf die alles ausgerichtet wird. Die innere Spannung, von der die Hymne *Der Einzige* geprägt war, und die die Irritation des Dichter-Ich hervorrief, findet am Ende nun auch ihre Entspannung. Denn die Liebe, die es an sich hat, zugleich zu bevorzugen und zurückzusetzen, vermag sich nach dem Prozess des poetischen Vergleichs auf den Christus wie auf den Dionysos zu beziehen, weil sie in beiden das erschlossene Gemeinsame lieben darf.

Auf diese Weise gewinnen die rätselhaften Schlussverse der Hymne *Der Einzige* einen verständlichen Sinn: »Die Dichter müssen auch / Die geistigen weltlich seyn« (I, 390, 88f).

»Weltlich« müssen und dürfen die Dichter sein, weil sie sich nicht allein in den Regionen des »Geistigen« bewegen, also im Raum idealistischer Spekulationen und geistiger Synthesen, sondern im Raum des Konkreten, des unmittelbar Erfahrbaren, des Sinnlichen und damit auch des Einzelnen. In diesem Sinne »weltlich« zeigen sich gerade die Heroen Dionysos und Herakles, die »weltlichen Männer« (I, 389, 62), wie der Dichter sie einige Verse zuvor benennt. Ihrer Begegnung auszuweichen oder ihre »Weltlichkeit« in die höhere Ordnung reiner Geistigkeit hinein aufzuheben, mag dann das Vorrecht eines idealistischen Philosophen sein. Das Recht des Dichters jedoch, der sich an das zu halten hat, woran sein Herz hängt und was ihm als bedeutsame Wirklichkeit entgegentritt, ist es nach eigener Bekundung Hölderlins nicht. Darum fasst er, was religionspoetisch mitzuteilen ist, in einen Hymnus und nicht in einen philosophischen Traktat.

Die *Patmos*-Hymne variiert und konzentriert Motive aus den beiden anderen Hymnen und führt sie zu einer neuen poetischen Gesamtschau zusammen. Wieder steht die Christusgestalt in der Mitte, aber ausgiebiger gewürdigt und deutlicher in ihren biblischen Zusammenhängen betrachtet als zuvor. Wieder wird die erlebte Gegenwart als Nachtzeit erkannt, die auf die Parusie hoffen lässt, in welcher der vermittelnde Christus die geschichtlichen Trennungen aufheben werde. Und wieder ist die Perspektive des poetischen Subjekts maßgebend, des Dichters, der im

Verlauf der Hymne einen Weg von Wahrnehmung und Einsicht beschreitet, bis er bei dem endet, wozu er berufen scheint, dem »deutschen Gesang«.

Die Hymne hebt an mit einem Bild der Geschiedenheiten, aber es ist ein Bild, wie das poetische Subjekt es schaut (I, 447, 16). Und es ist zugleich ein Bild, in welchem sich die beherrschende Problematik aus Hölderlins Leben und Werk widerspiegelt: das schmerzlich empfundene Phänomen allseitiger Trennungen. Das Bildprogramm der ersten Hymnenstrophe entnimmt Hölderlin einer Ansicht der Hochalpen, die er 1801 während seiner Hauptwiler Hofmeisterzeit zu bewundern Gelegenheit hatte. Die Alpen können neben ihrer eindrucksvollen Größe auch Sinnbild einer schroffen Zerrissenheit werden. Dann gewahrt man die »Gipfel«, alle für sich aufragend und keiner verbunden mit dem anderen, und zwischen den Gipfeln den »Abgrund«, der tödlich gähnt, und was überhaupt lebt in solchem Gelände, wohnt abseits auf »getrenntesten Bergen«.

Diesem Wirklichkeitsbild vom Leben in seinen zahllosen Trennungen korrespondiert das Seelenbild des Dichters, der das Gemeinsame, das Verbindende sucht und darunter leidet, es nicht vorzufinden. Eine in sich zerrissene Wirklichkeit wird so zum Spiegel einer in sich zerrissenen Seele. Daher rühren die Schlussverse der ersten Strophe, die in die Form eines Gebets übergehen und »Fittige« erbitten, um mit deren Hilfe hinüber- und herüberwechseln zu können über die Abgründe hinweg, wie es ähnlich die »Adler« tun und die »Söhne der Alpen« auf ihren »leichtgebaueten Brüken«. Und daher rühren ebenfalls die berühmten Eingangsverse, die in ihrer Bedeutung nicht leicht zu entziffern sind:

Nah ist
Und schwer zu fassen der Gott,
Wo aber Gefahr ist, wächst
Das Rettende auch.

Die angesagte Nähe Gottes beruht auf einer zweifachen Erfahrungsweise: einer apokalyptischen und einer mystischen. Die apokalyptische Wahrnehmung bewegt sich im Raum der Geschichte, und zwar an deren erkennbarem Ende: »der Herr ist nahe« (Philipper 4,5). Dass dieses nahe bevorstehende Ende von Hölderlin nicht katastrophisch und demgemäß mit Schrecken vorgestellt wird (und dies trotz Patmos und der Apokalypse des Johannes!), konnte er durch dieselbe Philipperstelle begründet finden, die die Ankündigung des nahen *kyrios* als Anlass zur Freude versteht: »Freuet euch im Herren alle Zeit; nochmals will ich sagen: Freuet euch!«[76] Entsprechend vollzieht auch der Hymnus einen Wandel von der Trauer zur Freude und erscheint Christus darin selbst pointiert als der »Freudigste« (I; 449, 90).

Die mystische Wahrnehmung vom nahen Gott ist im Unterschied zur apokalyptischen ein Ergebnis von Verinnerlichung. Indem man sich von einer sinneverwirrenden Welt nicht blenden lässt und den Weg asketischer Entsagungen zur Vertiefung in den eigenen Seelengrund wählt, kann man der Nähe Gottes inne werden. Eine Art von Nähe, die das Mysterium der Ungreifbarkeit bei sich hat. Ein Gott, der sich »fassen« ließe, müsste ein endliches Ding sein, ein Götze, ganz gleich, ob das Fassen im direkten Wortsinn mit den Händen oder im übertragenen Sinn mit dem Verstand unternommen werden sollte. Nah, aber schwer zu fassen – damit dürfte Hölderlin wie früher schon auf die Areopagrede des Paulus anspielen und auf dessen Proklamation Gottes, der »nicht fern ist von einem jeden unter uns« (Apostelgeschichte 17,27).

Bemerkenswert ist, dass Hölderlin seit der zweiten Fassung seiner *Patmos*-Hymne die beiden Eingangsverse neu formuliert hat. Jetzt lauten sie: »Voll Güt' ist. Keiner aber fasset / Allein Gott« (I, 453, 1).

Die Rede vom Nahsein Gottes wird nun durch die Rede von seiner vollkommenen Güte gleichsam interpretiert. Der nahe Gott ist nicht selbst als Bedrohung zu fürchten. Was von ihm und mit ihm kommt, kann nur »gut« (I, 449, 88), weil Ausdruck

---

76 Dass Hölderlin diese Bibelstelle nicht nur gekannt, sondern in sein Werk auch eingebracht hat, belegt die frühere Verwendung der Segensformel vom Frieden, der über alle Vernunft sei (Phil 4,7), in der Vorrede zur vorletzten *Hyperion*-Fassung (I, 558).

seiner göttlichen »Güte« sein. Aber diese Güte zu fassen, übersteigt das Vermögen dessen, der für sich »allein« steht. Allein wie ein ragender Gipfel der Alpen. Wenn es in dem ebenfalls nach dem Hauptwiler Aufenthalt geschriebenen Gedicht *Heimkunft* über Gott und seine Fassbarkeit heißt: »Ihn zu fassen, ist fast unsere Freude zu klein« (I, 322, 100), dann verweist Hölderlin auf spezifische Bedingungen einer Gotteserfahrung. Sie ist Sache eines gemeinschaftlichen Lebens in einem gemeinsamen Geist. Und dieser Geist stellt sich als Geist der »Freude« heraus. Er ist dies namentlich anlässlich der »Gefahr« (I, 447, 3), in welcher er sich zu bewähren hat. Denn diese Gefahr besteht nicht in einzelnen und bestimmten Arten von Bedrohung, sondern im grundsätzlichen Phänomen des getrennten Lebens überhaupt, wie das folgende Alpenbild der vereinzelten Gipfel illustriert. Dass auch Rettendes wächst, wo diese Gefahr herrscht, hat Hölderlin seit seiner philosophischen Skizze *Urtheil und Seyn* erkannt und betont: Das ursprünglich Eine und Einheitliche zerfällt in seine geschichtlich erfahrbaren Trennungen, als deren fundamentale die Trennung zwischen Subjekt und Objekt, Ich und Welt zu gelten hat. Aber diese Trennung ist eben nicht einfach Verhängnis, sie enthält die Chance der »exzentrischen Bahn« (I, 489), auf welcher der einzelne Mensch wie die Menschheit in ihrer Gesamtgeschichte zur neuen, nunmehr vermittelten Einheit unterwegs sind. Das Rettende ist so die Versöhnung des Getrennten, wie Christus, im Dienst an dieser Versöhnung (2. Korinther 5,18), antizipierend in seiner irdischen Geschichte und vollendend in seiner Parusie als Retter in Erscheinung tritt.

Die Hymne erzählt nach ihrer Eingangsstrophe von einer Reise des poetischen Ich: »da entführte ... ein Genius mich« (I, 447, 16.19). Das erinnert an die biblische Szene, in der Jesus vom Geist in die Wüste geführt wird (Matthäus 4,1), auch wenn das lyrische Ich sich nach Patmos, dem kargen Eiland in der Ägäis, entführt sieht. Diese Reise ist ihrer Form wie ihrer inhaltlichen Bestimmung nach eine mystische Seelenreise. Sie spielt sich im Innern des poetischen Subjekts ab und durchläuft Stationen der Begegnung, sozusagen auch der Läuterung und der Klärung des

Bewusstseins, bis sie in einen neuen Stand von Einheitserfahrung und Selbstgewissheit mündet. Die mystische Seelenreise ist Urbild aller »Erfahrung«, weil Erfahrung von Hause aus keinen äußeren, sondern einen inneren Vorgang betrifft: den Vorgang einer Vereinigung zwischen Ich und Gott. Dass der Dichter seinen Hymnus im Stil einer solchen mystischen Seelenreise entwirft, zeigt bereits das Motiv seiner Entführung durch einen Genius. Es wird weiter unterstrichen dadurch, dass das Ich sich »unterweges« vorfindet, und zwar »wehrlos« (I, 451, 168). Vor allem aber dadurch, dass der innere Weg zur Vereinigung des Getrennten – mystisch: die *via unifica* – über die vertrauten Stätten der Heimat (2. Strophe) und über die großen Schönheiten Griechenlands (3. Strophe) hinaus zum »ärmeren Hauße« (I, 448, 62) nach Patmos führt, zur Einkehr in der »dunkeln Grotte«.

Es ist das übliche Arrangement zur Ermöglichung mystischer Einheitserfahrung: freiwillig gewählte Armut und Zurückgezogenheit in die Klause des Eremiten. Dorthin also weist der Weg zur tieferen Wahrnehmung, und es ist entscheidend, dass nun anschließend das Dichter-Ich selbst völlig zurücktritt und statt seiner ins Bild rückt, was Johannes, der Seher und der Evangelist, als Erfahrung vermittelt. Erst gegen Ende des Hymnus meldet sich das Dichter-Ich wieder selbst zu Wort, und zwar sehr bezeichnend in einer doppelten Weise: in der zwölften Strophe, wo es sich der Versuchung verweigert, von Christus »ein Bild zu bilden« (I, 451, 165), also durch Fixierung nochmals zu verendlichen und zu vereinzeln, was mit der Christusgeschichte aufs Ganze – und zwar aufs versöhnte Ganze hinstrebt – und in der vierzehnten Strophe mit seiner den mystischen Weg im Hymnus gleichsam bilanzierenden Selbstaussage: »Und wenn die Himmlischen *jezt* / So, wie ich glaube, mich lieben ...« (I, 452, 197f). Liebe ist Erfahrung des vereinigten, nicht mehr getrennten Lebens, wie die *unio mystica* als Zielpunkt der *via unifica* eine innere Verschmelzung der Seele mit Gott meint.

Nur: alle Mystik denkt und verhält sich extrem ungeschichtlich. Wenn es überhaupt Prozesse gibt, dann sind es Prozesse im

Innern des Menschen. Geschichte erscheint unlösbar mit der Welt insgesamt verbunden, und wie von der Welt ein radikaler Abstand genommen wird, so auch von ihrer Geschichte. Eschatologie hat nicht mit dem zu tun, was einmal zur Welt kommen soll, sondern nur mit dem, was sich in der Seele eines einzelnen Menschen zu bewegen vermag. – Demgegenüber hat für Hölderlin die geschichtlich orientierte Perspektive uneingeschränktes Gewicht, welche das Eschaton wirklich ans Ende der Weltzeit und nicht in den Seelengrund eines »erfahrenen« Menschen verlegt. Folgerichtig zielt darum sein Hymnus auf eine universale Versöhnung alles Getrennten, nicht allein auf die versöhnte Seele. Die Parusie des vermittelnden Christus wird eben die Welt versöhnen, und um dies zu verdeutlichen, kann Hölderlin – freilich nur behutsam andeutend – die Endzeitmotive von der allgemeinen Totenerweckung (I, 452, 184f) sowie vom Erscheinen des Lichts in der Finsternis (I, 452, 188) heranziehen. So viel den Dichter in der *Patmos*-Hymne mit dem Weg mystischer Erfahrung verbinden und so viel er an mythischen Vorstellungen in seinem Sinne einbringen mag, so wenig teilt er doch den Standort einer punktuell-präsentischen Eschatologie in der Mystik wie auch die Ansicht eines rein zyklischen Geschehensablaufs im Mythos. In dieser Hinsicht bleibt er dem biblisch-christlichen Modell einer dynamisch von Gottes Zukunft bewegten Wirklichkeit treu.

Für den Gang der Hymne *Patmos* im Ganzen und für eine Fülle von Bedeutungsakzenten, die in ihr gesetzt sind, ist der Umstand von Belang, dass es sich um eine Auftragsarbeit gehandelt haben dürfte. Der Landgraf von Hessen-Homburg Friedrich V. hatte zu Jahresbeginn 1802 KLOPSTOCK brieflich um einen poetischen Beitrag zur Bekämpfung des aufklärerischen Geistes ersucht. Dem pietistisch gestimmten Fürsten war vor allem daran gelegen, den Einfluss einer historisch-kritischen Bibelauslegung einzudämmen und »diese neuen Ausleger, sei es auch nur bloß durch Ihr Zeugnis, zu beschämen und ihre exegetischen Träume zu Boden zu werfen« (III, 277). KLOPSTOCK freilich hatte aus Altersgründen dankend abgelehnt und auf seine früheren poetisch-religiösen Werke hingewiesen. Vermutlich hat der Landgraf jedoch, einvernehmlich mit SINCLAIR, seine Idee trotz der Absage KLOPSTOCKS nicht aufgegeben und im Herbst 1802 bei Gelegenheit des Reichstages in Regensburg, bei dem auch Hölderlin anwesend war, seine Offerte diesem gegenüber erneuert. Jedenfalls muss Hölderlin in den ersten Wintermonaten intensiv an der Hymne gearbeitet, sie Anfang Januar 1803 fertiggestellt und anschließend an SINCLAIR in Homburg geleitet haben, der sie dem Landgrafen zu dessen Geburtstag am 30. Januar überreichen konnte.

Dem Anliegen des Landgrafen kommt Hölderlin nicht nur in der Schlusspassage seiner Hymne entgegen, wo er dafür eintritt, dass der »veste Buchstab« »gepfleget werde«. Die Absicht durchzieht vielmehr den gesamten Hymnus. In keinem seiner poetischen Werke vorher hat der Dichter sich so eng an biblische Textvorlagen gehalten, so sehr ans Johannes-Evangelium und dort insbesondere an Kapitel 16. Man kann diese sorgfältige Textbeobachtung, von der die Hymne Zeugnis gibt, an einem kleinen Beispiel verdeutlichen. In der sechsten Strophe (das Ganze ist wieder triadisch gegliedert, fünfzehn Strophen in fünf Triaden) steht im Zusammenhang der Rede vom Abschied und Tod Jesu scheinbar unvermittelt der Satz: »Denn alles ist gut« (I, 449, 88). Wie kann aber, im Angesicht der offenkundig bevorstehenden persönlichen Katastrophe, so leichthin alles »gut« geheißen werden? – Interpreten geben sich Mühe mit Erklärungsversuchen. Einer sieht in dem Satz eine prinzipielle Entscheidung Hölderlins zum Zuge kommen: seine Überzeugung nämlich von einer künftigen Allversöhnung, die Böses nicht zulasse und das Theodizeeproblem in der Weise löse, dass – bei Licht und aufs Ganze gesehen – am Ende der Geschichte nun doch »alles gut« werde[77]. Ein anderer vermutet ein in der Sache freilich unzutreffendes etymologisches Spiel, welches »gut« mit »Gott« in Verbindung bringe und damit an besagter Stelle keine moralische, sondern eine im engeren Sinne theologische Aussage treffe.[78] Auf einfachere Weise klärt sich die scheinbar schwer

---

77 So Schmidt, a. a. O., S. 224ff.
78 So Binder, Hölderlin-Aufsätze, a. a. O., S. 378.

durchsichtige Hymnenaussage jedoch dadurch, dass sie ein wörtliches Zitat aus Johannes 16,7 ist, jenem Evangelien-Kapitel also, dem Hölderlin bei der Hymnenabfassung seine besondere Aufmerksamkeit gewidmet hat: »Aber ich sage euch die Wahrheit: es ist euch *gut*, dass ich hingehe« (so nach Luther). Präzise Textnähe ist es demnach, was Hölderlin mitten in der Szene vom Abschied Jesu den anscheinend befremdlichen Satz aufnehmen lässt: »Denn alles ist gut.«

Dass Johannes-Texte für die Hymne eine so herausragende Rolle spielen, wird gern damit begründet, dass für die Tübinger Idealisten Johannes der Künder des Geist-Evangeliums gewesen sei. Das ist für Hölderlin natürlich nicht auszuschließen, auch wenn er, sehr im Unterschied zum jungen HEGEL, gerade von Johannes 4,24 keinen programmatischen Gebrauch gemacht hat. Seine Affinität zum Johannes-Evangelium legt sich durch die Gesamtkonzeption der *Patmos*-Hymne nahe. Denn Johannes ist für ihn erstens der Seher (I, 449, 75) auf der Insel Patmos und Verfasser der Apokalypse, zweitens der Lieblingsjünger Jesu (I, 449, 74ff) und drittens der Autor des Evangeliums, alles in einem. Diese Zusammenschau war in der kirchlichen Tradition zwar vorgegeben, aber seit Mitte des 18. Jahrhunderts setzten historische Argumentationen ein, die das Evangelium und die Apokalypse verschiedenen Verfassern zuwiesen. Hölderlin dürfte das bekannt gewesen sein. Er bevorzugte gleichwohl die Annahme eines einzigen Verfassers der Schriften, sicher nicht, um der traditionellen Linie zu genügen, sondern weil diese Personsynopse bereits paradigmatisch für die Intention des Ganzen, nämlich eine Vereinigung des (verstandesbedingt) Getrennten, stehen mochte.

Hinter allen philologisch-exegetischen Fragestellungen lässt der Dichter seine Hymne jedoch von einer grundlegenderen Problematik bestimmt sein, die er zu Beginn der letzten Strophe deutlich markiert: »Zu lang, zu lang schon ist / Die Ehre der Himmlischen unsichtbar« (I, 453, 212f).

Diese »Ehre« ist im ontologischen und ästhetischen, nicht im moralischen Sinne zu verstehen. Sie meint göttliche *doxa*, das Erscheinen und Offenbarwerden Gottes. Das Fernerücken der

Himmlischen und das Verschwinden Gottes aus den Erfahrungszusammenhängen der Gegenwart sind es, was das Verhängnis der Epoche heraufbeschworen hat. Das Licht der Gottespräsenz ist vergangen und als solches nicht mehr unmittelbar anzuschauen, wohl aber in der Erinnerung aufgehoben. Was sich Aufklärung nennt, ist eine zwiespältige Erscheinung. Sie hat aus falschen Abhängigkeiten befreit, aber auch lebendige Verbindungen zerstört. Hölderlin geht darauf ein in der zehnten Strophe. Eine Jüngergemeinschaft bereits bricht früh auseinander, heilige Stätten veröden, das Gedenken an Christus verblasst, der Himmel erscheint leer, Säkularisierung auf der ganzen Linie. Ein Moment in diesem Bewegungsspektrum eines in sich vielfach zertrennten und aufgelösten Lebens ist die historische Bibelkritik. Sie ist nicht Ursache, wohl aber Effekt der Entwicklung, denn ihre Methode ist die analytische Sondierung. Sie nimmt auseinander, um zu erklären. Hölderlin erkennt und verfolgt die gegenteilige Aufgabe: er möchte zusammensehen, um »deuten« zu können. Ein synoptisches Verfahren bei der Textbetrachtung macht überhaupt deutungsfähig. Es erreicht nicht, dass die »Ehre der Himmlischen« wieder unmittelbar sichtbar würde. Aber es vermag erinnernd zu vergegenwärtigen, wie diese »Ehre«, diese Gottesoffenbarung einmal beschaffen war und worin ihre Zukunft besteht. Das Geschäft der Deutung zu versehen (I, 453, 225f), ist nicht das Amt von Philologen und Historikern. Es ist das Amt des Dichters. In seinem poetisch-religiösen Deutungswerk kommt die hermeneutische Aufgabe zu ihrem Ziel.

Die Schlüsselrolle im Hymnus und zugleich die Nahtstelle im Versöhnungsprozess bildet die Szene vom Abschied Jesu nach Johannes. Zu ihr leitet der Dichter über, nachdem er beim Seher auf Patmos eingetroffen ist. Denn in dieser Szene berühren sich die Zeit des offenbaren und die Zeit des unsichtbar gewordenen Gottes. Bis zum Abschied Jesu war »der Sonne Tag« (I, 450, 108), nach seinem Abschied wurde es »Nacht« (I, 450, 117). Aber die Nacht, obwohl aller unmittelbaren Offenbarung ledig, ist doch nicht vollkommen verlassen. Es ist geschichtliche Nachtzeit mit himmlischen Hinterlassenschaften: Brot und Wein, wie die frühere Hymne festhielt; »Abgründe der Weisheit« (I, 450, 119) oder »Stillleuchtende Kraft aus heiliger Schrift« (I, 452, 194), wie es jetzt heißt. Die Beziehungen sind dunkel geworden, schwer zu fassen und verborgen, aber sie sind nicht abgebrochen. Von »Gnade« redet der Dichter an dieser Stelle (I, 452, 195), dem grundbiblischen Begriff einer freien göttlichen Zugewandtheit trotz aller menschlichen Entfernung von Gott. Gnade, die beim Studium und bei der rechten Deutung heiliger Schriften sich einstellt: »Denn noch lebt Christus« (I, 452, 205).

Er lebte seine irdische Geschichte, doch es galt für ihn wie für seine Jünger, Abschied zu nehmen. In der Stunde des Abschieds bezeugte Christus seine »lezte Liebe«, dies bezieht sich aufs Abendmahl, wo »beim Geheimnisse des Weinstoks, sie / Zusammensaßen, zu der Stunde des Gastmals« (I, 449, 81f). Und dass er »nie genug« hatte »von Güte zu sagen«, ergibt sich aus den johanneischen Abschiedsreden Jesu im Ganzen. Seine Absicht war, die zurückgelassenen Jünger zu trösten und innerlich zu stärken (»seid getrost, ich habe die Welt überwunden«, Johannes 16,33), sie also zu »erheitern«, wie der Hymnus formuliert, weil mit und nach seinem Tod ein »Zürnen der Welt« (I, 449, 87) zu erwarten sei, wie aus Johannes 16,2 hervorgeht: »Ja, die Stunde kommt, wo jeder, der euch tötet, meinen wird, Gott eine Opfergabe darzubringen.«

Der Abschied ist die Zäsur, aber er ist nicht das Ende. Die Trennung von seiner irdischen Gegenwart, die den Jüngern schwer genug wird und eigentlich unerträglich scheint (»lassen wollten sie nicht / Vom Angesichte des Herrn«, I, 449, 95f), bedeutet doch keine absolute Trennung, sondern gleichsam eine dialektische: sie wird zur Bedingung für die Möglichkeit einer weiterreichenden Gemeinschaft. Denn einmal bekundet die Ostergeschichte, dass auch nach seinem Abschied der Christus unter den Jüngern erst einmal präsent bleibt (»und ihnen gieng / Zur Seite der Schatte des Lieben«, I, 449, 98f). Zum andern »sandt' er ihnen / Den Geist« (I, 449, 100f). Im pfingstlichen Geist wird die Gemeinschaft neubegründet möglich, die beim Abschied Christi endgültig zu zerbrechen schien. Es ist der Anfang jener Gemeinschaft, die Trennendes und Getrenntes hinter sich zu lassen vermag, weil sie durch die Wirklichkeit der Trennung hindurchgegangen ist und die nun der Parusie des Christus entgegensieht, jenem künftigen himmlischen »Triumphgang« (I, 452, 188), der alles in seine einende Bewegung hineinnimmt. Diese wird grundlegend hymnisch beschaffen sein, eine lebendige Symphonie des »Gesanges« (I, 452, 183). Der Hymnus beschreibt diese Bewegung nicht aus der Distanz und von außen. Er trägt sie schon auf seinem eigenen Wege in sich, ist selber angestoßen von ihrem Vollzug. Darum redet der Hymnus nicht nur von möglicher Versöhnung des Getrennten. Er enthält und vermittelt sie vorwegnehmend. Und der Dichter baut mit seinem synoptischen Deuten die Brücken, welche Abgründe überschreitbar machen und die »getrenntesten Berge« zueinander bringen.

Poetische Religion und Theologie

Erörterungen über das, was Religion sei, füllen Bibliotheken. Und die Urteile schwanken auf großer Bandbreite von einem Extrem zum anderen. Hier ist Religion das Medium zur Sinnerfüllung des menschlichen Lebens, dort ist sie die Unwahrheit schlechthin. Die Theologie hat in diesem Spektrum von Religionsauffassungen jeweils ihren Ort zu bestimmen versucht. Sie hat, etwa mit SCHLEIERMACHER, die geistige und wissenschaftliche Anwaltschaft für die Möglichkeit von Religion übernommen. Sie hat aber auch, namentlich mit KARL BARTH, in der Religion die notorische Selbstgefährdung des Menschen in seiner Geschichte erkennen wollen. Dann stand Religion gegen Offenbarung, menschliche Selbstüberhebung gegen Glaubensgehorsam, das Subjekt des Menschen gegen das Subjekt Gottes, Unwahrheit gegen Wahrheit.

Gelegentlich konnte der Eindruck vermittelt werden, der Religionsbegriff sei überhaupt untauglich, weil viel zu schillernd und auf eine schier unübersehbare Vielfalt von Erscheinungen anwendbar.

Hölderlin hat kaum theoretische Aussagen über die Religion gemacht. Es ist ihm vor allem nicht in den Sinn gekommen, begrifflich definieren zu wollen, was unter Religion zu verstehen sei. Er hat nicht über Religion geredet, wohl aber aus Religion. Seine Sorge war, dass die allgemeinen Lebensumstände seiner Gegenwart dazu angetan sein könnten, die Menschen religiös erblinden zu lassen. Und wenn die Menschen religiös erblinden, dann ist nach seinem Urteil nicht Aufklärungszeit, sondern Nachtzeit. Nacht, in der sich niemand zurechtfindet, so sehr alle geschäftig unterwegs sein mögen, und erst recht Nacht der verloren gegangenen Klarheit, der *doxa* Gottes.

Es kennzeichnet Hölderlins Religionsverständnis, dass es nicht aus der reinen Subjektivität gewonnen ist, wie eine religionskritische Theologie gern unterstellt. Gewiss ist das Sensorium für Hölderlin unverzichtbar, welches Wirklichkeit in

Natur und Geschichte so wahrnimmt, dass eine religiöse Erfahrung möglich wird. Aber diese Art der Wahrnehmung erfolgt ja nicht willkürlich. Sie ist vor allem nicht das Ergebnis einer reinen Spontaneität des Menschen. Sie ist vielmehr ihrerseits schon ein Reflex, eine Reaktion, »Echo des Himmels«, wie der Dichter sagen kann. Allerdings ist dieses Sensorium für Religion als menschliche Möglichkeit nicht alles. Doch ohne dieses Sensorium wird alle Religion zu nichts.

Eine Theologie, welche Wahrheit beansprucht, der es aber an Erfahrbarkeit mangelt, kann sich auf die Dauer nicht verschanzen gegen die Übergriffe von Religion, welche aus der Erfahrung kommt und für Erfahrung brennt. Sie muss dann wohl besorgt sein, in deren Feuer nicht unterzugehen. Und um dies zu vermeiden, dürfte sie gut beraten sein, das lebendige Feuer der Erfahrung zu sich hereinzuholen, es am eigenen Herd heimisch zu machen und es derart ebenso zu pflegen wie zu zügeln.

Hölderlin sah sich (und darum war er kein Theologe) nun nicht vor die Aufgabe gestellt, religiöse Erfahrung zu zügeln. Er erkannte seine Aufgabe eher darin, Erfahrung von religiöser Qualität möglich zu machen. Dabei war ihm durchaus bewusst, dass Religion ein Feuer enthalten kann, das Menschen fortreißt und, indem es titanisch bis in den Raum des Göttlichen emportreibt, sie dann auch schuldig werden lässt und zerstört. Dafür stehen die Gestalt und die Geschichte des Empedokles. Aber Empedokles ist eine Gestalt in der Ambivalenz. Er hat das Sensorium, das ihm Wirklichkeit erschließt in deren Transparenz für das Göttliche. Und er kommt in die Lage, diesem Sensorium so zu verfallen, dass er die Grenze zwischen seiner eigenen Wirklichkeit und dem Göttlichen verwischt und sich blasphemisch mit Gott als eines erlebt.

Erfahrung ist an Wirklichkeit gebunden. Hölderlin lag daran, diesen Grundsatz auch für die religiöse Erfahrung aufrecht zu erhalten. Darum bedeutet Religion für ihn keinen Fall von geistiger Wirklichkeitsvermeidung, weder in einer religiös-metaphysischen noch in einer spiritualisierend-verinnerlichten

Form. Es ist bemerkenswert, dass Dietrich Bonhoeffer in seinen Gefängnisbriefen 1944 genau diese beiden Formen von Wirklichkeitsverleugnung als Kennzeichen einer unvertretbaren Religion hervorgehoben hat. Das geschah im Zusammenhang seiner Überlegungen zur nichtreligiösen Interpretation biblischer Begriffe. Der Angriff, den er dort vornimmt, gilt nicht dem Religiösen schlechthin. Er gilt den zwei dominanten Tendenzen, die nach seinem Urteil eine abzulehnende Religion prägen. Die eine Tendenz ist die metaphysische: sie verlässt das Wirkliche in der Sehnsucht nach einem imaginären Überwirklichen. Die andere Tendenz ist die verinnerlichende: sie verlässt die Wirklichkeit ebenfalls, aber durch Spiritualisierung in jenem schlechten Sinne, dass alles Äußere für unerheblich und nur die inneren Seelenregungen für wesentlich, weil gottnah, gehalten werden.[79]

Gegen beide Tendenzen verweist Bonhoeffer auf die »Weltlichkeit« des Alten Testaments und damit auf eine Art von Wirklichkeitswahrnehmung, die göttliche Transzendenz gerade *in* der irdisch-menschlichen Immanenz aufzuspüren vermag. Denn »Gott ist mitten in unserem Leben jenseitig«[80], und Christus »fasst den Menschen in der Mitte seines Lebens«[81]. – Zur nämlichen Zeit, so berichtet Bonhoeffer selbst, studierte er Walter F. Ottos Buch über die *Götter Griechenlands*. Er zitiert dessen Schlussbemerkung zur griechischen »Glaubenswelt, die dem Reichtum und der Tiefe des Daseins, nicht seinen Sorgen und Sehnsüchten entstiegen« sei, und fügt hinzu, dass diese Darstellung für ihn »etwas sehr Reizvolles« habe; dass er »an den so dargestellten Göttern weniger Anstoß nehme als an bestimmten Formen des Christentums«; ja dass er sogar glaube, »diese Götter für Christus in Anspruch nehmen zu können«[82].

Das ist bei Bonhoeffer – wie früher bei Hölderlin auch – kein plötzlicher und unerhörter Abfall in pagane Stimmungen, sondern Teil seines theologischen Einsatzes für das Recht und

---

79 Dietrich Bonhoeffer, Widerstand und Ergebung, Werke Bd. 8, 1998, S. 500f; S. 509f.
80 A. a. O., S. 408.
81 A. a. O., S. 501.
82 A. a. O., S. 492.

für die Verheißung des Wirklichen. »Nicht die platte und banale Diesseitigkeit der Aufgeklärten, der Betriebsamen, der Bequemen oder der Lasziven, sondern die tiefe Diesseitigkeit, die voller Zucht ist«[83], liegt ihm am Herzen. Seine Option ist mit Hölderlins Anliegen gewiss nicht einfach deckungsgleich, aber auch nicht vollkommen fern davon. Beide teilen sie die Überzeugung, dass nicht im Überstieg über die vorhandene Wirklichkeit hinaus Gott erfahren werden kann, sondern nur in der intensiven Begegnung mit ihr.

Solche Begegnung aber und dasjenige, was religiöse Erfahrung genannt zu werden verdient, ist für Hölderlin nicht bloß eine Angelegenheit des Gefühls, erst recht nicht von subtilen innersubjektiven Seelenregungen. Es hat vielmehr den Charakter einer Erschütterung, eines Widerfahrnisses, das den Betroffenen auch leiden macht. Darum wird das Gewitter zur bevorzugten Metapher, um das Gewaltige und Unwiderstehliche auszudrücken, das einem Offenbarwerden des Göttlichen entspricht, sowie der »Stral« des Blitzes, in dem das grelle Aufleuchten von *doxa* ebenso erscheint wie das Naherücken tödlicher Gefahr. Die Harmlosigkeit, mit der im Unterschied dazu eine empfindungsselig verdünnte Religiosität ihre Erfahrungen zu beschreiben pflegt, hat mit Hölderlins Erleben des Göttlichen wenig zu tun. Was Flamme ist, kann nicht ebenso auch ein Teelicht sein – und umgekehrt.

Im Grunde verbindet Hölderlin mit seinem Verständnis von Religion und von religiöser Erfahrung immer einen Offenbarungsvorgang, der ins Staunen führt und in die religiöse Grundhaltung von Ehrfurcht. Das kannte er aus biblischen Zeugnissen und er hat es ernst genommen. Am deutlichsten kommt dies in seiner Hymne *Wie wenn am Feiertage* zum Ausdruck, wo beides zusammen erfahren und beleuchtet wird: die Wucht göttlicher Offenbarung und das Amt des Dichters.

Die gesamte Hymne ist durchzogen von Gewitter-Metaphorik. Schon die Eingangsstrophe malt das Bild des Morgens nach einer ebenso gewaltigen wie erfrischenden Gewitternacht.

---

83 A. a. O., S. 541.

Jetzt ist die Zeit »günstiger Witterung« (I, 262, 10), da die »mächtige, die göttlichschöne Natur« sich zeigt. Aber was sich in dieser Weise zeigt, ist mehr als ein Naturschauspiel. Zwar trifft es die Sinne, die den Blitz zu sehen und den Donner zu hören vermochten; aber es handelt sich doch um das »Heilige« selbst (I, 262, 20), das durch die Sinneswahrnehmung hindurch zugleich Höheres weckt, nämlich »Begeisterung« (I, 262, 26). Begeisterung deshalb, weil im Erlebten »die Kräfte der Götter« »offenbar« wurden (I, 263, 36.28).

Und was Hölderlin als Inbegriff einer erschütternden religiösen Erfahrung hier naturmetaphorisch schildert, betrifft gleichwohl eine Zäsur in der Geschichte, und zwar eine Zäsur von geradezu eschatologischem Gewicht: »Die Natur ist jetzt mit Waffenklang erwacht« (I, 262, 23) – das ist Anspielung auf die grundstürzende Geschichtsbewegung der Revolution und doch nicht bezogen auf den aktuellen Umsturz politischer Verhältnisse allein. In Bewegung gerät für den Dichter erheblich mehr, nämlich – recht verstanden – das Leben selbst. Leben in der Konfrontation mit und in der Partizipation an Göttlichem. Leben, das jetzt erst wirklich aufwacht, nachdem es vorher zu schlafen und allenfalls zu »ahnen« in der Lage schien (I, 262, 17f). Leben, in dem das Feuer seiner wahren Lebendigkeit neu entzündet wird. »Von neuem«, so betont Hölderlin deshalb, ist ein »Feuer angezündet in Seelen der Dichter« (I, 262, 31).

Keineswegs also ist es generell entzündet und in jedermann. Was sich als göttliche Offenbarung ereignet, erreicht nicht alle in gleicher Weise. Es kann vorbeigehen, indem es unbeachtet oder missverstanden bleibt. Die Menschenwelt kann im Dunkel verharren, selbst wenn in einer Gewitternacht die Blitze über sie hinweggefahren sind. Was da geschieht, wird eben nicht ohne weiteres zur Erfahrung. Das Ereignis göttlicher Offenbarung kann erst dort zur religiösen Erfahrung werden, wo ihm Empfänglichkeit entgegenkommt. Und die ruht und wartet für Hölderlin in der Seele des Dichters. Sie ist es, die »von heilgem Stral entzündet« (I, 263, 47) wird und nun, was Offenbarung wesentlich bedeutet, nicht nur wahrzunehmen, sondern auch zur Sprache zu bringen vermag. Im »Gesang« (I, 263, 49) des

Dichters erscheint darum aufgehoben und mitteilbar, was die »Frucht des Gewitters« (I, 263, 53) erbracht hat.

Der Dichter wird so zum Empfänger und zum Künder göttlicher Offenbarung, dem Amt eines Propheten durchaus ähnlich. In seinem Dasein verbindet sich eben beides: die Offenheit für und die Sagbarkeit von Offenbarung, und beides gestaltet sein Leben ebenso zu einer leidenden wie zu einer preisenden Existenz:

> *Doch uns gebührt es, unter Gottes Gewittern,*
> *Ihr Dichter! mit entblößtem Haupte zu stehen,*
> *Des Vaters Stral, ihn selbst, mit eigner Hand*
> *Zu fassen und dem Volk ins Lied*
> *Gehüllt die himmlische Gaabe zu reichen.*
>
> I, 263,56ff

Das entblößte Haupt steht in diesen Versen bildlich für den Zustand religiöser Empfänglichkeit, aber auch für den Verzicht auf Abwehr und Schutz. Begegnung mit dem Feuer vermag zu entzünden, aber auch zu verbrennen. Das wussten bereits die Propheten des Alten Bundes. Und Hölderlin zieht überdies den Semele-Mythos heran, um zu illustrieren, dass durchs Feuer gegangen sein muss, wer den »Gesang« als Frucht des Gewitters anstimmen soll (I, 263, 50f): als Semele, die Geliebte des Zeus, den Gott in seiner unverstellten, offenbaren Wirklichkeit zu sehen begehrte, wurde ihr entsprochen. Der Blitz traf und verglühte sie, aber noch »die Asche der göttlichgetroffnen« gebar den Bacchus, den Vater und Meister der Gesänge.

Das theologische Problem, das Hölderlin mit seiner inneren Verschränkung von Offenbarung und Dichtung aufdeckt, liegt in der Frage nach einer Empfänglichkeit und einer Mitteilbarkeit von Offenbarung überhaupt. Geschieht göttliche Offenbarung denn noch unmittelbar und wird sie in ihrer Unmittelbarkeit kommunizierbar? Oder ist alles, was als Offenbarung einmal gegolten haben mag, zur vergangenen Geschichte geronnen, zu der man höchstens ein mittelbares Verhältnis gewinnen kann? Die Erbkrankheit in Theologie, Kirche und Verkündigung erkennt Hölderlin immerhin darin, dass das Lebendigste – die Religion – bei ihnen und unter ihrer Regie zum toten Stoff werden konnte. Darum beklagt er sich so bitter über die »Schriftgelehrten und Pharisäer unserer Zeit«, die aus der Bibel ein »herztödtendes Geschwäz« machen und als bestallte Religionspfleger »den Lebendigen (Christus) zum leeren Gözenbilde machen« (II, 734f). Wenn Wahrnehmung und Pflege von Religion nur noch im geschichtlichen Abstand und mit historischem Bewusstsein erfolgen, ist das Feuer erloschen, das brennen und entzünden soll.

Dabei verneint Hölderlin durchaus nicht die Tatsache, dass Religion auch ihre Vergangenheit hat. In der Tradition wird aufbewahrt, was als Offenbarung einmal unmittelbare religiöse Erfahrung war. Doch Vergangenheit kann tote und sie kann lebendige Vergangenheit sein. Im ersten Fall verharrt der Zugang zu ihr in der Mittelbarkeit des historischen Abstands. Im zweiten Fall setzt die Mittelbarkeit vergangenen Geschehens ihre ursprünglichen Energien frei und ermöglicht ein neues Erleben der vergangenen Kräfte. Und dies geschieht für Hölderlin im Akt der *Erinnerung*. Solche Erinnerung meint keine mehr oder weniger unbeteiligte Rekapitulation vergangener Geschichte, sondern Vergegenwärtigung ihrer Essenz. Darum wird die Seele des Dichters, die von »heilgem Stral entzündet« wurde, zugleich auch »von Erinnerung / Erbebt« (I, 263, 46f). Das Erinnerte wird nicht nur aus den Tiefen des Vergangenen hervorgeholt und wieder bedacht; es »erbebt«! Es vermag also zu erschüttern, wie der unmittelbare Offenbarungsempfang seinerseits die Macht hat zu erschüttern. Nur, dazu braucht es nicht allein die kognitiven Fähigkeiten des Gedächtnisses. Es braucht vielmehr »Einbildungskraft« dazu, welche bei Hölderlin ein kreativ-poetisches Vermögen meint. Eine Form von Erinnerung, welche das ehemals Lebendige nicht einfach tot sein lässt, sondern seine »erbeben« machende Lebendigkeit wiederholt, wird damit gleichfalls zu einer Angelegenheit des Dichters. Der Künder göttlicher Offenbarung in der Unmittelbarkeit ist ebenso der Hermeneut göttlicher Offenbarung in geschichtlicher Mittelbarkeit. Sänger und Deuter in einem zu sein, macht das Amt des Dichters aus. Dem widmet sich die *Patmos*-Hymne.

Was Hölderlin für den Dichter reklamiert, muss für die Theologie, wenn sie denn die entsprechende Empfindsamkeit aufbringt, wie ein Stachel im eigenen Fleisch wirken. Welche Anstöße gehen von ihr aus, dass nicht nur mittelbar *über* Offenbarung, sondern lebendig *aus* Offenbarung geredet werden kann? Wie muss sie ihre Deutungsaufgabe gegenüber bezeugter religiöser Erfahrung aus der Vergangenheit wahrnehmen, damit nicht Totes und Abgestandenes, sondern Lebendiges und Bewegendes daraus entspringt? – KURT TUCHOLSKY hat nach Anhören einer protestantischen Beerdigungspredigt 1931 (!) lebhaftes Verständnis dafür geäußert, dass »der Kirche täglich mehr und mehr Leute fortlaufen«. Als maßgeblichen Grund benannte er die Theologen selbst und »die trostlose Plattheit ihrer religiösen Gefühle«. Eine Predigt gerate dann zu einem »Handwerksstück«, weil die »Diener dieser Kirche nur noch viel zu reden, aber wenig zu sagen haben«[84].

Letzten Endes steht die Theologie vor der Aufgabe, ihre angemessene Sprache zu finden. Hölderlin hatte an die jungen Dichter appelliert, sich nicht damit zu begnügen, dass sie lehren und »beschreiben«. Und aller bloß beschreibenden Poesie hatte er die satirische Auskunft mitgegeben, Apoll sei nun anscheinend zum »Gott der Zeitungsschreiber« geworden und hoch zufrieden mit einem, der »ihm treulich das Factum erzählt« (I, 185). Das darf durchaus auch übertragen und als Anfrage an Methodik und Äußerungsformen der Theologie gelesen werden. Gewiss, die Sprache einer beschreibenden und die Dinge ordnenden und erklärenden Sachlichkeit wird sie als Notwendigkeit nicht aufgeben können, aber das Notwendige ist bekanntlich nicht das Zureichende. Die historischen, intellektuellen und moralischen Wege hat Hölderlin selbst nicht grundsätzlich gemieden, aber er hat sie für unzureichend befunden, um auffassen und ausdrücken zu können, was Religion bedeutet. Er hat dafür den poetischen Weg und eine Sprache der Poesie

---

84 Kurt Tucholsky, Gesammelte Werke, Bd. 9, 1973, S. 239f.

gesucht, die ihm unverzichtbar schien, wenn das gesprochene Wort zum Träger und zum Schlüssel für eine Offenbarungswahrheit werden soll. In der reinsten Form wird Sprache im Sinne Hölderlins diese Aufgabe erfüllen, wo sie doxologisch wird, also im Hymnus, im Vorgang des Andenkens und im Dank. Dann dringt das »Echo des Himmels«, das im Herzen des Dichters widerhallt, auch bewegend und erweckend nach draußen in die Welt.

Anhang

Biographische Übersicht

1770: Am 20. März wird Johann Christian Friedrich Hölderlin in Lauffen am Neckar geboren. Er ist das erste Kind seiner Eltern Heinrich Friedrich Hölderlin und der Johanna Christiana, geb. Heyn.
1772: Am 5. Juli stirbt der Vater nach einem Schlaganfall. Am 15. August wird die Schwester Heinrike (»Rike«) geboren.
1774: Hölderlins Mutter heiratet Johann Christoph Go(c)k, der 1776 Bürgermeister in Nürtingen wird.
1775: Konfirmation in Nürtingen am 18. April.
1776: Eintritt in die Nürtinger Lateinschule. Ergänzend erhält Hölderlin Privatunterricht für seine Aufnahme in die niedere evangelische Klosterschule zu Denkendorf.
Am 29. Oktober wird der Stiefbruder Karl Christoph Friedrich Go(c)k geboren.
1777: Nach dem Tod seiner Tante Elisabeth von Lohenschild erbt Hölderlin einen Teil ihres Vermögens. Zusammen mit seinem väterlichen Erbe und dem Anteil der im Jahre 1775 verstorbenen Schwester Johanna Christiana Friederike beläuft sich sein Vermögen auf 4400 Gulden, die bis zu ihrem Tod von der Mutter verwaltet werden.
1779: Der Stiefvater stirbt am 13. März an einer Lungenentzündung.
1783: Abschluss des Landexamens im September. Erste Begegnung mit Schelling.
1784: Am 20. Oktober tritt Hölderlin in die niedere Klosterschule Denkendorf ein. Den Alumnen (Schülern) wird eine Unterschrift abverlangt zu der Verpflichtung, sich »auf keine andere Profession, dann die Theologiam« zu legen.
1786: Im Oktober zieht die Promotion (Jahrgang), zu der Hölderlin zählt, in die höhere Klosterschule Maulbronn ein. Kontakt Hölderlins zu Louise Nast, der Tochter des dortigen Klosterverwalters.
1787: Beginn der Freundschaft zu Immanuel Nast, Louises Vetter. – Erkrankungen während des Sommers.
1788: Vom 2. bis 6. Juni unternimmt Hölderlin eine Reise in die Pfalz. Am 21. Oktober übersiedelt Hölderlins Promotion ins Tübinger Stift. Hölderlin erhält am 3. Dezember den Grad des Baccalaureus. Freundschaft mit Neuffer und Magenau.

1789: Hölderlin löst im Frühjahr seine Verlobung mit Louise Nast. Am 5. November legt Herzog Karl Eugen bei einem Besuch im Stift Wert auf »strenge Ordnung und Gesetzlichkeit«. Hölderlin spielt mit Überlegungen, das Stift zu verlassen und Jura zu studieren.

1790: Unter Niethammers Einfluss beschäftigt Hölderlin sich mit Kants Philosophie. Bekanntschaft mit Elise Lebret, der Tochter des Universitätskanzlers. Am 17. September legt Hölderlin das Magisterexamen ab, das am Ende der beiden philosophischen Studienjahre steht.

1791: Im April unternimmt Hölderlin mit Freunden eine Reise in die Schweiz. Anfang September erscheinen vier Gedichte Hölderlins in Stäudlins Musenalmanach.

1792: Am 20. April erklärt Frankreich Österreich den Krieg. Beginn des ersten Koalitionskrieges, der bis 1797 dauert. Hegel gilt als Jacobiner, Hölderlin eher als Girondist. Am 21. September wird in Frankreich das Königtum abgeschafft. Französische Truppen besetzen am 21. Oktober Mainz und bedrohen den süddeutschen Raum.

1793: Ludwig XVI. wird am 21. Januar in Paris öffentlich hingerichtet. Im Mai erhält das Tübinger Stift neue Statuten nach dem Willen des Herzogs. Charlotte von Kalb bittet Schiller am 23. Mai um Vermittlung eines Hofmeisters für ihren Sohn Fritz. Im Juni ist das Abschlussexamen in Tübingen. Gerüchteweise errichten Stiftler einen Freiheitsbaum auf einer Wiese bei Tübingen, unter ihnen Hölderlin, Hegel und Schelling.
Im September lernt Hölderlin den Jura-Studenten Isaac von Sinclair kennen.
Im Herbst schlägt Stäudlin in einem Brief an Schiller Hölderlin als Hofmeister in Waltershausen vor. Schiller leitet die Empfehlung weiter, Charlotte von Kalb stimmt zu. Am 6. Dezember legt Hölderlin das Konsistorialexamen in Stuttgart ab, womit das theologische Studium abgeschlossen wird. Mitte Dezember verlässt er Tübingen in Richtung Waltershausen, wo er am 28. Dezember eintrifft.

1794: Anfang des Jahres beginnt Hölderlin mit den Aufgaben als Hofmeister im Hause von Kalb. Beschäftigung mit den »Griechen« und mit Kant. Während des Sommers arbeitet er am *Fragment des Hyperion* und liest Fichte. Im November reist er mit Fritz von Kalb nach Jena. Kontakte zu Schiller und Niethammer. Besuch von Fichtes Vorlesungen.
Ende Dezember siedelt Hölderlin zusammen mit Charlotte und Fritz von Kalb nach Weimar über. Kontakt zu Herder und Goethe.

1795: Anfang Januar quittiert Hölderlin seinen Dienst im Hause von Kalb und zieht nach Jena. *Hyperions Jugend* entsteht. Nähere Beziehung zu Sinclair und Böhlendorff. Im Juni bricht Hölderlin plötzlich in Jena auf, trifft unterwegs nach Nürtingen Ebel in Heidelberg, der mit der Frankfurter Bankiersfamilie Gontard freundschaftlich verbunden ist.
Von Nürtingen aus besucht Hölderlin im Sommer Schelling in Tübingen und trifft Neuffer und Magenau in Stuttgart.
Die Zusage der Hofmeisterstelle im Frankfurter Haus Gontard erfolgt Mitte Dezember.

1796: Hölderlin tritt im Januar seine zweite Hofmeisterstelle an. Der Hausherr ist Jakob Friedrich Gontard, seine Gattin Susette, geborene Borkenstein, der Zögling heißt Henry. Im Mai zieht die Familie in ein Haus auf der Pfingstweide um. Beginn der Liebe zwischen Hölderlin und Susette.
Im Juli rücken französische Truppen gegen Frankfurt vor. Die Familie Gontard verlässt Frankfurt, während der Vater Jakob zurückbleibt, und gelangt nach Kassel, von dort weiter nach Bad Driburg, wo man bis Mitte September verbleibt. Begegnung mit Wilhelm Heinse. Ende September ist man zurück in Frankfurt. Die endgültige Fassung des *Hyperion* Bd. I entsteht.

1797: Im Januar beginnt Hegel seine Hofmeisterstelle in Frankfurt. Der erste Band des *Hyperion* erscheint im April. Im August fasst Hölderlin einen ersten Plan zum *Empedokles*. Mit dem Frieden von Campo Formio endet der erste Koalitionskrieg. Für die an Frankreich abgetretenen linksrheinischen Gebiete sollen die Fürsten beim Rastatter Kongress entschädigt werden.

1798: Nach einer Auseinandersetzung mit dem Hausherrn verlässt Hölderlin Ende September die Familie Gontard in Frankfurt. Durch Sinclair findet er Unterkunft in Homburg. Ein erstes heimliches Treffen mit Susette findet Anfang Oktober statt, weitere folgen bis Mitte 1800.
Im November schließt Hölderlin seine Arbeit am *Hyperion* Bd. II vermutlich ab. Von Sinclair eingeladen, besucht er den Rastatter Kongress.

1799: Arbeit am *Empedokles*. Im Juni entwickelt Hölderlin seinen Plan zur *Iduna*, einer literarischen Zeitschrift, der im Herbst als gescheitert eingestellt werden muss. Ende Oktober erscheint der zweite Band des *Hyperion*, den er Susette bei einem ihrer Treffen am 7. November mit Widmung überreicht.
Am 9. November wird Napoleon erster Konsul in Paris.

1800: Am 20. Juni zieht Hölderlin in Landauers Haus nach Stuttgart. Ende des Jahres wird ihm von Emanuel von Gonzenbach eine Hofmeisterstelle im Schweizerischen Hauptwil zugesagt.

1801: Am 11. Januar bricht Hölderlin nach Hauptwil auf.
Am 9. Februar wird der Frieden von Lunéville geschlossen, der Hölderlin zu seiner *Friedensfeier* anregte. Am 13. April reist Hölderlin nach Aufkündigung seiner Hofmeisterstelle in Hauptwil nach Nürtingen zurück.
Im Herbst wird ihm durch Ströhlin eine Hofmeisterstelle in Bordeaux vermittelt. Mitte Dezember bricht Hölderlin nach Bordeaux auf.

1802: Im Haus des Konsuls Meyer trifft Hölderlin am 28. Januar nach langer winterlicher Fußreise ein. Schon Anfang Mai trennt er sich von Konsul Meyer und veranlasst seine Rückreise über Paris und Straßburg. Mitte Juni trifft er in Stuttgart ein, kurz darauf in Nürtingen. Am 22. Juni stirbt Susette Gontard. Hölderlin benötigt ärztliche Behandlung.
Am 29. September reist er auf Einladung Sinclairs zum Regensburger Reichstag, wo er u. a. dem Landgrafen von Homburg begegnet.

1803: Hölderlin schickt seine Hymne *Patmos* im Januar an Sinclair, der sie dem Landgrafen zu dessen Geburtstag überreicht.
Infolge des Reichsdeputationshauptschlusses vom 25. Februar wird Württemberg Kurfürstentum.

1804: Im Juni reist Hölderlin mit Sinclair nach Homburg, wo ihm in dessen Nähe eine Unterkunft überlassen wird. Formal wird er als Hofbibliothekar angestellt.

1805: Im Januar beginnt Blankensteins Hofintrige, als er Sinclair brieflich beim württembergischen Kurfürsten der Verschwörung bezichtigt. Während des Hochverratsprozesses in Ludwigsburg werden auch Nachforschungen über Hölderlin angestellt. Im Juli kehrt Sinclair nach seiner Entlassung aus der Untersuchungshaft nach Homburg zurück.

1806: Der württembergische Kurfürst Friedrich wird am 1. Januar zum König ernannt.
Am 11. September wird Hölderlin, dessen Bibliothekarsstelle in Homburg aufgehoben wurde, von Homburg nach Tübingen in das Klinikum Autenrieth verbracht.

1807: Am 3. Mai wird Hölderlin mit der Diagnose auf Unheilbarkeit aus der Klinik entlassen und kommt in die Pflege bei Schreinermeister Zimmer.

Die weiteren Jahrzehnte seines Lebens verbleibt Hölderlin im Turm am Tübinger Neckarufer.

1822: Am 3. Juli besucht Wilhelm Waiblinger Hölderlin zum ersten Mal in dessen Turmstube.

1826: Hölderlins *Gedichte* erscheinen, herausgegeben von Ludwig Uhland und Gustav Schwab.

1828: Hölderlins Mutter stirbt am 17. Februar.

1838: Am 18. November stirbt Ernst Zimmer. Charlotte, die Tochter des Schreinermeisters, setzt die Betreuung Hölderlins fort.

1843: Hölderlin stirbt am 7. Juni um 11 Uhr. Seine Beerdigung ist am 10. Juni auf dem Tübinger Friedhof.

Text der späten Hymnen

FRIEDENSFEIER (I, 361–366)

Ich bitte dieses Blatt nur gutmüthig zu lesen. So wird es sicher nicht unfaßlich, noch weniger anstößig seyn. Sollten aber dennoch einige eine solche Sprache zu wenig konventionell finden, so muß ich ihnen gestehen: ich kann nicht anders. An einem schönen Tage lässt sich ja fast jede Sangart hören, und die Natur, wovon es her ist, nimmts auch wieder.

Der Verfasser gedenkt dem Publikum eine ganze Sammlung von dergleichen Blättern vorzulegen, und dieses soll irgend eine Probe seyn davon.

Der himmlischen, still wiederklingenden,
Der ruhigwandelnden Töne voll,
Und gelüftet ist der altgebaute,
Seeliggewohnte Saal; um grüne Teppiche duftet
Die Freudenwolk' und weithinglänzend stehn,
Gereiftester Früchte voll und goldbekränzter Kelche,
Wohlangeordnet, eine prächtige Reihe,
Zur Seite da und dort aufsteigend über dem
Geebneten Boden die Tische.
Denn ferne kommend haben
Hieher, zur Abendstunde,
Sich liebende Gäste beschieden.

Und dämmernden Auges denk' ich schon,
Vom ernsten Tagwerk lächelnd,
Ihn selbst zu sehn, den Fürsten des Fests.
Doch wenn du schon dein Ausland gern verläugnest,
Und als vom langen Heldenzuge müd,
Dein Auge senkst, vergessen, leichtbeschattet,
Und Freundesgestalt annimmst, du Allbekannter, doch
Beugt fast die Knie das Hohe. Nichts vor dir,
Nur Eines weiß ich, Sterbliches bist du nicht.
Ein Weiser mag mir manches erhellen; wo aber
Ein Gott noch auch erscheint,
Da ist doch andere Klarheit.

25 Von heute aber nicht, nicht unverkündet ist er;
    Und einer, der nicht Fluth noch Flamme gescheuet,
    Erstaunet, da es stille worden, umsonst nicht, jezt,
    Da Herrschaft nirgend ist zu sehn bei Geistern und Menschen.
    Das ist, sie hören das Werk,
30 Längst vorbereitend, von Morgen nach Abend, jezt erst,
    Denn unermesslich braußt, in der Tiefe verhallend,
    Des Donnerers Echo, das tausendjährige Wetter,
    Zu schlafen, übertönt von Friedenslauten, hinunter.
    Ihr aber, theuergewordne, o ihr Tage der Unschuld,
35 Ihr bringt auch heute das Fest, ihr Lieben! und es blüht
    Rings abendlich der Geist in dieser Stille;
    Und rathen muß ich, und wäre silbergrau
    Die Loke, o ihr Freunde!
    Für Kränze zu sorgen und Mahl, jezt ewigen Jünglingen ähnlich.

40 Und manchen möcht' ich laden, aber o du,
    Der freundlichernst den Menschen zugethan,
    Dort unter syrischer Palme,
    Wo nahe lag die Stadt, am Brunnen gerne war;
    Das Kornfeld rauschte rings, still athmete die Kühlung
45 Vom Schatten des geweiheten Gebirges,
    Und die lieben Freunde, das treue Gewölk,
    Umschatteten dich auch, damit der heiligkühne
    Durch Wildniß mild dein Stral zu Menschen kam, o Jüngling!
    Ach! Aber dunkler umschatte, mitten im Wort, dich
50 Furchtbarentscheidend ein tödtlich Verhängniß. So ist schnell
    Vergänglich alles Himmlische; aber umsonst nicht;

    Denn schonend rührt des Maases allzeit kundig
    Nur einen Augenblick die Wohnungen der Menschen
    Ein Gott an, unversehn, und keiner weiß es, wenn?
55 Auch darf alsdann das Freche drüber gehn,
    Und kommen muß zum heiligen Ort das Wilde
    Von Enden fern, übt rauhbetastend den Wahn,
    Und trift daran ein Schiksaal, aber Dank,
    Nie folgt der gleich hernach dem gottgegebnen Geschenke;
60 Tiefprüfend ist es zu fassen.
    Auch wär' uns, sparte der Gebende nicht
    Schon längst vom Seegen des Heerds
    Uns Gipfel und Boden entzündet.

Des Göttlichen aber empfiengen wir
Doch viel. Es ward' die Flamm' uns
In die Hände gegeben, und Ufer und Meeresfluth.
Viel mehr, denn menschlicher Weise
Sind jene mit uns, die fremden Kräfte, vertrauet.
Und es lehret Gestirn dich, das
Vor Augen dir ist, doch nimmer kannst du ihm gleichen.
Vom Alllebendigen aber, von dem
Viel Freuden sind und Gesänge,
Ist einer ein Sohn, ein Ruhigmächtiger ist er,
Und nun erkennen wir ihn,
Nun, da wir kennen den Vater
Und Feiertage zu halten
Der hohe, der Geist
Der Welt sich zu Menschen geneigt hat.

Denn längst war der zum Herrn der Zeit zu groß
Und weit aus reichte sein Feld, wann hats ihn aber erschöpfet?
Einmal mag aber ein Gott auch Tagewerk erwählen,
Gleich Sterblichen und theilen alles Schiksaal.
Schiksaalgesez ist diß, dass Alle sich erfahren,
Daß, wenn die Stille kehrt, auch eine Sprache sei.
Wo aber wirkt der Geist, sind wir auch mit, und streiten,
Was wohl das Beste sei. So dünkt mir jezt das Beste,
Wenn nun vollendet sein Bild und fertig ist der Meister,
Und selbst verklärt davon aus seiner Werkstatt tritt,
Der stille Gott der Zeit und nur der Liebe Gesez,
Das schönausgleichende gilt von hier an bis zum Himmel.

Viel hat von Morgen an,
Seit ein Gespräch wir sind und hören voneinander,
Erfahren der Mensch; bald sind wir aber Gesang.
Und das Zeitbild, das der große Geist entfaltet,
Ein Zeichen liegts vor uns, dass zwischen ihm und andern
Ein Bündniß zwischen ihm und andern Mächten ist.
Nicht er allein, die Unerzeugten, Ew'gen
Sind kennbar alle daran, gleichwie auch an den Pflanzen
Die Mutter Erde sich und Licht und Luft sich kennet.
Zulezt ist aber doch, ihr heiligen Mächte, für euch
Das Liebeszeichen, das Zeugniß
Daß ihrs noch seiet, der Festtag.

Der Allversammelnde, wo Himmlische nicht
Im Wunder offenbar, noch ungesehn im Wetter,
105 Wo aber bei Gesang gastfreundlich untereinander
In Chören gegenwärtig, eine heilige Zahl
Die Seeligen in jeglicher Weise
Beisammen sind, und ihr Geliebtestes auch,
An dem sie hängen, nicht fehlt; denn darum rief ich
110 Zum Gastmahl, das bereitet ist,
Dich, Unvergesslicher, dich, zum Abend der Zeit,
O Jüngling, dich zum Fürsten des Festes; und eher legt
Sich schlafen unser Geschlecht nicht,
Bis ihr Verheißenen all,
115 All ihr Unsterblichen, uns
Von eurem Himmel zu sagen
Da seid in unserem Hauße.

Leichtathmende Lüfte
Verkünden euch schon,
120 Euch kündet das rauchende Thal
Und der Boden, der vom Wetter noch dröhnet,
Doch Hoffnung röthet die Wangen,
Und vor der Thüre des Haußes
Sizt Mutter und Kind,
125 Und schauet den Frieden
Und wenige scheinen zu sterben
Es hält ein Ahnen die Seele,
Vom goldnen Lichte gesendet,
Hält ein Versprechen die Ältesten auf.

130 Wohl sind die Würze des Lebens,
Von oben bereitet und auch
Hinausgeführet, die Mühen.
Denn Alles gefällt jezt,
Einfältiges aber
135 Am meisten, denn die langgesuchte,
Die goldne Frucht,
Uraltem Stamm
In schütternden Stürmen entfallen,
Dann aber, als liebstes Gut, vom heiligen Schiksaal selbst,
140 Mit zärtlichen Waffen umschüzt,
Die Gestalt der Himmlischen ist es.

Wie die Löwin, hast du geklagt,
O Mutter, da du sie,
Natur, die Kinder verloren.
Denn es stahl sie, Allzuliebende, dir
Dein Feind, da du ihn fast
Wie die eigenen Söhne genommen,
Und Satyren die Götter gesellt hast.
So hast du manches gebaut,
Und manches begraben,
Denn es haßt dich, was
Du, vor der Zeit
Allkräftige, zum Lichte gezogen.
Nun kennest, nun lässest du dieß;
Denn gerne fühllos ruht,
Bis dass es reift, furchtsamgeschäfftiges drunten.

Der Einzige (I, 387–390)

    Was ist es, das
    An die alten seeligen Küsten
    Mich fesselt, dass ich mehr noch
    Sie liebe, als mein Vaterland?
5   Denn wie in himmlische
    Gefangenschaft verkaufft
    Dort bin ich, wo Apollo gieng
    In Königsgestalt,
    Und zu unschuldigen Jünglingen sich
10 Herablies Zevs und Söhn' in heiliger Art
    Und Töchter zeugte
    Der Hohe unter den Menschen?

    Der hohen Gedanken
    Sind nemlich viel
15 Entsprungen des Vaters Haupt
    Und große Seelen
    Von ihm zu Menschen gekommen.
    Gehöret hab' ich
    Von Elis und Olympia, bin
20 Gestanden oben auf dem Parnaß,
    Und über Bergen des Isthmus,
    Und drüben auch
    Bei Smyrna und hinab
    Bei Ephesos bin ich gegangen;

25 Viel hab' ich schönes gesehn,
    Und gesungen Gottes Bild
    Hab' ich, das lebet unter
    Den Menschen, aber dennoch
    Ihr alten Götter und all
30 Ihr tapfern Söhne der Götter
    Noch Einen such ich, den
    Ich liebe unter euch,
    Wo ihr den lezten eures Geschlechts
    Des Haußes Kleinod mir
35 Dem fremden Gaste verberget.

Mein Meister und Herr!
O du, mein Lehrer!
Was bin ich ferne
Geblieben? und da
Ich fragte unter den Alten,
Die Helden und
Die Götter, warum bliebest
Du aus? Und jezt ist voll
Von Trauern meine Seele
Als eifertet, ihr Himmlischen, selbst
Daß, dien' ich einem, mir
Das andere fehlet.

Ich weiß es aber, eigene Schuld
Ists! Denn zu sehr,
O Christus! häng' ich an dir,
Wiewohl Herakles Bruder
Und kühn bekenn' ich, du
Bist Bruder auch des Eviers, der
An den Wagen spannte
Die Tyger und hinab
Bis an den Indus
Gebietend freudigen Dienst
Den Weinberg stiftet und
Den Grimm bezähmte der Völker.

Es hindert aber eine Schaam
Mich dir zu vergleichen
Die weltlichen Männer. Und freilich weiß
Ich, der dich zeugte, dein Vater,
Derselbe der,

Denn nimmer herrscht er allein.

Es hänget aber an Einem
Die Liebe. Diesesmal
Ist nemlich vom eigenen Herzen
Zu sehr gegangen der Gesang,
Gut will ich aber machen
Den Fehl, mit nächstem
Wenn ich noch andere singe.

      Nie treff ich, wie ich wünsche,
      Das Maas. Ein Gott weiß aber
75   Wenn kommet, was ich wünsche das Beste.
      Denn wie der Meister
      Gewandelt auf Erden

      Ein gefangener Aar,
      Und viele, die
80   Ihn sahen, fürchteten sich,
      diewiel sein Äußerstes that
      Der Vater und sein Bestes unter
      Den Menschen wirkete wirklich,
      Und sehr betrübt war auch
85   Der Sohn so lange, bis er
      Gen Himmel fuhr in den Lüften,
      Dem gleich ist gefangen die Seele der Helden.
      Die Dichter müssen auch
      Die geistigen weltlich seyn.

Patmos (I, 447–453)

Nah ist
Und schwer zu fassen der Gott.
Wo aber Gefahr ist, wächst
Das Rettende auch.
Im Finstern wohnen
Die Adler und furchtlos gehen
Die Söhne der Alpen über den Abgrund weg
Auf leichtgebaueten Brüken.
Drum, da gehäuft sind rings
Die Gipfel der Zeit, und die Liebsten
Nah wohnen, ermattend auf
Getrenntesten Bergen,
So gieb unschuldig Wasser,
O Fittige gieb uns, treuesten Sinns
Hinüberzugehn und wiederzukehren.

So sprach ich, da entführte
Mich schneller, denn ich vermuthet
Und weit, wohin ich nimmer
Zu kommen gedacht, ein Genius mich
Vom eigenen Hauß'. Es dämmerten
Im Zwielicht, da ich gieng
Der schattige Wald
Und die sehnsüchtigen Bäche
Der Heimath; nimmer kannt' ich die Länder;
Doch bald, in frischem Glanze,
Geheimnißvoll
Im goldenen Rauche, blühte
Schnellaufgewachsen,
Mit Schritten der Sonne,
Mit tausend Gipfeln duftend,

Mir Asia auf, und geblendet sucht'
Ich eines, das ich kennete, denn ungewohnt
War ich der breiten Gassen, wo herab
Vom Tmolus fährt
Der goldgeschmükte Pactol
Und Taurus stehet und Messogis,

      Und voll von Blumen der Garten,
      Ein stilles Feuer; aber im Lichte
      Blüht hoch der silberne Schnee;
40   Und Zeug unsterblichen Lebens
      An unzugangbaren Wänden
      Uralt der Epheu wächst und getragen sind
      Von lebenden Säulen, Cedern und Lorbeern
      Die feierlichen,
45   Die göttlichgebauten Palläste.

      Es rauschen aber um Asias Thore
      Hinziehend da und dort
      In ungewisser Meeresebene
      Der schattenlosen Straßen genug,
50   Doch kennt die Inseln der Schiffer.
      Und da ich hörte
      Der nahegelegenen eine
      Sei Patmos,
      Verlangte mich sehr,
55   Dort einzukehren und dort
      Der dunkeln Grotte zu nahn.
      Denn nicht, wie Cypros,
      Die quellenreiche, oder
      Der anderen eine
60   Wohnt herrlich Patmos,

      Gastfreundlich aber ist
      In ärmerem Hauße
      Sie dennoch
      Und wenn vom Schiffbruch oder klagend
65   Um die Heimath oder
      Den abgeschiedenen Freund
      Ihr nahet einer
      Der Fremden, hört sie es gern, und ihre Kinder
      Die Stimmen des heißen Hains,
70   Und wo der Sand fällt, und sich spaltet
      Des Feldes Fläche, die Laute
      Sie hören ihn und liebend tönt
      Es wieder von den Klagen des Manns. So pflegte
      Sie einst des gottgeliebten,
75   Des Sehers, der in seeliger Jugend war

Gegangen mit
Dem Sohne des Höchsten, unzertrennlich, denn
Es liebte der Gewittertragende die Einfalt
Des Jüngers und es sahe der achtsame Mann
Das Angesicht des Gottes genau,
Da, beim Geheimnisse des Weinstoks, sie
Zusammensaßen, zu der Stunde des Gastmals,
Und in der großen Seele, ruhigahnend den Tod
Aussprach der Herr und die lezte Liebe, denn nie genug
Hatt' er von Güte zu sagen
Der Worte, damals, und zu erheitern, da
Ers sahe, das Zürnen der Welt.
Denn alles ist gut. Drauf starb er. Vieles wäre
Zu sagen davon. Und es sahn ihn, wie er siegend blikte
Den Freudigsten die Freunde noch zulezt,

Doch trauerten sie, da nun
Es Abend worden, erstaunt,
Denn Großentschiedenes hatten in der Seele
Die Männer, aber sie liebten unter der Sonne
Das Leben und lassen wollten sie nicht
Vom Angesichte des Herrn
Und der Heimath. Eingetrieben war,
Wie Feuer im Eisen, das, und ihnen gieng
Zur Seite der Schatte des Lieben.
Drum sandt' er ihnen
Den Geist, und freilich bebte
Das Haus und die Wetter Gottes rollten
Ferndonnernd über
Die ahnenden Häupter, da, schwersinnend
Versammelt waren die Todeshelden,

Izt, da er scheidend
Noch einmal ihnen erschien.
Denn izt erlosch der Sonne Tag
Der Königliche und zerbrach
Den geradestralenden,
Den Zepter, göttlichleidend, von selbst,
Denn wiederkommen sollt es
Zu rechter Zeit. Nicht wär es gut
Gewesen, später, und schroffabbrechend, untreu,

115 Der Menschen Werk, und Freude war es
     Von nun an,
     Zu wohnen in liebender Nacht, und bewahren
     In einfältigen Augen, unverwandt
     Abgründe der Weisheit. Und es grünen
120 Tief an den Bergen auch lebendige Bilder,

     Doch furchtbar ist, wie da und dort
     Unendlich hin zerstreut das Lebende Gott.
     Denn schon das Angesicht
     Der theuern Freunde zu lassen
125 Und fernhin über die Berge zu gehn
     Allein, wo zweifach
     Erkannt, einstimmig
     War himmlischer Geist; und nicht geweissagt war es, sondern
     Die Loken ergriff es, gegenwärtig,
130 Wenn ihnen plözlich
     Ferneilend zurük blikte
     Der Gott und schwörend,
     Damit er halte, wie an Seilen golden
     Gebunden hinfort
135 Das Böse nennend, sie die Hände sich reichten –

     Wenn aber stirbt alsdenn
     An dem am meisten
     Die Schönheit hieng, daß an der Gestalt
     Ein Wunder war und die Himmlischen gedeutet
140 Auf ihn, und wenn, ein Räthsel ewig füreinander
     Sie sich nicht fassen können
     Einander, die zusammenlebten
     Im Gedächtniß, und nicht den Sand nur oder
     Die Weiden es hinwegnimmt und die Tempel
145 Ergreifft, wenn die Ehre
     Des Halbgotts und der Seinen
     Verweht und selber sein Angesicht
     Der Höchste wendet
     Darob, daß nirgend ein
150 Unsterbliches mehr am Himmel zu sehn ist oder
     Auf grüner Erde, was ist diß?

Es ist der Wurf des Säemanns, wenn er fasst
Mit der Schaufel den Waizen,
Und wirft, dem Klaren zu, ihn schwingend über die Tenne.
Ihm fällt die Schaale vor den Füßen, aber
Ans Ende kommet das Korn,
Und nicht ein Übel ists, wenn einiges
Verloren gehet und von der Rede
Verhallet der lebendige Laut,
Denn göttliches Werk auch gleichet dem unsern.
Nicht alles will der Höchste zumal.
Zwar Eisen träget der Schacht,
Und glühende Harze der Ätna,
So hätt' ich Reichtum,
Ein Bild zu bilden, und ähnlich
Zu schaun, wie er gewesen, den Christ,

Wenn aber einer spornte sich selbst,
Und traurig redend, unterweges, da ich wehrlos wäre
Mich überfiele, daß ich staunt' und von dem Gotte
Das Bild nachahmen möchte' ein Knecht –
Im Zorne sichtbar sah' ich einmal
Des Himmels Herrn, nicht, dass ich seyn sollt etwas, sondern
Zu lernen. Gütig sind sie, ihr Verhaßtestes aber ist,
So lange sie herrschen, das Falsche, und es gilt
Dann Menschliches unter Menschen nicht mehr.
Denn sie nicht walten, es waltet aber
Unsterblicher Schiksaal und es wandelt ihr Werk
Von selbst, und eilend geht es zu Ende.
Wenn nemlich höher gehet himmlischer
Triumphgang, wird genennet, der Sonne gleich
Von Starken der frohlokende Sohn des Höchsten,

Ein Loosungszeichen, und hier ist der Stab
Des Gesanges, niederwinkend,
Denn nichts ist gemein. Die Todten weket
Er auf, die noch gefangen nicht
Vom Rohen sind. Es warten aber
Der scheuen Augen viele
Zu schauen das Licht. Nicht wollen
Am scharfen Strale sie blühn,
Wiewohl den Muth der goldene Zaum hält.

Wenn aber, als
Von schwellenden Augenbrauen
Der Welt vergessen
Stillleuchtende Kraft aus heiliger Schrift fällt, mögen
195 Der Gnade sich freuend, sie
Am stillen Blike sich üben.

Und wenn die Himmlischen jezt
So, wie ich glaube, mich lieben
Wie viel mehr dich,
200 Denn Eines weiß ich,
Daß nemlich der Wille
Des ewigen Vaters viel
Dir gilt. Still ist sein Zeichen
Am donnernden Himmel. Und Einer stehet darunter
205 Sein Leben lang. Denn noch lebt Christus.
Es sind aber die Helden, seine Söhne
Gekommen all und heilige Schriften
Von ihm und den Bliz erklären
Die Thaten der Erde bis izt,
210 Ein Wettlauf unaufhaltsam. Er ist aber dabei. Denn seine Werke sind
Ihm alle bewußt von jeher.

Zu lang, zu lang schon ist
Die Ehre der Himmlischen unsichtbar.
Denn fast die Finger müssen sie
215 Uns führen und schmählich
Entreißt das Herz uns eine Gewalt.
Denn Opfer will der Himmlischen jedes,
Wenn aber eines versäumt ward,
Nie hat es Gutes gebracht.
220 Wir haben gedienet der Mutter Erd'
Und haben jüngst dem Sonnenlichte gedient,
Unwissend, der Vater aber liebt,
Der über allen waltet,
Am meisten, daß gepfleget werde
225 Der veste Buchstab, und bestehendes gut
Gedeutet. Dem folgt deutscher Gesang.

Literatur

Friedrich Hölderlin: Sämtliche Werke und Briefe, hg. von Michael Knaupp (Münchener Ausgabe), Bd. I, München 1992; Bd. II, München 1992; Bd. III, München 1993 (nach dieser Ausgabe wird zitiert. Die römische Ziffer steht jeweils für den Band, die arabische Ziffer für die Seite)
Hölderlin: Sämtliche Werke (Große Stuttgarter Ausgabe, StA), hg. von Friedrich Beißner, Adolf Beck, Ute Oelmann, Stuttgart 1943ff.
Friedrich Hölderlin: Sämtliche Werke (Frankfurter Ausgabe, FHA), hg. von Dietrich E. Sattler u. a., Frankfurt 1975ff.
Hölderlin-Jahrbuch (HJb), begründet von Friedrich Beißner und Paul Kluckhohn, Tübingen u. a. 1944ff.
Hölderlin-Handbuch. Leben-Werk-Wirkung, hg. von Johann Kreuzer, 2002 (mit einer ausführlichen Bibliographie und Angaben über nationale und internationale Hölderlin-Bibliographien)

Beißner, Friedrich: Hölderlin. Reden und Aufsätze, 2. Aufl. Köln u. a. 1969
Bertaux, Pierre: Friedrich Hölderlin. Eine Biographie, Frankfurt 2000
Binder, Wolfgang: Hölderlin-Aufsätze, Frankfurt 1970
Ders.: Hölderlin – Theologie und Kunstwerk, in: HJb 1971/72, S. 1–29
Ders.: Hölderlin, Friedrich (1770–1843), in: Theologische Realenzyklopädie (TRE) Bd. XV, 1986, S. 441–444
Bonhoeffer, Dietrich: Widerstand und Ergebung, Werke Bd. 8, Gütersloh 1998
Brecht, Martin: Hölderlin und das Tübinger Stift 1788–1793, in: HJb 1973/74, S. 20–48
Buhr, Gerhard: Hölderlins Mythenbegriff. Eine Untersuchung zu den Fragmenten ›Über Religion‹ und ›Das Werden im Vergehen‹, Frankfurt 1972
Buhr, Heinrich: Hölderlin und Jesus von Nazareth, 1955; Neuausgabe Pfullingen 1977
Constantine, David: Friedrich Hölderlin, München 1992
Frank, Manfred: Hölderlin über den Mythos, in: HJb 1990/91, S. 1–31
Franz, Michael: Annäherung an Hölderlins Verrücktheit, in: HJb 1980/81, S. 274–294
Gadamer, Hans-Georg: Wahrheit und Methode, Tübingen 1960
Ders.: Hölderlin und George, in: HJb 1967/68

Gaier, Ulrich: Hölderlin. Eine Einführung, Tübingen/Basel 1993
Ders.: Oetinger, der Lehrer einer Welt, in: Glauben und Erkennen. Die Heilige Philosophie von Friedrich Christoph Oetinger, hg. von Guntram Spindler, 2002, S. 203–229
Guardini, Romano: Hölderlin. Weltbild und Frömmigkeit, 3. Aufl. München 1980
Härtling, Peter: Hölderlin. Ein Roman, Darmstadt/Neuwied 1976
Hegel, Georg Wilhelm Friedrich: Theologische Jugendschriften, hg. von H. Nohl, Tübingen 1966
Heidegger, Martin: Hölderlins Erde und Himmel, in: HJb 1958–60, S. 17–39
Henrich, Dieter: Der Gang des Andenkens. Beobachtungen und Gedanken zu Hölderlins Gedicht, Stuttgart 1986
Ders.: Der Grund im Bewusstsein. Untersuchungen zu Hölderlins Denken (1794–1795), 2. Aufl. Stuttgart 2004
Hirsch, Emanuel: Geschichte der neuern evangelischen Theologie, Bd. IV, Gütersloh 1952
Hölscher, Uvo: Empedokles und Hölderlin, Frankfurt 1965
Jacobi, Friedrich Heinrich: Über die Lehre des Spinoza, in Briefen an Herrn Moses Mendelssohn, in: Werke, hg. von F. Roth und F. Köppen, Bd. IV, Darmstadt 1980
Jüngel, Eberhard: Gott als Geheimnis der Welt, Tübingen 1977
Ders.: Die Wahrheit des Mythos und die Notwendigkeit der Entmythologisierung, in: HJb 1990/91, S. 32–50
Küng, Hans: Friedrich Hölderlin, Hymnen – Religion als Versöhnung von Antike und Christentum, in: W. Jens / H. Küng: Dichtung und Religion, 1985, S. 122–142
Kurz, Gerhard (Hg.): Interpretationen. Gedichte von Friedrich Hölderlin, Stuttgart 1996
Langen, August: Der Wortschatz des deutschen Pietismus, Tübingen 1954
Martens, Gunter: Friedrich Hölderlin, 3. Aufl. Reinbek 2003
Michel, Wilhelm: Das Leben Friedrich Hölderlins, 1940, Neuausgabe Darmstadt 1963
Mieth, Günter: Friedrich Hölderlin. Dichter der bürgerlich-demokratischen Revolution, Berlin 1978
Minder, Robert: ›Hölderlin unter den Deutschen‹ und andere Aufsätze zur deutschen Literatur, Frankfurt 1968
Mögel, Ernst: Natur als Revolution. Hölderlins Empedokles-Tragödie, Stuttgart/Weimar 1994
Mörike, Eduard: Briefe, hg. von Friedrich Seebaß, Tübingen 1939

Oetinger, Friedrich Christoph: Die Lehrtafel der Prinzessin Antonia, in: Texte zur Geschichte des Pietismus, Abt. VII, Bd. 1, Teil 1, hg. von Reinhard Breymeyer und Friedrich Häussermann, Berlin 1977

Ryan, Lawrence: Hölderlins ›Hyperion‹. Exzentrische Bahn und Dichterberuf, Stuttgart 1965

Schäfer, Gerhard: Die Bedeutung des Sensus communis für das theologische System des ›Lutheraners‹ Friedrich Christoph Oetinger, in: Wolf-Dieter Hauschild u. a. (Hg.): Luthers Wirkung. Festschrift für Martin Brecht, 1992

Schleiermacher, Friedrich: Über die Religion. Reden an die Gebildeten unter ihren Verächtern, 6. Aufl. Göttingen 1967

Schmidt, Jochen: Hölderlins geschichtsphilosophische Hymnen ›Friedensfeier‹ – ›Der Einzige‹ – ›Patmos‹, Darmstadt 1990

Scholem, Gershom: Judaica III. Studien zur jüdischen Mystik, Frankfurt 1970

Staiger, Emil: Der Opfertod von Hölderlins Empedokles, in: HJb 1963/64, S. 1–20

Strunk, Reiner: Eduard Mörike. Pfarrer und Poet, Stuttgart 2004

Ders.: Politische Ekklesiologie im Zeitalter der Revolution, München 1971

Szondi, Peter: Hölderlin-Studien, 2. Aufl. Frankfurt 1970

Timm, Hermann: Dichter am dürftigen Ort. Johanneische Christopoetik in Hölderlins ›Patmos‹, in: HJb 1998/99, S. 207–221

Wackwitz, Stephan: Friedrich Hölderlin, Stuttgart 1985

Bereits in 2. Auflage im Calwer Verlag erschienen

Reiner Strunk
Eduard Mörike
Pfarrer und Poet

214 Seiten, 14 s/w Abbildungen
Gebunden mit Lesebändchen
Format: 13,5 x 21,5 cm
ISBN 978–3–7668–3876–6

Eduard Mörike war anders. Der schwäbische Pfarrer und Poet (1804–1875) geht nicht in der Rolle des besinnlich-beschaulichen Heimatdichters auf, in der ihn die Nachwelt oft sieht. Die Etiketten von Romantik und Biedermeier taugen nicht. Man tut gut daran, sie von der Person des Dichters abzulösen und ihn in seiner Eigenständigkeit wahrzunehmen: den Lyriker von hohem Rang, den Erzähler mit ausgeprägtem Sinn für Humor und für die tragischen Verwicklungen in einem Menschenleben.

Anders war Mörike auch in seiner geistlichen, seiner religiösen Existenz. Dies gibt Anlass, von Mörikes spezifischer Spiritualität zu reden und ihr genauer nachzugehen.

Mörike war anders. Zu zeigen, warum und in welcher Weise er es war, ist Anliegen dieses Buches.

Reiner Strunk
Echo des Himmels